Übersicht

CHRISTIAN HEUGL

SEENSUCHTSORTE

DIE SCHÖNSTEN WEGE ZU 101 SEEN IN SALZBURG UND UMGEBUNG

Michael Wagner Verlag

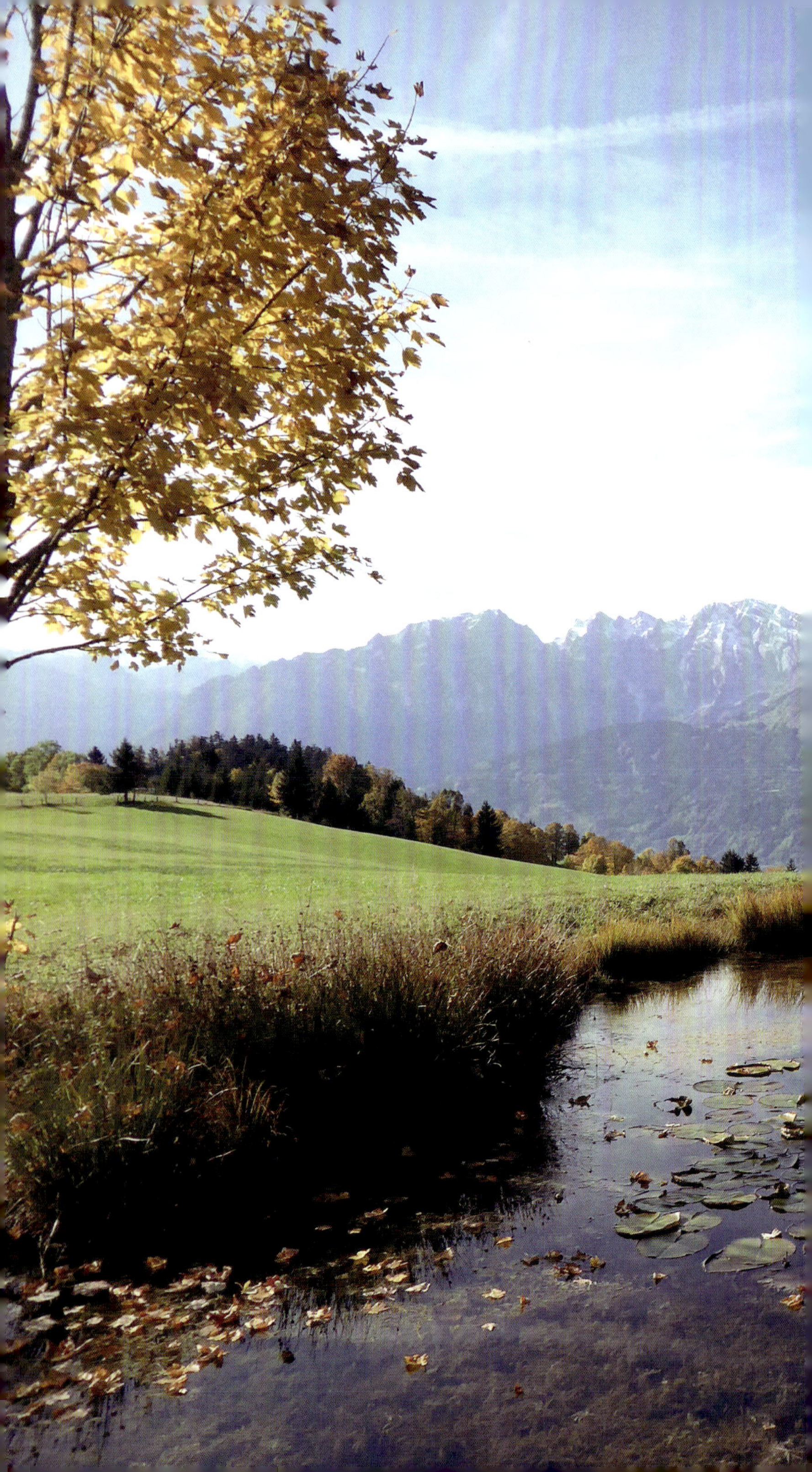

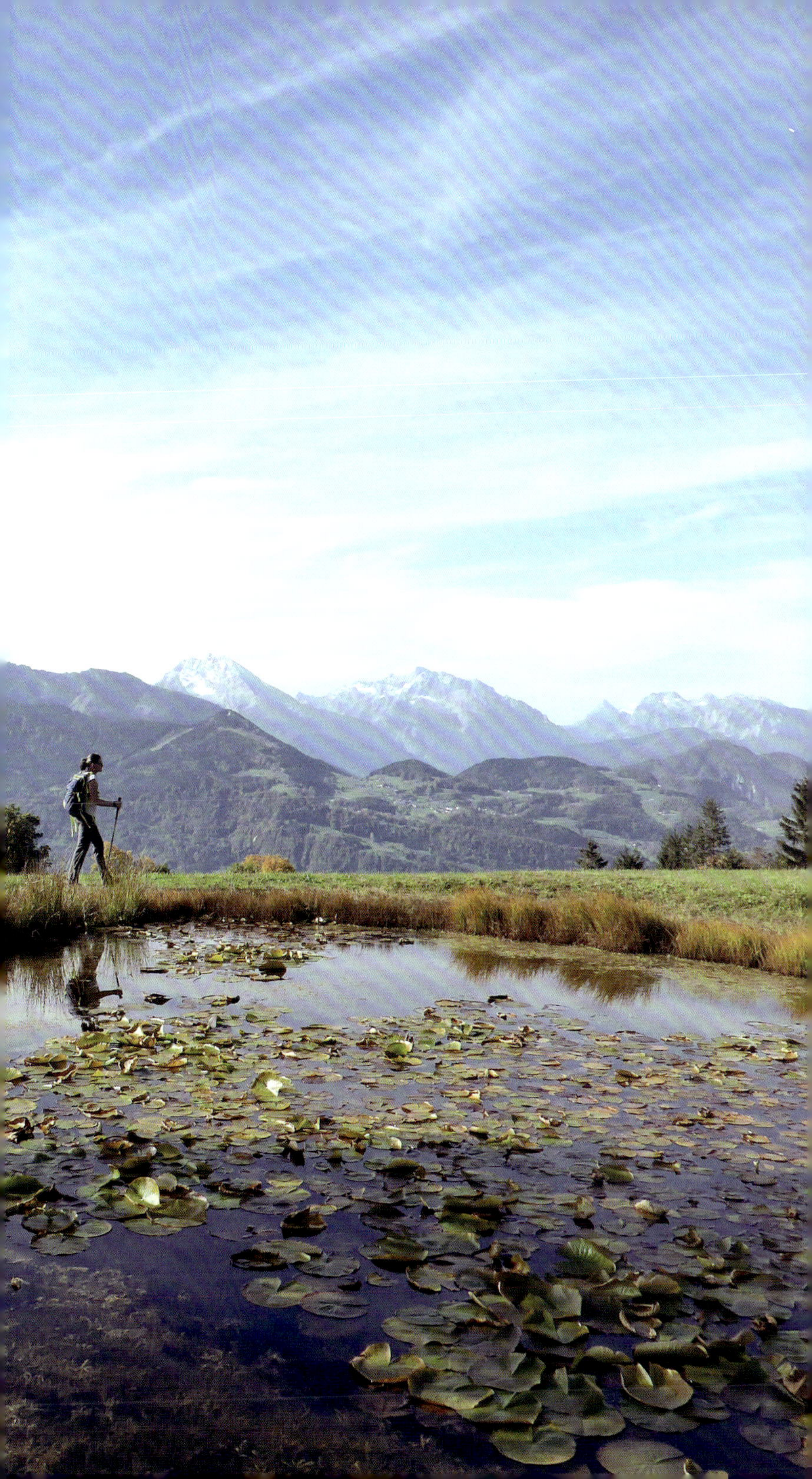

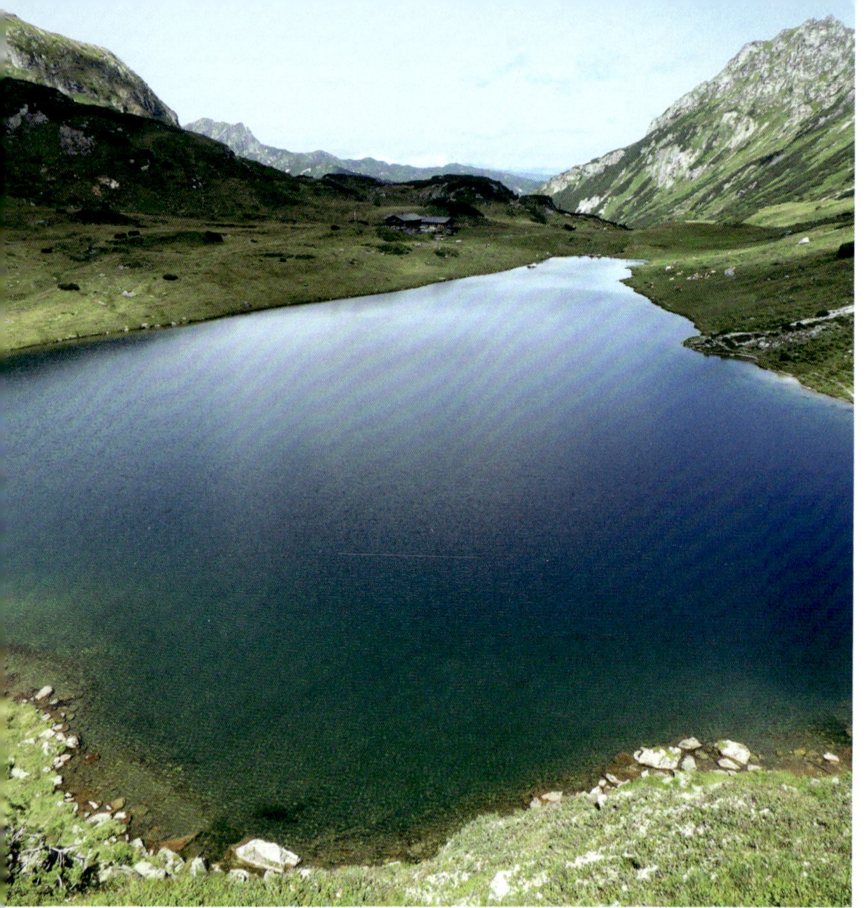

Die Seen von A bis Z

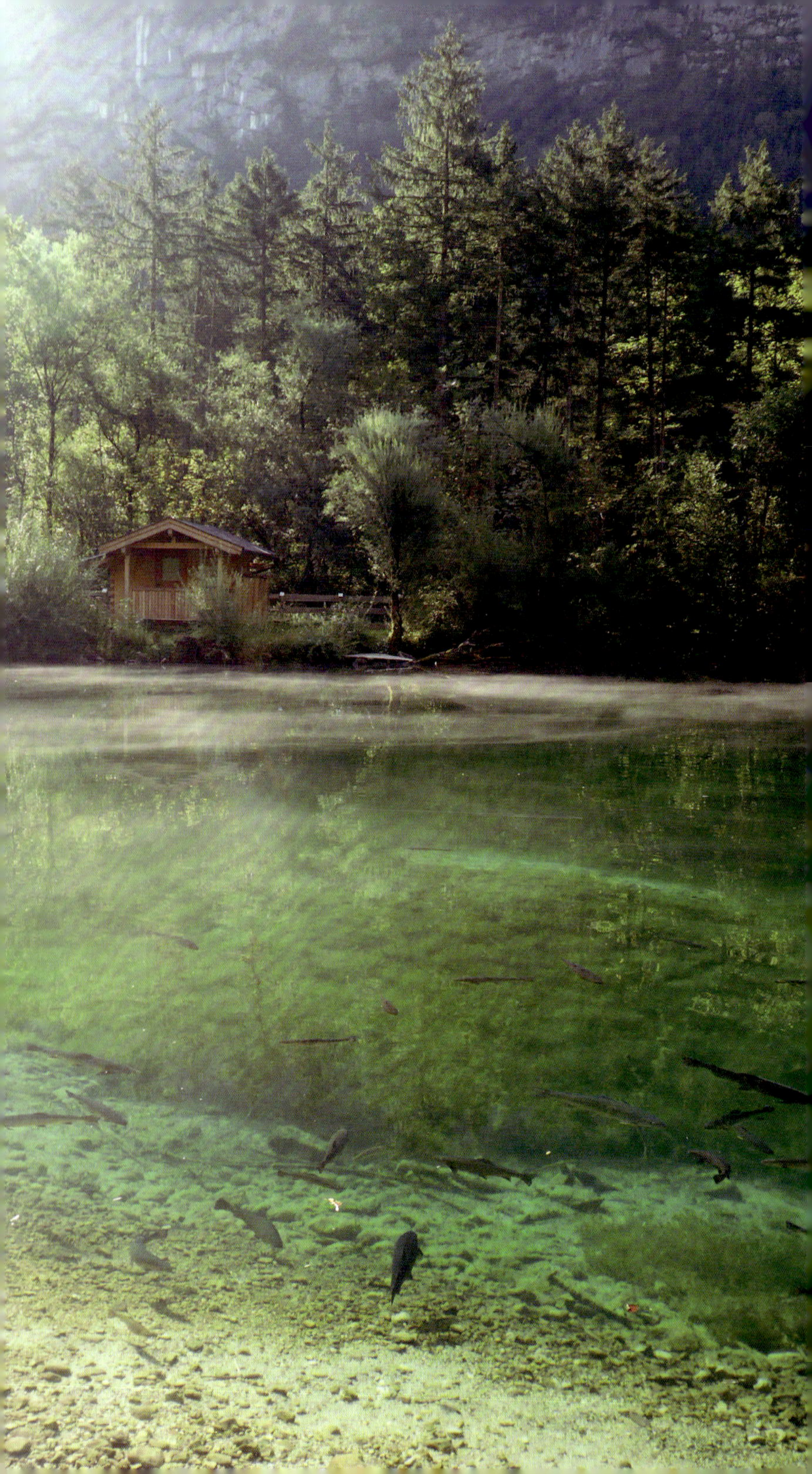

Vorwort

Bei Wanderungen, die einen oder gleich mehrere Seen zum Ziel haben, ist ein Badeanzug im Rucksack sicher kein Nachteil. Zwar eignen sich nicht alle der über 100 erwähnten Seen gleich gut zum Abtauchen nach dem Ankommen, aber zumindest ein erfrischendes Fußbad sollte sich sogar bei den eiskalten Hochgebirgsseen ausgehen. Berge und Seen sind einfach eine geniale Kombination.

Der Bogen an lohnenden Zielen in der Salzburger Seenlandschaft ist enorm vielfältig. Er spannt sich von den idyllischen Badeseen im Voralpengebiet bis hinauf zu den Gletscherseen im Hochgebirge. Während sich die meisten Seen in der Ebene hervorragend für familienfreundliche Rundtouren empfehlen, erfordern manche hochgelegene Bergseen schon eine gewisse alpine Erfahrung. Aber diese außerordentliche Vielfalt macht ja gerade den Reiz der Seenwanderungen aus. Für jeden Anlass, für jede Wetter- und Konditionslage findet sich in Salzburg und Umgebung garantiert das passende Gewässer. Tauchen Sie ein in diesen kristallklaren Schatz!

Viel Freude mit den erfrischenden Wanderungen zu 101 Seen
wünscht Christian Heugl

Herzlichen Dank für wertvolle Informationen:

- Univ.-Prof. Dr. Guido Müller, Geograph und Buchautor
- Dr. Peter Kramml, Historiker, Leiter Stadtarchiv und Statistik Salzburg
- Ing. Winfried Kunrath, GF Dachverband Salzburger Wasserversorger, Land Salzburg
- Dr. Peter Schaber, Fachbuchautor, Spezialgebiet Salzburger Seen
- Dipl.-Ing. Hans Wiesenegger, Leiter des Hydrographischen Dienstes, Land Salzburg
- Tourismusverbände im Land Salzburg

Vor allem aber besten Dank an Mag. Michael Veits für sein grundlegendes Werk „Salzburgs Seen. Natur – Geschichte – Kultur“, erschienen in Salzburg 2015 im Eigenverlag des Vereins „Freunde der Salzburger Geschichte“.

Was ist ein See?

Auf einer offiziellen Internetseite der Salzburger Landesregierung steht zu lesen, dass es im Land Salzburg 608 Seen gibt. Davon weisen allerdings nur 13 Seen eine Wasserfläche auf, die größer als 500.000 Quadratmeter (0,5 km^2) ist. Dabei stellt sich die interessante Frage, was überhaupt als See bezeichnet werden darf.

Streng genommen, aus der Sicht der Limnologie, also jener jungen Wissenschaft, die sich mit den Seen beschäftigt, ist die Bezeichnung „See" abhängig vom Tagesgang der Wassertemperatur. Demnach darf die Temperatur aus der oberen Gewässerschicht im Tagesverlauf nicht den Seeboden erreichen. Nicht die Größe ist also allein ausschlaggebend, sondern die Tiefe macht das stehende Gewässer zum See. Tiefe vor Oberflächlichkeit, eine durchaus menschliche Erkenntnis. Der Temperaturgang eines Sees ist neben der Tiefe allerdings auch noch von weiteren Faktoren abhängig, wie Meereshöhe, Einzugsgebiet, geographische Lage usw. Für den Laien ist die Beurteilung See oder nicht See gar nicht so einfach zu klären und selbst die Limnologen sind sich nicht immer einig.

Eine zusätzliche Seen-Definition klingt schon wesentlich einfacher. Demnach ist ein See ganz einfach eine größere Ansammlung von Wasser in einer Bodenvertiefung, die allerdings keine direkte Verbindung zu einem Weltmeer haben darf. Somit verfügt der See über keinen durch Meeresströmungen bedingten Zu- oder Abfluss. Ebenso darf ein See kein Gefälle aufweisen, so wie das etwa bei den Fließgewässern der Fall ist. Welches Gewässer sich nun als See bezeichnen darf, ist so einigermaßen geklärt, aber wie entsteht ein See denn eigentlich?

Ein See entsteht

Gletscher

Die Vorarbeit zur Entstehung der meisten heimischen Seen geschah während oder kurz nach der letzten Eiszeit. Die Kraft der Eis- und Flussströme führte zu jenen Geländeverformungen, die sich nach dem Abschmelzen der Gletscher mit Wasser füllten. Die dabei entstandenen Urseen nahmen riesige Ausmaße an. So reichte etwa der Salzburger See in der Zeit vor rund 19.000 Jahren vom Pass Lueg bis nach Tittmoning, vom Gaisberg bis zum Waginger See. Erst nachdem sich die Salzach bei Raitenhaslach-Burghausen einen Weg durch die Endmoräne und den Fels gefräst hatte, sank der Wasserspiegel des 55 mal 20 Kilometer großen Sees um 30 bis 40 Meter. In der Folge entstanden einzelne, immer noch sehr große Seeeinheiten. Die drei Trumer Seen im nördlichen Flachgau etwa waren ursprünglich ein zusammenhängender See und sind in dieser Darstellung sogar noch in den ältesten Landkarten eingezeichnet. Begünstigt wurde das Entstehen der eher flachen Voralpenseen des nördlichen Flachgaus durch eine wasserundurchlässige Tonschicht, die von den Gletscherausläufern in den Vertiefungen abgelagert wurde.

Bergstürze

Eine andere Art der Seenwerdung sind große Bergstürze. Nach derartigen Ereignissen im Gebirge bildeten sich oft natürliche Dämme, die wiederum zur Grundlage eines neu entstandenen Bergsees wurden. Auf diese Weise entstand etwa sowohl der bayerische Hintersee als auch der Hintersee bei Mittersill. Manchmal war der Bergsturz und das damit verbundene Aufstauen aber auch die Ursache für eine nachfolgende, noch größere Katastrophe, wenn der Damm dem Druck nicht mehr standhielt. Vom Karsee im Oberpinzgau ist solch ein Ereignis überliefert, durch das zwei Almen hinweggefegt wurden.

Karstseen

Eine weitere Möglichkeit, die zur Geburt eines Sees führen kann, ist das meist plötzliche Nachsacken der Erdoberfläche, durch die der frei gewordene Hohlraum mit Wasser gefüllt wird. Die Forscher sprechen dann von Karst- oder Erdfallseen. In unserem alpinen Raum betrifft das abgedichtete

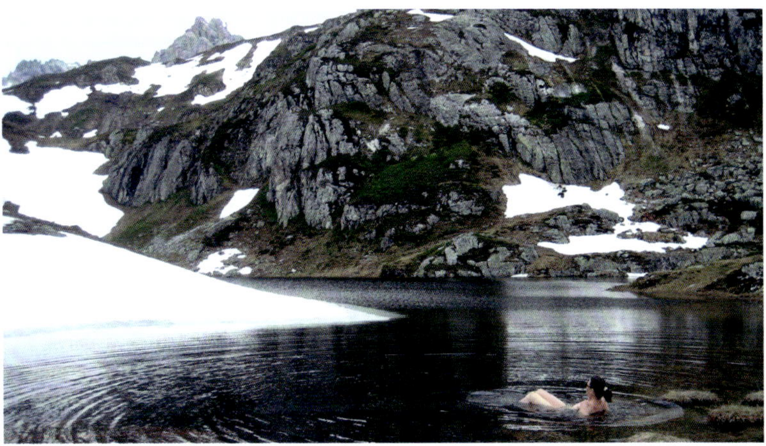

Essersee im Riedingtal.

Dolinen, in der Salzburger Bergwelt sind aber nur ganz wenige derart entstandene Seen bekannt. Auch die tektonischen Seen, die sich nach Grabenbrüchen in der Erdkruste bilden, sowie Kraterseen in erloschenen Vulkankegeln sind in unseren Breitengraden nicht anzutreffen.

Künstliche Seen

Hingegen nehmen die künstlich entstandenen Seen einen nicht unerheblichen Bestandteil in der gesamten Seenstatistik ein. Neben den Gewässern, deren Entstehung recht eindeutig zugeordnet werden kann, wie etwa Baggerseen oder große Speicherteiche in den Skigebieten, gibt es aber auch solche, die nicht auf den ersten Blick als von Menschenhand aufgestaute Seen erkennbar sind. Oft waren wirtschaftliche Gründe ausschlaggebend, damit etwa ein größeres Fischgewässer zur Verfügung stand, oder auch um das touristische Bedürfnis nach einem romantischen See zu befriedigen. Auf diese Weise ist etwa der Ritzensee bei Saalfelden entstanden. Die Seen sind für den Sommertourismus von großer Bedeutung, aber auch für viele andere Wirtschaftszweige spielen die Gewässer in Salzburg eine wichtige Rolle.

Der See als Wirtschaftsfaktor

Sommerfrische

Die Salzburger Seenlandschaft wird von Klein- und Kleinstseen dominiert. Nur 13 der insgesamt 608 erwähnten Seen sind über einen halben Quadratkilometer groß. Entsprechend gering ist der Spielraum für eine wirtschaftlich sinnvolle Binnenschifffahrt. Auf dem Wolfgangsee, dem Zellersee und im kleinen Umfang zwischen Mattsee und Obertrumer See werden im Sommer regelmäßig verkehrende Schiffsverbindungen angeboten.

Für den Badebetrieb in den Salzburger Gewässern ist die Größe weniger ausschlaggebend. Wichtiger sind da schon die Temperatur und die Reinheit. Die Wasserqualität ist in allen badegeeigneten Seen Salzburgs gut bis hervorragend. Das war nicht immer so. Bis in die 1980er-Jahre war die Wassergüte vieler Seen, speziell im Voralpengebiet und in den inneralpinen Tallagen, durch das Einleiten der Abwässer, durch die landwirtschaftliche Überdüngung, vor allem aber durch den Phosphat-Eintrag massiv beeinträchtigt. Mit enormen Investitionen in die Kanalisation und durch Aufklärungsarbeit konnte das Kippen der beliebten Badeseen gerade noch abgewendet werden. In Salzburg unterliegen 37 Badestellen laufend behördlich angeordneten Kontrollen und weisen durchgehend hervorragende Werte auf. Aber auch die nicht kontrollierten Badeplätze geben keinen Anlass zur Sorge.

Fischerei

Auch der Ertrag der Fischer ist von guter Wasserqualität abhängig. Zwar ist die Anzahl der professionellen Fischer auf Salzburgs Seen, die von ihrem Fang auch wirtschaftlich leben können, handverlesen, aber ein Blick auf die Seite des Fischereiverbandes (www.fischen.fischereiverband.at) zeigt eine erstaunlich hohe Anzahl an Fischgewässern in allen fünf Gauen und ebenso in der Stadt Salzburg. Der jährliche Fischertrag aus den Salzburger Seen liegt bei rund 54 Tonnen. Von den 58 Fischarten, die im Land Salzburg vorkommen, sind 43 Arten heimisch. Zwölf früher vertretene Arten sind nicht mehr nachweisbar. Eine interessante Rolle für die Forscher spielen einige ausgewählte Bergseen. In diesen ursprünglich fischleeren Gewässern wurden ab dem Mittelalter Seesaiblinge eingesetzt. Es hat sich die Annahme bestätigt, dass in den betroffenen Hochgebirgsseen ein reinerbiges Genreservoir von Saiblingspopulationen aus verschiedenen Seen des Alpennordrandes vorhanden ist. So wurde etwa im Tappenkarsee der sogenannte Schwarzreiter, eine Zwergform des Seesaiblings, nachgewiesen. Auch aus historischer Sicht sind die Salzburger Hofküchenseen, zu denen der Tappenkarsee zählte, besonders interessant. Sie sind genau dokumentiert, der gesamte Fischfang war ausschließlich für die Tafel der Erzbischöfe bestimmt. Der Bedarf an dieser edlen Fastenspeise war enorm, mussten doch über 100 Fastentage kulinarisch überwunden werden. Ein weiterer dieser sechs großen Hofküchenseen war der Fuschlsee. Das Recht auf Fischfang ging nach dem politischen Ende des Fürsterzbistums im Jahr 1803 auf die heute noch sehr erfolgreiche Schlossfischerei über. Rund 5000 Kilo Fisch sind der jährliche Ertrag, der durch 14 verschiedene Arten aus dem klaren Fuschlsee erwirtschaftet wird.

Eisschneiden

Ein heute völlig vergessener Wirtschaftszweig, der alljährlich in den Wintermonaten Hunderte Seeanrainer mit Arbeit versorgte, war das Eisschneiden. In einer Zeit, als noch keine elektrisch betriebenen Kühlschränke zur Verfügung standen, war eine möglichst lange Kühlung der Lebensmittel durch Eis enorm wichtig. In den meisten größeren Residenzen und Häusern standen Eiskeller zur Verfügung, die mit standortnahen Eisvorräten in den Wintermonaten gefüllt wurden. Vor allem in der Zeit zwischen der Mitte des 19. und der Mitte des 20. Jahrhunderts entstand ein regelrechter Industriezweig, der in professioneller Art mit geschnittenen Eisblöcken handelte. Durch den Bau der Eisenbahnlinien nach Wien, München und Innsbruck ab dem Jahr 1860 wurde der Transport auch in weiter entfernte Regionen möglich. Aus dem zugefrorenen Wallersee wurden im Jahr 1863 rund 5000 Tonnen Eis per Bahn nach Wien transportiert. Auch die Bierbrauereien rund

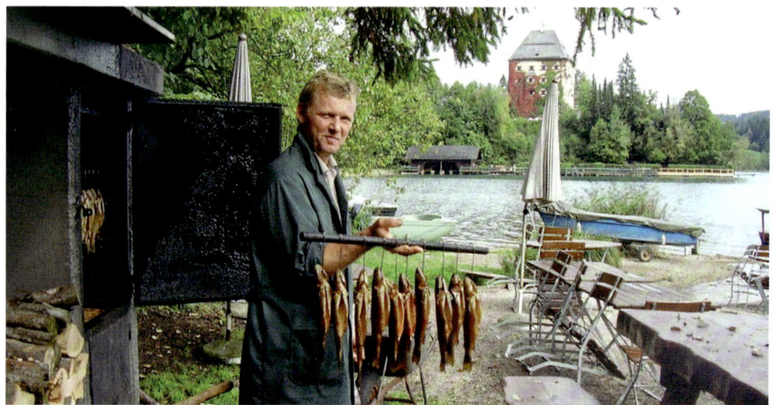

Bei der Schlossfischerei Fuschl.

um München wurden mit Eis aus den Salzburger Gebirgsgauen beliefert. Für diese Lebensmittelproduzenten war die Kühlung besonders wichtig. Die heute noch verwendete Bezeichnung Märzenbier verweist auf diesen Umstand. Ursprünglich war das Bierbrauen in Deutschland nur zwischen Michaeli (29. September) und Georgi (23. April) erlaubt. Das zuletzt, im März, gebraute Bier war von besonderer Stärke und Lagerfähigkeit, musste es doch bis in den Sommer hinein in den mit Eis gefüllten Kellern den Bierbedarf stillen.

Energie aus Wasserkraft

Bereits vor 1881 erzeugte Ignaz Rojacher in seinem Rauriser Goldbergwerk mit einem einfachen Wasserrad Lichtstrom „im continuirlichen Betriebe", auf der anderen Bergseite im Gasteiner Nassfeld entstand im Jahr 1912 ein erstes Kraftwerk, von dem der Gasteiner Bergbau profitierte. In weiterer Folge entwickelte sich daraus der Jahresspeicher Bockhartsee, der nach einer letzten Staudammerhöhung im Jahr 2007 maximal 18,5 Millionen Kubikmeter Wasser fasst und mit den daran angeschlossenen Kraftwerken 264 Millionen Kilowattstunden Strom pro Jahr produzieren kann. Die Speicherkraftwerke haben in Salzburg eine lange Tradition, als Beispiel sei auch noch die Kraftwerkskette im Stubachtal genannt, die seit dem Jahr 1921 ständig erweitert wurde und heute einen Großteil des Strombedarfs der Österreichischen Bundesbahnen deckt. Der bekannteste Hochgebirgsstausee in Salzburg ist der Moserboden (2040 m) im benachbarten Kaprunertal, der mit einem Nutzinhalt von knapp 85 Millionen Kubikmetern ein mittleres Energiepotenzial von 742 Millionen Kilowattstunden entfalten kann. Eine andere Art der Nutzung erlauben die zahlreichen Speicherseen in den Skigebieten, die zur Erzeugung von Kunstschnee angelegt wurden. Auch sie erreichen erstaunliche Größen zwischen 50.000 und 500.000 Kubikmetern (Zauchensee) Speicherinhalt. Viele der Speicherteiche sind im Sommer zusätzliche touristische Anziehungspunkte. Im Bundesland Salzburg gibt es rund 130 Speicherteiche mit einem Gesamtvolumen von sechs Millionen Kubikmetern Wasser.

Kategorie Seehöhe

Weltweit gibt es kein gängiges System, mit dem die Seen einheitlich klassifiziert werden. Mögliche Kriterien für eine Typisierung sind unter anderem die Art der Entstehung, die Größe, die Temperatur, Durchlichtung und Eigenfärbung oder etwa auch die Durchströmung. Dabei wird die Zeit errechnet, in der der gesamte Wasserkörper eines stehenden Gewässers durch zufließendes und abfließendes Wasser theoretisch einmal ausgetauscht wird. Beim Wallersee sind das beispielsweise acht Monate, beim Grabensee zwei Monate, beim benachbarten Mattsee aber 4,7 Jahre. Aus diesen Werten lassen sich interessante Rückschlüsse auf die Durchmischung des Wassers ablesen.

Die in diesem Buch verwendete Einteilung orientiert sich aber der Einfachheit halber an der jeweiligen Höhenlage der Gewässer. Dabei wurde in Voralpenseen, Bergseen und Hochgebirgsseen unterschieden, zusätzlich auch noch in die Kategorie „Großer Salzburger See".

- Voralpenseen: 350 bis 800 Meter. Betroffen sind der nördliche Flachgau, die Oberinnviertler Seenplatte und der bayerische Rupertiwinkel. Die Seen aus diesen Regionen zeichnen sich durch eine hohe Badetauglichkeit aus und sind auch zumeist leicht erreichbar. Entstanden sind die Voralpenseen häufig im Endmoränenbereich der eiszeitlichen Gletscher.
- Bergseen: 800 bis 1800 Meter Seehöhe. Gemeinsam mit den Hochgebirgsseen die am stärksten vertretene Gruppe in diesem Buch und auch im gesamten Salzburger Land. Viele Seen sind an das Wanderwegenetz angeschlossen und werden dementsprechend touristisch genutzt. Manche stehen bei geeigneter Lage auch im Fokus der E-Wirtschaft.
- Hochgebirgsseen: über 1800 Meter. Durch die Lage in abgeschiedenen Karen oft nur noch schwer zugänglich, aber von ganz besonderem landschaftlichem Reiz. Hochgebirgsseen sind meist extrem nährstoffarme Gewässer. Im Kristallin ist das Wasser besonders mineralarm und entspricht dem Regen- oder Schmelzwasser in diesen Höhenlagen. Durch das Abschmelzverhalten der Gletscher in Folge des Klimawandels entstehen in dieser oberen, alpinen Höhenlage aber auch immer wieder neue Seen.

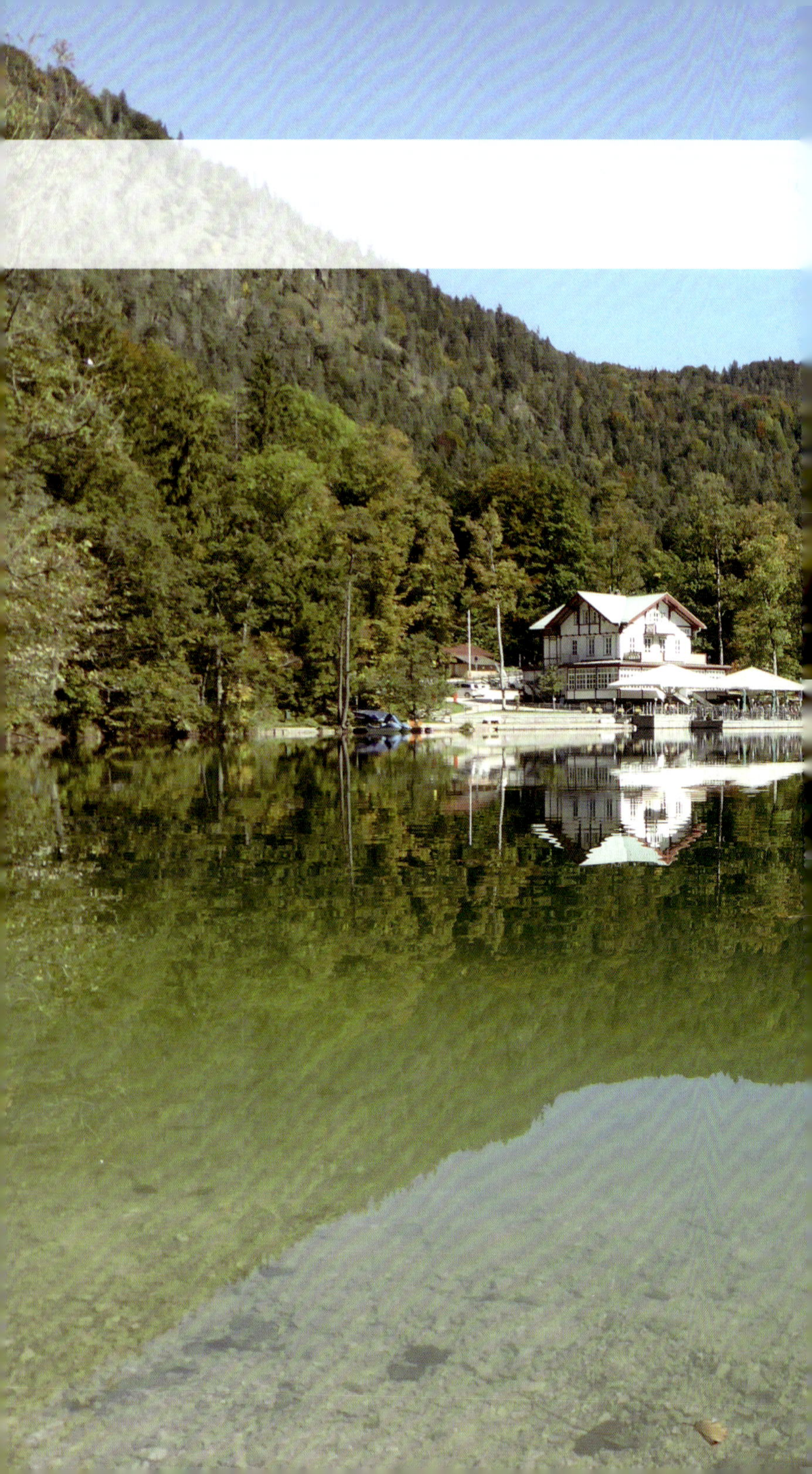

Bayern

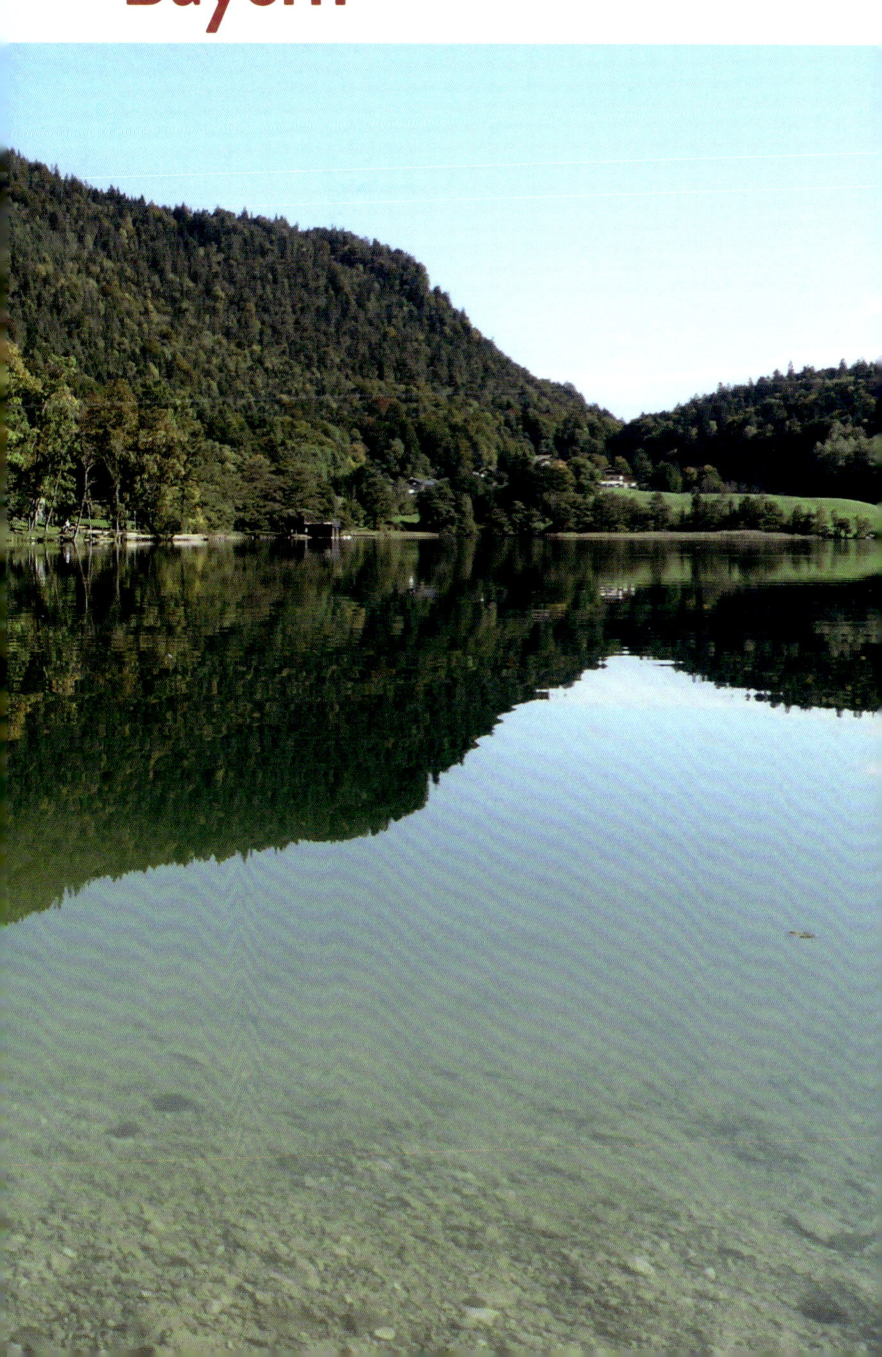

1 Abtsdorfer See und Haarmoos

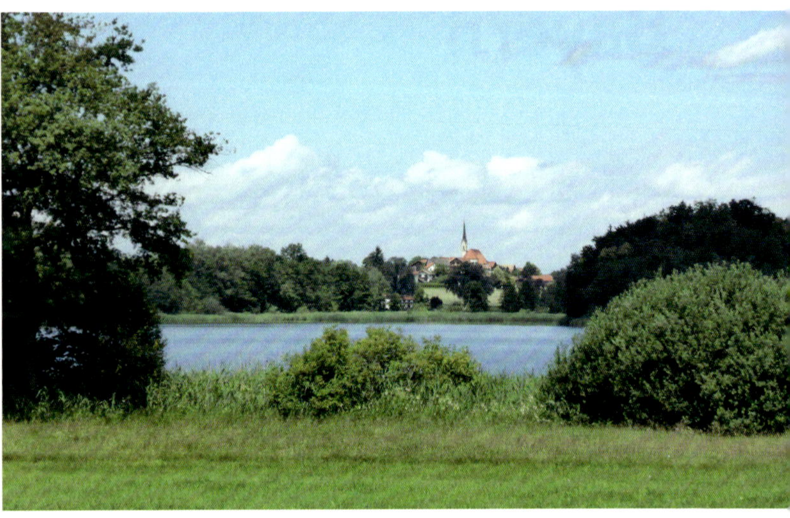

Der Abtsdorfer See mit Blick auf Leobendorf.

Nicht nur die Gletscher der letzten Eiszeit haben der Seen- und Moorlandschaft südlich von Laufen ihren Stempel aufgedrückt. Beteiligt waren auch die bayerischen und die Salzburger Regenten.

DER SEE

Kategorie: Voralpensee
Lage: Gemeinde Saaldorf-Surheim
Seehöhe: 426 m
Fläche: 840.000 m²
Max. Seetiefe: 20 m
Einzugsgebiet: 21 km²

Am Ende der Würmeiszeit vor etwa 10.000 Jahren zogen sich die Salzachgletscher zurück, übrig blieb die sogenannte Abtsdorfer Seenplatte. Der Abtsdorfer See und das umgebende Moos sind letzte Reste davon. Ursprünglich war die Wasserfläche doppelt so groß wie heute. Der Fischerberg, ein eiszeitlicher Moränenhügel, über den auch der Seerundgang verläuft, trennte das Gewässer in den Abtsdorfer See und den Haarsee. Der flache Haarsee verlandete und im Laufe von Jahrtausenden entstand ein Niedermoor. Auf ganz ungewöhnliche Weise wurde das Haarmoos aber wieder in einen See rückverwandelt. Auslöser dieser Aktion waren Streitigkeiten im Jahr 1388 zwischen Salzburg und Bayern um eine Burganlage, die sich auf der einzigen Insel im Abtsdorfer See befand. Reste dieser einstigen Wasserburg sind auf der Insel sogar noch heute zu erkennen. Der Abtsdorfer See wurde durch zwei Schanzen und zwei Dämme aufgestaut, um die Burg zu fluten und dadurch den Besitzer zur Aufgabe zu zwingen. Das gelang auch, allerdings breitete sich gleichzeitig die Wasserfläche über das Haarmoos und das Weidmoos aus. Erst im Jahr 1558 wurden die Abflüsse wieder geöffnet und die Fläche des Haarsees verringerte sich dementsprechend. Die umgebenden Zonen wurden wieder zum Niedermoor.

Zu einem weiteren großen Eingriff kam es 1774 unter dem Salzburger Erzbischof Hieronymus von Colloredo, der die Feuchtgebiete weitgehend trockenlegen ließ. Damit entstanden neue, landwirtschaftlich nutzbare Flächen, die verpachtet oder verkauft wurden.

Heute ist das Haarmoos die letzte große Streuwiesenlandschaft im Berchtesgadener Land und das größte Wiesenbrütergebiet Südostbayerns. Noch um 1980 war geplant, im Haarmoos 100 Hektar – fast die Hälfte des gesamten Bestands – zu entwässern und landwirtschaftlich intensiv zu nutzen. Im Jahr 1982 wurde das Haarmoos jedoch unter Schutz gestellt. Ein Förderkonzept wurde erarbeitet und brachte ein Ergebnis, mit dem alle Beteiligten, einschließlich der bedrohten Vogelwelt, leben können.

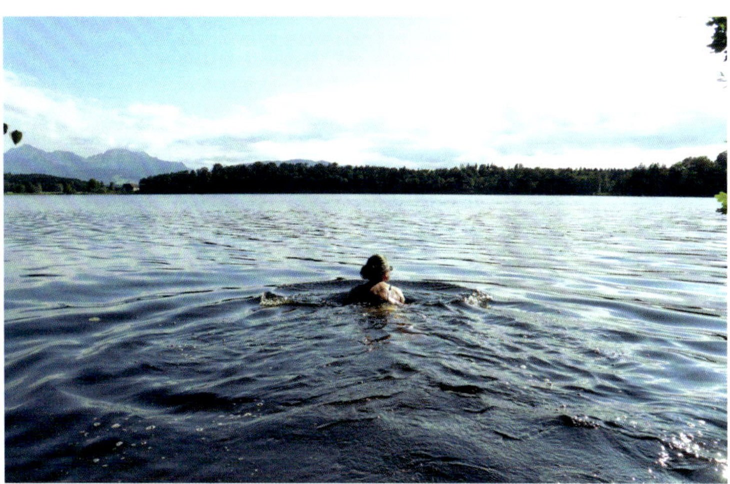

Die dunkle Färbung des Abtsdorfer Sees entsteht durch die Huminsäuren.

DIE WEGE

Ausgangspunkt: Parkplatz Seethal (Ostufer Abtsdorfer See)

Anfahrt: A 1, Abfahrt Salzburg Bergheim oder Salzburg Nord. Auf der B 156 nach Oberndorf und weiter nach Laufen. Oder direkt hierher über die Staatsstraße 20 (A 1, Abfahrt Salzburg Mitte und weiter nach Freilassing). Von Laufen 3,5 km Richtung Waging nach Abtsee. Parkplätze am Ostufer (Ortsschild Seethal).

Haltestelle: Fisching Thannberg, Laufen (RVO Bus 852 ab Bhf. Freilassing)

Schwierigkeit: T 1 (familienfreundlich)

Ges. Dauer Haarmoosroute: 45 Minuten, 20 Höhenmeter, 2 Kilometer

Ges. Dauer Seeumrundung: 1 ½ Stunden, 20 Höhenmeter, 5,5 Kilometer

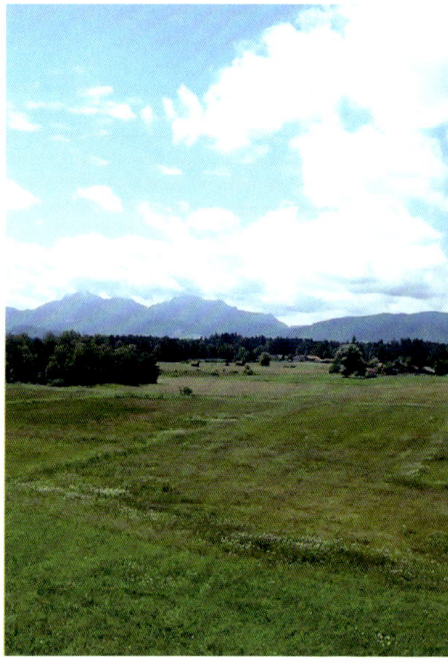

Das Vogelschutzgebiet Haarmoos.

HAARMOOSROUTE

Ausgangspunkt der beiden Rundwanderungen ist der Parkplatz Seethal am Ostufer des Abtsdorfer Sees. Eine Informationstafel bietet einen ersten Überblick. Zunächst folgt der Gehweg noch einige Meter dem Straßenverlauf Richtung Süden, dann trennen sich die Haarmoosroute und die Runde um den Abtsdorfer See.

Die Haarmoosroute verläuft geradeaus, macht im flachen Moos eine sonnige Extrarunde an einem Beobachtungsstadel vorbei und mündet wieder in den Hauptweg ein. Natürlich kann man nun auch wieder an den Startpunkt zurückkehren (ges. Gehzeit 45 Min.), aber die Seeumrundung bietet noch einige Attraktionen.

SEEUMRUNDUNG

Die direkte Seerunde lässt die Haarmoos-Schleife aus und folgt der schmalen Asphaltstraße gleich nach rechts aufwärts. Auf der linken Seite taucht bald eine Plattform auf, die beste Aussichten auf das Moos und seine Bewohner bietet. Sehr hilfreich dabei ist ein starkes Fernrohr, das den Vogelbeobachtern zur Verfügung steht. Wer keinen der seltenen Vögel entdecken kann, aber deren Stimmen vernimmt, könnte im bald folgenden Info-Stadel zu einer

Erklärung gelangen. Dort lassen sich die wichtigsten Vogelstimmen per Knopfdruck abrufen und mit den gehörten Live-Darbietungen vielleicht in Einklang bringen. Nach dem Informationsstadel beim Weiler Haarmoos folgt der weitere Weg einer Allee, die aus prachtvollen, uralten Weiden besteht. Danach geht es rechts abzweigend (S) auf einem abgetrennten Geh- und Radweg entlang der Straße durch den Wald zum großen Freizeitareal. Zum richtigen Zeitpunkt und mit Badesachen im Rucksack bietet sich hier eine gute Gelegenheit, den wärmsten Badesee Bayerns auch schwimmend zu erkunden. Der nette Einkehrstadel macht zusätzlich Appetit zum Bleiben. Nach dem Besuch im frei zugänglichen Badegelände schließt sich die Runde wieder am Parkplatz Seethal.

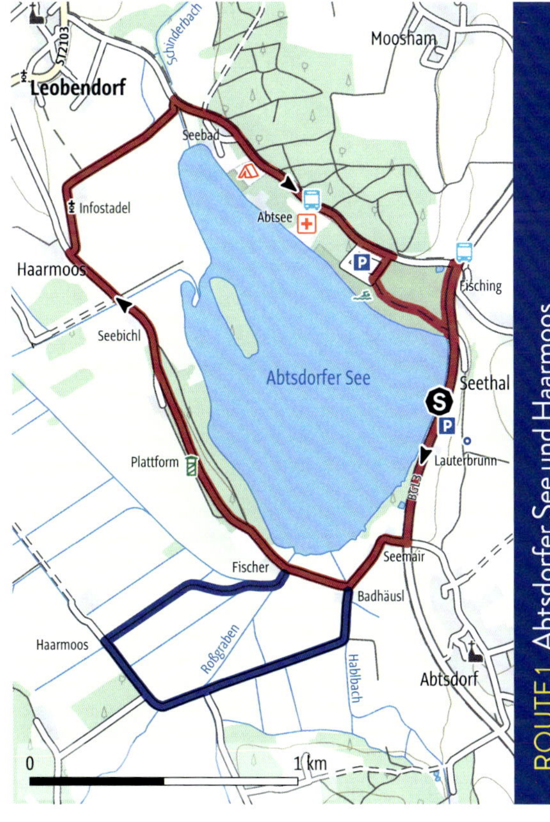

2 Schönramer Filz

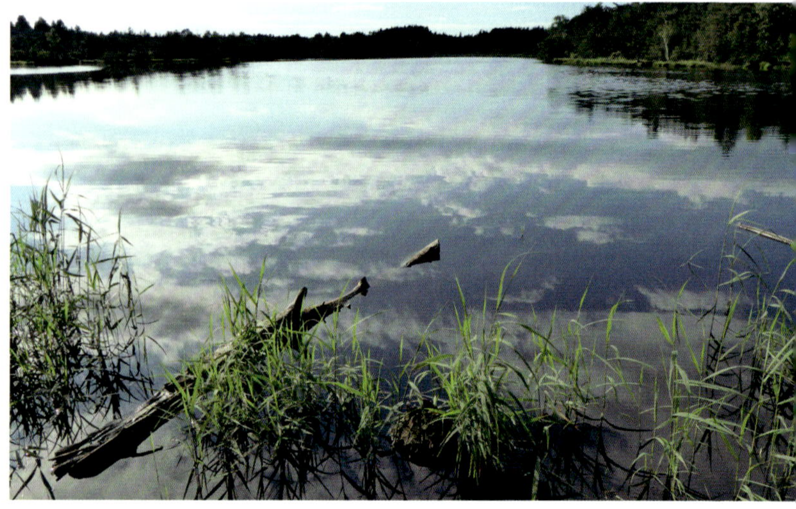

Die durch den Torfabbau entstandene Grube hat sich mit Wasser gefüllt.

Das Schönramer Filz gehört zu den größten Hochmooren Südostbayerns. Bis 1995 wurde hier noch großflächig Torf abgebaut, heute ist das stille Paradies unter Schutz gestellt.

DER SEE

Kategorie: Voralpensee (Moorsee, künstlich entstanden)
Lage: Gemeinde Petting
Seehöhe: 435 m
Fläche Hauptsee: 70.000 m² (gesamte Moorfläche ca. 5.000.000 m²)
Max. Seetiefe: 6 m

Vor etwa 10.000 Jahren, nach dem Abschmelzen der eiszeitlichen Gletscher, entstanden große Seen und Sumpflandschaften. Die Becken verlandeten, in den folgenden Jahrtausenden bildeten sich Hochmoore mit meterdicken Torfschichten. Der Schönramer Filz, zwischen Abtsdorfer- und Wagingersee gelegen, könnte viel erzählen. Bis 1850 war es ein intaktes, waldfreies und unberührtes Hochmoor. Dann wurde die Fläche systematisch kultiviert, also entwässert. Die Torfziegel wurden vorerst noch mit einfachen Hilfsmitteln aus dem Boden gestochen, danach die gewonnenen Flächen aufgeforstet. Ab 1920 wurden die Grundeigentümer zur Kultivierung der „nutzlosen" Moorflächen sogar per Gesetz verpflichtet. Damit verbunden begann der maschinelle Torfabbau. Bis zu 2000 Torfstecher bedienten sich am ausgetrockneten Filz (bayerisch für Moor), anschließend zerstörten die Verheidung und vor allem der aufkommende Wald das bis dahin dynamisch wachsende Moor endgültig. Zwischendurch diente ein kleiner Teil der Fläche in einer ernüchternd konsequenten Abfolge zuerst als Reichsarbeitsdienstlager (1935 bis 1940), dann als Krankenlager für Zwangsarbeiter und schließlich ab 1946 als Flüchtlingslager. In fünf Wohnbaracken fanden 400 Heimatvertriebene einen vorübergehenden Platz. Der Torfabbau ging in all diesen Phasen mit unterschiedlicher Intensität weiter. Nach 1950 verdrängten Kohle, Heizöl und Erdgas den Torf als Brennstoff, trotzdem wurde der maschinelle Abbau noch bis 1995 im geringen Umfang weiter betrieben. Allerdings fand bereits in den 1970er-Jahren ein Umdenken statt und ein erster Heidewanderweg wurde angelegt. Seit 1982 stehen die bayerischen Moorgebiete unter strengem Schutz. Die Entwicklung der Moor- und Heideflächen wird wieder der Natur überlassen und das ausgehungerte Hochmoor kommt allmählich wieder in seine alte Form.

Einen guten Einblick über die seit 1990 erfolgten Renaturierungsmaßnahmen erlaubt der drei Kilometer lange Rundweg um den Moorsee. Dieser war ursprünglich eine riesige Abbaugrube, die sich nach dem Schließen der Entwässerungsgräben mit Wasser füllte.

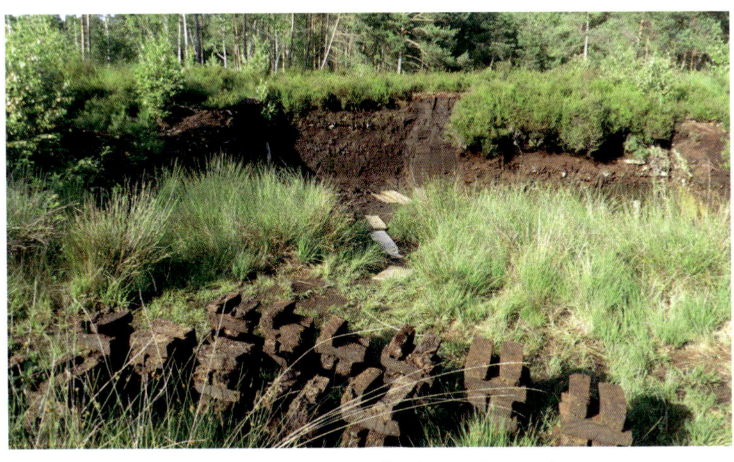

Nach dem Stechen wurden die Torfziegel zum Trocknen aufgestapelt.

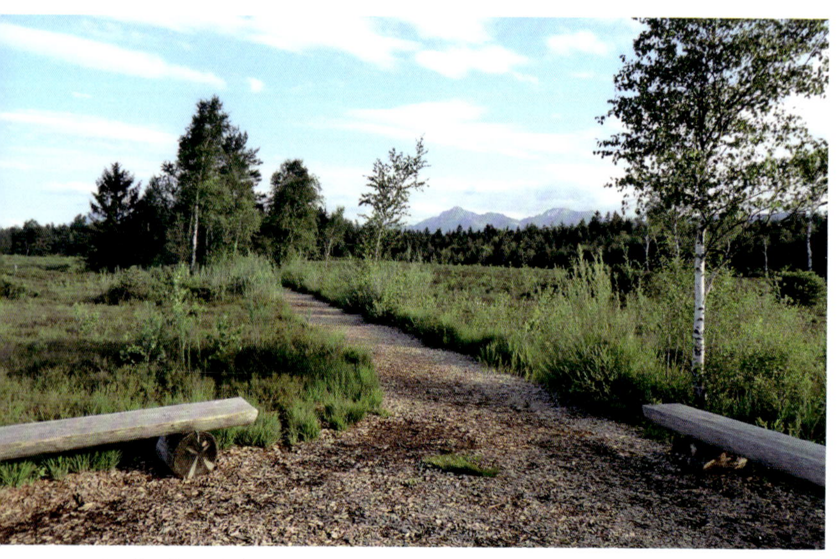

Am Rundweg sind etliche schöne Rastplätze angelegt.

DER WEG

Ausgangspunkt: Parkplatz Heideweg, 1,5 km nördlich von Schönram

Anfahrt: A 1, Abfahrt Salzburg Mitte. Auf der B 155 und der B 304 durch Freilassing (D). Auf der ST 2104 12 km Richtung Waging. In Schönram nach rechts abzweigen, nach 1,5 km links dem Schild „Heidewanderung" auf den Parkplatz folgen.

Haltestelle: Schönram Heidewanderweg (Bus 9519 ab Laufen)

Schwierigkeit: T 1

Dauer: 1 Stunde, keine Höhenmeter, 3,5 Kilometer

MOORERLEBNISWEG SCHÖNRAMER FILZ

Ausgangspunkt ist der große Parkplatz (Straßenschild „Heidewanderung") am Beginn des Moorerlebnisweges Schönramer Filz. Eine Info-Spirale versorgt die Moorbesucher mit ersten wissenswerten Details, aber auch während der drei Kilometer langen Runde geben acht Stationen Auskunft über die Besonderheiten von Moor und Heide. Der erste Punkt ist gleich einer zum Nachdenken, denn er präsentiert das einstige Barackenlager, von dem nur noch ein Brunnen zu sehen ist. Die nächste Station zeigt eine nachhaltige Torf-Abbaustelle, so wie sie über Generationen hinweg von den Bewohnern der Umgebung angelegt wurde. Dabei konnte sich in den abgetragenen Gruben wieder Torfmoos ansiedeln und das Torfwachstum begann von Neuem. Der Weg führt am See entlang und nun entfaltet die stille Landschaft ihre ganze Schönheit. Rechts abzweigend geht es federleicht über einen von Birken gesäumten Schwingbodenweg, dann nochmals nach rechts und wir stehen auch schon vor der fünften Station, die sich dem Thema Kunst und Spiel widmet. Es folgt ein kurzes Waldstück, auf der rechten Seite lädt das im Jahr 2014 errichtete Moorhaus zum Besuch und zum Staunen ein. Der letzte Abschnitt, der heute auch als Rad- und Forstweg benutzt wird, war zur Zeit des Torfabbaus die Trasse der Bockerlbahn. Bereits 1921 wurden 15.000 Tonnen Torf auf dieser schnurgeraden Strecke transportiert. Noch einige Minuten und unser Zielbahnhof, der große Parkplatz am Ausgangspunkt, ist wieder erreicht.

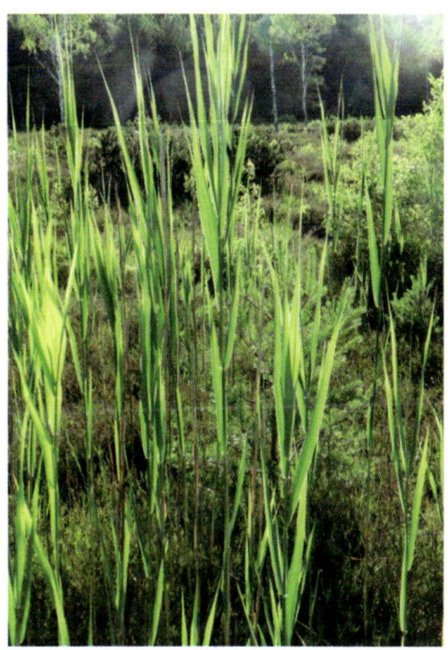

Schilfbewuchs im Schönramer Filz.

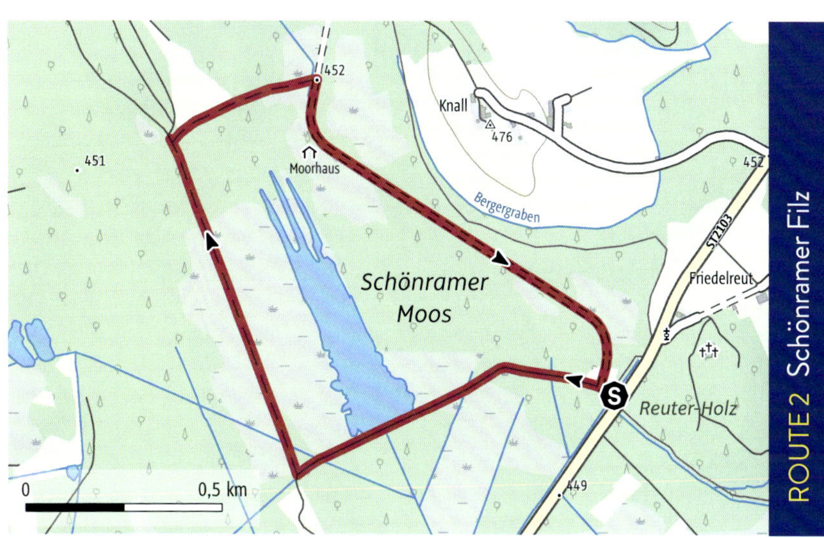

3 Hintersee

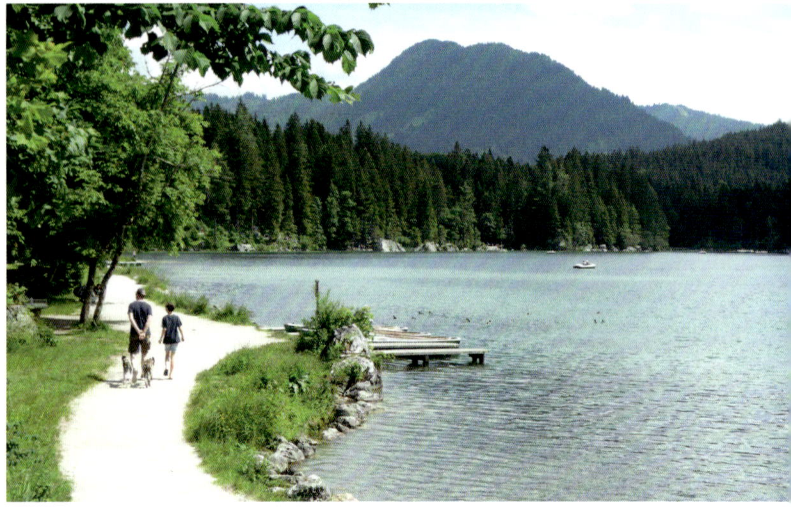

Vom Westufer des Hintersees öffnet sich der Blick auf das Lattengebirge.

Im 19. Jahrhundert wurde der stille Hintersee von den Landschaftsmalern entdeckt. Heute ist er neben dem Königssee der vielbesuchte Star unter den Berchtesgadener Seen.

DER SEE

Kategorie: Voralpensee
Lage: Gemeinde Ramsau
Seehöhe: 789 m
Fläche: 164.000 m^2
Max. Seetiefe: 18 m
Einzugsgebiet: 41 km^2

Der Hintersee liegt in einem Tal zwischen der Reiteralpe und dem östlich gegenüber aufragenden Hochkaltermassiv. Dieser kleine Gebirgsstock war dann auch für die Entstehung des Hintersees verantwortlich: Vor 3500 bis 4000 Jahren veränderte ein gewaltiger Bergsturz aus dem Blaueistal die Tallandschaft. Rund 15 Millionen Kubikmeter Fels und Geröll donnerten über einen Höhenunterschied von 1300 Metern und über eine Strecke von 3,7 Kilometern in das Tal. Die Wucht dieser Naturkatastrophe war derart gewaltig, dass die Gesteinsmassen bis zu 160 Meter auf den Gegenhang hoch geschleudert wurden. Im Talgrund bildete sich eine 40 Meter mächtige Masse aus Blöcken und Gesteinsschutt. Der am Hirschbichl entspringende

Klausbach wurde aufgestaut und in der Folge entstand der Hintersee. Er nimmt allerdings heute nur noch ein Drittel der einstigen Größe ein. Um eine weitere Verlandung zu verhindern, wurde der dafür verantwortliche, geschiebereiche Klausbach bereits im 19. Jahrhundert künstlich um den See herumgeführt. Ein günstiger Nebeneffekt der neuen Flussführung war dann auch die besser regelbare Holzdrift.

Gespeist wird der Hintersee durch unterirdische Quellen und durch kleinere Zuflüsse aus dem Klausbach. Durch die kurzen Fließstrecken kann sich das Wasser aber wenig erwärmen, der See erreicht auch in den wärmsten Sommerwochen kaum mehr als 16 °C. Auf den ausgeprägten Verlandungszonen am Zu- und Abfluss hat sich ein bemerkenswerter Grauerlen- und Weidenauwald entwickelt, der von Esche und Bergahorn ergänzt wird.

Heute ist der Hintersee eines der beliebtesten Ausflugsziele der Region und wird über die sozialen Medien viel tausendfach geteilt. Im 19. Jahrhundert wurde diese Aufgabe von den Künstlern der Malerkolonie übernommen. Ihre romantischen, oft auch idealisierenden Landschaftsgemälde vom paradiesischen Hintersee waren die besten Werbeträger für den immer stärker aufkommenden Tourismus. Die wichtigsten, am Hintersee tätigen Landschaftsmaler waren Carl Rottmann, Ferdinand Waldmüller, Friedrich Gauermann und Wilhelm Busch. Einen Querschnitt über das Wirken der romantischen Maler in der Region bietet der beschilderte Themenwanderweg rund um den See.

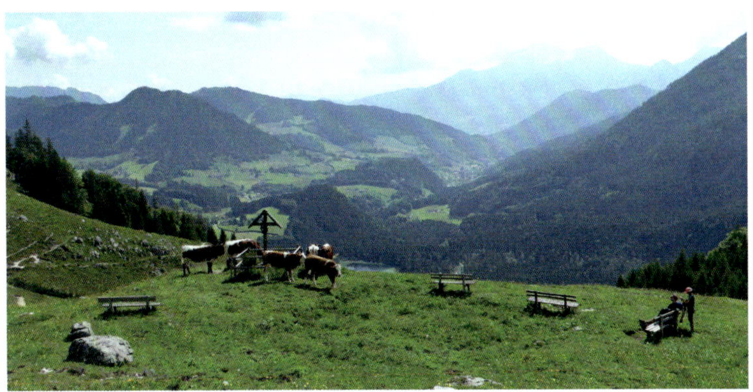

Der Weg zur Halsalm mit Blick auf den Hintersee.

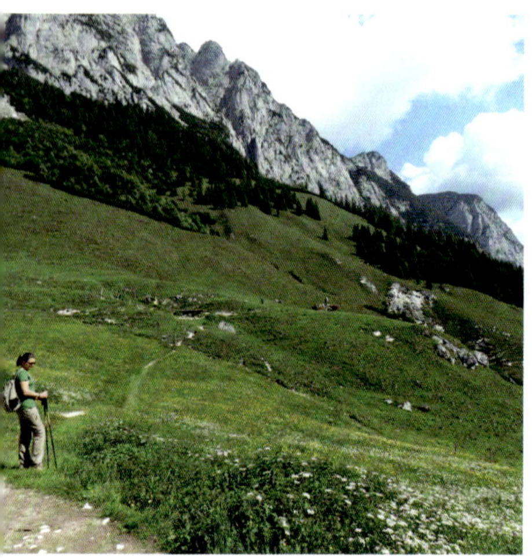

Kurz vor der Halsalm (Reiteralpe).

DIE WEGE

Ausgangspunkt: Parkplatz 4 oder 5 am Hintersee

Anfahrt: A 10, Abfahrt Salzburg Süd. Auf der B 160 nach Grödig-St. Leonhard, dann auf der B 305 über Berchtesgaden nach Ramsau und 3 km weiter zum Hintersee. Dort nach rechts auf die Parkplätze 4 oder 5 (Gebühr).

Haltestelle: Endhaltestelle Hintersee (ab Bhf. Berchtesgaden mit Bus 846)

Schwierigkeit: T 1 (Seerunde) und T 2 (Halsalm)

Dauer – rund um den See: 1 Stunde, 20 Höhenmeter, 3 Kilometer

Dauer – Rundweg Halsalm: 2 ¾ Stunden, 430 Höhenmeter, 6 Kilometer

RUND UM DEN HINTERSEE

Die Runde um den Hintersee eignet sich für beinahe jede Wetterlage. Mystisches Nebelreißen bei leichtem Nieselregen kann sehr stimmungsvoll sein, während die Wege und Parkplätze an Schönwettertagen oft hoffnungslos überfüllt sind. Im Umfeld des Hintersees gibt es mehrere Parkplätze, die zentralsten und größten (Parkplätze 4 und 5) sind gebührenpflichtig, der Parkplatz Seeklause auf der Nordseite ist gebührenfrei. Von welchem Punkt aus nun in die Seerunde eingestiegen wird, ist ebenso einerlei wie die Gehrichtung. Der Einfachheit halber beginnt die beschriebene Runde bei den südlichen Großparkplätzen (P 4, P 5). Hier am Schotterufer der Verlandungszone befindet sich auch ein guter Einstieg für ein kurzes Fußbad.

Der Weg zweigt nach rechts ab, quert über eine Brücke den Zufluss und verläuft dann 600 Meter entlang der Straße bis zum Abfluss. Hier zweigt eine empfehlenswerte Extrarunde in den Zauberwald ab. Der Name ist in den 1920er-Jahren erstmals verwendet worden und bezeichnet den wahrlich mystischen Bereich, der durch den großen Bergsturz vor etwa 4000 Jahren entstanden ist. Der halbstündige Ausflug in den Zauberwald folgt dem Verlauf der Ramsauer Ache und verläuft dann linker Hand in einem großen Bogen wieder an den Hintersee zurück. Der direkte Seeweg zweigt aber gleich nach der

Brücke über die Ache nach links ab und führt durch eine nicht weniger bizarre Felssturzlandschaft weiter. Immer wieder sind Zugänge zum See möglich, dazu gibt es genügend Rastbänke mit Blick auf den märchenhaften See. Eine Schiffsanlegestelle eröffnet die Möglichkeit, mit dem Fährboot Annerl um € 2,– an das gegenüberliegende Ufer in den Ort Hintersee zu gelangen. Vorausgesetzt, dort signalisiert der am Steg aufgehängte Rettungsring die Bereitschaft zum Abholen. Falls er dort nicht hängt, ist die Fähre außer Betrieb. Auch Seine Majestät Prinzregent Luitpold ist diese Route gern gegangen, wie man den Marmortafeln und den nach ihm benannten Weg entnehmen kann. Bei der offiziellen Taufe des Weges im August 2013 war sogar Ihre Königliche Hoheit Herzogin Helene aus dem Hause Wittelsbach anwesend. Der kleine Ort Hintersee am Westufer hat 100 Einwohner und besteht hauptsächlich aus touristischen und gastronomischen Einrichtungen. Wer Lust auf einen Seeausflug hat, kann hier ein Boot mieten. Nach einer Stunde schließt sich die Runde wieder.

RUNDWEG HINTERSEE – HALSALM

Der Rundweg über die Halsalm auf der Südostseite der Reiter Alpe eröffnet herrliche Tiefblicke auf den See und trifft am beinahe höchsten Punkt der Wanderung (1200 m) auf die nur fallweise geöffnete Alm. Der Anstieg über einen schmalen Steig ist steiler und

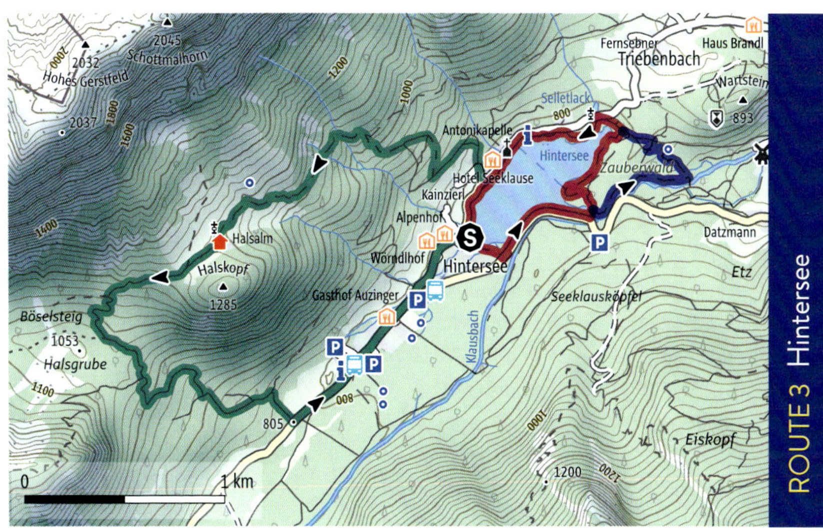

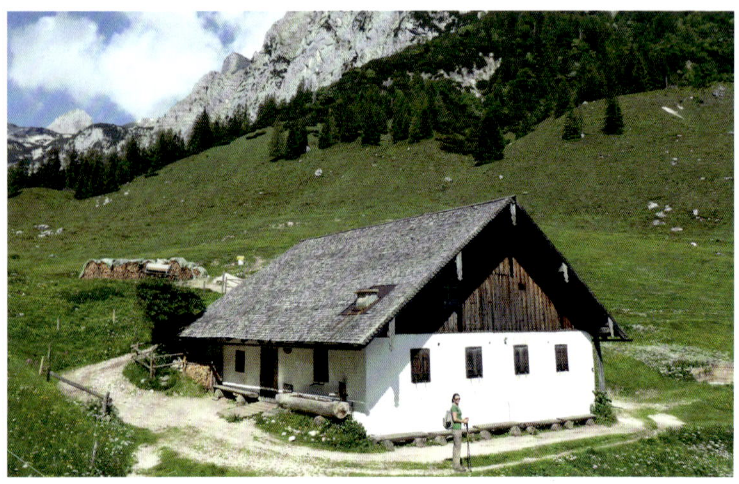

Die Halsalm steht in einem Sattel auf 1213 Meter Seehöhe.

anspruchsvoller als der Abstieg, der teilweise auf dem breiten Almweg verläuft. Ausgangspunkt ist der große Parkplatz am Südufer. Zuerst am Seeufer entlang, dann links abzweigend geht es zum Kainzierlhof und nun der Route 63 folgend zunächst wenig, dann immer steiler ansteigend bergauf. Der schmale Pfad trifft nach 200 Höhenmetern auf den von der Schwarzbachwacht herüberquerenden Weg 63 a und folgt diesem nach links. An einer romantischen Andachtsstelle vorbei führt der Weg zur Halsalm und dann noch einige Höhenmeter weiter hinauf in den Sattel. Auf der anderen Seite führt die bequem angelegte Trasse in 40 Minuten wieder hinab in das Klausbachtal. Dort zweigt die Route nach links ab und trifft 15 Minuten später auf das Klausbachhaus, in dem eine frei zugängliche Informationsausstellung über den Nationalpark Berchtesgaden untergebracht ist. Auf Gehwegen entlang der Straße schließt sich einige Minuten später die Halsalmrunde.

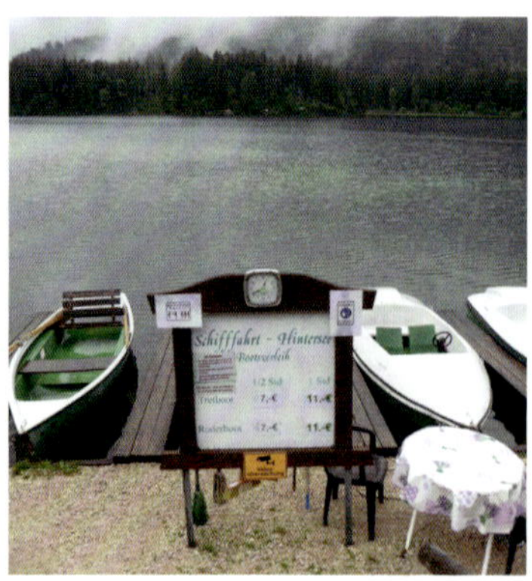

Am Hintersee.

4 Taubensee

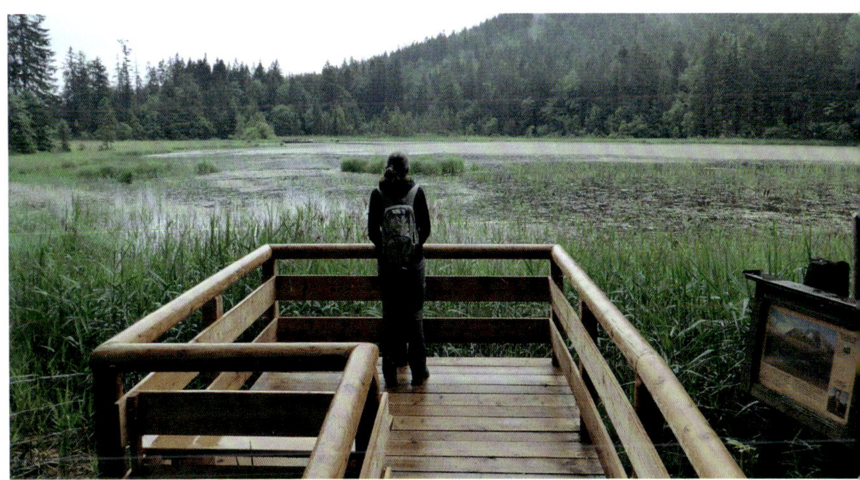

Der einzige offizielle Zugang zum Taubensee.

Der von Wald und Schilf umrahmte Taubensee hat sich im Laufe der Jahrhunderte immer mehr zurückgezogen. Im 19. Jahrhundert war er ein beliebtes Motiv der Maler, heute ist er der wichtigste Laichplatz in der Biosphärenregion Berchtesgadener Land.

DER SEE

Kategorie: Bergsee (Karstsee)
Lage: Gemeinde Ramsau
Seehöhe: 873 m
Fläche: 30.000 m^2
Max. Seetiefe: stark schwankend

Der Taubensee ist ein kleiner Karstsee, der während und nach der letzten Eiszeit entstanden ist. Er hat keinen natürlichen Zufluss, gespeist wird er von unterirdischen Quellen. Die Intensität der Quellen ist stark schwankend, genauso wie in weiterer Folge dann der Seespiegel selbst. Seine Randbereiche sind stark versumpft und von einem breiten Schilfgürtel umgeben. Für viele streng geschützte Amphibien, wie Laubfrosch, Bergmolch oder Erdkröte bieten gerade diese Bereiche ideale Laichplätze.

Vermutlich lässt sich der Name Taubensee auf die Krebse zurückführen, die auch als „Daupn“ bezeichnet werden. Taubensee war aber auch der Gebietsname für eine

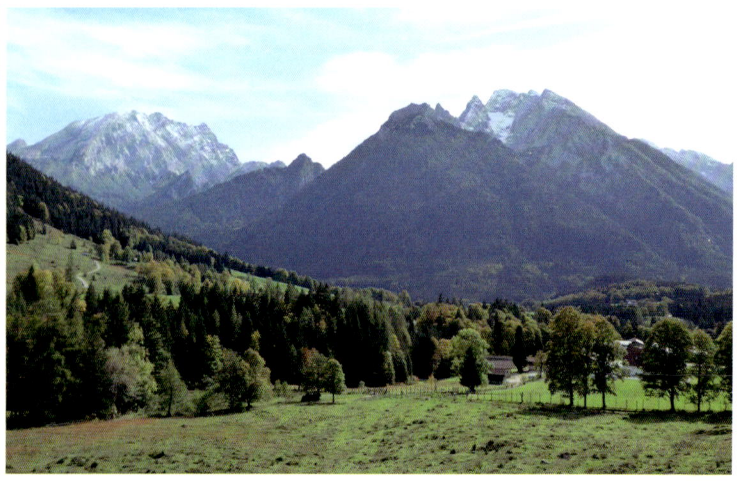

Zwei dominante Gestalten: Watzmann und Hoher Göll (links).

der bedeutenden Gnotschaften, die sich im 14. Jahrhundert nur hier im Berchtesgadner Land gebildet haben. Der heutigen Form einer Genossenschaft nicht unähnlich, schlossen sich die Bauern als Antwort auf die Lehensabhängigkeiten zu Selbsthilfegruppen zusammen. Die Gnotschafter verrichteten ihre Gemeindedienste bis in die Mitte des 20. Jahrhunderts.

Für die Landschaftsmaler des 19. Jahrhunderts war der Taubensee wiederum ein Garant für überaus romantische Bildmotive. Allerdings erscheint der kleine Taubensee auf den Landschaftsbildern oft größer und bedeutender, als er in Wirklichkeit ist. Aber das war eben der geniale Pinselstrich eines Ferdinand Waldmüller, der den Hochkalter in eine perfekte Komposition mit dem spiegelglatten See setzte. Heute ist der Blick auf den stark verlandeten, in Privatbesitz befindlichen See stark eingeschränkt. Ein Zugang über eine hölzerne Plattform ist trotzdem möglich und gibt den schönen Blick auf jenes Bildmotiv frei, das Ferdinand Waldmüller im Jahr 1837 so gekonnt auf der Leinwand verewigt hat.

DIE WEGE

Ausgangspunkt: Parkplatz Taubensee an der Dt. Alpenstraße, 1,2 km südl. der Passhöhe Schwarzbachwacht (Wachterl)

Anfahrt: A 10, Abfahrt Salzburg Süd, Berchtesgaden und Ramsau, oder über die A 8, Abfahrt Bad Reichenhall, Richtung Lofer bis zur Abzweigung Jettenberg, entlang der B 305

(Alpenstraße) auf den Parkplatz Taubensee, 1,2 km südlich der Passhöhe Schwarzbachwacht

Haltestelle: Taubensee (Ringlinie Ramsau RVO 845 ab Bhf. Berchtesgaden oder Rufbus Berchtesgaden)

Schwierigkeit: T 1 (beide Rundwege sind familien- und kindertauglich)

Dauer Taubensee-Rundweg: 1 ¼ Stunden, 60 Höhenmeter, 3,5 Kilometer

Dauer Pfaffental-Rundweg: 1 ½ Stunden, 140 Höhenmeter, 4 Kilometer

RUND UM DEN TAUBENSEE

Ausgangspunkt der Taubenseerunde ist der Parkplatz an der Alpenstraße südlich der Passhöhe Wachterl. Hier wurden einige Aussichtsbänke und eine Informationstafel mit den eingezeichneten Wandermöglichkeiten aufgestellt. Der Weg 71 (Rund um den Taubensee) zweigt nach rechts ab und verläuft parallel unterhalb der Alpenstraße zu einer kleinen Aussichtsplattform. Die Holzkonstruktion ist der einzige offizielle Zugang zum See. Die Route trifft auf die Verbindungsstraße Richtung Hintersee und folgt dieser 500 Meter bis zur Einfahrt zum Campingplatz Simonhof. Auch der Weg 71 zweigt hier von der Straße ab und verläuft am Rande der Buckelwiese nach links abwärts in einen kleinen Graben. An einer Pferdekoppel vorbei führt der Weg wieder bergauf und quert die Alpenstraße.

Auf der rechten Wegseite steht ein altes, zum benachbarten Leyerlehen gehörendes Brechelbad,

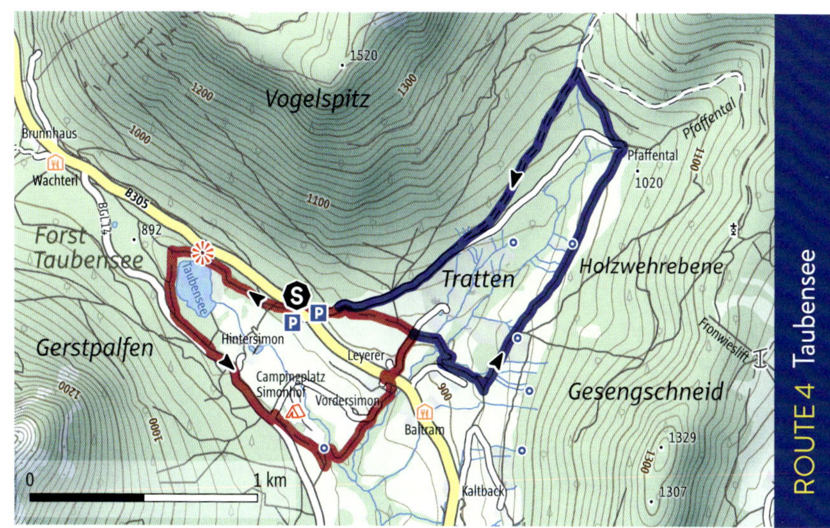

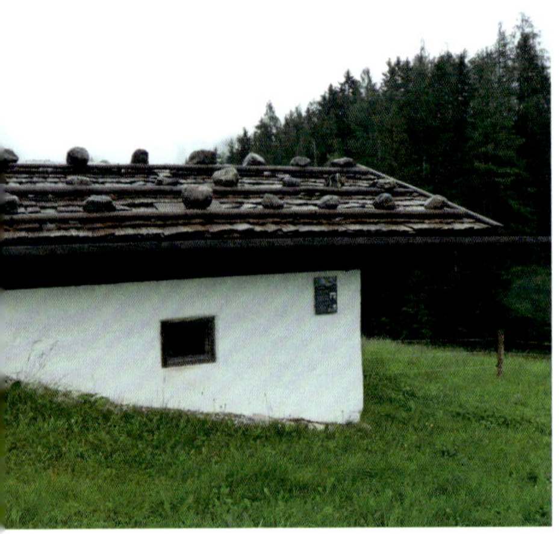

Das Brechelbad diente zur Leinenerzeugung.

so wie es bis in die 1930er-Jahre zur Leinenherstellung verwendet wurde. Im Inneren befand sich ein gemauerter Ofen, in dem der

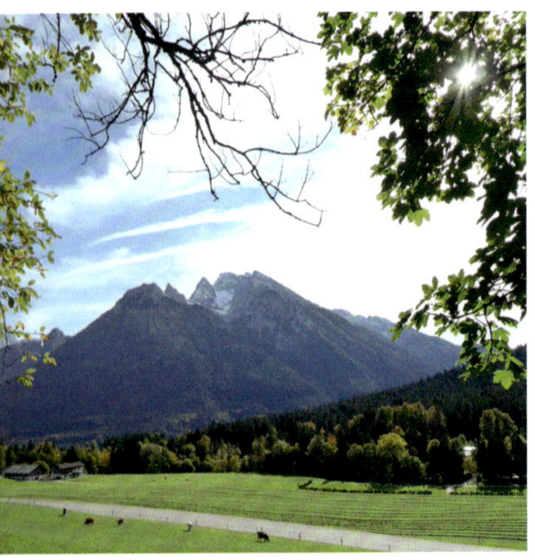

Blick aus dem Pfaffental auf den Watzmann.

Flachs getrocknet wurde. Aus diesem wurden die zum Spinnen tauglichen Flachsfasern gewonnen. Hinter dem Leyerhof zweigt der Weg 71 nach links ab und quert eine Freiweide. Diese Flächen grenzen an den Hof und sollen dazu dienen, dass sich die Tiere nach den langen Wintermonaten im Stall wieder leichter an das Leben auf der freien Wiese und auf der Alm gewöhnen können. Der Wiesenweg trifft auf eine Zufahrt, entlang dieser schließt sich links abzweigend die Runde.

DER PFAFFENTAL-RUNDWEG

Wer noch Lust auf eine weitere vier Kilometer lange, sehr nette und unkomplizierte Runde für beinahe jede Wetterlage hat, könnte bereits beim Leyerhof nach rechts auf den Pfaffental-Rundweg (Weg Nr. 73) abzweigen. Der ursprüngliche Ausgangspunkt des Pfaffental-Rundweges ist der knapp ein Kilometer entfernte Parkplatz Taubensee. Der von dort heraufführende Weg überquert leicht abfallend den Klausgraben, steigt dann wieder an und trifft auf die breite Zufahrt zur Mordaualm. Auch dieses kleine Almdorf in einer Entfernung von weiteren 30 Minuten (1,5 km) ist mit seinen feinen Einkehrmöglichkeiten ein lohnendes Ziel, aber die Pfaffental-Runde zweigt nach links ab und führt zum Parkplatz Taubensee retour.

5 Thumsee

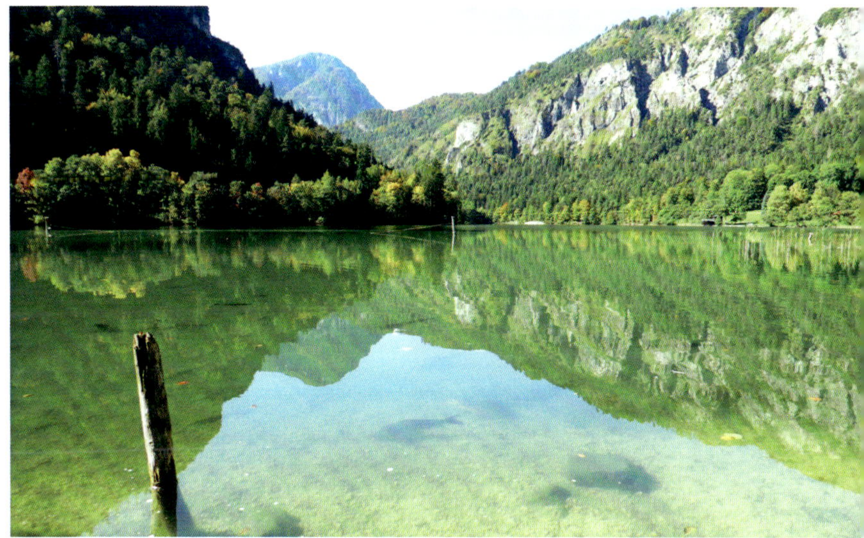
Der Thumsee.

Der See macht schon beim Vorbeifahren großen Appetit zum Bleiben. Mit ein Grund ist vielleicht der einladende Seewirt am gegenüberliegenden Ufer, den schon der Psychoanalytiker Sigmund Freud außerordentlich schätzte.

DER SEE
Kategorie: Voralpensee
Lage: Gemeinde Bad Reichenhall
Seehöhe: 526 m
Fläche: 155.000 m²
Max. Seetiefe: 21 m
Einzugsgebiet: 4,5 km²

Der sehr fischreiche Thumsee, vier Kilometer westlich von Bad Reichenhall, liegt im gleichnamigen Landschaftsschutzgebiet. Er befindet sich in Privatbesitz, die Wege und Zugänge sind aber öffentlich zugänglich, zudem gibt es einige Badestellen. Der See hat einen unterirdischen Zufluss, der aus dem westlich gelegenen Nesselgraben kommt. Dorthin führt auch eine der beiden vorgeschlagenen Wanderrouten. Auf vielen Landkarten ist dort noch ein Egelsee eingezeichnet, der aber bereits in einer frühen Beschreibung aus dem Jahr 1841 als „fast ausgetrocknet" bezeichnet wird.

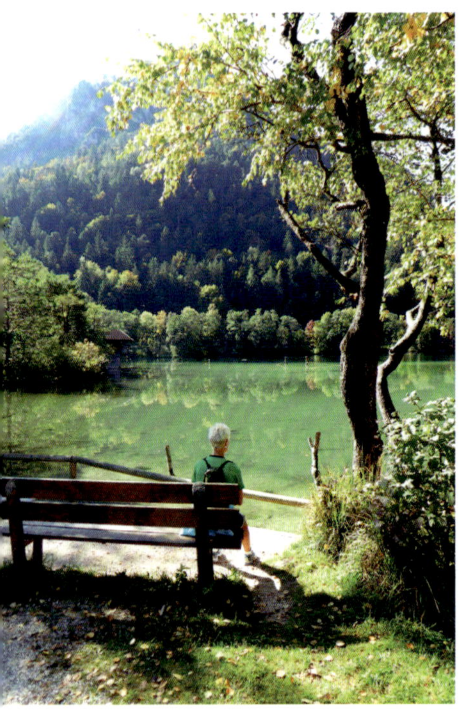

Rast am Thumsee.

Am Beginn des 20. Jahrhunderts entdeckte Sigmund Freud, der weltberühmte Wiener Neurologe und Begründer der Psychoanalyse, den Thumsee als Urlaubsziel. Mehrere Wochen verbrachte er zusammen mit seiner Frau Martha und ihren sechs Kindern zur Erholung am Thumsee. Freud widmete sich neben den Wander- und Anglerausflügen vor allem seinen wissenschaftlichen Arbeiten, die Töchter freundeten sich mit den Söhnen der Seewirts-Familie Pachmayer an. Allem Anschein nach waren die Wochen am Thumsee eine genauso kreative wie unbeschwerte Zeit, bevor sich der Himmel der Weltgeschichte zu verfinstern begann.

DIE WEGE

RUND UM DEN THUMSEE

Ausgangspunkt: Parkplatz an der Zufahrt Seewirt (Westseite)

Anfahrt: auf der A 1 bis Walserberg, dann auf der A 8, Abfahrt Bad Reichenhall. Auf der B 20 nach Bad Reichenhall bis Abzweigung Thumsee nach rechts (ST 2107). Nach 4 km am Thumsee nach rechts, Richtung Seewirt abzweigen. Parkplatz.

Haltestelle: Bad Reichenhall Thumsee West (Bus 9526 ab Bhf. Bad Reichenhall)

Schwierigkeit: T 1

Dauer: ¾ Stunde, 25 Höhenmeter, 2,5 Kilometer

Der Ausgangspunkt der kurzen Runde um den Thumsee ist das Wegezentrum (Parkplatz) beim Seewirt. Die Route führt zum wenige Meter entfernten Ufer und verläuft auf dem gut befestigten Uferweg zum denkmalgeschützten **Gasthof Seewirt** mit seiner einladenden Terrasse. Der Weg bleibt am Ufer und zweigt dann wenig später nach links einige Höhenmeter zum Gasthof Madlbauer hinauf. Im Sommer herrscht hier reger Badebetrieb, der kleine Bergsee erreicht in dieser Jahreszeit ja bald angenehme Temperaturen. Der Weg führt wieder direkt an das Ufer zurück, das hier auf der Ostseite von einem Schilfgürtel umwachsen ist. Romantische Uferbänke laden zum Verweilen ein, bevor es zur Thumseestraße weitergeht. Hier befindet sich ein Parkplatz, der in der warmen Jahreszeit sehr gerne von Gästen angefahren wird, die nur auf einen erfrischenden Sprung zum Thumsee heraufkommen. Unsere Runde schließt sich rechts abzweigend und führt am Südufer entlang in 15 Minuten an den Startpunkt retour.

DER SOLELEITUNGSWEG

Ausgangspunkt: 1. Parkplatz am Thumsee (Ostseite)

Anfahrt: auf der A 1 bis Walserberg, dann auf der A 8, Abfahrt Bad Reichenhall. Auf der B 20 nach Bad Reichenhall bis Abzweigung Thumsee nach rechts (ST 2107). Nach 3 km erster Parkplatz am Thumsee beiderseits der Straße.

Haltestelle: Bad Reichenhall Thumsee Seemösl (Bus 9526 ab Bhf. Bad Reichenhall)

Schwierigkeit: T 2

Dauer: 2 ½ Stunden, 80 Höhenmeter, 6,5 Kilometer

Ausgangspunkt ist der große Parkplatz entlang der Landesstraße am Ostufer des Thumsees. Über den direkten Uferweg auf der Südseite unterhalb der Straße, oder über den etwas längeren, aber attraktiveren Zugang am gegenüberliegenden Seewirt vorbei, geht es zur westlichen Uferspitze, wo ebenfalls Parkplätze zur Verfügung

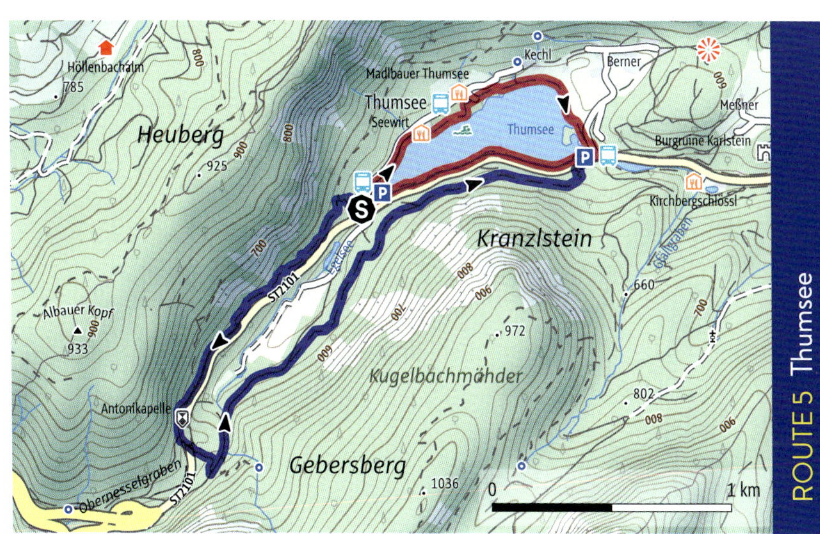

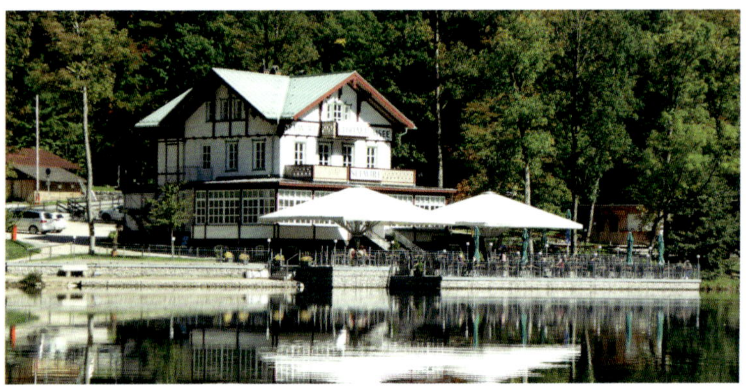

Der Seewirt am Thumsee.

stehen. Die Zufahrt zum Seewirt wird gequert, der angeschriebene Soleleitungsweg (Salinenweg) gewinnt über einige Serpentinen rasch an Höhe und verläuft dann relativ eben in einer halben Stunde zur Antonibergkapelle. Kurz vor dieser Andachtsstelle zweigt eine verwegene Treppenkonstruktion über 162 Stufen zu einer Informationsstelle nach rechts ab. In der kleinen Hütte erhalten die interessierten Wanderer ausführliche, mit Bildern versehene Hinweise zur Geschichte der Soleleitung, der Salzgewinnung und der Holzbringung. Wieder bei der Antonibergkapelle zurück, verläuft unsere Route nach links und überquert in luftiger Höhe die Thumseestraße. Auch bei der nächsten Verzweigung geht es nach links. Der Soleleitungsweg führt zuerst an einem zweistufigen Wasserfall, dann an einer Schießanlage vorbei und trifft bald auf eine erste Abstiegsmöglichkeit zum Westufer des Thumsees. Am See entlang schließt sich in diesem Fall nach 20 Minuten die interessante Salz-Runde. Oder die Wanderung folgt dem Soleleitungsweg („Thumsee Ost über Soleleitungsweg“) und quert erst einen Kilometer später zum Ausgangspunkt nahe dem Seemöslweiher retour.

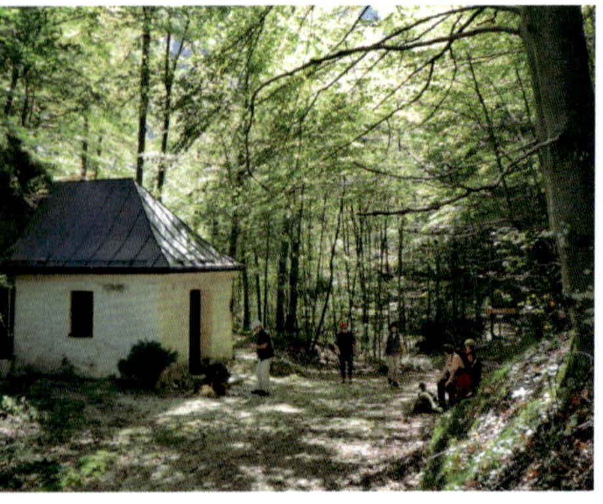

Antonibergkapelle am Soleleitungsweg.

6 Zwingsee, Falkensee und Krottensee

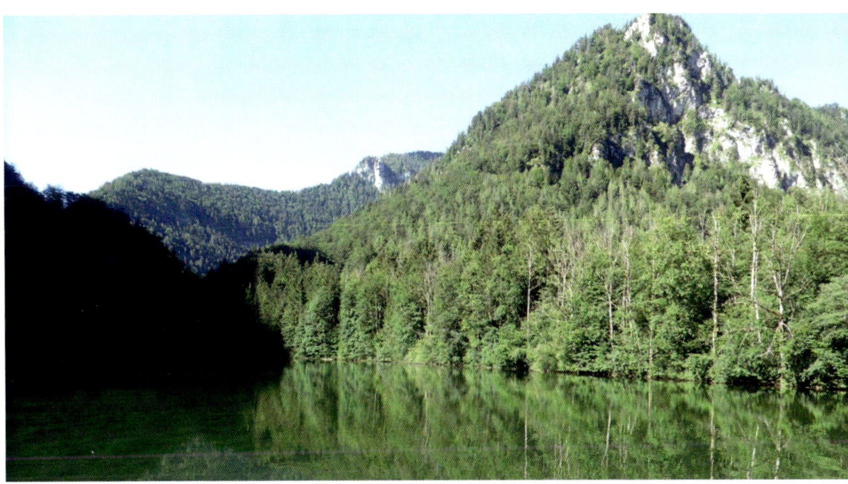

Der Falkensee mit dem Falkenstein im Hintergrund.

Bei dieser gemütlichen familienfreundlichen Runde steht der knapp über 1100 Meter hohe Falkenstein im Mittelpunkt. Rund um diesen Berg liegen drei genauso unterschiedliche wie einzigartige Seen am Weg.

ZWINGSEE

Kategorie: Voralpensee (künstlich entstanden)
Lage: Gemeinde Inzell
Seehöhe: 690 m
Fläche: 30.000 m²
Max. Seetiefe: 5 m

Malerisch breitet sich der kleine Zwingsee zwischen der Bergenge aus, die den bezeichnenden Namen Zwing trägt. Bis in das Jahr 1925 befand sich an dieser Stelle eine große Streuwiese, die von einem kleinen Bach durchzogen war. Für den immer stärker aufkommenden Sommerfrische-Tourismus verwandelten gewiefte Inzeller Bürger die Wiese ganz einfach in ein ansehnliches Bad, indem sie den Bach aufstauten. Bad Zwingsee war geboren. Das nostalgische Freibad mit den alten Holzkabinen kann noch immer besucht werden, auch das **Zwingsee-Stüberl** steht für die Besucher offen. Auf die Fischer warten im glasklaren Wasser Graskarpfen, Hechte, Karpfen, Regenbogenforellen, Schleie und sogar der Stör schwimmt am Seeboden.

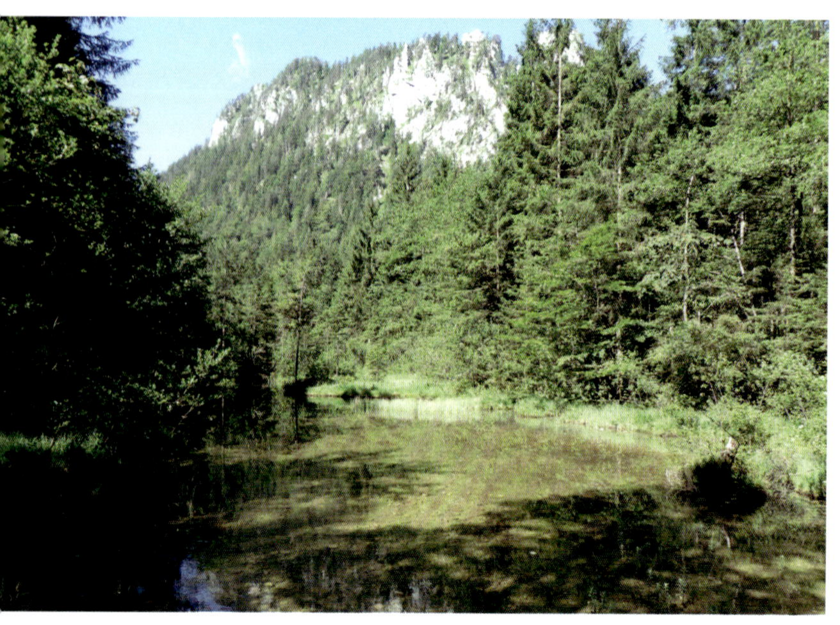

Der Krottensee liegt auf der Nordseite des Falkensteins.

FALKENSEE

Kategorie: Voralpensee
Lage: Gemeinde Inzell
Seehöhe: 707 m
Fläche: 15.000 m^2
Max. Seetiefe: 4 m
Einzugsgebiet: 5,6 km^2

Der Falkensee ist nach dem Abschmelzen der letzten eiszeitlichen Gletscher entstanden. Gespeist wird er hauptsächlich durch unterirdische Quellen, daher bewegt sich die Temperatur meistens im konstant niederschwelligen Bereich. Andererseits bleibt der Falkensee dadurch lange eisfrei und bietet für zahlreiche Vögel eine gute Möglichkeit zum Überwintern. Umgeben ist der See von einem Latschenhochmoor, das die komplette hochmoortypische Vegetation aufweist.
Aus dem Falkensee rinnt der Falkenseebach nordwärts Richtung Inzell mit einem derart geringen Gefälle ab, sodass wirklich keine Überschwemmungsgefahr von ihm ausgeht. Damit blieben dem wunderbaren Gerinne menschliche Eingriffe erspart und den Botanikern beschert er den äußerst seltenen „Kriechenden Sellerie" aus der Familie der Doldenblütler, der genau diese gebotenen Bedingungen braucht.

KROTTENSEE
Kategorie: Voralpensee (Moorsee)
Lage: Gemeinde Inzell
Seehöhe: 707 m
Fläche: 12.000 m²
Max. Seetiefe: 3 m

Seinen Namen verdankt der geheimnisvolle Krottensee den Kröten, die hier, so wie viele andere Amphibien auch, ideale Lebensbedingungen vorfinden. Der See wird nur durch unterirdische Quellen gespeist, das pH-neutrale Wasser ist durch Nährstoffarmut geprägt. Auffallend ist die große Anzahl an Blutegeln, die im See leben. Ein wichtiger Lebensraum für viele seltene Arten ist das Schwingrasenmoor, das sich ringförmig in einer Stärke von 20 bis 50 Metern über die Jahrhunderte um den See gebildet hat. Im Gegensatz zum pH-neutralen See ist dieser Moor-

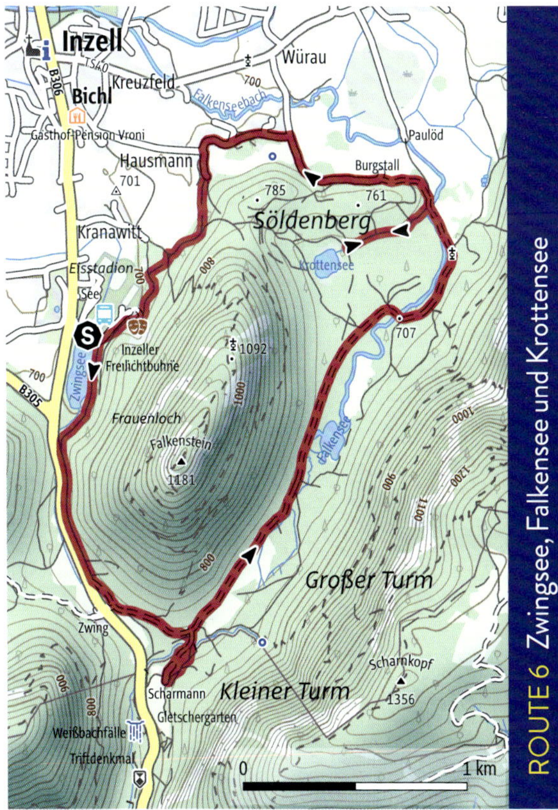

bereich, bedingt durch die freiwerdenden Torfsäuren, stark sauer.

DER WEG

Ausgangspunkt: Parkplatz Eisstadion Max-Aicher-Arena

Anfahrt: A 1 und A 8, Abfahrt Bad Reichenhall. Auf der B 20 und der B 21 nach Schneizlreuth und dort Richtung Inzell abzweigen. Nach 10 km nach rechts zum Parkplatz Eisstadion Max-Aicher-Arena abzweigen.

Haltestelle: Sulzbach bei Inzell, Zwingsee Eisstadion (Bus 9526 ab Bhf. Bad Reichenhall oder Bhf. Traunstein)

Schwierigkeit: T 1

Dauer: 2 Stunden, 50 Höhenmeter, 7 Kilometer

RUND UM DEN FALKENSTEIN

Ausgangspunkt ist der Parkplatz vor dem architektonisch auffallenden Eisstadion. Es wurde 2011 in der jetzigen Form eröffnet.

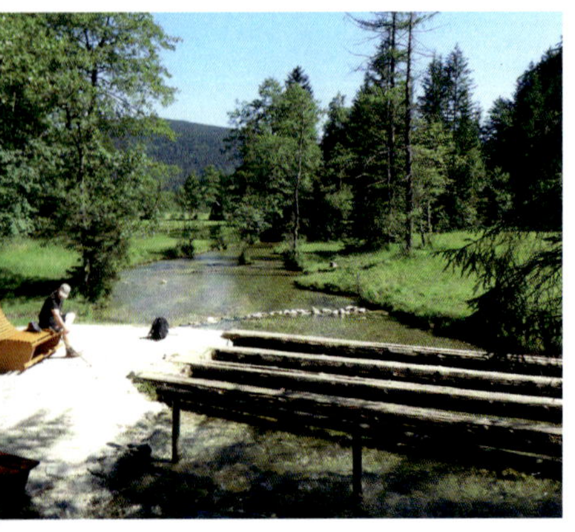

Belebende Pause am Falkenseebach.

Anfänglich zogen die Eisschnellläufer am nahen Frillensee ihre Runden, dann wurde im Jahr 1963 ein offenes Natureisstadion gebaut und daraus entstand die moderne Max-Aicher-Arena. Auf der 400 Meter langen Eisbahn wird beinahe das ganze Jahr über trainiert. Dank der transparenten Architektur mit der durchgehenden Rundumverglasung kommt es zu spannenden Ansichten sowohl von innen als auch von außen. Das Eisstadion steht ganz im Schatten des Falkenstein (1181 m), was zu Zeiten der Freiluftanlage, energetisch betrachtet, sicherlich noch wichtiger und sinnvoller war. Die beschilderte Runde um den Falkenstein (Weg 11) zweigt nach rechts ab und verläuft am Zwingsee vorbei 800 Meter entlang der B 305 zu einer Weggabelung. Auf diesem Abschnitt verlief bis in das 20. Jahrhundert hinein die Soleleitung nach Traunstein. Der wichtige Säumerweg reicht aber noch weiter bis in das Jahr 1346 zurück, als Kaiser Ludwig der Bayer den Handelsweg ausbauen ließ. Auf eine noch länger zurückliegende Entstehung kann der Gletschergarten verweisen, zu dem wenig später ein zehnminütiger Abstecher hinführt.

Wieder am Rundweg 11 folgt bald ein erster Höhepunkt mit dem wunderbaren Falkensee. Ein Steg

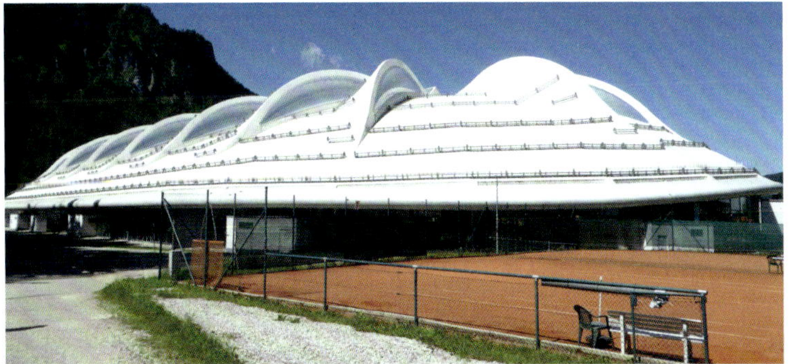

Die Max-Aicher-Arena ist das Zentrum der Eisschnellläufer.

führt ans Ufer und lädt dort zum Verweilen ein. Der Falkenseebach begleitet unsere Route, an einer Weggabelung ist eine originelle Kneippanlage, bestehend aus einigen alten, querliegenden Balken, eingerichtet. Wenig später zweigt der sehr lohnende, zehnminütige Abstecher zum einsamen Krottensee ab. Ein mystischer Ort, dem man ruhig einige Minuten in aller Stille schenken sollte. Wieder am Hauptweg macht sich allmählich das dörfliche Leben bemerkbar. Die Route zweigt nach links in die Bichlstraße ab, führt an der **Gastwirtschaft Binderhäusl** und anderen liebevoll gepflegten Anwesen vorbei und verläuft zum Schluss noch einmal ein paar Meter bergauf in den Wald. Zehn Minuten später endet die abwechslungsreiche Runde vor der Eisarena.

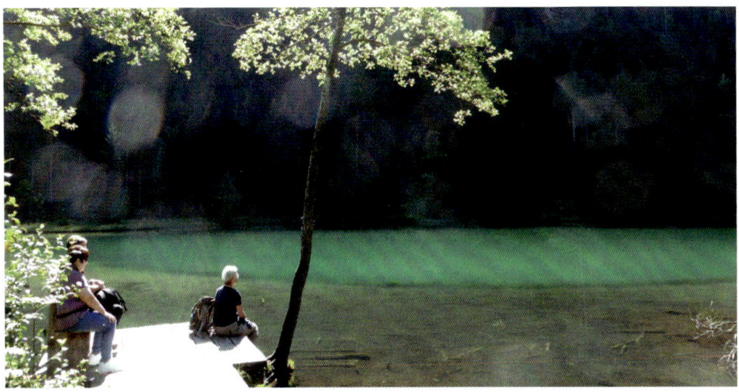

Sonne tanken am Falkensee.

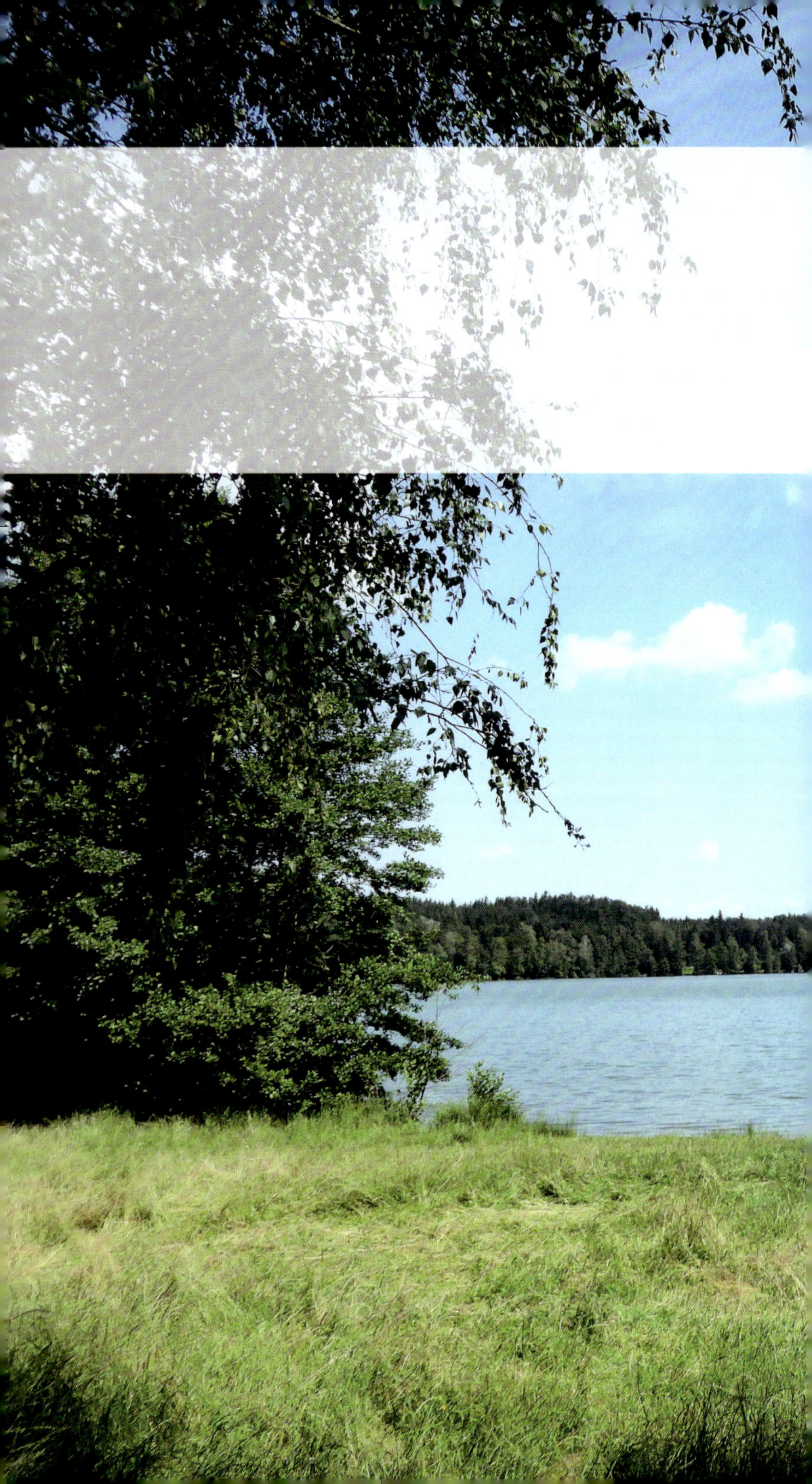

Stadt Salzburg, Flachgau und Innviertler Seenplatte

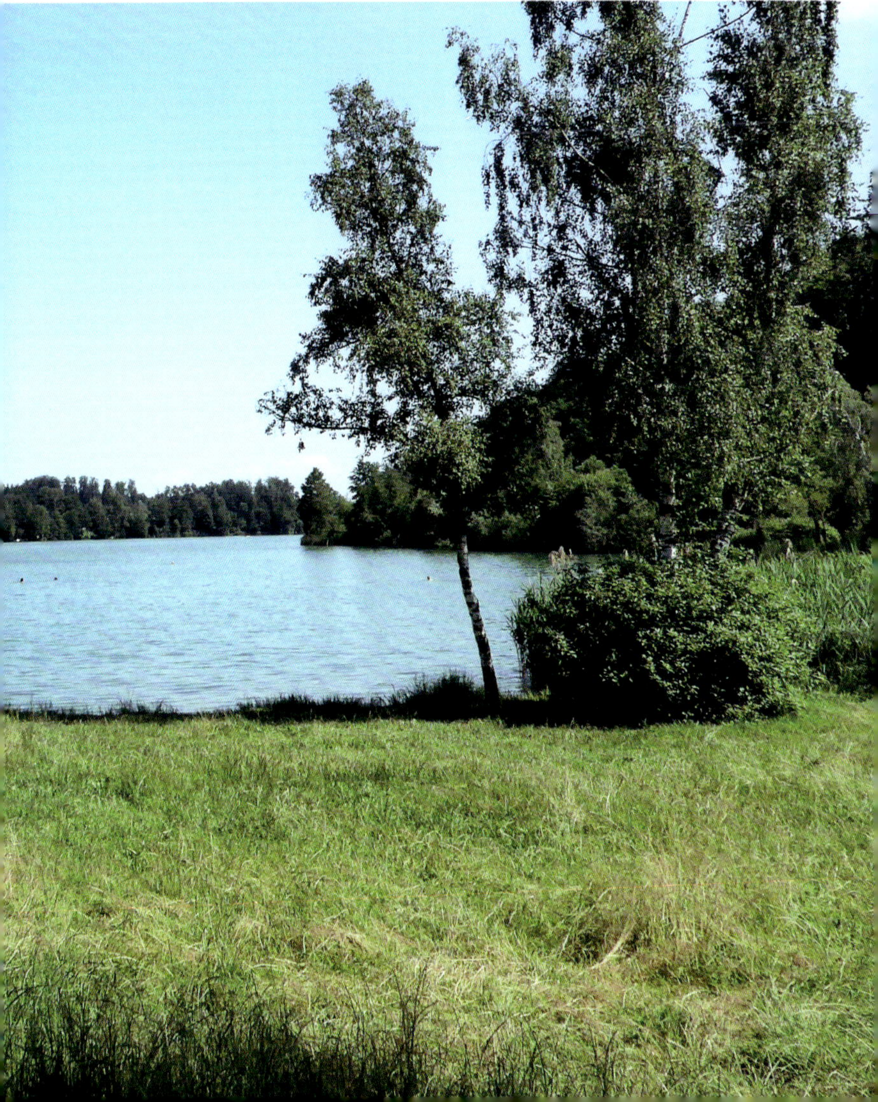

7 Leopoldskroner Weiher

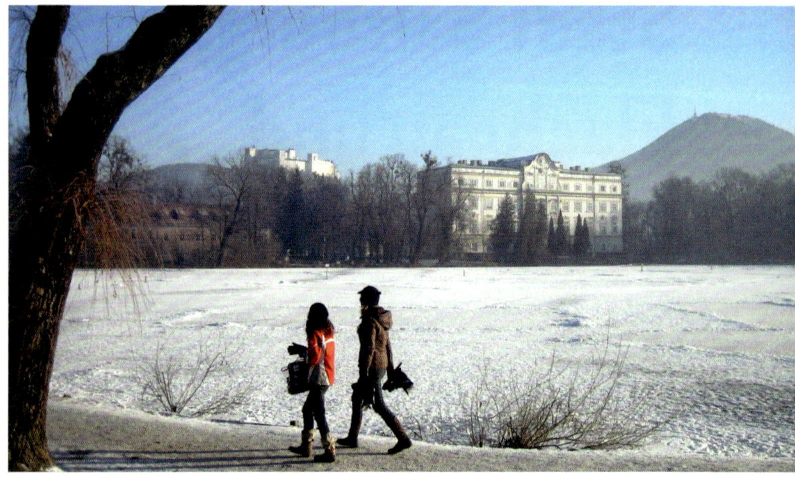

Der Leopoldskroner Weiher bietet nicht in jedem Winter tragfähiges Eis.

Der Weg um den Leopoldskroner Weiher präsentiert die Stadt Salzburg von ihrer schönsten Seite. Daneben lassen sich aber auch viele interessante historische und naturkundliche Details entdecken.

DER SEE

Kategorie: künstlich angelegter Teich
Lage: Stadtgemeinde Salzburg
Seehöhe: 435 m
Fläche: 130.000 m²
Max. Seetiefe: 3 m

Die Entstehung des Leopoldskroner Weihers geht vermutlich auf die Zeit vor 1500 zurück. Die wahrscheinlich schon bestehende, natürliche Wasserfläche wurde vergrößert und diente als Retentionsbecken für den ostwärts vorbeiführenden Almkanal. Seine jetzige Form und letztendlich auch seinen Namen erhielt der Leopoldskroner Weiher durch die Baumaßnahmen unter Leopold Anton von Firmian, der 1727 zum Fürsterzbischof von Salzburg gewählt wurde. Bereits ein Jahr später begann er mit der Umgestaltung von Leopoldskron, der Höhepunkt der Maßnahmen war der Bau der repräsentativen Sommerresidenz. Von Anfang an war der ehemalige Fischweiher ein wichtiger Teil des architektonischen Gesamtkonzeptes und wurde dementsprechend angepasst. So entstanden in dieser Zeit zwei der drei Inseln, die damals, anders als heute, zugänglich waren. Auch die prachtvolle Parkgestaltung im Rokokostil ist nur mehr in Ansätzen zu erahnen. Die von Anton Pfaffinger erschaffene Johannes-Nepomuk-Statue am südlichen Park- und Weiherende gegenüber der Gärtnerei Zmugg stammt noch aus dieser Zeit.

Nach dem Ende des Fürsterzbistums verblieb der Weiher im Besitz der Familie Firmian. Im Jahr 1818, zwei Jahre nachdem das Land Salzburg ein Teil des Habsburgerreichs wurde, entschloss sich die k. k. Heeresverwaltung zum Bau einer Militärschwimmschule, zu der aber auch ausgewählte Zivilisten Zutritt hatten. Ursprünglich nur für Herren zugänglich, kam im Jahr 1842 eine Damen-Schwimmschule hier am Nordufer des Leopoldskroner Weihers dazu. Ab 1912 wurde die Einrichtung von der Stadt Salzburg übernommen und stand der Bevölkerung bis zur Zerstörung im Jahr 1945 als öffentliches Bad zur Verfügung.

In der heutigen Zeit vergnügen sich jedes Jahr zwischen 250.000 und 500.000 Besucher (Spitzenwert 2003) im neuen, nur wenige Schritte entfernten Freibad Leopoldskron, dem „Lepi". Der Badebetrieb im Weiher, die Bootsfahrten und auch die prächtigen, mit großem Aufwand gefeierten Wasserfeste sind Geschichte. Geblieben sind die zahlreichen Wasservögel, die Fische und die Spaziergänger.

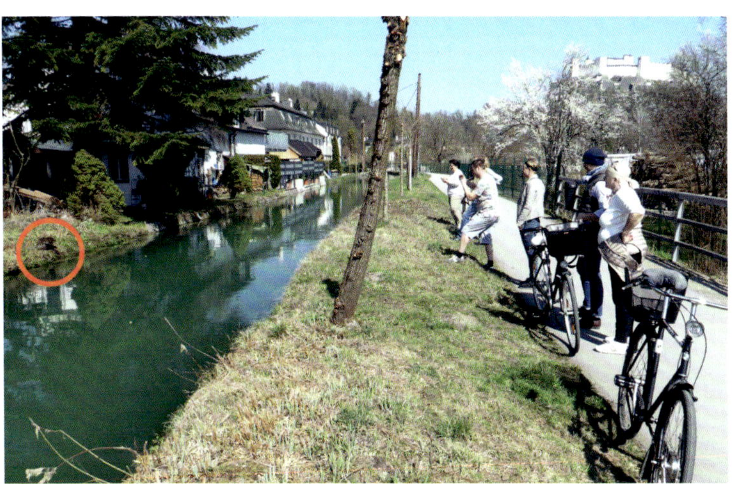

Ein junger Biber steht im Mittelpunkt des Interesses.

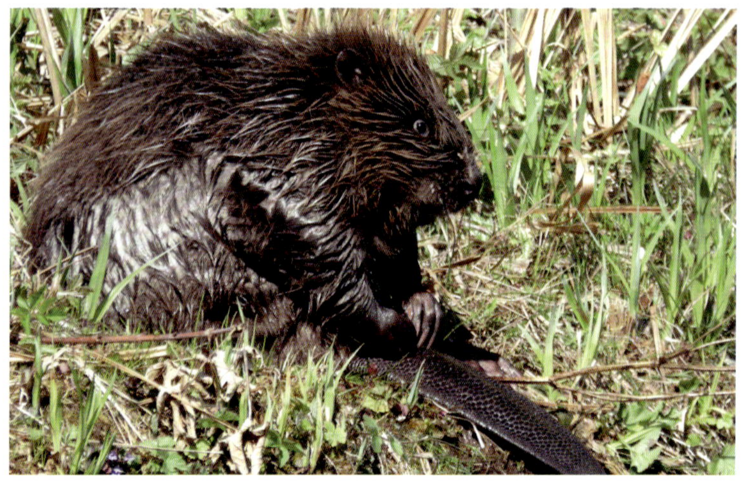

Der Biber am Almufer lässt sich nicht stören.

DER WEG

Ausgangspunkt: Parkplatz Freibad Leopoldskron

Anfahrt: aus dem Zentrum durch das Neutor bis zur Kreuzung Moosstraße, dort links und im Mini-Kreisverkehr in die Leopoldskronstraße abbiegen. Parkplatz nach 300 m, rechts. Einfahrt gegenüber Schwimmschulstraße.

Haltestelle: Leopoldskron (Bus 23)

Schwierigkeit: T 1

Dauer: 1 Stunde, Höhenmeter unerheblich, 3,4 Kilometer

VOM NEUEN ZUM EHEMALIGEN BAD IN LEOPOLDSKRON

Vom Parkplatz beim Schwimmbad „Lepi" folgt der Weg noch 300 Meter am Badgelände entlang der viel befahrenen Leopoldskronstraße bis zur Abzweigung der Firmianstraße nach rechts. Der Straßenname erinnert an den Bauherrn von Schloss Leopoldskron, in dem heute das Salzburg Global Seminar, eine Studieneinrichtung mit amerikanischen Wurzeln, untergebracht ist. Das direkt an die Straße anschließende Gebäude ist der Meierhof und wird als Hotel geführt. Der für Salzburg bedeutendste Schlossherr der jüngeren Geschichte war Max Reinhardt (1873–1943). Der Mitbegründer der Salzburger Festspiele lebte und wirkte von 1918 bis zur Enteignung durch die Nationalsozialisten im Jahr 1938 in seinem geliebten Domizil. In den 1960er-Jahren diente die idyllische Uferterrasse vor dem Meierhof als Drehort für wichtige Szenen im Hollywood-Welterfolg „Sound of Music". Je mehr sich der Uferweg Richtung

Süden dreht, desto mehr kommt die prachtvolle Gesamtansicht mit dem Weiher, dem Schloss und der Festung zur Geltung. Der krönende Abschluss dieser pittoresken Szenerie ist der Gaisberg im Hintergrund.

Unter ausladenden Eichen führt der knapp ein Kilometer lange Uferweg zum Nordende und zweigt dort nach links ab. Für die Kinder ist der originelle Spielplatz zwischen Allee und Wäldchen ein starker Anziehungspunkt, die älteren Semester finden gemütliche Parkbänke mit Blick auf den Weiher. Am Südostrand des historischen Leopoldskroner Weihers ist im Bereich zwischen der Statue des heiligen Nepomuk und dem Schlosspark Leopoldskron in den letzten Jahren eine gut 5000 m² große Fläche renaturiert worden.

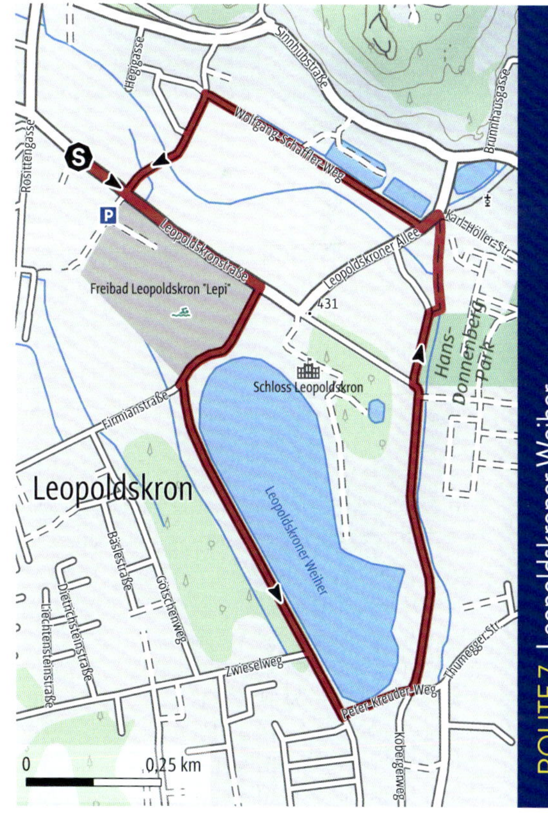

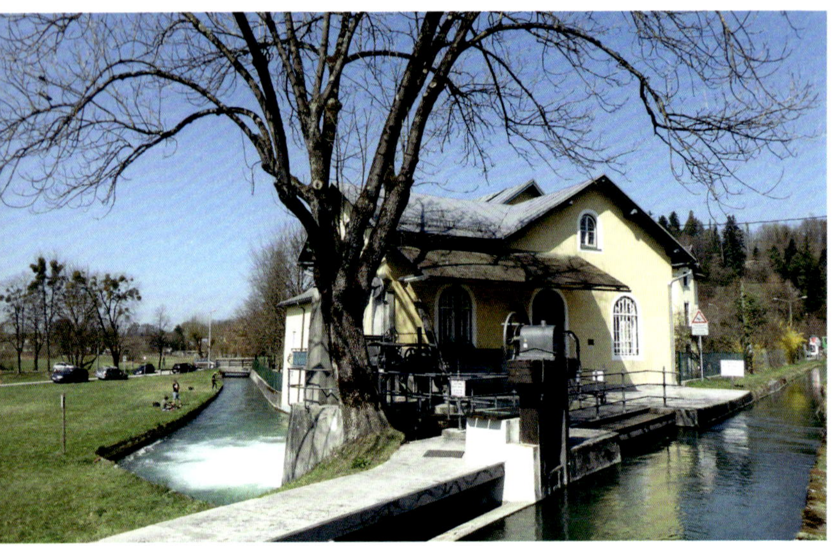

Das historische Kraftwerk Pulvermühle liefert noch immer Strom.

Jetzt wächst statt artfremdem Buschwerk wieder ein Schilfgürtel, so wie dieser die berühmte Weiheransicht seit Jahrhunderten geprägt hat. Der Weg wechselt bei der aus hellem Untersberger Marmor gefertigten Nepomuk-Statue auf die andere Straßenseite und führt nun am rechten Almkanaluferweg entlang. In erster Linie wurde der künstliche, von der Königseeache abgeleitete Almkanal angelegt, um die Stadt Salzburg mit Nutzwasser zu versorgen. Die zur Verfügung stehende Wassermenge konnte gut gesteuert werden und so nebenbei gibt es entlang der acht Kilometer langen Kanalstrecke viele Nutznießer, die von der Wasserkraft profitieren. Dazu gehört auch das historische Kraftwerk Pulvermühle, an dem unser Weg rechts abzweigend und immer dem Kanalverlauf folgend bald vorbeiführt. Kurz nach dem Kraftwerk, in dem seit 1904 für die nahe Stieglbrauerei Strom erzeugt wird, verlassen wir die Alm und überqueren nach links die Leopoldskroner Allee. Auf der anderen Straßenseite beginnt der Schaffler-Weg, der schnurgerade an den St.-Peter-Weihern entlangführt. Auch diese ursprünglichen Fischweiher im Besitz des Klosters St. Peter werden mit Wasser aus der Alm gespeist. Der kurze Wolfgang-Schaffler-Weg endet bei der Schwimmschulstraße, über die sich der interessante Stadtspaziergang links abzweigend schließt.

8 Lieferinger Salzachseen

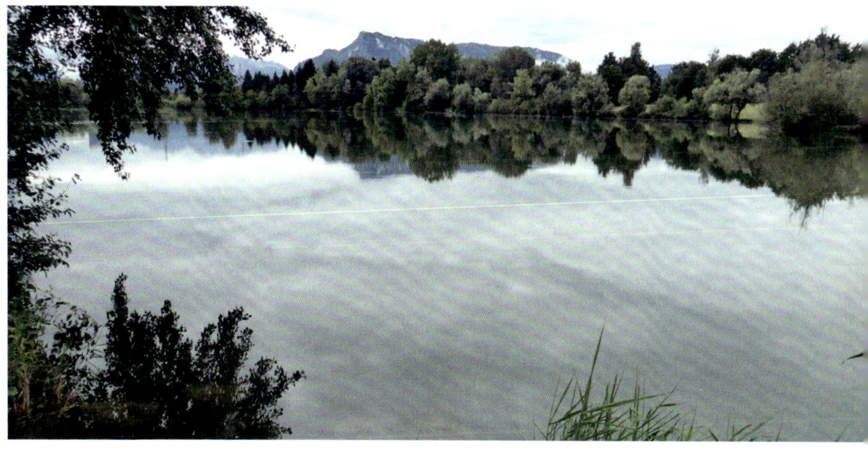

Der Große Salzachsee mit dem Untersberg im Hintergrund.

Ursprünglich eine Auenlandschaft mit verzweigten Wasserarmen, dann reguliert und zur Schotterentnahme ausgewählt, präsentiert sich das Gebiet rund um die Salzachseen heute als hochwertiges Freizeitgelände.

DER SEE

Kategorie: künstlich entstandener See
Lage: Stadt Salzburg
Seehöhe: 407 m
Fläche: Badesee 27.000 m^2, großer Salzachsee 80.000 m^2, Karlsbader Weiher 32.000 m^2
Max. Seetiefe: 3,5 m

Die heute als Lieferinger Salzachseen bezeichneten Gewässer entstanden ab 1938, um den Schotterbedarf der geplanten und nur in Ansätzen verwirklichten Reichsautobahn zu decken. Das Salzburger Volksblatt berichtete in der Ausgabe vom 11. November 1939, dass der See „einstweilen Salzachsee genannt wird, … bis ein poetischer Name gefunden wird". Der Name ist genauso geblieben wie die durch das Ausbaggern entstandenen Seen selbst. Dennoch hat sich in den Jahrzehnten bis heute sehr viel verändert. In der Nachkriegszeit bis in die 1970er-Jahre wurden große Teile des Areals als Mülldeponie verwendet. Danach fand ein Umdenkprozess statt, die gesamte 184 Hektar große Fläche von der Theodostraße im Süden bis zum Saalachspitz im

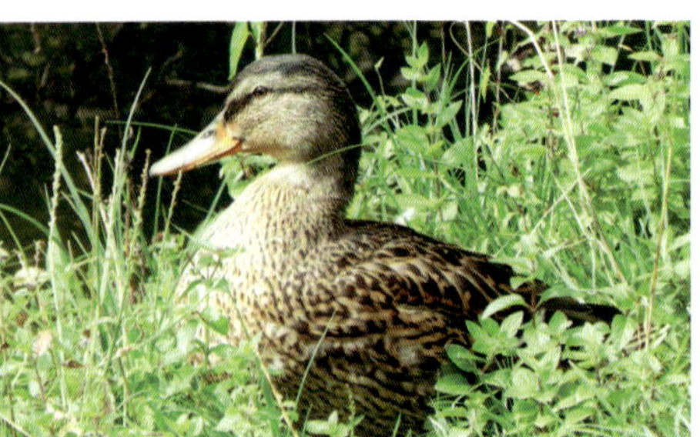

Stockente, weiblich, wartet auf Erpel.

Norden wurde in zwei Etappen zum Landschaftsschutzgebiet erklärt. Ein zentraler Ort für die Erholungssuchenden ist dabei der Lieferinger Badeteich geworden. Auf insgesamt 90.000 m² steht den Sommergästen eine großzügige, frei zugängliche Infrastruktur mit Liegeflächen, Kinderspielplatz, Sanitäreinrichtungen und Buffetbetrieb zur Verfügung.

Ursprünglich war das ganze Gebiet zwischen Saalach und Salzach eine von vielen kleinen Wasserarmen durchzogene, von ständigen Hochwässern heimgesuchte Auen-Landschaft. Für die traditionelle Felderwirtschaft also nicht geeignet, dafür aber ein profitables Fischrevier, das den Ruf Lieferings als Fischerdorf mitbegründete. Mit den veränderten politischen Gegebenheiten im Jahr 1816, als das Herzogtum Salzburg endgültig zu Österreich kam, wurden auch die Grenzen neu geregelt. Die feste Grenze sollte in der Flussmitte der Saalach verlaufen, wozu allerdings Regulierungsmaßnahmen nötig wurden. Das bis dahin weit verzweigte Flussnetz wurde mehr oder weniger auf ein Hauptgerinne reduziert. Ein erhoffter Nebeneffekt war Landgewinnung, für die Lieferinger Fischer bedeutete das allmähliche Austrocknen der Nebenarme aber den Verlust der meisten Fischgründe. Peter Pfenninger war der letzte Berufsfischer der ehemaligen Steuergemeinde Liefering. Er brachte 1877 seine Fischereirechte in eine Schenkung ein, die Pachterlöse sollten sozialen Zwecken dienen. Nach der Eingemeindung Lieferings im Jahr 1938 fielen die Fischereirechte an die Stadt Salzburg. Im Jahr 1950 wurde die Peter-Pfenninger-Schenkung in Form eines Sondervermögens der Stadt Salzburg wieder errichtet. In zahlreichen Aufzuchtsbächen werden heimische Wildfische naturnah herangezogen, eines der Fischreviere ist der Karlsbader Weiher.

DER WEG

Ausgangspunkt: Parkplatz Ende Theodostraße beim Sportzentrum Nord

Anfahrt: A 1, Abfahrt Salzburg Mitte. Auf Münchner Bundesstraße (B 155) Richtung Stadtzentrum bis zur Abzweigung links Bessarbierstraße. Nach 500 m links Triebenbachstraße – Schmiedingerstraße bis zur Abzweigung rechts Theodostraße. Parkplatz am

Straßenende. Bitte das Parkverbot beim „Sportzentrum Nord“ beachten.

Haltestelle: Theodostraße und Endstation Salzachsee (Obus-Linie 7)

Schwierigkeit: T 1

Dauer: 2 Stunden, 20 Höhenmeter, 6,3 Kilometer

VON DEN SALZACHSEEN IN DAS ZENTRUM VON LIEFERING

Das ehemalige Bauern- und Fischerdorf Liefering hat eine bewegte Geschichte hinter sich. Der Spaziergang führt von den einstigen Fischgründen mitten hinein in das nach wie vor dörfliche Zentrum des heutigen Stadtteils und folgt dabei teilweise den Spuren des Lieferinger Kulturwanderweges.

Ausgangspunkt ist der Parkplatz entlang der Theodostraße (bitte die ausgewiesene Parkverbotszone

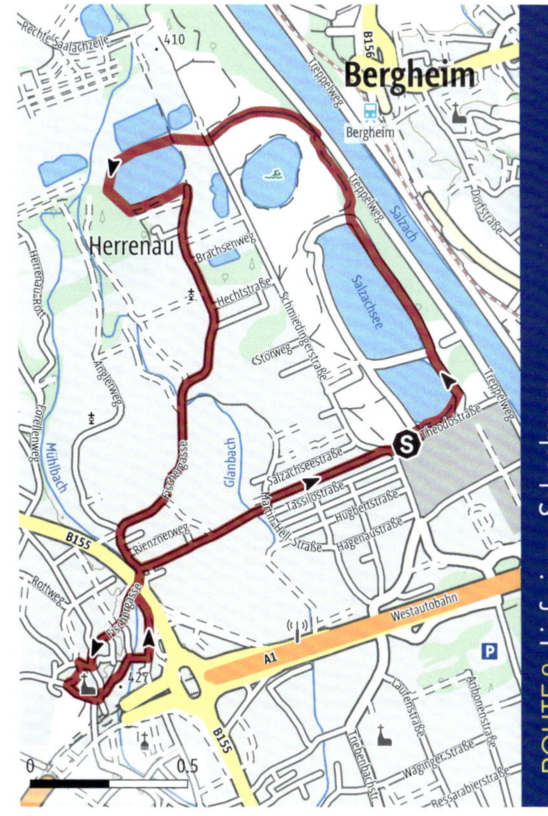

beim „Sportzentrum Nord" beachten). Unsere Route zweigt nach links auf den Seeuferweg ab und folgt diesem rechter Hand. Die Zweiteilung des großen Salzachsees durch einen schmalen Damm erfolgte nachträglich, wir bleiben aber geradeaus am ostseitigen Ufer und gelangen so nach einem Kilometer zum Lieferinger Badesee. An schönen Sommertagen ist hier auf der großen Anlage naturgemäß viel los, für eine gute Wasserqualität sorgt das Grundwasser, durch das der See gespeist wird. Am Außenzaun entlang führt der Weg am **Imbisskiosk** vorbei, der natürlich inklusive der Sanitär- und Badeeinrichtungen allen Besuchern zur Verfügung steht. Nach einem weiteren halben Kilometer befindet sich auf der rechten Wegseite vor einer Hundewiese ein ebenerdiges Gebäude des Gartenamts. Wir queren die Straße schräg rechts

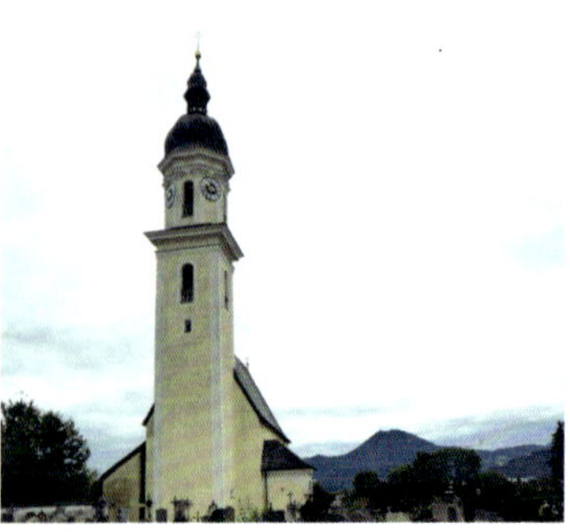

Die Lieferinger Kirche ist den Schutzheiligen der Fischer, den Aposteln Petrus und Paulus, geweiht.

und folgen dann dem links abzweigenden Weg zum Karlsbader Weiher. Der kleine See wird rechter Hand, gegen den Uhrzeigersinn, umrundet. Kurz bevor sich der Kreis schließt, zweigt ein unbefestigter Verbindungsweg nach rechts ab, der nach wenigen Metern in die Fischergasse einmündet.

Entlang dieser wenig befahrenen Sackgasse führt die Route über zumeist freies Gelände an einer Tennisanlage und am **„Gasthaus zur Glanbrücke"** vorbei, durch die Unterführung der Bundesstraße und erreicht wenig später, beim **Hartlwirt**, den Ortskern von Liefering. Die Lieferinger Hauptstraße wird gequert, rechts abzweigend am alten Gebäude der Bäckerei Sturm vorbei geht es über den schmalen Gehweg hinauf zur Volksschule Liefering und weiter zur Pfarrkirche. Entlang der Törringstraße führt die Route linker Hand wieder zum Mesnerhaus hinab und folgt nach der Kurve der Reischelgasse und dem Unteren Bonauweg nach rechts. Nach der Straßenunterführung zweigen wir nach rechts in den Freudlspergerweg ein, der nach einem leichten Linksknick an die Theodostraße anschließt. Zehn Minuten später stehen wir wieder am Startpunkt einer Runde, die uns das ehemals selbstständige Dorf Liefering von wirklich allen Seiten nähergebracht hat.

9 Anifer Waldbad

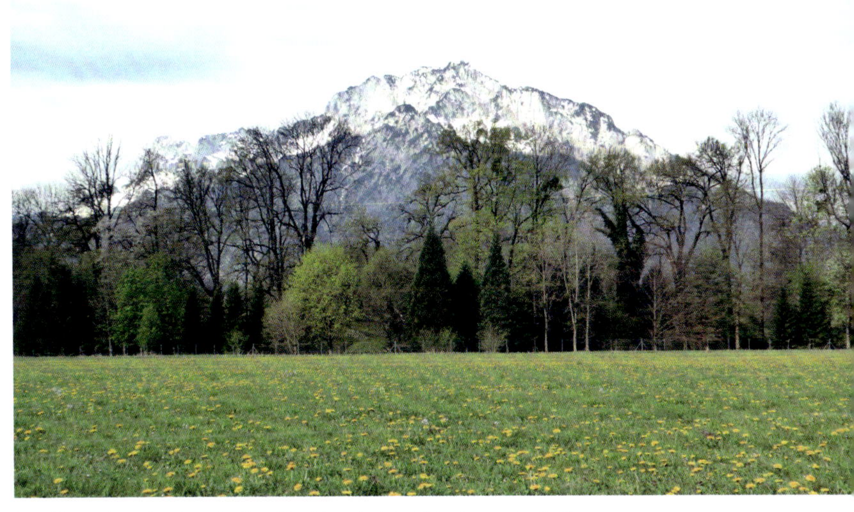

Der Untersberg ist ein ständiger Begleiter bei der Wanderung in Anif.

Während der heißen Sommertage sind die kleine Anifer Kulturrunde und der anschließende Besuch im kühlen Waldbad eine überaus stimmige Kombination.

DER SEE

Kategorie: künstlich entstandener See
Lage: Gemeinde Anif
Seehöhe: 428 m
Fläche: 27.000 m^2
Max. Seetiefe: 7 m

Ähnlich wie die Bluntauseen in Golling ist auch das Anifer Waldbad ein Nebenprodukt des Autobahnbaus. Die Anifer Schottergruben entstanden allerdings schon wesentlich früher, sie wurden in den 1930er-Jahren zum Bau der Reichsautobahn ausgehoben. Das aus Propagandagründen groß angekündigte Bauwerk kam aber über 13 Autobahnkilometer beginnend am Walserberg nicht hinaus, im Süden war die heutige Anschlussstelle Grödig die Endstation. Das Gelände rund um die Anifer Schottergruben nahe der Königseeache entwickelte sich im Laufe der Jahrzehnte zu einem beliebten Naherholungsgebiet. Mit dem Flair eines Bergsees und den Annehmlichkeiten eines Stadtbades liegt das Waldbad auch heute noch ganz im Trend.

Dazu kommt ein experimentierfreudiges Betreiberteam, das vom Kletterpark über Beachvolleyball, Wakeboarding und Waldklang viel Neues ausprobiert. Den Gästen gefällt's, sie können sich auch mit den niedrigen Wassertemperaturen arrangieren, die selten über 18 Grad hinauskommen. Cool ist ebenso das ganze Ambiente mit dem schönen, schattenspendenden Waldbestand, dem 300 Meter langen Badesteg und der Terrasse vor dem **Seerestaurant** – hier genießen die Gäste den Sun-Downer und die letzten Strahlen der untergehenden Sonne sichtlich. So hat sich eine verheerende landschaftliche Wunde ja doch noch zu einem wunderschönen, friedlichen Ort verändert, zu dem die Menschen bewusst kommen, um hier eine gute Zeit zu verbringen.

DER WEG

Ausgangspunkt: Parkplatz Waldbad Anif
Anfahrt: A 10, Abfahrt Salzburg Süd. Auf der B 150 nach Anif, in der ampelgeregelten Kreuzung nach rechts (B 159). Nach 1 km, im Kreisverkehr Maxi-Markt, Richtung Waldbad abzweigen. Parkplatz nach 1 km.
Haltestelle: Anif Waldbadstraße (Bus 170 und Bus 175). 15 Min. Gehzeit zum Waldbad.
Schwierigkeit: T 1
Dauer: 1 ½ Stunden, 15 Höhenmeter, 5 Kilometer

VOM WALDBAD ZUM SCHLOSS ANIF

Ausgangspunkt der kleinen Runde vom Waldbad zum Schloss Anif ist der Parkplatz beim Waldbad. Am nördlichen Parkplatzende beginnt ein mit einem Schranken versperrter Wirtschaftsweg, der am

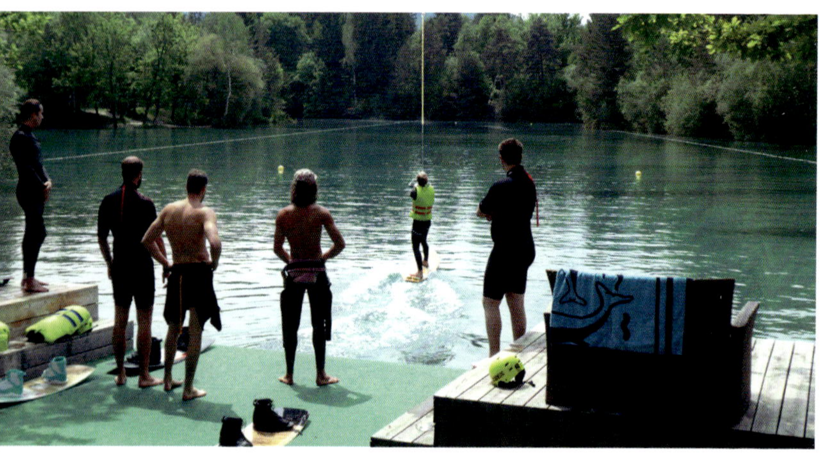

Ein Wasserskilift bringt Schwung in das Anifer Waldbad.

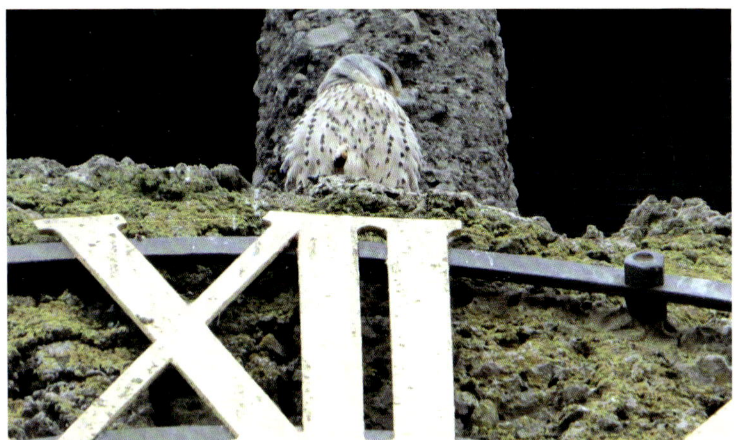

Ein Turmfalke auf dem spätgotischen Kirchturm in Anif.

Rand der großen Waldlichtung mit schönem Blick auf den Untersberg nordwärts weiterführt. Nach einem kurzen Waldstück quert der Weg wieder auf eine Lichtung und trifft dann nach 700 Metern auf eine Allee, die links abzweigend geradeaus auf das Gartenareal von Schloss Anif zuläuft. Vor der Schlosseinfahrt zweigt ein

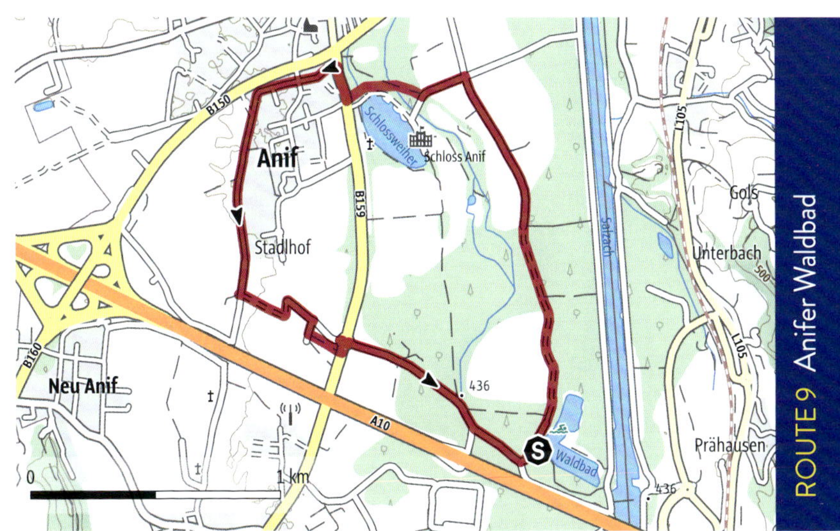

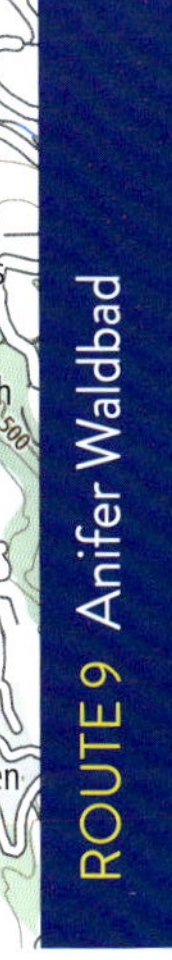

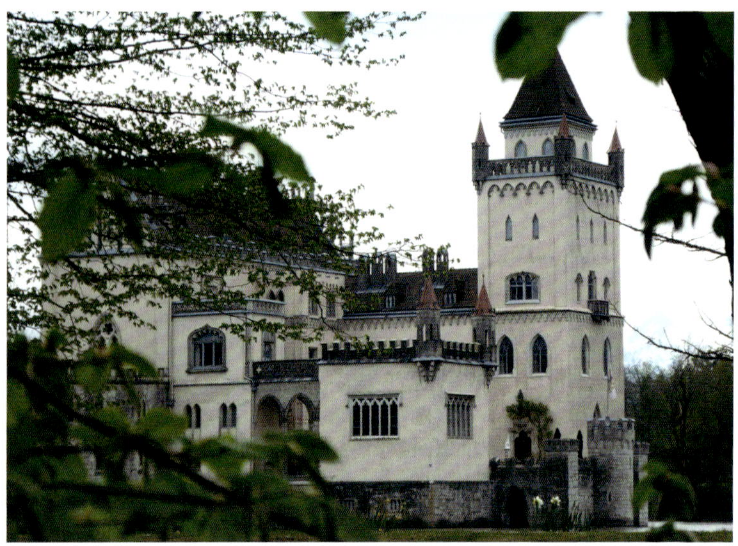

Das märchenhafte Wasserschloss Anif diente schon des Öfteren als Filmkulisse.

unmarkierter, schmaler Fußweg nach rechts ab und führt durch ein romantisches, parkähnliches Gelände zum Schlosswirt an der Bundesstraße 159. Zwischendurch öffnen sich durch den Zaun immer wieder schöne Einblicke auf das pittoreske Wasserschloss, dass erstmals um 1530 erwähnt wurde, in der jetzigen, neoromantischen Bauform allerdings erst seit 1837 besteht. Am Ende des Ersten Weltkriegs suchte der bayerische König Ludwig III. im Wasserschloss Anif Zuflucht, während in München der Freistaat Bayern ausgerufen wurde. Am 12. November folgte seine Anifer Erklärung, in der er die Beamten und Soldaten von dem auf ihn geleisteten Treueeid entband, Ludwig III. verzichtete aber nicht auf den Thron. So wie damals ist das Schloss auch heute noch im Besitz der Familie der Grafen von Moy. Beim Schlosswirt überqueren wir die Bundesstraße und zweigen beim ehemaligen Café Wenger nach links in den Fürstenweg ein. An dieser Zufahrtsstraße entlang führt die Route einen Kilometer durch das Siedlungsgebiet und an der Sportanlage vorbei, bis 100 Meter nach dem Fußballplatz ein Feldweg nach links abzweigt. Dieser verläuft in einer Links-rechts-Kombination zum Kreisverkehr vor dem Maxi-Markt. Hier beginnt die Waldbadstraße, die 900 Meter später beim Waldbad-Parkplatz endet.

10 Egelseen bei Mattsee

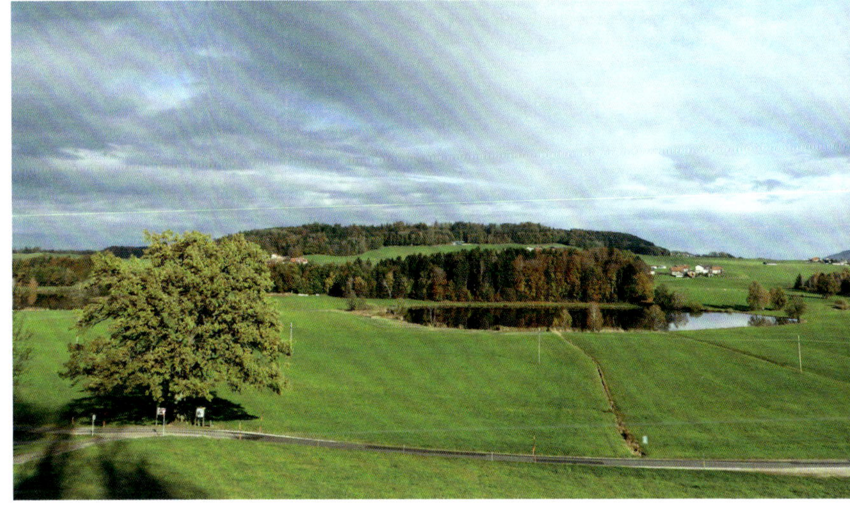

Das Naturschutzgebiet Egelsee breitet sich zwischen Tannberg und Buchberg aus.

In der Senke östlich vom Buchberg breiten sich die vier Egelseen aus, die schon einmal größere Zeiten erlebt haben. Seit 1972 stehen sie unter Natur- und Landschaftsschutz.

DER SEE

GROSSEGELSEE

Kategorie: Voralpensee
Lage: Gemeinde Mattsee
Seehöhe: 590 m
Fläche: 61.000 m^2
Max. Seetiefe: 5,1 m
Einzugsgebiet: 3,15 km^2

Die vier miteinander verbundenen Egelseen, bestehend aus dem Kleinen Egelsee, Großegelsee, Mitteregelsee und Unteregelsee, waren ursprünglich ein großer, gemeinsamer See, der in der spätglazialen Zeit verlandete. Die Entwässerung erfolgt nicht Richtung Norden in die Salzach, sondern der Ausschürfung des Salzachgletschers folgend über den Tiefsteinbach südwestwärts in den Wallersee. Die Umgebung dieses eiszeitlichen Vier-Seen-Relikts ist durch ineinander verzahnte Nieder- und Übergangsmoore geprägt. Die Feuchträume sind durch Röhrichte, Seggenbestände, Schwimmpflanzenvegetation und Streuwiesengesellschaften besiedelt. Auch kleinräumige Waldbereiche

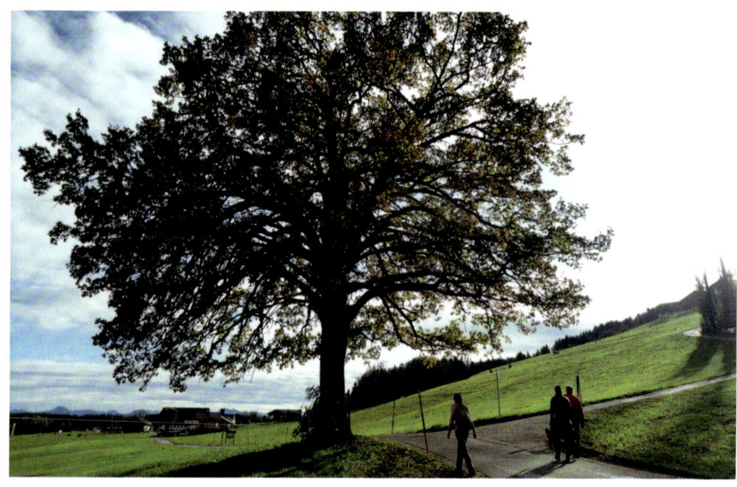

Bei der Eiche zweigt der Weg zum Egelsee nach links und auf den Buchberg nach rechts ab.

schließen an die Uferränder an. In den anschließenden Feuchtwiesen finden Knabenkräuter, Sonnentau, Enziane und Schwertlilien gute Lebensbedingungen vor. Für seltene Vogelarten wie Bussard, Sperber oder Wachtel bietet die kleine Seenlandschaft mitsamt den umgebenden Gehölzstrukturen ebenfalls eine günstige Basis. Der hier noch reichlich vorhandene Insektenbestand ist aber auch für die Wiesenbrüter, wie etwa die seltene Bekassine, eine gute Lebensgrundlage. In Acht nehmen müssen sich die Wiesenbrüter allerdings vor Fuchs, Dachs, Marder oder Wiesel, die neben vielen anderen Säugetieren den Tierbestand rund um die Egelseen ergänzen.

Ein interessantes Detail am Rande sind zwei unterschiedliche Tiefenmessergebnisse im Großegelsee. Während eine erste, am Ende des 19. Jahrhunderts durchgeführte Messung noch einen Wert von knapp sechs Metern ergab, brachte die Echolotvermessung im Jahr 1984 nur noch die maximale Tiefe von 5,1 Metern. Der Grund für diese Diskrepanz ist die um 1900 künstlich herbeigeführte Senkung des Wasserspiegels, um zusätzliche landwirtschaftliche Flächen zu gewinnen.

DIE WEGE

Ausgangspunkt: Parkplatz oberhalb vom Egelsee, 1,5 km nach der Abzweigung von der Köstendorfer Landesstraße neben der alleinstehenden Eiche

Anfahrt: A 1, Abfahrt Salzburg Nord. Über Elixhausen und Obertrum nach Mattsee. Auf der Köstendorfer Landesstraße rechts Richtung Schleedorf, nach 2 km rechts Richtung Egelseen. Parkplatz nach 1,5 km neben der Eiche.

Haltestelle: Mattsee Obernberg (ab Mattsee Ortsmitte oder Bhf. Neumarkt-Köstendorf mit Bus 132)

Schwierigkeit: T 1

Dauer – Buchberg: 2 ½ Stunden, 200 Höhenmeter, 6 Kilometer

Dauer – Egelseerunde: 1 ¼ Stunden, 30 Höhenmeter, 4 Kilometer

RUND UM DEN EGELSEE

Ausgangspunkt ist der kleine Parkplatz neben der unübersehbaren Eiche am westlichen Rand der Egelsee-Ebene, eineinhalb Kilometer nach der Abzweigung von der Köstendorfer Landesstraße. Die eineinhalbstündige Egelsee-Runde beginnt 200 Meter vor dem Parkplatz und folgt dem angeschriebenen Weg quer über die Wiese, der dann rechts abzweigend über Edt und Paltingmoos auf befestigten Zufahrten und Radwegen zurückfuhrt.

DER WILDGEMÜSEWEG AUF DEN BUCHBERG

Der längere und auch abwechslungsreichere „Wildgemüseweg“ auf den Buchberg verläuft vom selben Startpunkt ausgehend in die Gegenrichtung und folgt dem steilen Wirtschaftsweg hinauf zu einem Gehöft. Das Gebäude wird rechts umgangen, danach taucht der markierte Weg in den schönen Mischwald ein und zweigt bei einer Lichtung nach links ab. Vor dem bewaldeten Gipfel kommt noch

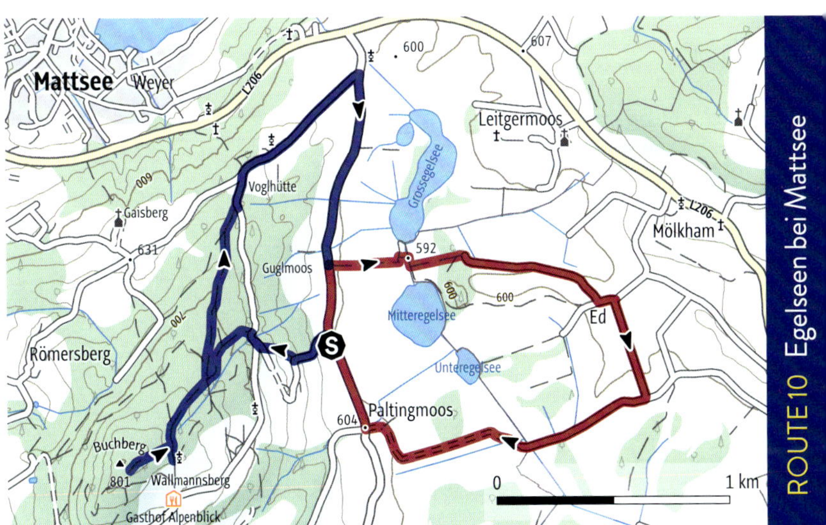

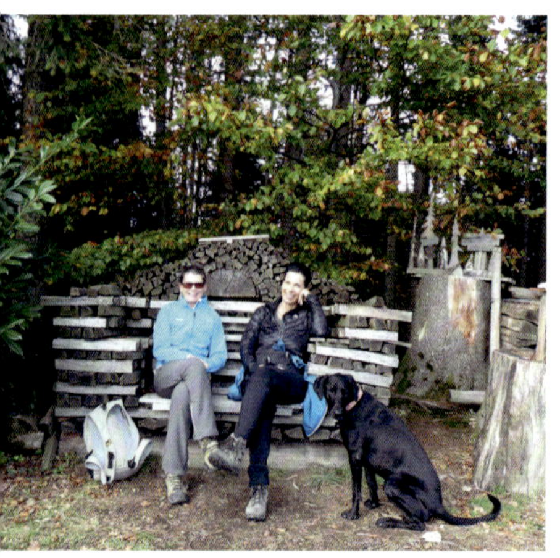

Entspannte Rast nahe der Wallmischkapelle.

ein schöner Aussichtspunkt mit Blick bis weit in das Gebirge. Vor den Augen der Besucher breitet sich von den gletscherüberzogenen 3000ern bis zu den Hügeln der Flyschzone die ganze geologische Palette aus, die unser Bundesland so unerhört vielseitig macht. Sogar eine spezielle Holzliege zum Ausstrecken steht bereit. Für die Kinder vielleicht interessanter ist der Spielplatz mit den originellen Spielgeräten, der sich etwas unterhalb vom Gipfelbereich befindet. Auch hier lädt eine Aussichtsplattform zur Landschaftsrundschau ein. Der Retourweg führt bis zur Lichtung das kurze Stück auf der bereits bekannten Route zurück, folgt dann aber links abzweigend dem „Sagenweg" in nördlicher Richtung. Ab der Vogelhütte geht es entlang der Zufahrt 800 Meter Richtung Egelseen hinab und bei der Weggabelung rechts abzweigend über einen Kilometer retour zum Startpunkt.

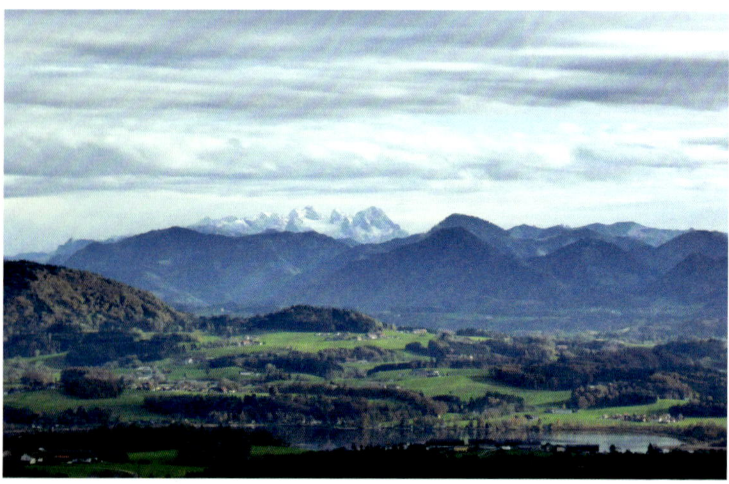

Der Buchbergblick reicht vom Wallersee bis zum Dachstein.

11 Mattsee (Niedertrumer See)

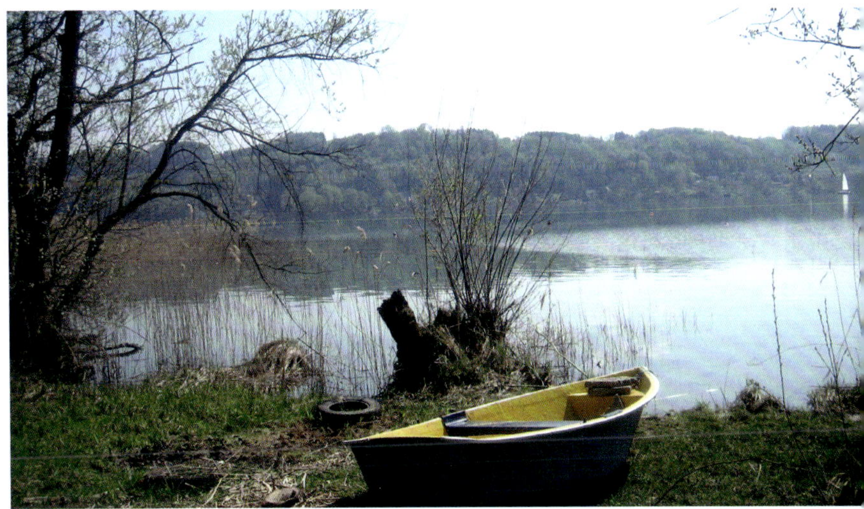

Am Westufer des Mattsees.

Die 13 Kilometer lange Runde um den Mattsee bietet großartige Einblicke in die Natur- und Kulturlandschaft im Trumer Seengebiet.

DER SEE

Kategorie: großer Voralpensee
Lage: Gemeinde Mattsee
Seehöhe: 503 m
Fläche: 3,6 km^2
Max. Seetiefe: 42 m
Einzugsgebiet: 11,2 km^2

Seinen Namen verdankt der Mattsee dem Fluss Mattig, der die drei Trumer Seen miteinander verbindet. Die Mattig entspringt bezeichnenderweise in Ursprung bei Elixhausen und fließt dann nordwärts quer durch das Seengebiet in direkter Linie zum Inn. Auf Grund dieser Fließrichtung ergeben sich auch die Bezeichnungen der Gewässer in Ober- und Niedertrumer See (= Mattsee). Alle anderen benachbarten Seen im Ausschürfungsbecken des Salzachgletschers entwässern Richtung Süden in die Salzach. Bemerkenswert ist auch die Entstehung des Mattsees, der sich erst nach dem Absinken des Seespiegels um 25 Meter bilden konnte. Bis dahin war der Ursee um rund ein Drittel größer, nach dem Rückgang des

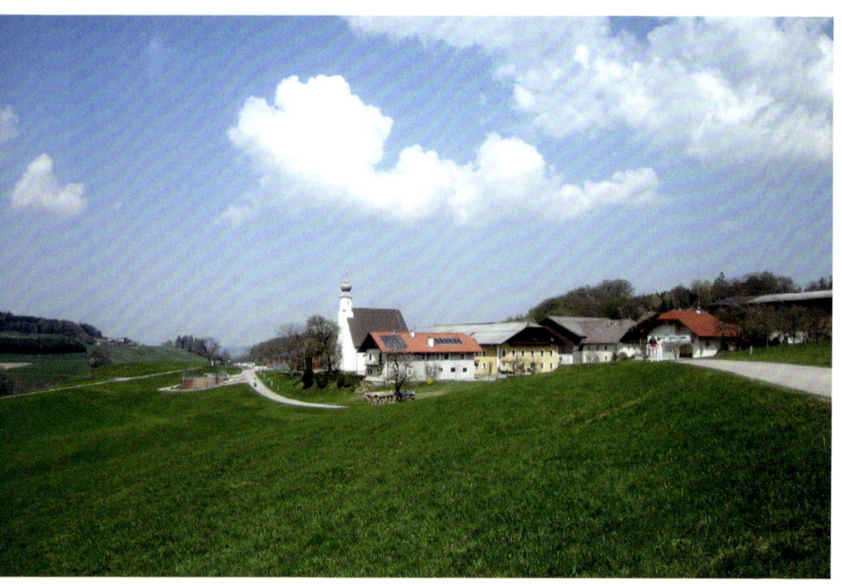

Die unscheinbare Kirche in Gebertsham ist reich ausgestattet.

Wasserniveaus wurden der Mattsee und der Obertrumer See durch eine schmale, nachträglich noch zusätzlich verstärkte Landbrücke getrennt. Die Schifffahrt zwischen den beiden Seen ist durch einen Kanal trotzdem möglich und wird auch für touristische Zwecke genutzt (www.segelschule-mattsee.at). Der Mattsee gilt als einer der wärmsten Seen in Salzburg und wird daher auch entsprechend gerne von den Sommergästen frequentiert. Die lange, am Beginn des 20. Jahrhunderts einsetzende Tradition als Ort der Sommerfrische erhielt in den 1970er-Jahren einen starken Dämpfer, als sich die Wasserqualität wegen der fehlenden Kanalisation dramatisch verschlechterte. Nach großen Investitionen in die Infrastruktur der Abwasserreinigung kann der See wieder mit besten Wasserqualitätswerten punkten.

DER WEG

Ausgangspunkt: Parkplatz Nord 1 km nach dem Wartsteintunnel an der L 101

Anfahrt: A 1, Abfahrt Salzburg Nord, dann über Elixhausen und Obertrum Richtung Mattsee. Nicht in das Ortszentrum, sondern durch den Wartsteintunnel zum Parkplatz Nord, 1 km nach dem Tunnel auf der rechten Seite entlang der Landesstraße.

Haltestelle: Mattsee Ortsmitte (Bus 120 ab Hbf. Salzburg Südtirolerplatz)

Schwierigkeit: T 1
Dauer: 3 ½ Stunden, 70 Höhenmeter, 13 Kilometer

RUND UM DEN MATTSEE

Ausgangspunkt ist der kostenfreie Parkplatz Nord an der L 101. Die Route M 1 verläuft nordwärts abzweigend auf einem separaten Gehweg entlang der Mattseer Landesstraße. Ein schmaler, an der engsten Stelle kaum 50 Meter breiter Landstreifen trennt den Obertrumer See (links) vom Mattsee (Niedertrumer See). Nach eineinhalb Kilometern zweigt der Weg M 1 nach rechts ab. Noch ein paar Meter und wir stehen mit Prachtblick auf die Weyerbucht direkt am Mattsee-Ufer. Am Ufer entlang geht es nach Aug, dort kurz in das Siedlungsgebiet, dann wieder an den See und in Stein neuerlich weg vom Ufer in einem sanften Bogen um den Campingplatz.

Ganz unbemerkt sind wir von Salzburg nach Oberösterreich gewechselt, erkennbar auch an den unterschiedlichen Hüttenverordnungen, die in Oberösterreich weniger restriktiv gehandelt werden. Bald nach dem Hüttendorf Rackersing führt die Route über Streuwiesen durch das Naturschutzgebiet Nordmoor. Am Strandbad vorbei steigt der Weg einige Höhenmeter zur Kirche Gebertsham hinauf. Interessante Schautafeln an den erhabenen Punkten informieren über Lochen, Gebertsham und die Eiszeit. Besondere Aufmerksamkeit

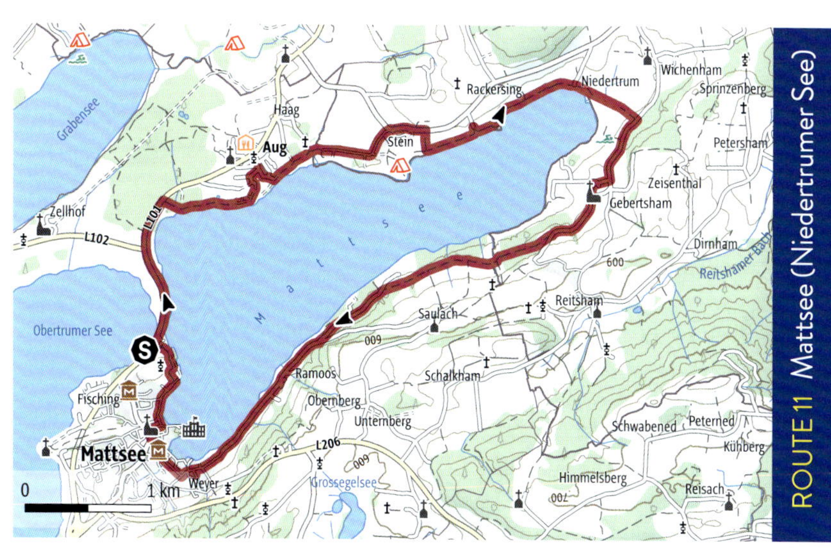

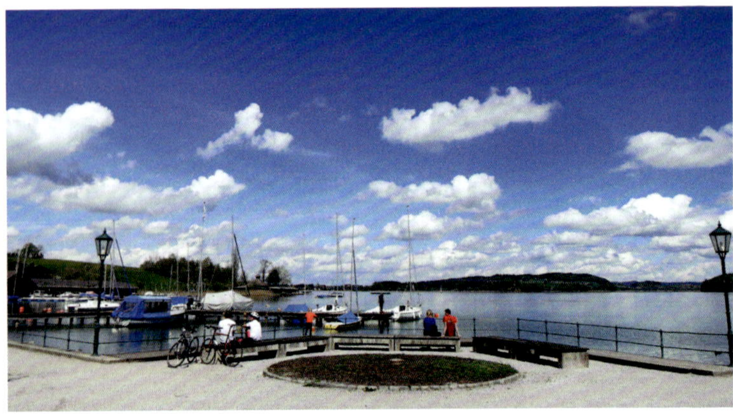

Entlang der Uferpromenade in Mattsee schließt sich die Runde.

verdient aber die spätgotische Filialkirche Gebertsham, die vor allem im Inneren eine unerwartete Pracht entfaltet. Besonders bemerkenswert ist der zwischen 1515 und 1520 in der Werkstatt des Gordian Guckh in Laufen entstandene Flügelaltar. Ihren größten Auftritt erhielt die kleine Kirche durch den Deutschen Altbundespräsidenten Walter Scheel (1919–2016), der im Jahr 1987 hier getraut wurde.
Die südostseitigen Buchten sind waldreicher, der Weg bleibt in diesem Abschnitt oberhalb des Ufers. Im Ortsteil Ramoos kommt die Route wieder näher zum See, allerdings setzt nun auch wieder eine stärkere Uferverbauung ein. Der Ramooser Straße folgend schwenkt der Weg dann vor der Schule nach rechts und durchquert die Weyerbucht. Hier bieten sich noch einmal schöne Genussplätze zum Verweilen an, bevor die Runde zum Marktplatz vor der Stiftskirche weiterverläuft. Aus dem belebten Ortszentrum wandern wir links an der mächtigen Linde und an der Stiftskirche vorbei über die Seestraße zur Uferpromenade. Dort dreht der Weg nach links und führt zum renovierten Strandbad weiter. Errichtet wurde es in den 1920er-Jahren nach den Plänen des Wiener Architekten Franz Mörth. Dank behutsamer Adaption strahlt das denkmalgeschützte Bad mit dem 400 Meter langen Strandbereich auch heute noch jenen Charme aus, der an die Blütezeit der Sommerfrische erinnert. Gegenüber der historischen Anlage beginnt ein kurzer Verbindungsweg, der am Wiesenrand entlang auf die Nordseite der kleinen Anhöhe zu den Parkplätzen retour führt.

12 Obertrumer See

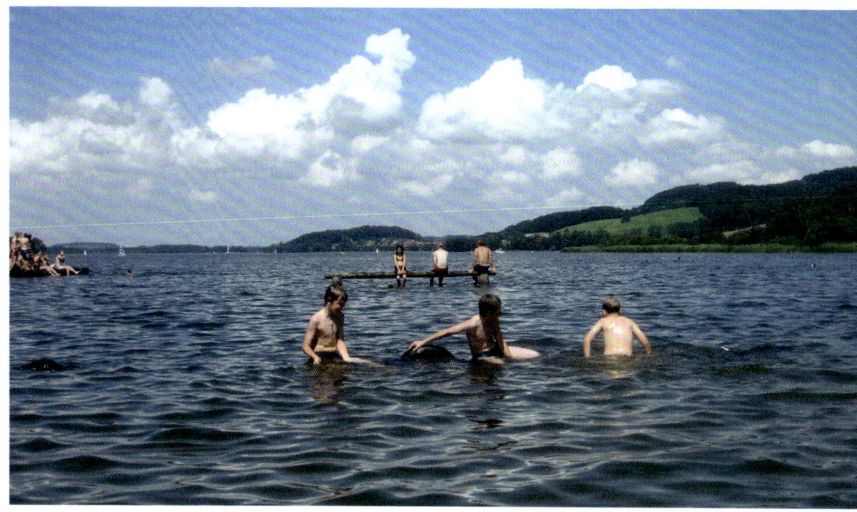

Badevergnügen im Strandbad Oitner am Obertrumer See.

Der Obertrumer See ist mit knapp fünf Quadratkilometern der größte der drei Trumer Seen.

DER SEE

Kategorie: Voralpensee
Lage: Gemeinde Mattsee
Seehöhe: 503 m
Fläche: 4,8 km²
Max. Seetiefe: 36 m
Einzugsgebiet: 57,6 km²

Die drei Trumer Seen Mattsee, Grabensee und Obertrumer See waren nach dem Abschmelzen der Gletscher vor rund 10.000 Jahren noch in einem einzigen Ursee vereint. Durch die allmähliche Senkung des Wasserspiegels um 25 Meter wurde das Becken in die drei Seen aufgeteilt. Die endgültige Trennung zwischen Mattsee und Obertrumer See erfolgte allerdings erst im 19. Jahrhundert durch die Errichtung bzw. Verstärkung jenes Dammes, über den heute die Mattseer Landesstraße L 101 Richtung Mattighofen verläuft. In den alten Landkarten ist neben dem Grabensee sehr oft nur ein See verzeichnet. Interessant sind auch die geologischen Verhältnisse. Die Trumer Seen liegen in einer eiszeitlichen Moränenlandschaft, die auf einem Flyschsockel aufliegt. Der Wartsteinkamm aber, der

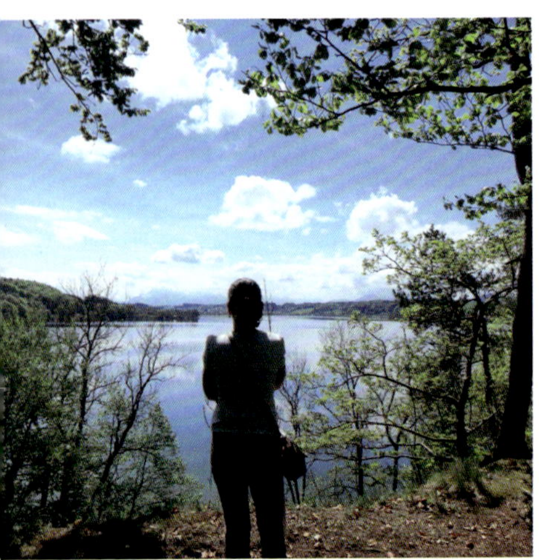

Der Obertrumer See von der Wartsteinkapelle aus gesehen.

sich über einen Kilometer vom Schloss Mattsee westwärts bis zur Wartsteinkapelle hoch über dem Obertrumer See erstreckt, gehört zur Helvetischen Zone. Mit dem Auftauchen des Helvetikums mitten in der Flyschzone ist der Wartstein sozusagen der letzte Ausläufer der Alpen.

Die Fischerei in den drei Trumer Seen und speziell am Obertrumer See hat eine lange Tradition, die Innungslade der Fischer stammt aus dem Jahre 1701. Die jahrhundertealte Einteilung in 14 „Seggen", mit denen die Güter und die dazugehörenden Fischrechte genau definiert sind, gilt auch heute noch. Allerdings sind nur noch wenige Nebenerwerbs-Berufsfischer im Einsatz. Eine bedrohliche Situation für den reichen Fischbestand ergab sich ab der Mitte des 20. Jahrhunderts. In den 1970er-Jahren war die Wasserqualität des Obertrumer Sees durch die fehlende Kanalisation derartig schlecht, dass der Seehaushalt durch die Veralgung zu kippen drohte. Die Revitalisierung gelang, wie auch bei den benachbarten Seen, in letzter Minute. Heute verfügen die Seen über eine ausgezeichnete, ständig überprüfte Wasserqualität. Die Sichttiefe im Obertrumer See hat sich von 1,40 Meter am Tiefpunkt der Kurve auf 4,10 Meter zum jetzigen Zeitpunkt in das erfreuliche Gegenteil verkehrt.

DIE WEGE
RUND UM DEN WARTSTEIN

Ausgangspunkt: zentraler Parkplatz Weyerbucht (Gebühr) oder Parkplatz Nord (kostenlos) nach dem Wartsteintunnel an der Mattseer Landesstraße

Anfahrt: A 1, Abfahrt Salzburg Nord. Auf der B 156 und der Mattseer Landesstraße nach Mattsee. Zum Parkplatz Weyerbucht in das Zentrum, dort rechts. Zum Parkplatz Mattsee Nord durch den Wartsteintunnel, nach 1 km rechts entlang der Landesstraße 101.

Haltestelle: Mattsee Ortsmitte (Bus 120 ab Hbf. Salzburg, Südtirolerplatz)

Schwierigkeit: T 1

Dauer: 1 ½ Stunden, 100 Höhenmeter, 4 Kilometer

Vom Parkplatz Nord oder vom etwas zentrumsnäheren Parkplatz Weyerbucht in die Ortsmitte von Mattsee, die durch die Stiftskirche und die mächtige Linde (Naturdenkmal) unübersehbar ist. Gegenüber der Kirche zweigt der Tassiloweg westwärts ab, wenig später verweist das grüne Schild „Wartsteinkapelle“ nach rechts. Über eine schmale Treppe geht es einige Meter bergauf und schon stehen wir mitten auf dem bewaldeten Wartsteinrücken. An einem Kreuz vorbei führt der schöne Waldsteig zum äußersten Punkt auf der Westspitze, der beidseitig steil abfallenden Felsrippe. In dieser exponierten Lage über dem See steht die malerische Wartsteinkapelle. In einem kleinen Anbau neben der Kapelle lebte ein Einsiedler, der durch Glockengeläut die Fischer am See vor den

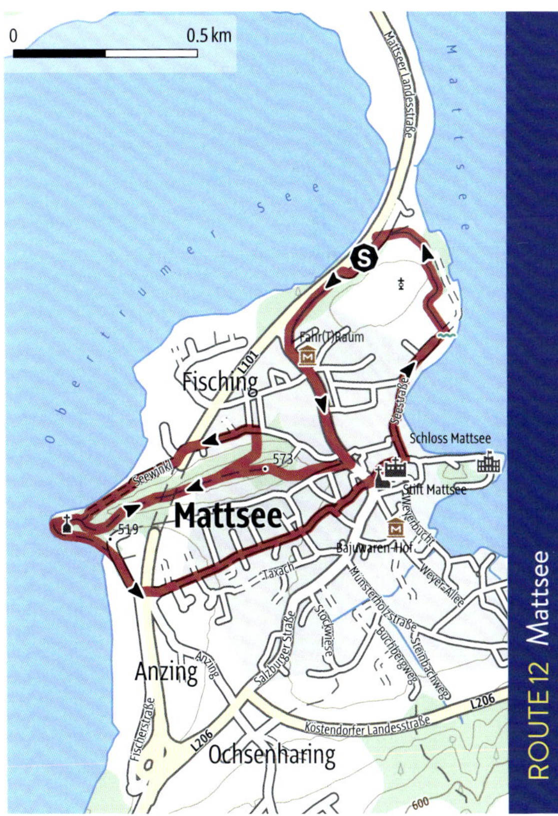

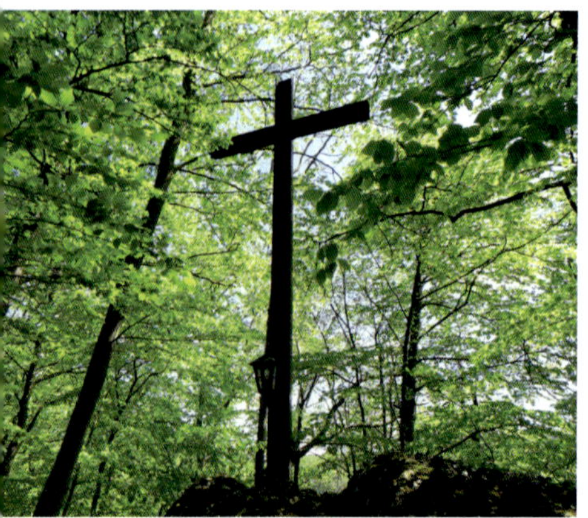

Am Weg zur Wartsteinkapelle.

herannahenden Unwettern warnte. Gleiches geschah auch, wenn sich seine Essensvorräte dem Ende zuneigten.

Der Weg führt in zehn Gehminuten wieder zu jenem Punkt retour, an dem der Pfad „Hinterwartstein, Fisching“ nach links abzweigt. Im Talboden am nördlichen Fuß des Wartsteins angekommen, biegt die weitere Route scharf nach links ab und führt am gemeindeeigenen Bauhof-Lagerplatz vorbei durch eine Straßenunterführung in den Ortsteil Seewinkl. Die Zufahrt geht in einen schmalen Uferweg über, von dem sich etwas später eine Einstiegsstelle für Badewillige in den See auftut. Der Weg verläuft einige Meter unterhalb der Wartsteinkapelle dicht am See um den Felssporn herum und mündet dann in den Einsiedlerweg ein.

Durch eine Unterführung geht es links abzweigend Richtung Anzing weiter. Über den Wolf-Dietrich-Weg, den Brichta- und den Gemeindeweg schließt sich die Runde am Gemeindeamt vorbei auf dem Stiftsplatz. Der Weg zum Parkplatz Nord könnte noch mit einer Extrarunde aufgewertet werden, die zuerst links an der Kirche vorbei zur Strandpromenade, dann linker Hand weiter zum historischen Seebad verläuft und von dort über die kleine Anhöhe zum Parkplatz quert.

NATURERLEBNISWEG OBERTRUM

Ausgangspunkt: Kurzparkzone (3 Stunden) am Mattigplatz in Obertrum, oder Parkplatz am Skatepark an der Obertrumer Landesstraße kurz vor dem Strandbad Oitner

Anfahrt: A 1, Abfahrt Salzburg Nord. Auf der B 156 und der Obertrumer Landesstraße nach Obertrum. Zum zentrumsnahen Parkplatz (Mattigplatz) beim zweiten Kreisverkehr in die Ortsmitte und an der Kirche vorbei zur Kurzparkzone Mattigplatz nahe der Schule. Zum Parkplatz Skatepark beim dritten Kreisverkehr auf der Obertrumer Landesstraße L 102 Richtung Seeham. Nach 1,1 km rechts zum Parkplatz neben dem Skatepark.

Haltestelle: Obertrum Ortsmitte (Bus 120 ab Hbf. Salzburg, Südtirolerplatz)

Schwierigkeit: T 1

Dauer: ab Mattigplatz 50 Minuten, Höhenmeter unerheblich, 3 Kilometer

Der etwa 800 Meter lange Naturlehrpfad liegt im Naturschutzgebiet am Südufer des Obertrumer Sees. Er führt zur Hälfte über einen schmalen Lärchenholzsteg, ein Aussichtsturm vermittelt einen interessanten Überblick auf die verschiedenen Lebens- und Naturräume. Der am nächsten gelegene Startpunkt ist der an den Lehrpfad anschließende Parkplatz neben dem Skatepark. Rund 15 Gehminuten weiter entfernt ist der Ausgangspunkt am Mattigplatz im Ortszentrum. Wer nach dem kurzen Naturlehrpfad noch Lust auf weitere Entdeckungen hat, ist hier im Ort gut aufgehoben. Die **Privatbrauerei Sigl** (www.trumer.at) bietet nicht nur feine Biersorten, sondern genauso schmackhafte Führungen an. Seit 1775 befindet sich die Brauerei in Familienbesitz, einer der Vorfahren war im Jahr

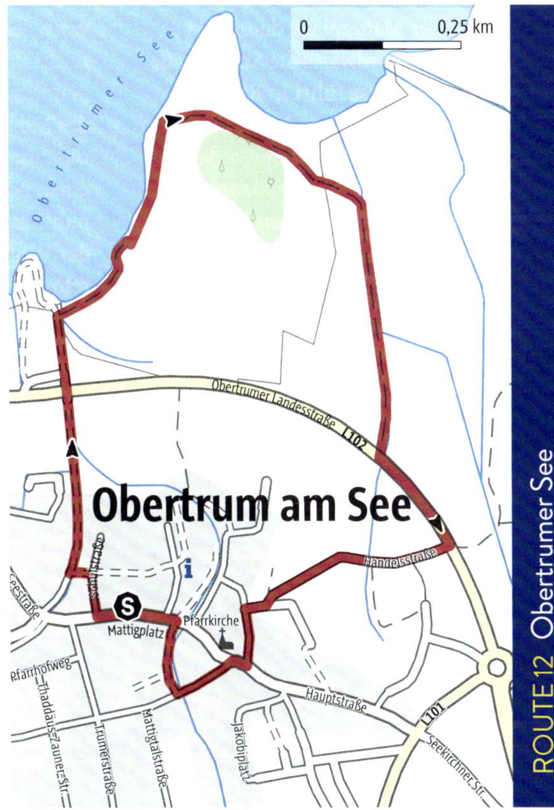

ROUTE 12 Obertrumer See

1869 maßgeblich für die genaue Vermessung des Obertrumer Sees verantwortlich. Aber auch das in einem ehemaligen Einlegerhaus untergebrachte Heimatmuseum (www.museum-obertrum.at) ist ein lohnendes, über einen viertelstündigen Weg leicht erreichbares Ziel, das immer wieder mit außergewöhnlichen Sonderausstellungen auf sich aufmerksam macht.

Ein guter Ausgangspunkt für den Weg zum ufernahen Naturlehrpfad ist der Mattigplatz, denn dort zweigt nordwärts die Schulstraße ab und diese führt in Richtung See (grünes Wegschild). Der kurze Zugang zum See verläuft zuerst an der Schule, dann an der Sportanlage vorbei und unterquert schließlich die Obertrumer Landesstraße. Kurz danach befinden sich der Skatepark und der angrenzende Parkplatz. Hier beginnt nun also der Naturlehrpfad, der zwar nur ein kleines Eck der insgesamt 51 Hektar großen Schutzfläche vorstellt, aber die Begleittafeln verschaffen einen sehr guten Eindruck über das ganze hochsensible Landschaftsmosaik. Zu sehen, zu hören und zu spüren gibt es während der nächsten halben Stunde jedenfalls genug. Im ersten Teil der Runde sollte man den schmalen Wegverlauf nicht verfehlen, denn links und rechts reicht das Wasser bis zu den Holzplanken. Dann geht es am Rand des Moorwaldes entlang zurück, um zum Schluss noch einmal über einen hölzernen Steg zum Startpunkt zu gelangen. Von dort führt der Weg zum jeweiligen Startpunkt retour.

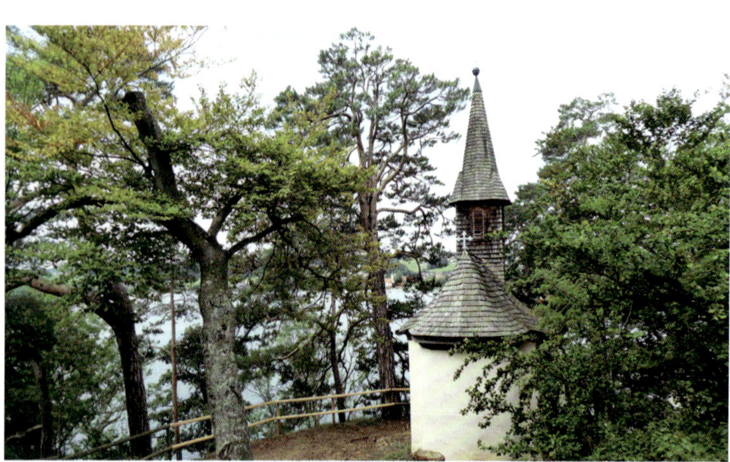

Die Wartsteinkapelle.

13 Grabensee

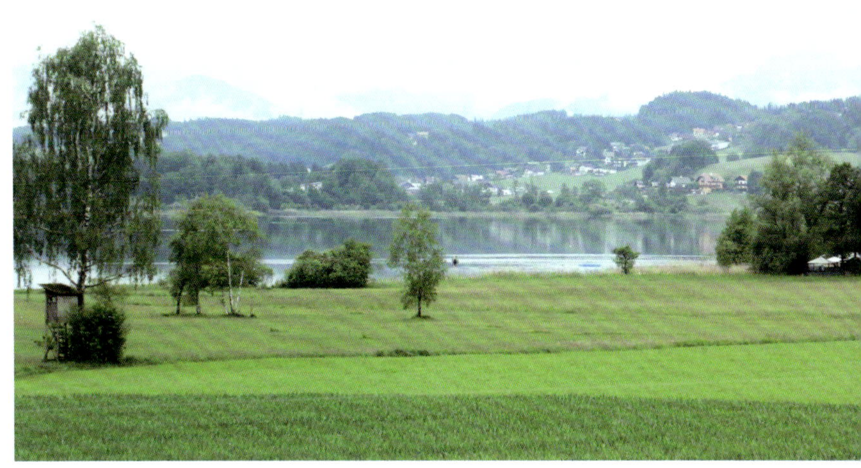

Das geschützte Nordmoor am Grabensee.

Der kleinste der drei Trumerseen ist auch der unnahbarste. Nur an einer Stelle erreicht der Weg das Ufer. Gerade diese kleine Bucht ist aber ein ganz besonderer Ort, denn genau hier tritt das angeblich heilbringende Gnadenbründl an das Tageslicht.

DER SEE

Kategorie: Voralpensee
Lage: Gemeinde Berndorf
Seehöhe: 503 m
Fläche: 1,3 km^2
Max. Seetiefe: 14 m
Einzugsgebiet: 65 km^2

Durch das Abschmelzen des Mattseegletschers entstand der Urmattsee, ein einziger See, dessen Wasserspiegel mit 525 m etwa 25 m höher lag als heute. Nach dem Durchbruch der Mattig durch die Endmoräne und der Entwässerung Richtung Norden kam es zur Absenkung des Seespiegels auf die heutige Höhe. Damit verbunden war die langsame Dreiteilung in das heute vertraute Gefüge Grabensee, Obertrumer See und Mattsee. Der Obertrumer See und der Mattsee (auch Niedertrumer See) sind in den ältesten Landkarten noch als eine Fläche eingezeichnet, während der Grabensee schon damals als selbstständiges Gewässer vermerkt ist.

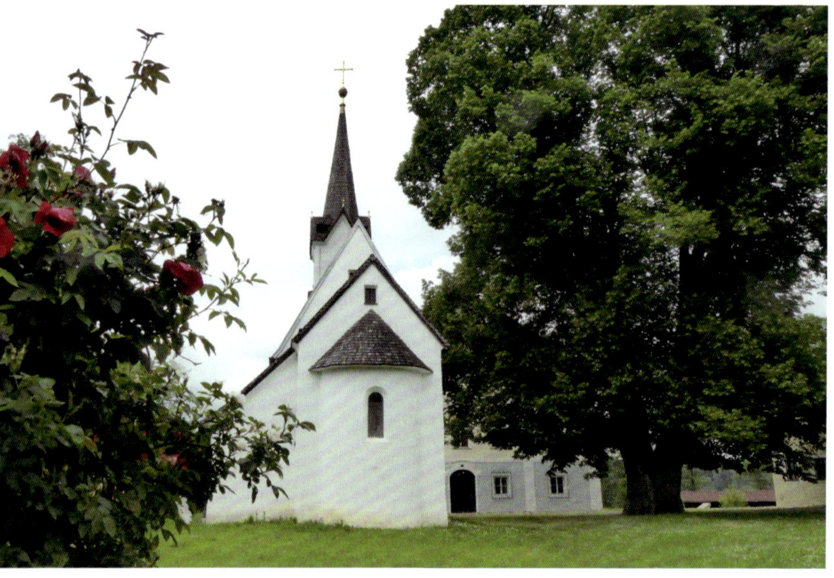

Die Filialkirche Zellhof neben der zum Naturdenkmal erklärten Linde.

Der Grabensee hängt aber über seinen Zufluss auf direktem Weg mit dem Obertrumer See zusammen, was sich auch auf die Wasserqualität auswirkt. Das warme, nährstoffarme Wasser aus dem Obertrumer See gleitet über das kühle Tiefenwasser des Grabensees und verliert auf diesem Weg einen Großteil der Schwebealgen, die in die kältere Tiefenschicht des Grabensees absinken. Die Folge ist im Sommer eine verstärkte Nährstoffanreicherung.

Die Qualität als Badesee kann trotzdem durchaus als gut bezeichnet werden. Der Grabensee verfügt über einen Strandbadzugang im Gemeindegebiet von Perwang (OÖ) nahe der Ortschaft Gransdorf. Der See wird in den ersten urkundlichen Erwähnungen um 1040 als Gransee bezeichnet. Der ursprüngliche Name für den See hat sich also in der alten Ortsbezeichnung Gransdorf erhalten. Der Grabensee liegt in einem Landschaftsschutzgebiet und steht unter Naturschutz.

Der Grabensee stand ab dem späten 17. Jahrhundert auch im Mittelpunkt vieler Wallfahrten. Heute macht das heilbringende „Gnadenbründl“ am Ostufer einen sehr bescheidenen Eindruck, aber kurz nach 1690, als einem Blinden die Muttergottes erschien und ihm das Quellwasser zum Auswaschen der Augen empfahl, setzte gleich nach der heilbringenden Anwendung eine starke Wallfahrtsbewegung zur Quelle ein. Ein Bildstock mit einer Kopie des Altöttinger Gnadenbildes wurde aufgestellt, das die geistliche Obrigkeit aber später in die nahe Kirche Zell verbrachte. Einige Votivbilder in der dortigen Kirche zeugen noch heute von der einst blühenden Wallfahrt.

DER WEG

Ausgangspunkt: Waldparkplatz „Breinberg – Moorwald"

Anfahrt: A 1, Abfahrt Salzburg Nord. B 156 und L 101 (Mattseer Landesstraße) nach Mattsee und weiter Richtung Mattighofen. 1,5 km nach dem Wartsteintunnel und 150 m nach der Verzweigung Perwang – Mattighofen befindet sich auf der linken Straßenseite der etwas versteckte Waldparkplatz Breinberg – Moorwald.

Haltestelle: Mattsee Zellhof (Bus 120 ab Hbf. Salzburg)

Schwierigkeit: T 1

Dauer: 2 ½ Stunden, 35 Höhenmeter, 9 Kilometer

RUND UM DEN GRABENSEE

Ausgangspunkt ist der kleine Waldparkplatz „Breinberg – Moorwald" 100 Meter nach der Verzweigung der Mattseer Landesstraße (Richtung Mattighofen) und der Obertrumer Landesstraße (Richtung Perwang) auf der linken Seite. Der nur zu Beginn beschilderte

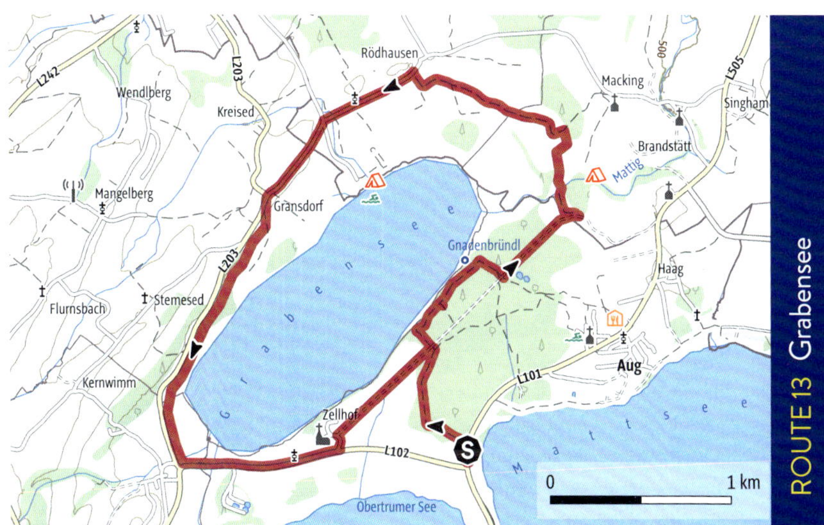

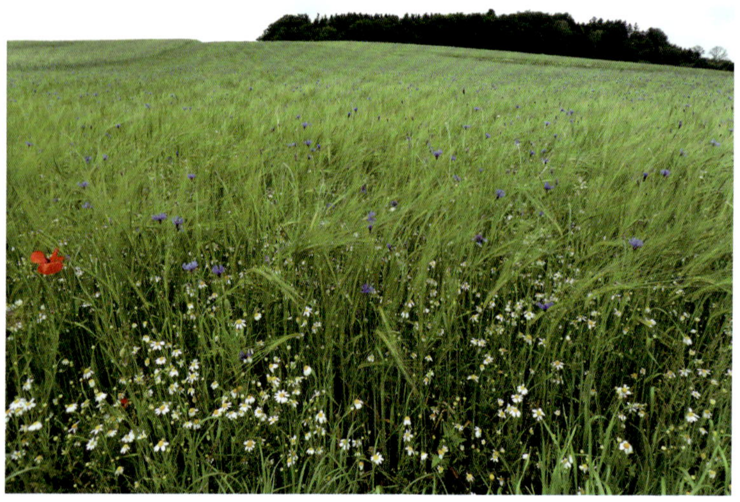

Der blühende Feldweg führt nach Rödhausen.

„Wanderweg M 2 zum Gnadenbründl" führt über den angenehm weichen Waldboden in relativ direkter Linie zum Süd-Ost-Ufer des Grabensees. An einer Stelle ist der bewaldete Uferstreifen nur wenige Meter entfernt und genau hier in dieser schattigen kleinen Bucht befindet sich das unscheinbare Gnadenbründl. Leider wird auf den Standort nicht extra hingewiesen.

Der Waldpfad führt wieder vom Ufer weg und folgt dann über 700 Meter einer schnurgeraden Forststraße bis zum angegebenen Abzweigepunkt nach links (Schild „Rundweg Grabensee, Weg 18").

Nach einer weiteren Viertelstunde trifft der Waldweg auf den Abfluss des Mattsees. Die bezeichnenderweise vom Ursprung nahe Elixhausen kommende Mattig fließt weiter zum Inn, den sie rund 55 Kilometer danach erreichen wird. Unser Weg aber quert die junge Mattig über eine neue Holzbrücke und verläuft dann in einem weiten, Richtung Norden ausholenden Bogen über schöne Wiesen nach Rödhausen. Der zweite Teil der Seeumrundung bleibt in großem Abstand zum Ufer und orientiert sich nun hauptsächlich an den vorhandenen Asphaltwegen. Die wertvollen Streuwiesen im Vordergrund, die nur einmal

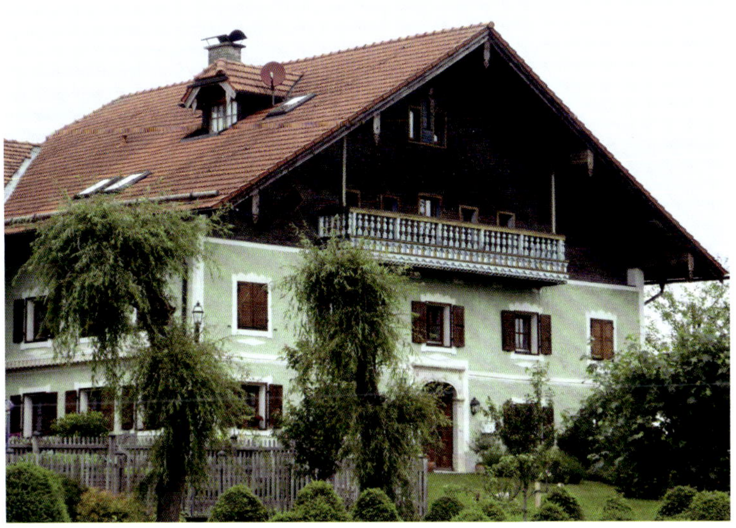

Wunderbare bäuerliche Hofkultur in Gransdorf.

im Jahr gemäht werden, sind ein wichtiger Lebensraum für seltene Wiesenbrüter. Mit etwas Glück und einem Fernglas lassen sich der seltene Brachvogel oder der durch seinen akrobatischen Flugstil so unverkennbare Kiebitz gut beobachten. Zwischen Rödhausen und Gransdorf zweigt ein Stichweg zum einzigen offiziellen Badeplatz am Grabensee ab, unser Weg aber folgt dem etwas abseits der Landesstraße verlaufenden Rad- und Fußweg über vier Kilometer bis nach Zellhof. Der Name Zell (von lat. Cella = kleiner, gemauerter Bau) deutet auf eine sehr frühe Entstehung dieser Wirtschaftseinheit hin, die vermutlich mit der Gründung des Benediktinerklosters Mattsee (um 760) zusammenhängt. Die Georgskapelle, neben der mächtigen Linde, und die umliegenden Wirtschaftsgebäude ergeben ein stimmiges Gesamtbild. Teile der Anlage werden als Pfadfinderdorf genutzt.

Unsere vorübergehend nicht markierte Route zweigt direkt von der Zufahrt nach Zellhof nach rechts ab und folgt der Obstbaum-Allee in nördlicher Richtung 800 Meter bis zum Wald. Der letzte Wegabschnitt zurück zum Parkplatz folgt dem äußerst rechts verlaufenden Waldpfad, über den auch schon der Beginn der Runde erfolgt ist.

14 Wallersee

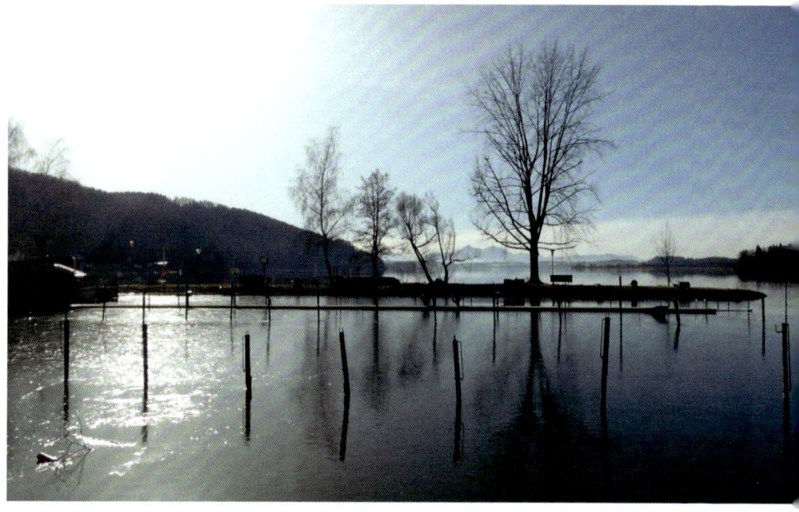

In der Wallersee-Ostbucht.

Der zweitgrößte See des Landes ist auch zugleich einer der wärmsten. Damit, und auch wegen der ausgezeichneten Wasserqualität, empfiehlt er sich natürlich als Badesee. Aber auch die Wanderwege entlang der Ufer sind von bester Güte.

DER SEE

Kategorie: großer Voralpensee
Lage: Gemeinden Köstendorf, Neumarkt, Henndorf, Seekirchen
Seehöhe: 506 m
Fläche: 5,9 km²
Max. Seetiefe: 23,3 m
Einzugsgebiet: 110 km²

Der Wallersee ist der zweitgrößte See im Bundesland Salzburg. Seine jetzige Größe erreichte er allerdings erst im Jahr 1888, nachdem vom Salzburger Landtag die Erlaubnis zum Absenken des Seespiegels erteilt wurde. Somit stand vor allem im Bereich Seekirchen mehr Fläche für räumliche Entwicklungskonzepte zur Verfügung. Möglich gemacht wurde solch ein Vorgehen durch den Ankauf des gesamten Sees aus dem Besitz der, an ständiger Finanznot leidenden, Habsburger. Seither steht der Wallersee der Öffentlichkeit zur Verfügung und wird dementsprechend für touristische und Freizeitzwecke genutzt. Der sehr fischreiche See versorgte in der Mitte des 17. Jahrhunderts noch knapp 40 nebenberufliche oder hauptberufliche Fischer, heutzutage gibt es den fangfrischen Wallerseefisch im „Frisch-Fisch-Ladl" der Familie Kapeller in Seekirchen (Kapellerweg 9). Die Auswahl der erhältlichen Fische vom Aal bis zum Zander ist beachtlich, nur den Waller (= Wels) sucht man auf der Preisliste vergeblich. Er kommt zwar im See vor, aber ob der urtümliche Fisch der Namensgeber für das ganze Gewässer ist, gilt als ungewiss. Eine schlüssige Erklärung wäre auch noch das mittelhochdeutsche Wort „Walchen" als Hinweis auf die „Welschen" (= Fremden), also die eingewanderten Romanen. Oder die Bezeichnung für den See ist ganz einfach von einem Personennamen abgeleitet worden.

Wie auch immer. Die geologische Entstehung des Wallersees ist jedenfalls eindeutiger. Der See liegt in einem von den Endmoränen des Würmgletschers umgrenzten Zweigbecken des mächtigen Salzachgletschers. Sogar über den vor 18.500 Jahren, ursprünglich in Richtung Norden verlaufenden Abfluss wissen die Forscher Bescheid. Durch das allmähliche Absinken des Seespiegels auf 520 Meter bahnte sich die Fischach dann den heute noch gültigen Weg südwärts in das Salzburger Becken.

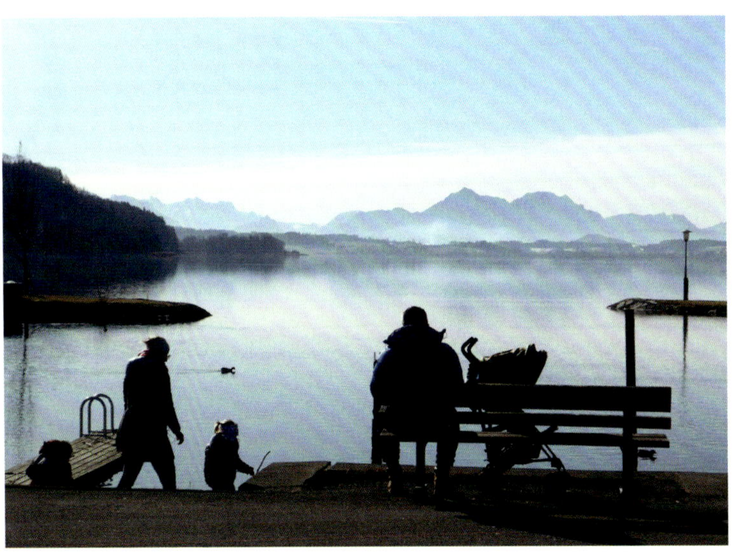

Zum Baden ist es in der Ostbucht noch zu kalt.

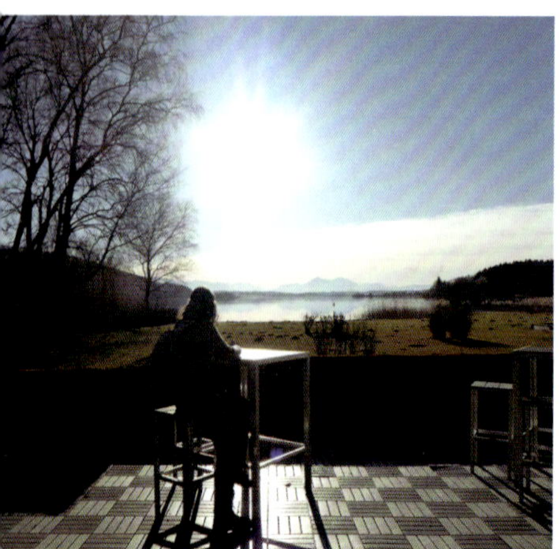

Sun-Downer beim Seehotel Winkler in der Ostbucht.

DER WEG
RUNDWEG IN DER WALLERSEE-OSTBUCHT

Ausgangspunkt: Strandbad Neumarkt, Parkplatz

Anfahrt: A 1, Abfahrt Eugendorf, B 1 über Henndorf Richtung Neumarkt bis zur Abzweigung „Strandbad, Campingplatz Neumarkt“

Haltestelle: Neumarkt, Abzw. Strandbad (Bus 130 ab Hbf. Salzburg)

Schwierigkeit: T 1

Dauer: 2 Stunden, 30 Höhenmeter, 7,5 Kilometer

Ausgangspunkt der familienfreundlichen Runde ist der große Parkplatz beim Strandbad der Gemeinde Neumarkt in der Wallersee-Ostbucht. Der Weg führt gleich zum See hinab, dann rechts am Ufer entlang und weil es in der Bucht so schön ist, stehen von der **Wallerseealm** über ein **Stüberl** bis zum noblen **Schneckenwinkler** gleich drei recht unterschiedliche gastronomische Betriebe zur Einkehrauswahl bereit. Der Weg bleibt noch genussvolle eineinhalb Kilometer am Ufer, dann verläuft er scharf nach rechts über einige Stufen steil bergauf zum Hof Wierer. Von dieser exponierten Lage kann man die charakteristisch verzahnte Ausbildung des Uferbereiches als Grundlage für die jeweiligen, ganz speziellen Lebensräume gut ausmachen. Bei einer Gabelung wandern wir geradeaus über die Wiese weiter und kommen so zum Wallerbach, an dem ganz offensichtlich eine Biberfamilie ihren passenden Platz gefunden hat. Nach einem Kilometer entlang schöner Bachmäander und bizarr abgenagter Baumstämme zweigt der markierte Weg nach rechts über die Brücke ab, quert das Feld und führt, zum Glück nur für ein kurzes Stück, durch einen blickdichten Nadelwald wieder zu jenem bereits bekannten Kreuzungspunkt. Am hier nach links abzweigenden, leicht erhöhten Abschnitt hinüber zum Gehöft Wierer zeigt sich noch einmal die ganze Vielfalt Salzburgs auf einen Blick. Die Aussicht reicht vom zauberhaften Wallersee bis weit hinein in das Gebirge und vereint somit die schönsten Seiten des Salzburger Landes. Die Runde schließt sich beim Wierergut rechts abzweigend über den bekannten Weg.

DER HENNDORFER KAPELLENWEG

Ausgangspunkt: Pfarrkirche Henndorf

Anfahrt: A 1, Abfahrt Eugendorf. Über die B 1 in das Ortszentrum von Henndorf. Parken.

Haltestelle: Henndorf am Wallersee Ortsmitte (Bus 130 ab Bhf. Salzburg)

Schwierigkeit: T 1

Dauer: 3 Stunden, 80 Höhenmeter, 11 Kilometer

Im Mittelpunkt dieser stimmungsvollen Runde stehen die Kapellen rund um Henndorf. Der vielleicht schönste, sicher aber beruhigendste Abschnitt ist der ganz nahe am See entlang führende Uferweg vom Fenninger Spitz bis zum Henndorfer Strandbad. Ähnlich wie der Waller für die Seebezeichnung ist übrigens auch die Henne für den Ortsnamen irreführend. Dieser leitet sich nämlich von der Höhenlage (= Höhendorf) ab und nicht von der Henne. Nichtsdestotrotz steht das Federvieh als Wappentier in Verwendung. Henndorf genießt aber auch einen ausgezeichneten Ruf als Literatur-Hochburg. Vor allem in der Zwischenkriegszeit haben einige der bedeutendsten Schriftsteller des deutschsprachigen Raums in Henndorf ihre Spuren hinterlassen: Ödön von Horváth, Franz Stelzhamer, Stefan Zweig, Thomas Mann, Thomas Bernhard und sein Großvater

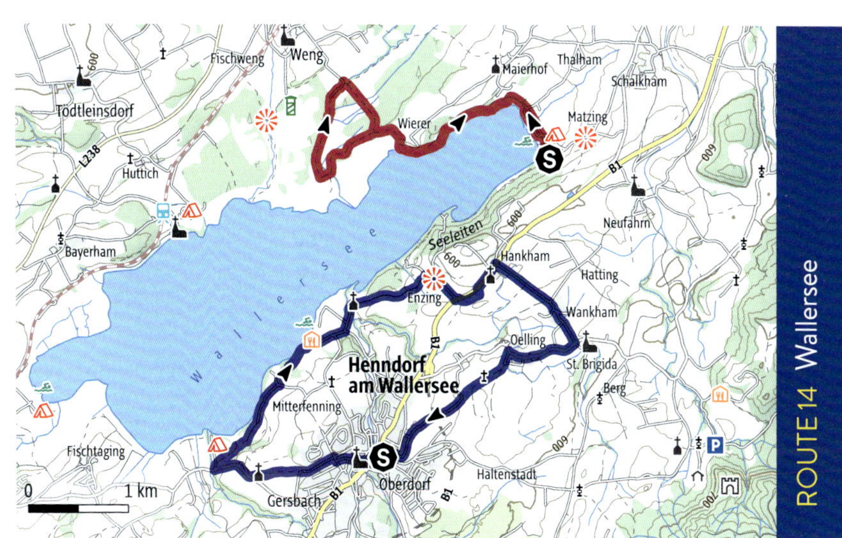

Johannes Freumbichler, sowie allen voran Carl Zuckmayer, der die meisten dieser illustren Schar in seiner Wiesmühl empfangen durfte. Mit seinen liebenswürdigen Schilderungen in der „Henndorfer Pastorale" stellt er den Ort, aus dem er von den Nazis vertrieben wurde, auf ein literarisches Podest.

Ausgangspunkt ist die unübersehbare Pfarrkirche von Henndorf. Am Fuße des Kirchhügels steht das Geburtshaus von Thomas Bernhards Großvater Johannes Freumbichler. Heute ist in dem renovierten Gebäude der Henndorfer Literaturkreis zu Hause. Unser Weg führt am Literaturhaus vorbei, zweigt nach rechts in die Sportplatzstraße und wenige Meter später nach links in den Kapellenweg ein. An der Moarhauserkapelle vorbei und dann rechts abzweigend an der Hundewiese entlang verläuft der Feldweg zu zwei gewaltigen Linden, neben denen die Hiasnbauerkapelle beinahe zerbrechlich wirkt. Der Weg zweigt nach rechts ab, folgt kurz der Landesstraße und mündet auch schon wieder rechts Richtung Fenninger Spitz ein. Am Campingplatz vorbei geht es zum Seeufer und an diesem entlang zum **Strandbad**. Bei einer folgenden Gabelung wandern wir nach links und treffen wenig später auf die ebenfalls von zwei mächtigen Linden flankierte Sagmühlkapelle. Diesmal wurde es der alten Kapelle aber zu viel, ausgelöst durch den Wurzeldruck der 250 Jahre alten Bäume musste sie im Jahre 1981 durch einen Neubau ersetzt werden. An schönen Höfen vorbei führt der Kapellenweg hinauf nach Enzing und von dort weiter zur Bundesstraße. Nun folgen wir links abzweigend 500 Meter, auf dem Radweg entlang, der B 1 nach Hankham. Dort zweigt unsere Route nach rechts ab und führt 1,5 Kilometer über Wankham zum uralten Kirchlein St. Brigida weiter. Vor dem Kirchhügel verläuft die Route rechter Hand einen Kilometer nach Ölling. Am Ende der kleinen Siedlung zweigt der Weg nach links ab und folgt nun dem beschilderten Eiszeit-Themenweg an einem stimmungsvollen Wetterkreuz vorbei in das Ortszentrum und an den Startpunkt retour.

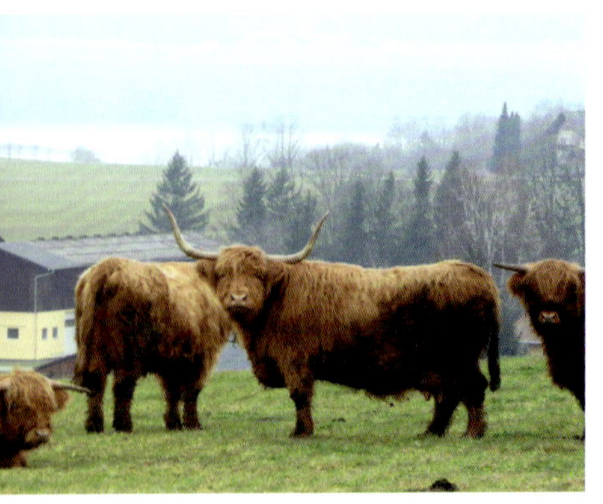

Hochlandrinder am Kapellenweg in Henndorf.

15 Bürmooser See

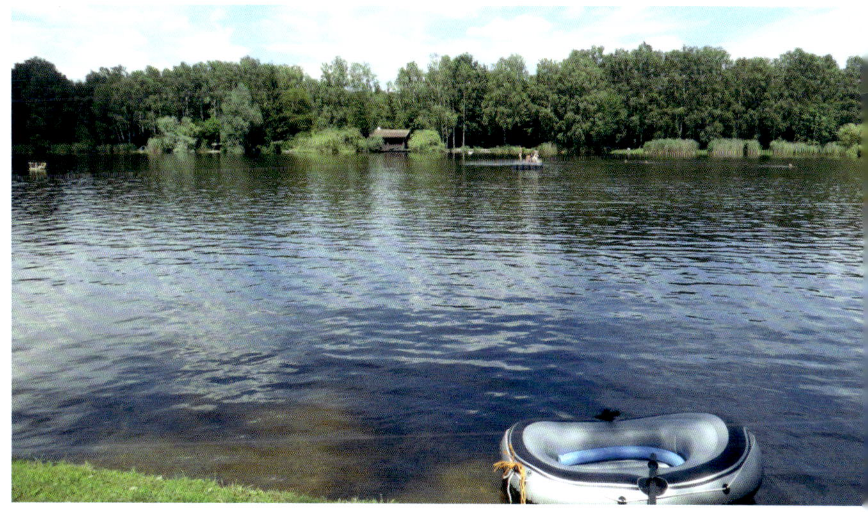

Am Bürmooser See. Fertig zum Ablegen.

Der künstlich entstandene Bürmooser See ist ein gutes Beispiel dafür, wie durch Menschenhand die Landschaften, aber auch die Landschaftsnamen verändert werden.

DER SEE

Kategorie: künstlich entstandener See
Lage: Gemeinde Bürmoos
Seehöhe: 434 m
Fläche: 85.000 m²
Max. Seetiefe: 5 m

Das Bürmoos wird von älteren Einheimischen noch heute Biermoos genannt, so wie das Gebiet eben früher bezeichnet wurde. Vermutlich durch einen Schreibfehler – das schlampig geschriebene „ie“ wurde zum „ü“ – kam es zur nachhaltigen Namensveränderung. In einem Ansuchen aus dem Jahr 1877 ist erstmals von Bürmoos die Rede. Aber auch das ursprüngliche „Bier“ vor dem Moos führt zu falschen Rückschlüssen, denn nicht der Gerstensaft, sondern die lautliche Entwicklung von der Birke (Birkmoos – Birchmoos – Biermoos) zeichnet für den Gebietsnamen verantwortlich. In diesem unbesiedelten Biermoos errichtete der Gründervater von Bürmoos, Ignaz Glaser, 1896 zwei große Ringöfen für die Ziegel- und Dachschindelproduktion. Der

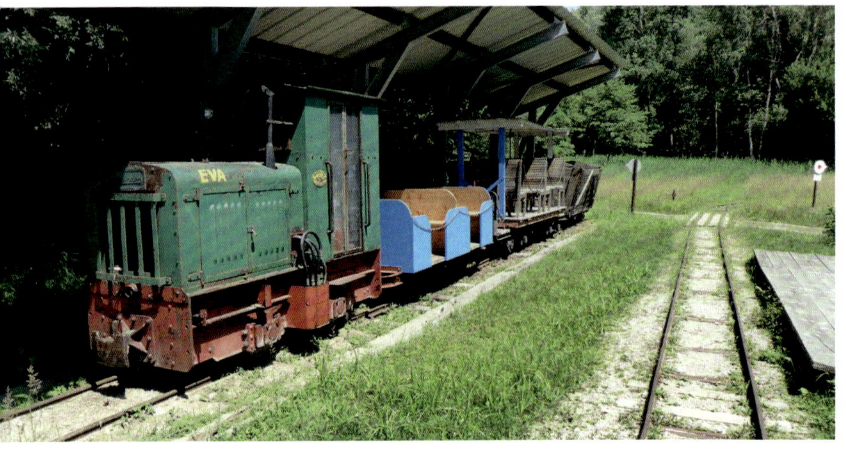

Die Bockerlbahn. Bitte einsteigen.

dafür nötige Lehm wurde aus zwei großen Gruben gewonnen, die sich später mit Wasser füllten. Aus den alten Lehmgruben entstand in den Jahrzehnten danach der über acht Hektar große Badeteich. Die Gemeinde Bürmoos erwarb im Jahr 1976 den See mitsamt den angrenzenden Wald- und Moorflächen und baut seither die Infrastruktur für die Erholungssuchenden beständig aus. Ursprünglich verfügte der ehemalige Ziegelteich über keinen Zufluss und auch über keine eigene Quelle, der Inhalt des sogenannten „Himmelsteiches" kam nur in Form von Regen in das Becken. Für die Wasserqualität kein Vorteil, aber seit 2014 wird dem Bürmooser See Frischwasser aus einem Tiefbrunnen zugeführt. Wasserfontänen sorgen zusätzlich für einen höheren Sauerstoffgehalt im See. Mit der Wasserqualität sind nun auch die Fische und damit ebenso die Fischer zufrieden. Der größte gefangene Fisch aus dem Bürmooser See war ein zwei Meter langer und 55 Kilo schwerer Wels.

DER WEG

Ausgangspunkt: Besucherparkplatz Gemeindezentrum Bürmoos

Anfahrt: A 1, Abfahrt Bergheim oder Salzburg Nord. Auf der B 156 über Oberndorf und Lamprechtshausen nach Bürmoos. Im Ortszentrum nach der scharfen Kurve der Ignaz-Glaser-Straße nach links auf den Besucherparkplatz neben dem Gemeindezentrum Bürmoos abzweigen.

Haltestelle: Bahnhaltestelle Bürmoos (Lokalbahn S 1 ab Hbf. Salzburg)

Schwierigkeit: T 1

Dauer: 2 ¼ Stunden, keine Höhenmeter, 7 Kilometer

DER NATURLEHRPFAD DURCH DAS BÜRMOOS

Ausgangspunkt ist der öffentliche Parkplatz neben dem Gemeindezentrum Bürmoos. Die Hauptstraße wird über den Karl-Zillner-Platz gequert, dann geht es rechts abzweigend der Glasbläserpromenade folgend an verschiedenen Sportstätten vorbei zum Bürmooser See. Dort angelangt führt unser Weg nach links und verläuft direkt am Seeufer entlang zu einer Weggabelung. Nun ist die Route mit der ausgeschilderten Naturlehrpfad-Runde B 4 (orange Pfeiler) ident und führt dementsprechend in den Wald. Auf weichem, teils moorigem Waldboden geht es zu einer weiteren Verzweigung, wo sich die kurze, zweieinhalb Kilometer lange Runde B 1 um den See nach rechts verabschiedet. Der Naturlehrpfad (B 4) aber zweigt

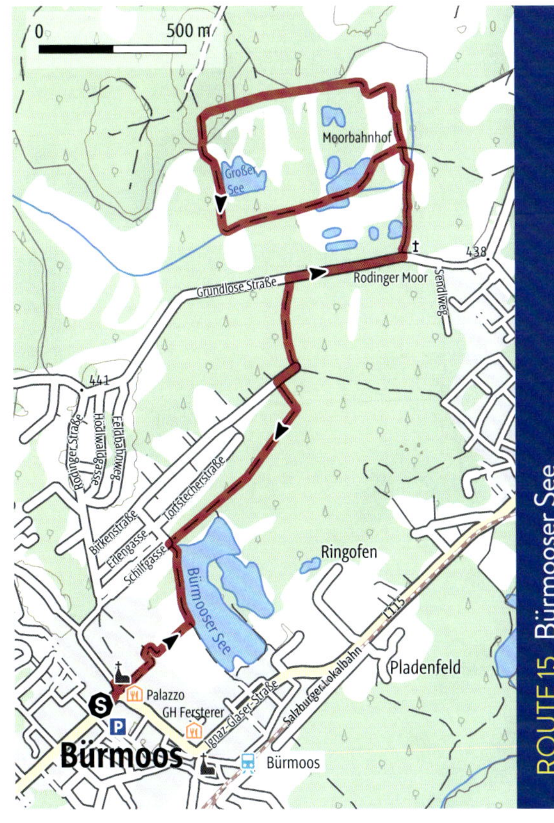

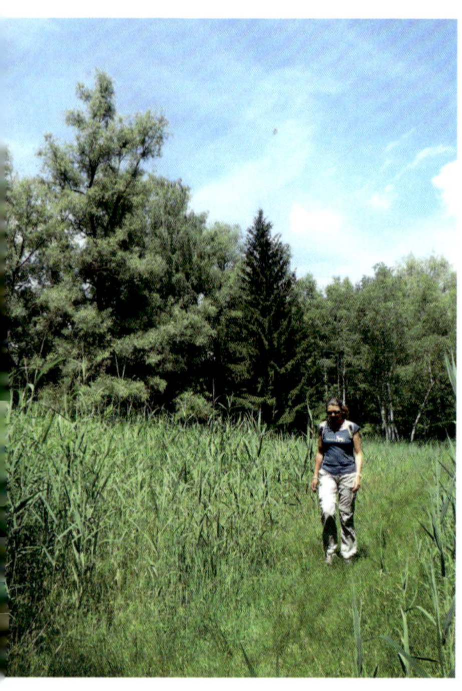

Der naturbelassene Pfad führt zum Moor.

nach links ab und trifft 500 Meter später auf die „grundlose Straße". Im Jahr 1852 führte dieser ehemalige Knüppeldamm noch an einem bestehenden Moorsee vorbei, der von den Einheimischen als „Grundloser" bezeichnet wurde. Der Besitzer der Moorflächen wollte mit der Straße einen Zugang zu den reichen Torflagern mit Mächtigkeiten von bis zu acht Metern schaffen. Wir folgen der schnurgeraden Strecke nach rechts bis zur nächsten Abzweigung nach links. In der Gabelung steht ein Wagon der alten Bockerlbahn in der Art, wie sie zwischen 1920 und 2000 in Betrieb war. Eine Viertelstunde später ist auch schon der dazugehörende Bahnhof erreicht, hier wartet eine ganze Garnitur samt Zugmaschine auf ihren Einsatz. Dazu gibt es eine Schutzhütte, ein Info-Center und ein kleines, aus alten Ziegeln und Glasteilen gebautes „Glaserhäusl". Es wurde im Jahr 2007 zur Erinnerung an die Glasbläser, Torfstecher und Ziegelbrenner errichtet.

Der folgende, knapp einstündige Rundgang durch das Moor ist der wohl eindrucksvollste Teil der ganzen Route. Der Weg, zumeist nur ein schmaler Pfad, führt an mächtigen Weiden, Schilfbeständen und Feuchtwiesen vorbei. Mit etwas Glück zeigen sich Blaukehlchen, Kreuzottern oder der scheue Biber. An einer Stelle wird sogar auf die Gefahr durch umstürzende, von Biberzähnen angenagte Bäume verwiesen. Na ja, aber den Weg verlassen sollte man wirklich nicht, manche Moorlöcher machen einen beunruhigend tiefen Eindruck. Die zauberhafte Moorrunde schließt sich beim Torf-Bahnhof. Da werden die Wanderer auch noch zur Vorsicht vor herannahenden Zügen ermahnt, aber die Gefahr, von der Torfbahn überrollt zu werden, ist relativ gering. Der Rückweg zum Bürmooser See folgt nun wieder dem bereits bekannten Teil.

16 Höllerer See

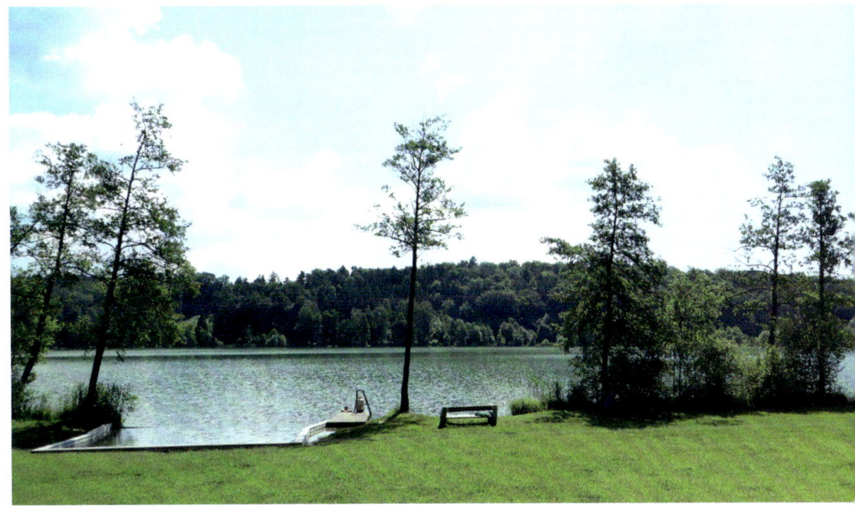
Das frei zugängliche Strandbad auf der Westseite des Höllerer Sees.

Der Höllerer See ist ein beliebter und trotzdem kaum überlaufener Badesee. Entstanden ist er nach dem Rückgang der Gletscher durch den gewaltigen Druck der übrig gebliebenen Toteismasse. Ab zehn Metern Tiefe ist die Eiszeit quasi noch vorhanden, denn mit der wärmeren Oberschicht findet kein Austausch statt.

DER SEE

Kategorie: Voralpensee
Lage: GemeindeSt. Pantaleon und Haigermoos
Seehöhe: 464 m
Fläche: 200.000 m^2
Max. Seetiefe: 21 m

Der Höllerer See liegt gut getarnt in einer Senke, erst unmittelbar vor dem Strandbad nimmt man den kleinen See richtig wahr. Die Vertiefung, in der sich der See förmlich versteckt, war auch lange nach dem Rückgang der eiszeitlichen Gletscher mit Eis gefüllt. Diese Toteismassen wurden durch von Flüssen und Bächen herangetragenes sandiges Material zugeschottert und so gegen das rasche Abschmelzen geschützt. Durch den sehr langsamen Abschmelzvorgang und den hohen Gewichtsdruck entstand eine noch größere Hohlform. Zusätzlich setzte sich feiner Gesteinsabrieb

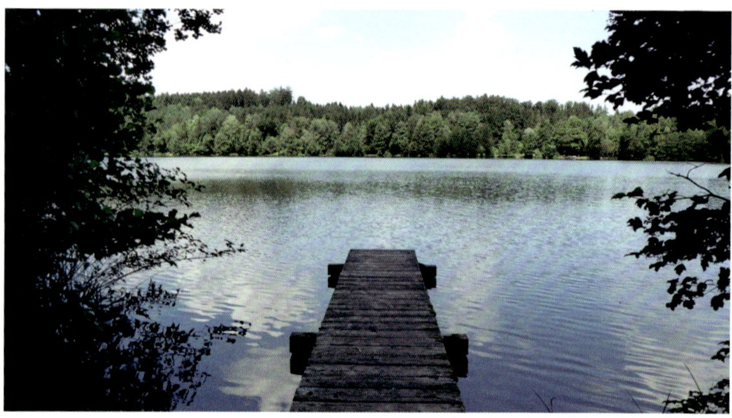

Ein sicherer Einstieg in den Höllerer See.

am Grund ab und bildete eine wasserundurchlässige Schicht. Das Oberflächenwasser konnte nicht versickern, ein See blieb zurück und auf diese Weise entstand im ursprünglichen Toteiskessel der Höllerer See. Durch diesen Entstehungsablauf fehlen aber auch die Moorflächen rund um das Gewässer, wie sie bei den Nachbarseen sonst typisch sind. Dieses Relikt aus der letzten Eiszeit zeigt einen völlig anderen Wasserkörper als die umliegenden Moorseen der Innviertler Seengruppe, die meist mit Nieder- und Hochmooren umgeben sind, wie der Holzöster See und der Heratinger See (Ibmer See).

Der Höllerer See ist im Westen und Osten von bewaldeten Hängen begrenzt. Dadurch ist der See vor Wind geschützt und das Wasser erreicht bald badetaugliche Temperaturen. Durch die Nord-Süd-Ausrichtung gibt es aber auch vom Sonnenstand eindeutig bevorzugte Nachmittags- (Ostufer) oder Vormittagsbadeplätze (Westufer). Für seine geringe Größe ist der Höllerer See erstaunlich tief, was zu einem seltenen limnologischen Phänomen führt. Das Wasser unterhalb von etwa zehn Metern Tiefe vermischt sich nicht mit der wärmeren, oberen Schicht. Der Wasseraustausch durch Windbewegungen und durch oberflächliche Zuflüsse findet nur in den oberen zehn Metern statt. Auf den Badebetrieb hat der fehlende Tiefenwasseraustausch keine Auswirkungen. Der See wird seit Jahren mit drei EU-Sternen ausgezeichnet, was höchste Badegewässerqualität bedeutet. Auch die Fische fühlen sich im sauberen Höllerer See wohl und zeigen dies in einer großen Vielfalt. Die Angler freuen sich über Aale, Welse, Hechte, Zander, Forellen, Saiblinge, Brachsen und Karpfen.

DER WEG

Ausgangspunkt: Strandbad Höllerer See (Tourismusverein Haigermoos) nahe Pfaffing

Anfahrt: A 1, Abfahrt Bergheim oder Abfahrt Salzburg Nord. Auf der B 156 nach Oberndorf. Nördliche Ortsausfahrt (Kreisverkehr) auf der Oberndorfer Landesstraße Richtung Ostermiething. 500 m nach Wildshut nach rechts auf die Frankinger Straße abzweigen und 5 km weiter über Pfaffing zum Strandbad Höllerer See.

Haltestelle: Bhf. Trimmelkam (S-Bahn 11 ab Hbf. Salzburg, 45 Min. Gehzeit)

Schwierigkeit: T 1

Dauer: 45 Min., 10 Höhenmeter, 2,5 Kilometer

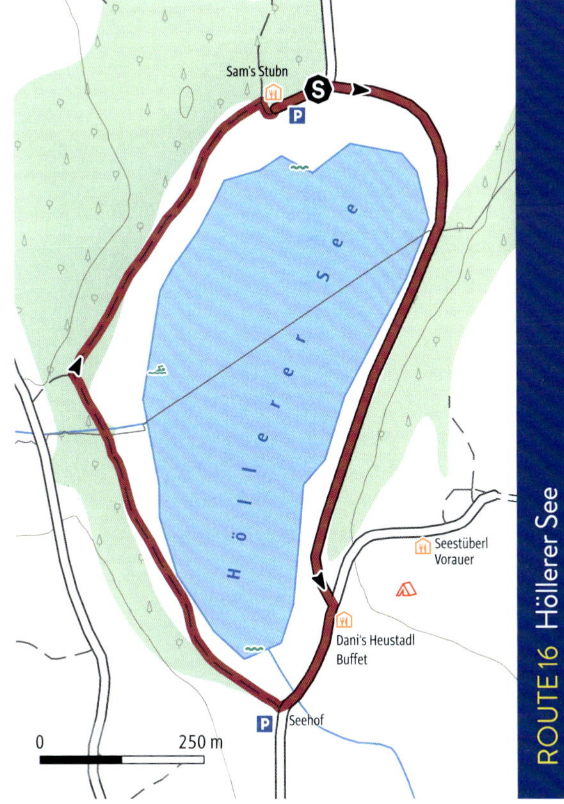

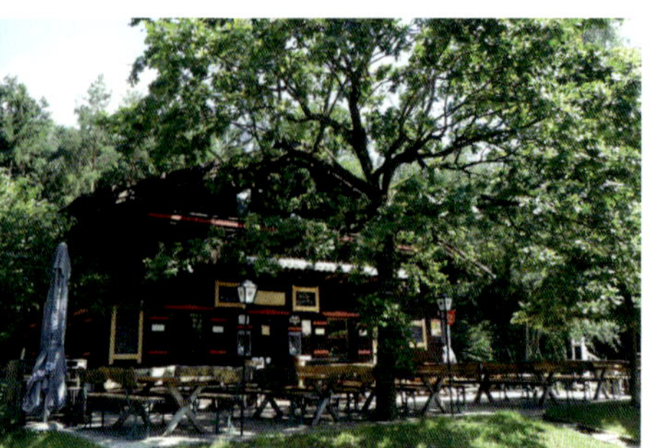
Sam's Stubn beim Haigermooser Gemeindebad.

RUND UM DEN HÖLLERER SEE

Der Weg rund um den Höllerer See ist so wie der See selbst: unscheinbar, etwas versteckt, aber trotzdem einfach zauberhaft. Die Seerunde ist nicht markiert oder beschildert, aber ein Verirren ist auch nicht möglich, dazu ist der stille Höllerer See als dauernd sichtbarer Orientierungspunkt ja viel zu präsent. Der Weg führt von der verwilderten Wiese am Südufer über das frei zugängliche Badegelände des Landes Oberösterreich bis zum offiziellen Haigermooser Gemeindebad an den schönsten Badeplätzen vorbei und erlaubt somit in der warmen Jahreszeit, sofern das Wetter mitspielt, eine feine Auswahl zum Eintauchen. Beim Strandbad Haigermoos (Eintritt € 2,–) startet die kleine Runde, weil es hier einen großen Parkplatz und ein gemütliches Lokal **(Sam's Stubn)** zum Einkehren am Ende der Wanderung gibt. Ein kurzes Stück geht es entlang der Zufahrt retour, dann zweigt die unmarkierte Route nach rechts ab und schwenkt zum Ostufer hinüber. Hier sind die attraktiven Badeplatzparzellen alle verpachtet, aber der sonst übliche „Privat"- und „Betreten verboten"- Schilderwald fehlt sympathischerweise zur Gänze. Ist auch nicht nötig, die Spaziergänger wissen auch so, was erlaubt ist und was nicht. Wenn das nun folgende **Heustadl-Buffet** geöffnet hat, ist das Zukehren erlaubt und sogar erwünscht, aber der weitere Weg folgt der Zufahrt nach Seeleiten. Bei einem edlen Landhaus vorbei dreht die Route um die Südspitze des Sees und verläuft am Westufer zurück. Am Vereinsgebäude des Kanu-Clubs Wildshut vorbei trifft der Weg bald auf das vom Land Oberösterreich kostenlos zur Verfügung gestellte Badegelände. Viel los ist hier selten, denn eine Zufahrt ist nicht möglich, der Parkplatz befindet sich zehn Gehminuten oberhalb am Waldrand. Es gibt Umkleidekabinen, WCs, Duschen, eine große Wiese und feine Einstiegsmöglichkeiten in den See. Vielleicht fehlt ja noch das gemütliche Strandlokal für ein abschließendes Getränk? Das folgt dann eine Viertelstunde später, wenn sich die gänzlich unaufgeregte, aber doch so inspirierende Seerunde wieder beim Strandbad Haigermoos schließt.

17 Holzöster See

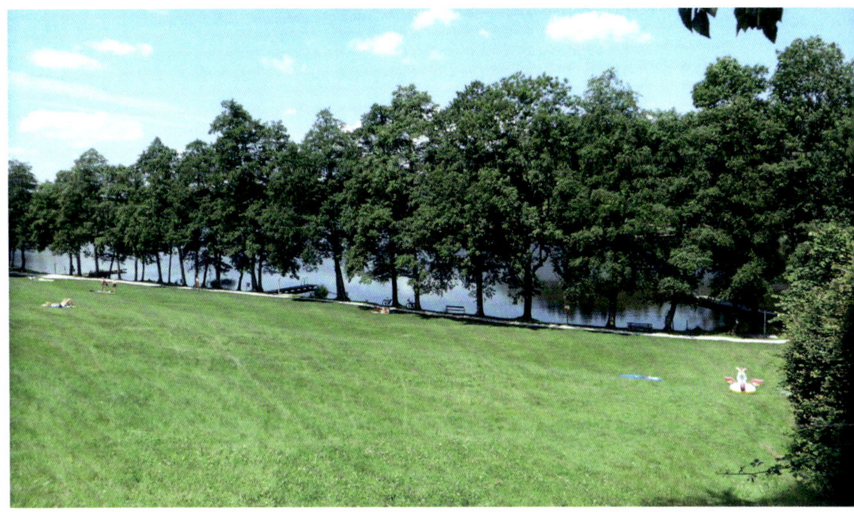

Das Strandbad am Südufer des Holzöster Sees ist frei zugänglich.

Wer das Wandern in einer naturbelassenen Gegend und das Schwimmen im warmen Moorwasser liebt, wer Entspannung sucht und kein Animationsprogramm braucht, der ist am Holzöster See genau am richtigen Ort.

DER SEE

Kategorie: Voralpensee (Moorsee)
Lage: Gemeinde Franking
Seehöhe: 457 m
Fläche: 90.000 m^2
Max. Seetiefe: 4,7 m

Der idyllische Holzöster See ist in der Würmeiszeit durch den östlichsten Salzachvorland-Gletscher entstanden. In dieser so landschaftsprägenden Epoche wurden die flachen Wannen ausgehobelt und zugleich mit wasserundurchlässigen Gletscherschliffen ausgekleidet. Diese Glazialtone im Untergrund sind die Basis und die Voraussetzungen für die Moorbildung, die so häufig in der Innviertler Seenlandschaft anzutreffen ist.
Die Moore sind erst entstanden, nachdem sich das Klima auf unser heutiges Niveau einpendelte.
Die seichten Seen begannen zu verlanden und es breiteten sich große Sumpfflächen aus. Als Erstes wurde das Filzmoos bei Tarsdorf landfest, dann das Bürmoos und

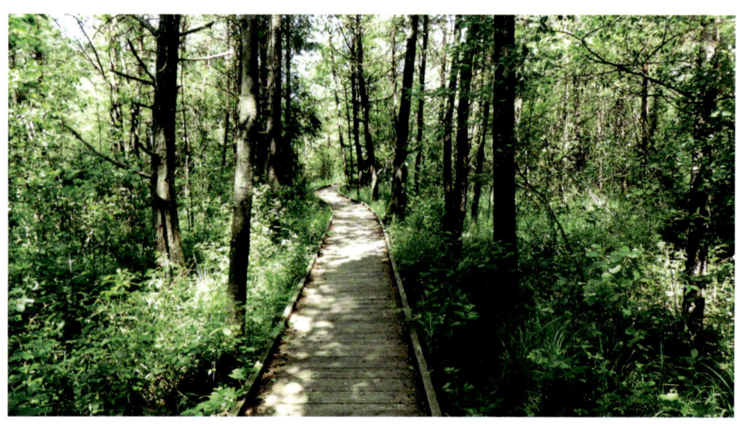

Auf bequemen Holzstegen rund um den Holzöster See.

als letztes Gebiet das Ibmer Moos. Vor etwa 7000 Jahren siedelten sich allmählich Torfmoose an und aus den früheren Seggenmooren wurden Hochmoore. Inmitten dieser Moore blieben einige Seen übrig, zu diesen zählt unter anderem der Holzöster See. Er hat die für Moorseen typisch geringe Tiefe von vier bis fünf Metern und erwärmt sich daher entsprechend schnell. Die braune Färbung des Wassers geht auf das huminsäurehaltige Schwingrasenmoor im Naturschutzgebiet am Westufer zurück.

DIE WEGE

Ausgangspunkt: Parkplatz bei der öffentlichen Badeanlage des Landes Oberösterreich

Anfahrt: A 1, Abfahrt Salzburg Nord oder Bergheim. Auf der B 156 über Oberndorf und Lamprechtshausen auf die Ausserfürter Landesstraße Richtung Franking abzweigen. 2 km nach Franking in Holzöster nach links zur öffentlichen Badeanlage des Landes Oberösterreich abzweigen. Gebührenpflichtiger Parkplatz.

Haltestelle: Holzöster Ortsmitte (Bus 882 ab Bhf. Ostermiething)

Schwierigkeit: T 1

Dauer Moorlehrpfad: ¾ Stunde (inkl. Variante 1 ¾), Höhenmeter 10 (40), 2 (5) Kilometer

Dauer Moorheideweg: 3 Stunden, 70 Höhenmeter, 9 Kilometer

DER MOORLEHRPFAD (rot)

Rund um den Holzöster See führt ein knapp zwei Kilometer langer barrierefreier Moorlehrpfad. Der sumpfige Abschnitt am Westufer ist durchgehend mit Holzbohlen überbrückt, er eignet sich also sowohl für Rollstuhlfahrer als auch für Kinderwägen. Entlang des Weges geben Hinweistafeln Informationen über die moortypische Pflanzen- und Tierwelt.

Ein günstiger Ausgangspunkt ist der schattige Parkplatz der frei zugänglichen Badeanlage des Landes Oberösterreich auf der Ostseite des Holzöster Sees. Über einige Stufen führt ein Waldsteig zum Uferweg hinab und folgt diesem nach links. Der breite Kiesweg geht bald in einen Holzsteg über, der durch das Moor-, Sumpf- und Waldgebiet im westlichen Uferbereich führt. Eine zentrale, mit Rastbänken ausgestattete Terrasse präsentiert eine nixenartige, lebensgroße Holzfigur, die sich nach der davonfliegenden Frankinger Friedenstaube streckt. Präziser sind die Angaben über die tatsächlich vorkommenden Geschöpfe am Holzöster See, auf die entlang des Weges in regelmäßigen Abständen hingewiesen wird. Dabei erfährt man unter anderem Wissenswertes über die Waldohreule, den Feuersalamander oder die Schwertlilien. Der Holzweg ist zu Ende, nun geht es auf festem Boden zu einer Weggabelung weiter. Nach rechts verläuft die Runde zum Strandbad und schließt sich über die Ortschaft Holzöster.

VARIANTE (blau): Wem die dreiviertelstündige Runde zu kurz ist, der könnte bei der Weggabelung abzweigen und hier zuerst dem Via-Nova- Pilgerweg und dann dem Wiesenweg nach links folgen. Bei einer neuerlichen Verzwei-

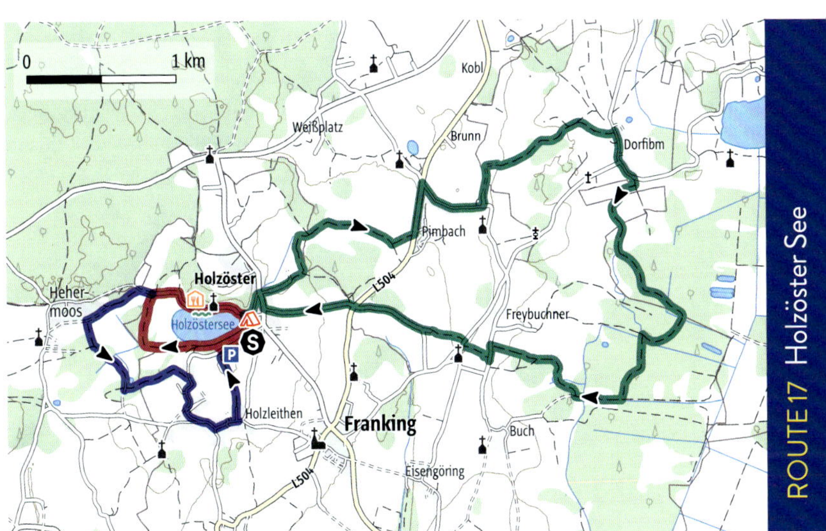

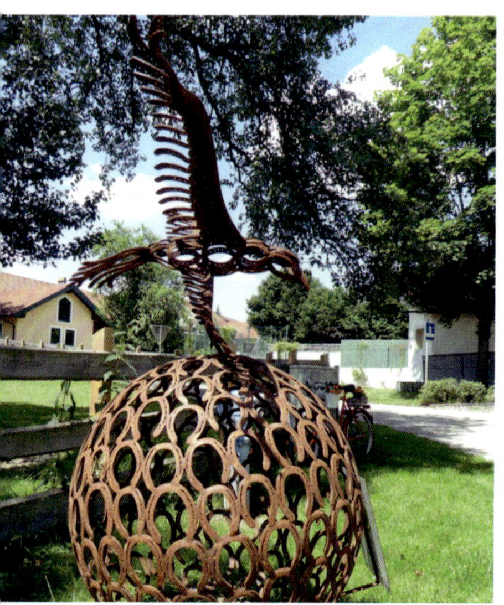

Hufeisen-Skulptur in Holzöster.

gung folgen wir dem nach links wegführenden Weg Richtung „See" weiter. An originellen Bauerngolf-Stationen und an einer auf Hufeisenkunst spezialisierten Künstlerwerkstätte vorbei, führt die Extrarunde nach Holzleithen und zweigt dort linker Hand nach Holzöster zurück. Die zusätzliche Gehzeit beträgt eine knappe Stunde.

DER MOORHEIDEWEG (grün)

Ausgangspunkt ist der Parkplatz beim frei zugänglichen Bad des Landes Oberösterreich am östlichen Holzöster See-Ufer. Die kurze Strecke geht es wieder in den Ort zurück, wo bei der Straßengabelung der Moorheideweg 3 in beide Richtungen abzweigt. Wir folgen der Gehrichtung nach links. Die abwechslungsreiche Route ist im ersten Teil identisch mit dem Weitwanderweg 810, der von Holzöster in das eineinhalb Stunden entfernte Dorf Ibm führt. Die gemeinsam ausgeschilderte Route dorthin folgt noch kurz der Zufahrt zu einem besonders stilvollen Holzhaus und zweigt dort nach rechts auf einen schmalen Pfad am Waldrand entlang ab. Über die freien Felder führt die Route an einer Scheune vorbei und unterhalb der Siedlung Pimbach zur Landesstraße. An dieser geht es links abzweigend 500, ungewohnt verkehrsreiche, Meter entlang, dann aber schon wieder ganz verkehrsberuhigt zuerst auf der Gemeindestraße und schließlich über herrliche Wiesen- und Waldwege in das Dorf Ibm. Am **Landhotel Moorhof** vorbei, wo eine originelle Bauerngolfstation in Form eines uralten Pferdepfluges aufgebaut ist, verläuft der Moorheideweg zu einer neuerlichen Weggabelung. Hier verlassen wir den Weg 810 und folgen dem gelben Moorheidewegschild nach rechts zurück Richtung Holzöster. Durch eine großartige Wiesen-, Wald- und Moorlandschaft, kulturell verfeinert noch mit Kapellen und Wegkreuzen entlang des Weges, verläuft die genauso beruhigende wie schauintensive Runde zurück nach Holzöster.

18 Heratinger See (Ibmer See)

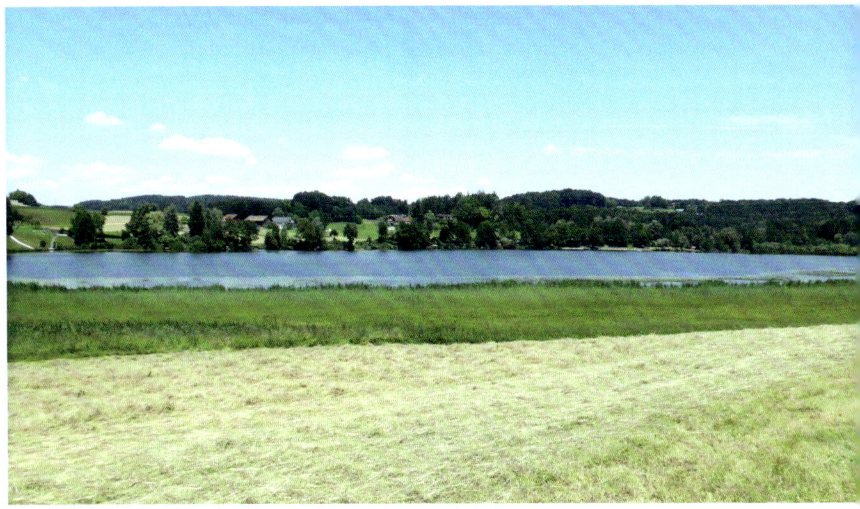

Hochsommer am Heratinger See.

Wie die zauberhafte Runde um den Ibmer See nun angegangen wird, ist Geschmackssache: Ob barfuß oder mit leichtem Schuhwerk, auf jeden Fall aber mit ganz geöffneten Sinnen.

DER SEE

Kategorie: Voralpensee (Moorsee)
Lage: Gemeinde Eggelsberg
Seehöhe: 428 m
Fläche: 230.000 m²
Max. Seetiefe: 7 m

Der Heratinger See verdankt seine Entstehung dem östlichsten Salzachvorland-Gletscher der Würmeiszeit. Diese Kaltzeit erstreckte sich in einem Zeitraum von 115.000 bis 10.000 Jahre vor heute, sie war die letzte der zahlreichen großen Vergletscherungen, die über die Alpen selbst hinausging. Dabei wurden gewaltige Schuttmassen fächerförmig ins ebene Vorland bis zur Südhälfte des heutigen Bezirkes Braunau transportiert. Durch den enormen Druck entstanden Wannen, der mitgebrachte Gletscherschliff bildete wasserundurchlässige Tone. Erkennbare Endmoränen der Würmeiszeit ziehen von St. Radegund durch den Weilhartforst nach Geretsberg und weiter nach Eggelsberg. Der südliche Teil des Gebietes rund um das Ibmer Moor

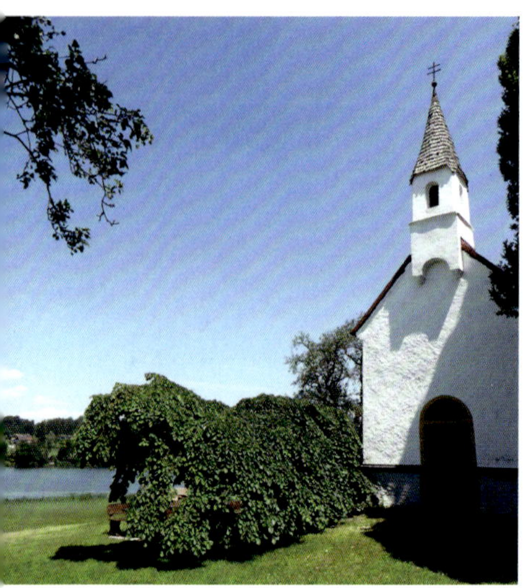

Die Heratinger Hof-Kapelle.

ist eine Grundmoräne, durchzogen mit vom Eis geschliffenen Höhenrücken (Drumlins). In den dazwischenliegenden, mit Ton ausgekleideten, wasserundurchlässigen Mulden sammelte sich das Wasser der abschmelzenden Gletscher. Die Seen der Innviertler Seenplatte, zu der der Heratinger See gehört, sind ein Relikt der letzten Eiszeit. Die wasserundurchlässigen Glazialtone im Untergrund waren wiederum die Voraussetzung zur Bildung der Moore. Die an der oberösterreichisch-salzburgischen Grenze liegende Moorfläche, bestehend aus dem Bürmoos, dem Weidmoos und dem Ibmer Moos, ist mit einer Ausdehnung von rund 2000 Hektar der größte zusammenhängende Moorkomplex Österreichs.

DER WEG

Ausgangspunkt: Parkplatz Strandbad Ibmersee

Anfahrt: A 1 Abfahrt Bergheim oder Salzburg-Nord. Auf der B 156 über Oberndorf, Lamprechtshausen und Moosdorf nach Eggelsberg. Vor dem Ortsbeginn von Eggelsberg nach links Richtung Ibm. In Ibm rechts (Richtung Geretsberg), nach 1 km links (Richtung Dorfibm) zum Strandbad Ibmersee.

Haltestelle: Eggelsberg Kleinschäding (ab Bhf. Oberndorf Vorplatz mit Bus 880. Entfernung ca. 2,7 km)

Schwierigkeit: T 1

Dauer: 1 Stunde, 50 Höhenmeter, 3 Kilometer

RUND UM DEN HERATINGER SEE

Der Ausgangspunkt der einstündigen Seerunde ist der große Parkplatz beim Strandbad Ibmersee. Von hier geht es wieder einige Meter zurück auf die Zufahrt und entlang dieser nach links weiter. Die Route folgt dem Straßenverlauf leicht erhöht über dem nördlichen Seeufer und gibt schöne Blicke Richtung Süden frei. An klaren Tagen bilden die oft noch schneebedeckten Gipfel der Nordalpen einen reizvollen Kontrast zur sanften Moorlandschaft rund um den Ibmer See. Nach einem Schwenk taucht ziemlich unvermittelt ein Wal vor dem Uferstreifen auf. Die Eggelsberger Künstlerin Heidi Zenz ist für diese gleichermaßen witzige wie hintergründige Installation verantwortlich. Bald nach dem abtauchenden Wal biegt auch unser Weg Richtung See nach links ab und verläuft unterhalb der malerischen Hauskapelle vom Heratinger Hof am Schilfgürtel entlang weiter.

Auf dem Schwingrasen folgt nun der fußfreundlichste Abschnitt der Runde, der ja auch als Barfußweg angepriesen wird – hier auf diesem weichen Untergrund ein wahrlich sinnliches Vergnügen. Am südlichsten Punkt trifft der Weg wieder auf eine kurze Zufahrt und zweigt hier nach links ab. Durch den Wald und an einer Campingplatz-Anlage vorbei schließt sich die Seen-Umrundung beim Strandbad.

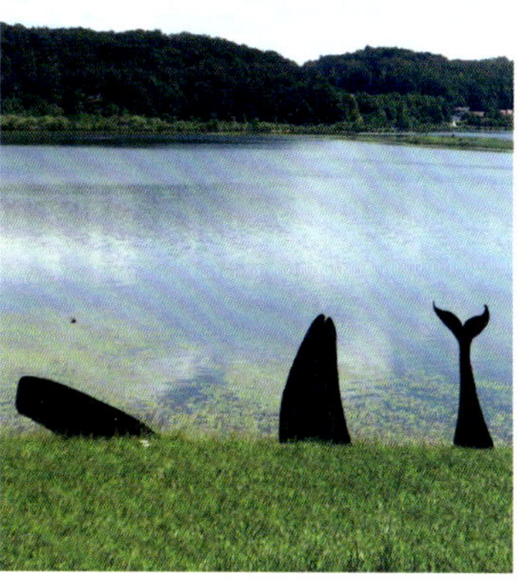

Walgesänge am Ibmer See.

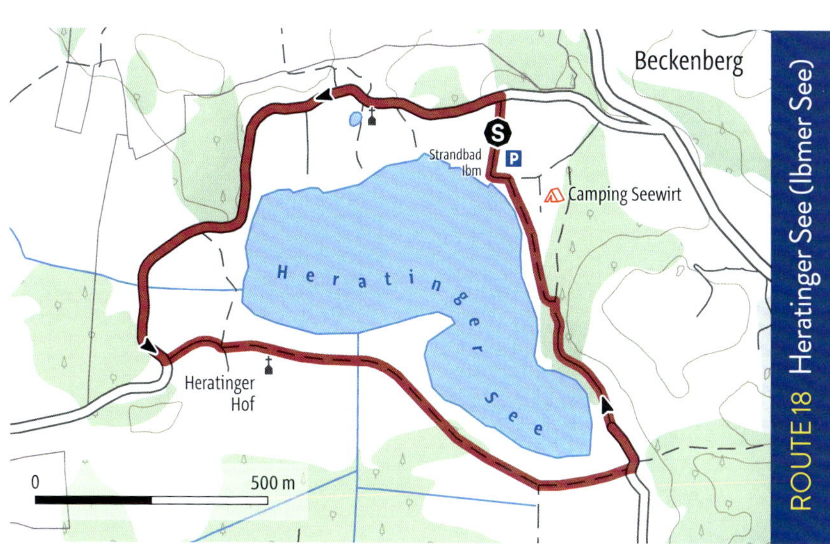

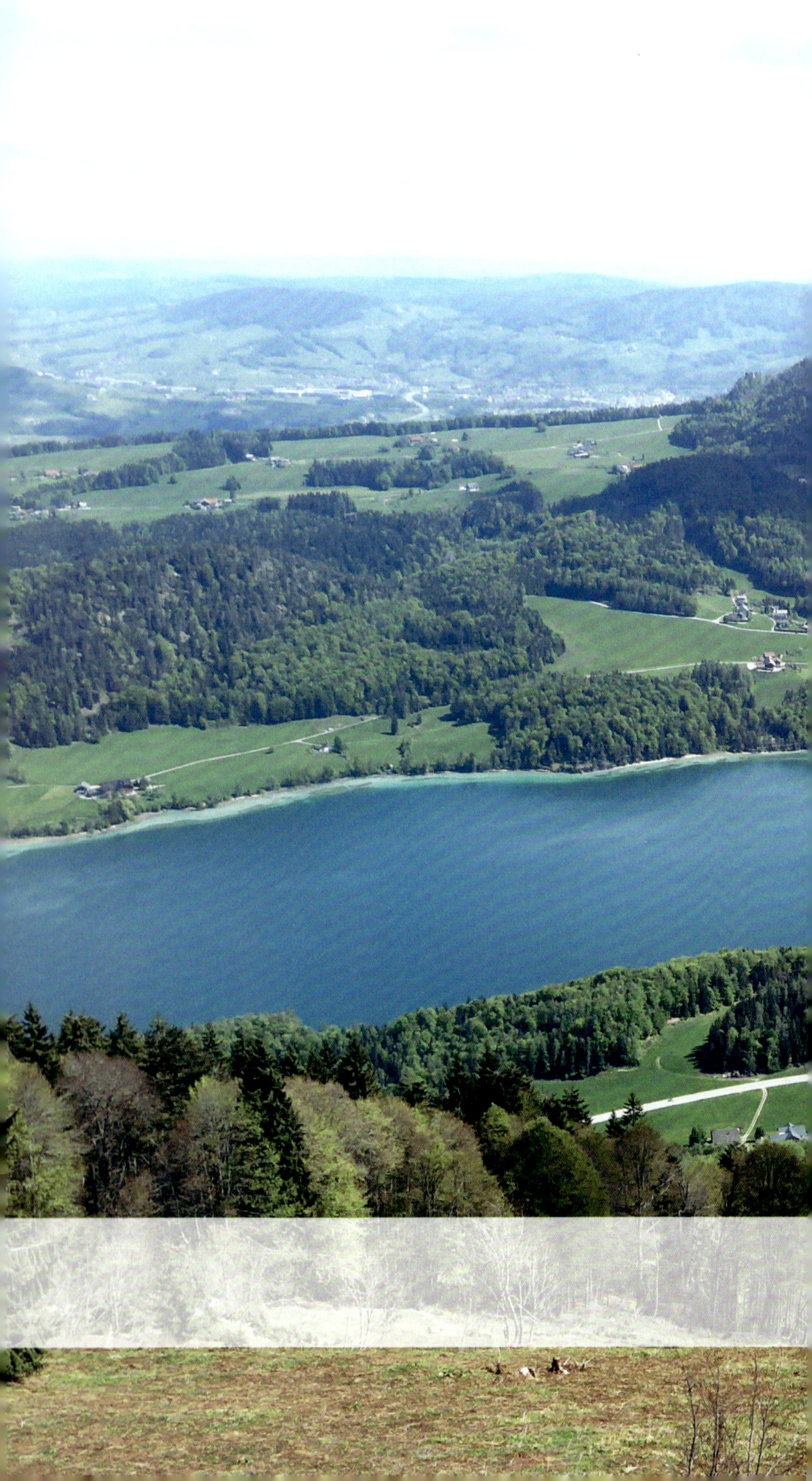

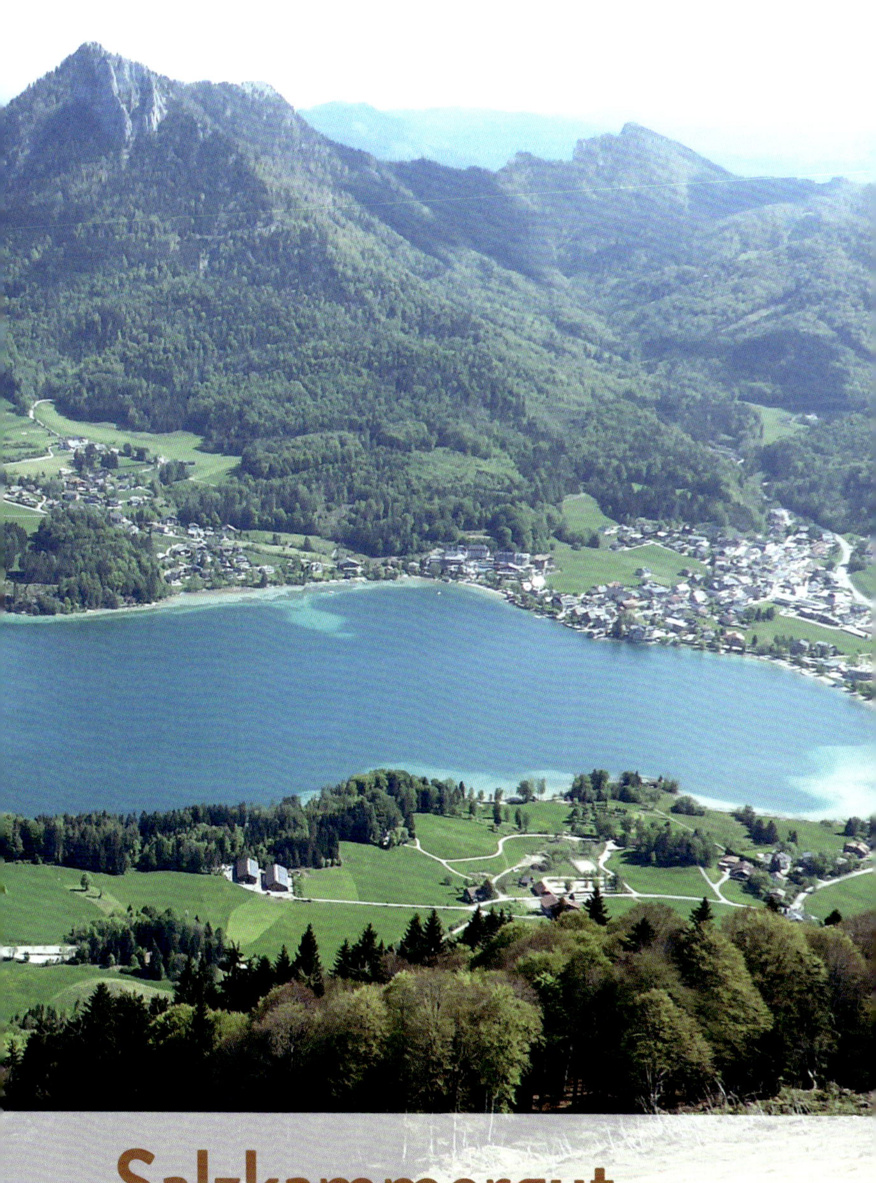

Salzkammergut

19 Hintersee bei Faistenau

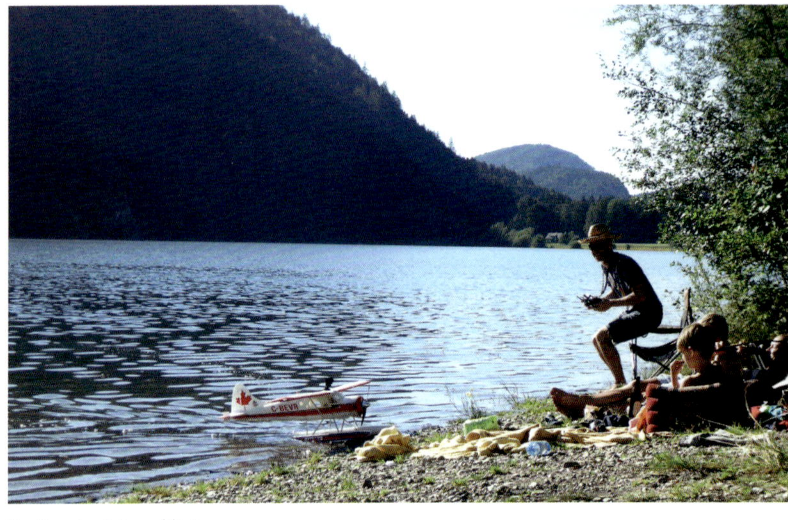

Sanft gelandet am Hintersee.

Der Hintersee ist beinahe zu jeder Jahreszeit ein reizvolles, familienfreundliches Ziel. An heißen Sommertagen lässt sich mit dem Besuch bei der Eiskapelle sogar ein kleines winterliches Erlebnis einbauen.

DER SEE

Kategorie: natürlicher Kalkvoralpensee, aufgestaut
Lage: Gemeinde Faistenau
Seehöhe: 687 m
Fläche: 620.000 m²
Max. Seetiefe: 22 m

Nach dem Abschmelzen des lokalen „Hintersee-Gletschers" dehnte sich ein rund sieben Kilometer langer Ursee vom heutigen Ortsteil Vordersee bis kurz vor der Ortschaft Hintersee aus. Der beckenbildende Gletscher verlief in Nord-West-Richtung durch das Taugltal, heute sorgt der aus der gleichen Richtung kommende Tauglbach mit dem permanent zugeführten Schottermaterial für die allmähliche Verkleinerung des Hintersees. Die nächsten Generationen der Besucher brauchen sich aber nicht sorgen, ebenso können sich die Energiewirtschaft und die Fischer noch ausreichend lange über den ertragreichen See freuen. Als Fischgewässer hat der

Hintersee ja eine lange Tradition. Dank seiner günstigen Lage wurde er zum Hofküchensee ernannt, der Fischertrag war also der erzbischöflichen Küche vorbehalten. Schwarzfischerei war kein Kavaliersdelikt und wurde mit Arbeitshaft streng geahndet.

Ganz andere Sorgen hatten die Kraftwerksplaner. Nachdem das im Jahr 1913 errichtete Kraftwerk am nahen Wiestal-Stausee den Strombedarf der Stadt Salzburg nicht mehr decken konnte, wurde ein zusätzliches Kraftwerk im Bereich der Strubklamm erbaut. Das im Jahr 1924 ans Netz gegangene Kraftwerk Strubklamm nutzt das Wasser aus dem Hintersee zur Stromerzeugung. Nachdem ein zwei Kilometer langer Triebwasserstollen zum Wiestalstausee eröffnet wurde, schwankte der Wasserspiegel im Hintersee um mehrere Meter. Auf jeden Fall zu viel für den direkt am Ostufer stehenden Fischerwirt, das Gebäude rutschte 1932 in den See. Für den Uferbereich wurde ein Bauverbot erlassen und der **Fischerwirt** wurde im Jahr 1937 an einem sicheren Bauplatz im ein Kilometer entfernten Ortsteil Vordersee neu errichtet. Dort, unübersehbar an der Landesstraße, steht das schmucke Hotel auch heute noch.

DER WEG

Ausgangspunkt: Parkplatz gegenüber Badeplatz Hirschpoint neben der Landesstraße

Anfahrt: A 1, Abfahrt Thalgau. Auf der B 158 nach Hof, dort im zweiten

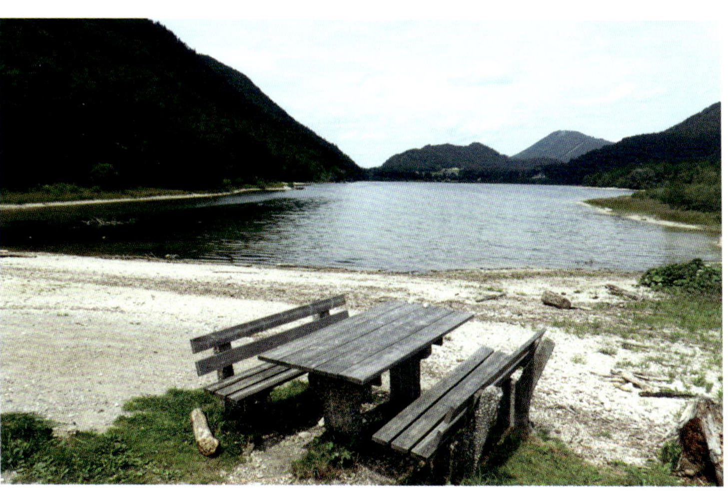

Rastplatz am Südufer des Hintersees.

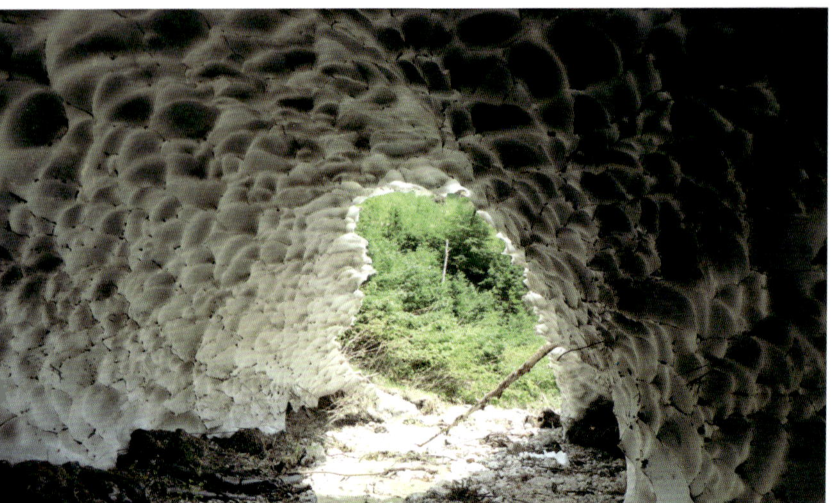

Blick in das Innere der Eiskapelle.

Kreisverkehr nach Faistenau und weiter Richtung Hintersee. Nach 4 km Parkplatz beim Badeplatz Hirschpoint.

Haltestelle: Hintersee Hirschpoint (ab Hof Ortsmitte Bus 155)

Schwierigkeit: T 1

Dauer See-Runde: 2 Stunden, kaum Höhenmeter, 4,8 Kilometer

RUND UM DEN SEE UND WEITER ZUR EISKAPELLE

Der Ausgangspunkt beim Badeplatz Hirschpoint bietet sich an, denn dieser sonnige Platz ist dann am Ende der Runde eine sicherlich sehr willkommene Einladung zum Ausstrecken und Genießen. Solche Orte gibt es entlang der Strecke einige, aber beim Startpunkt Hirschpoint können die Badesachen einstweilen praktischerweise noch im Auto bleiben. Der gebührenpflichtige Badeplatz besteht aus einer großen, sonnigen Wiese, wer etwas Schatten braucht, nimmt sich einfach einen der kostenlosen Sonnenschirme mit. Das **Badebuffet** mit seinem köstlichen, hausgemachten Kuchenangebot steht auch den von außen kommenden Besuchern offen, genauso wie der Spielplatz für alle Kinder zugänglich ist. Die ganze Runde um den See eignet sich angesichts der vielen Einstiegs- und Verpflegungsstellen ohnehin perfekt für einen entspannten Familienausflug.

Ein schmaler und schattiger, ein Kilometer langer Uferweg führt zum **Seestüberl** am Nordufer des Hintersees hinüber. Auch an diesem Wohlfühlort wartet auf die Kleinen ein Spielplatz und auf die Großen ein schöner Gastgarten. Am Uferweg dorthin macht eine Hinweistafel auf das Schicksal des Fischerwirts aufmerksam, der durch die Absenkung des Seespiegels im Jahr 1932 einfach in den See abrutschte. Nach dem Seestüberl öffnen sich wieder einige romantische Uferplätze, aber auch der Schwertlilienbestand auf der Feuchtwiese landeinwärts ist speziell im Frühsommer ein wahrer Augenschmaus. Der Wiesenweg quert auf einen geschotterten und breiteren Weg hinaus, danach führt die Route über den Almbach zum steiler abfallenden Westufer weiter. Ein gemauertes Tor im Felsen markiert den Beginn des Triebwasserstollens, der zum 120 Meter tiefer gelegenen Speicherkraftwerk Strubklamm verläuft. Der breite

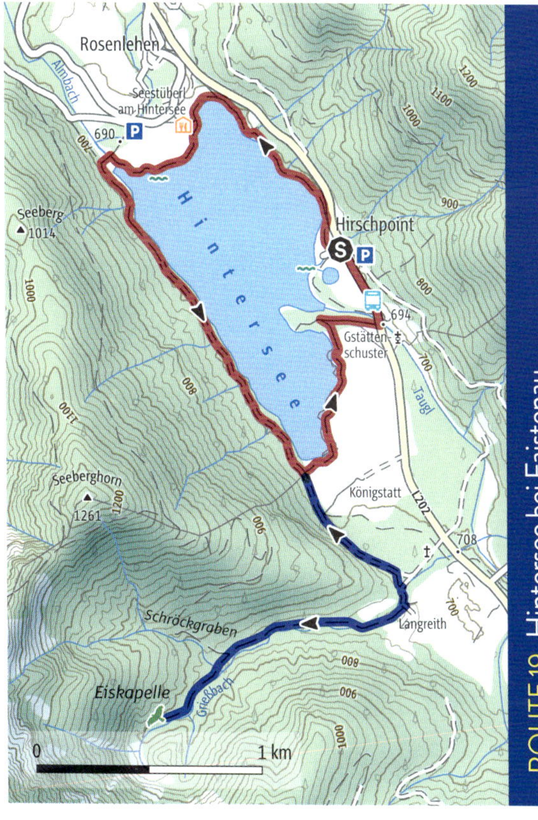

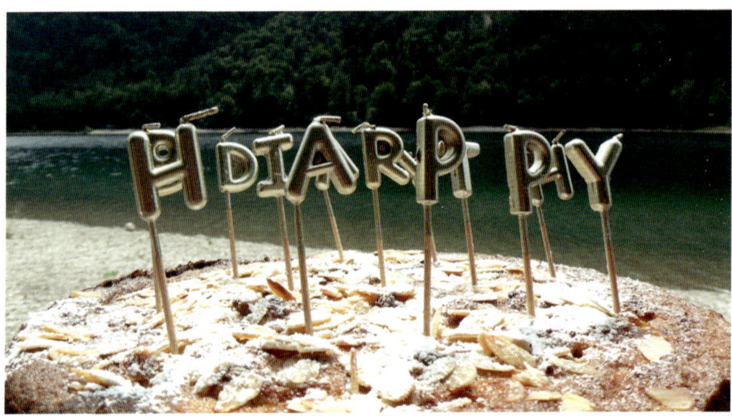

Glücksmomente am Hintersee.

Uferweg war ursprünglich die Trasse einer sieben Kilometer langen Waldeisenbahn zwischen Vordersee und Hintersee, die nach einer verheerenden Waldwurfkatastrophe am Beginn des 20. Jahrhunderts errichtet wurde.

Bei einer Weggabelung zweigt die Seerunde nach links ab. Wer aber noch Lust auf einen insgesamt einstündigen Abstecher zur Eiskapelle hat, wandert geradeaus weiter. Bei den Häusern von Langreith folgt der Anstieg dem Grießbach-Verlauf nach rechts. Leicht aufwärts geht es einen Kilometer durch den Graben immer näher an den nördlichen Bergfuß des Wieserhörndls heran. Ein Schild verweist noch einmal auf die Gefahren der Eiskapelle, dann öffnet sich der Blick auf den Lawinenkegel, dessen Mächtigkeit ganz von der Intensität des vorangegangenen Winters abhängt. Der Rückweg zum See folgt zunächst dem bereits bekannten Weg. Bei der Gabelung geht es dann rechts abzweigend über die Wiese zum schönen Naturbadeplatz am Tauglspitz und von dort entweder über die Straßenbrücke oder bei Niedrigwasser direkt durch das Bachbett, hinüber in das Badegelände Hirschpoint.

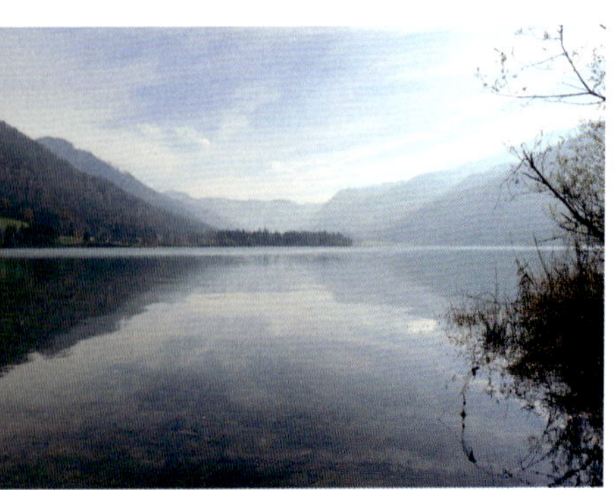

Herbststimmung am Hintersee.

20 Fuschlsee

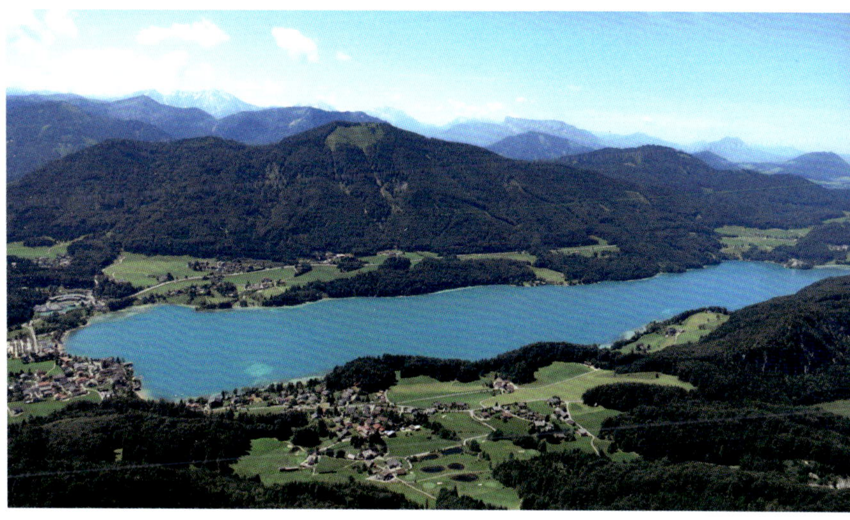

Der Fuschlsee, der Ort Fuschl (links) und der Filbling (1307 m) im Hintergrund.

Auch die halbe Fuschlseerunde zwischen dem Ort Fuschl und der Hundsmarktmühle garantiert den vollen Wandergenuss. Besonders, wenn es dann durch das Stille Tal zurückgeht.

DER SEE

Kategorie: großer See
Lage: Gemeinden Fuschl, Hof, Thalgau
Seehöhe: 664 m
Fläche: 2,6 km²
Max. Seetiefe: 67 m
Einzugsgebiet: 30 km²

Der Fuschlsee verdankt seine Entstehung einem Zweig des Traungletschers, der nach dem Abschmelzen bei der Schwarzmühle in Hof einen großen Endmoränenwall hinterließ. Zwischen diesem natürlichen Damm im Nordwesten und dem anstehenden Fels der Gimsenhöhe im Südosten breitete sich der Ur-Fuschlsee aus. In dieser Zeit vor rund 18.500 Jahren war der See um 50 Meter höher als heute. Das momentane Niveau von 664 Metern erreichte er, nachdem die Fuschler Ache den Endmoränendamm durchschnitten hatte. Dementsprechend erfolgt der Abfluss auch heute noch über das Thalgauer Becken in den Mondsee und weiter in den Attersee. Eine Verbindung zum nur wenige Kilometer entfernten Wolfgangsee

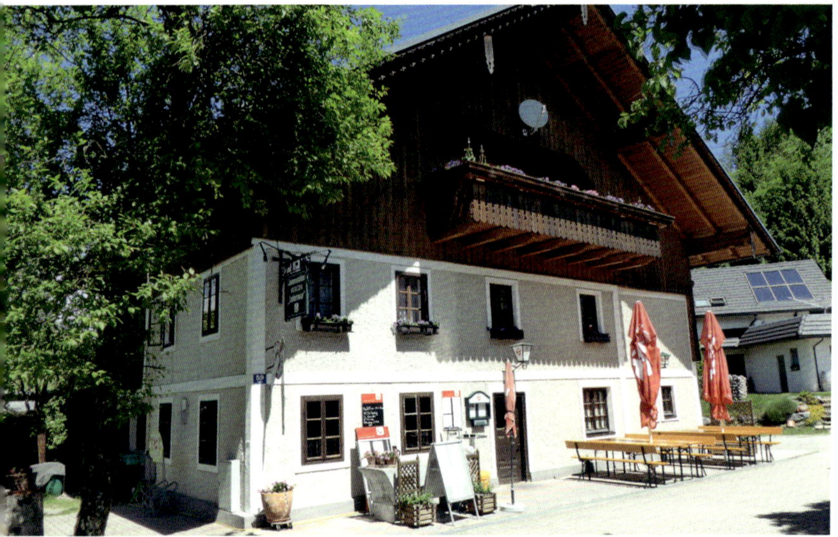

Die Jausenstation Berger bei der Hundsmarktmühle.

besteht nicht. Zu einer weiteren Verkleinerung des Sees führte in der Nacheiszeit der geschiebereiche Eibenseebach. Dafür konnte sich hier am südöstlichen Seeende auf dem verfüllten Grund die Ortschaft Fuschl zur heutigen Größe entwickeln.

Anders als bei den benachbarten Seen finden sich rund um Fuschl keine Hinweise auf eine frühzeitliche Besiedelung. Erstmals ist in den Besitzaufzeichnungen des Domkapitels, der Notitia Arnonis aus der Zeit um 790, von einem „lacusculus“, einem kleinen See, die Rede. Der Name Fuschlsee taucht in einer Urkunde des Erzbischofs Konrad I. im Jahr 1141 zum ersten Mal auf. Sehr bald spielte das Fürsterzbistum bei der Bewirtschaftung dann auch die Hauptrolle, denn die Fischerträge aus dem nunmehrigen „Hofküchensee“ mussten beinahe zur Gänze an den erzbischöflichen Hof abgeliefert werden. Dort herrschte angesichts von 104 Fasttagen ein großer Bedarf an der edlen Fastenspeise. Noch gegen das Ende des Fürsterzbistums zwischen 1789 und 1798 betrug die jährlich abgelieferte Fischmenge knapp 800 Kilo. Heute kann sich jeder Wanderer an der Qualität der Fuschlsee-Fische erfreuen. Entweder in ausgewählten Geschäften oder, noch authentischer, direkt bei der **Schlossfischerei** zu Schloss Fuschl am Seerundweg.

DER WEG

Ausgangspunkt: Parkplatz beim Seebad Fuschl

Anfahrt: A 1, Abfahrt Thalgau, nach Hof und auf der B 158 nach Fuschl, Ortsmitte

Haltestelle: Fuschl Ortsmitte (ab Hbf. Salzburg Vorplatz, Bus 150)

Schwierigkeit: T 1, über den Feldberg T 2

Dauer: 3 Stunden, 280 Höhenmeter (Feldberg), 9,5 Kilometer

VOM ORT FUSCHL ZUR HUNDSMARKTMÜHLE UND RETOUR DURCH DAS STILLE TAL

Die elf Kilometer lange Runde um den Fuschlsee erfreut sich großer Beliebtheit und ist dementsprechend stark frequentiert. Die Strecke ist ausnehmend schön, kein Straßenstück stört den Rhythmus und der See ist beinahe immer in Reichweite. Zudem bieten sich vor allem auf der Nordseite einige wunderbar sonnige Buchten für das entspannte Ausstrecken oder sogar für ein Bad im meist recht frischen See an. Eine andere Runde begnügt sich mit der halben Umrundung am Nordufer entlang vom Ort Fuschl zur vier Kilometer entfernten Hundsmarktmühle. Dann folgt der ziemlich einsame Rückweg durch das Stille Tal und als Höhepunkt (und zugleich höchster Punkt) die Überschreitung des unauffälligen Feldberges (871 m).

Ausgangspunkt ist der große Parkplatz vor dem Seebad. Der Weg führt rechts abzweigend am Strandbad entlang Richtung

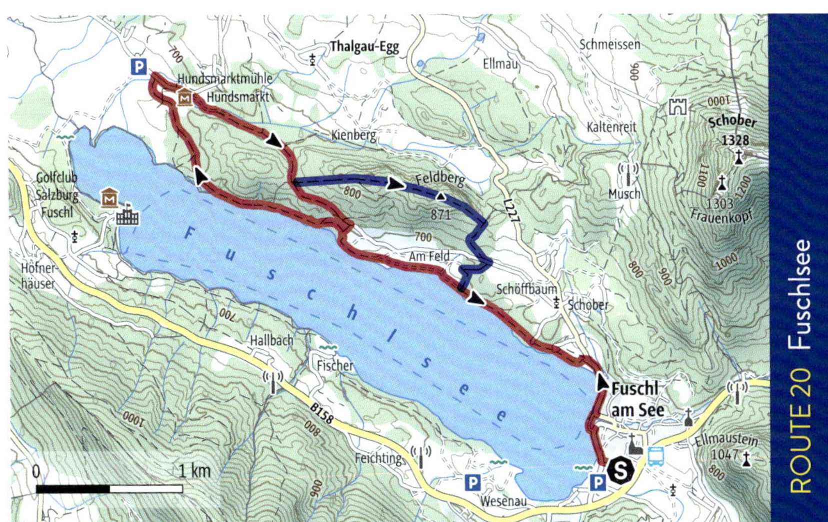

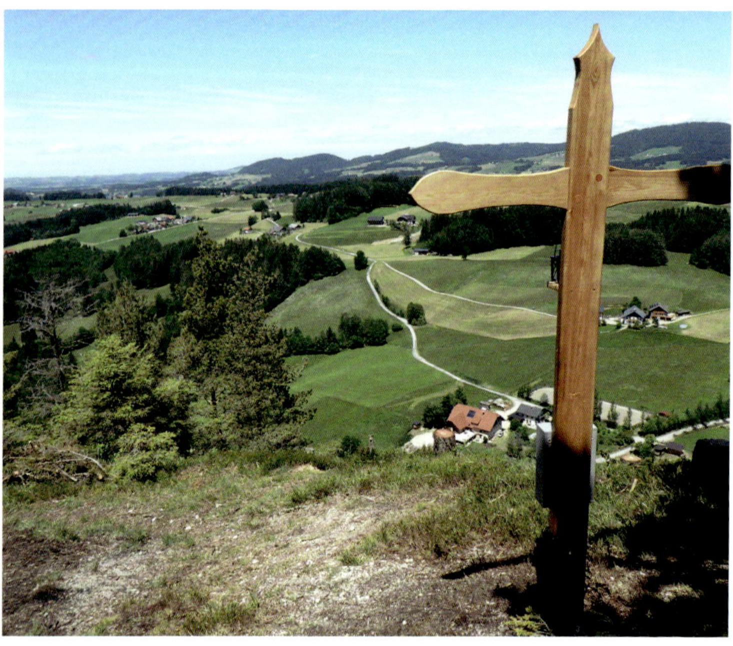

Der Feldberg (871 m) wird seinem Namen gerecht.

Ort. Bevor die Gastgärten an der Promenade zum Einkehren einladen, erinnert der legendäre „Fuschler Heuboden" an die goldene Disco-Zeit in den 1980ern. Auch der Bootsverleih vermittelt nostalgische Eindrücke und das gute Gefühl, dass gewisse Angebote einfach zeitlos sind. Ein kurzer Strandabschnitt ist für die Öffentlichkeit und für einen großen Entenclan bestimmt, dann führt der Uferweg, etwas landeinwärts versetzt, an vielen Privatbadeplätzen vorbei, die hauptsächlich von dörflichen Tourismusbetrieben betreut werden.

Im schönen Auf und Ab führt der manchmal recht schmale Steig am licht bewaldeten Ufer oder an Bauernwiesen entlang. Nach einer knappen Gehstunde entfernt sich der Weg 30 immer mehr vom Ufer. Nach einem würdevollen Feldkreuz kommt bald die scharfe Abzweigung nach rechts, durch die der Weg 11 (Fuschl über Feldberg) nach wenigen Metern zuerst zur **Jausenstation Berger** (links) und dann zur nicht weniger malerischen Hundsmarktmühle führt. Die aus dem 16. Jahrhundert stammende Mühle wurde im Jahr 1989 von der Gemeinde Thalgau erworben und zu einem regionalen Museum und zugleich stimmungsvollen Veranstaltungsort ausgebaut.

An den letzten Häusern vorbei verläuft der Weg 11 am Bach entlang in das Stille Tal, führt dann über einige steile Höhenmeter auf einen Sattel und kehrt auf der anderen Seite wieder zum See hinab. Am Sattel zweigt aber auch eine etwas anspruchsvollere, unmarkierte Variante nach links ab, die dem bergwärts führenden Forstweg eine Viertelstunde lang folgt. Am Ende des Forstwegs beginnt ein schmaler Steig, der nach wenigen Minuten den Feldberg (871 m) erreicht. Der flache, baumbestandene, aber in nordwestlicher Richtung trotzdem sehr aussichtsreiche Gipfel wird seit einiger Zeit sogar von einem eigenen Kreuz geziert. Der Abstieg vom einsamen Feldberg folgt auch weiterhin dem schmalen Pfad und damit dem Kamm, der Richtung Norden steil abfällt. Ein kurzer Abschnitt erfordert größere Umsicht, dann trifft der Steig auf einen Wirtschaftsweg. Auf diesem geht es rechts abzweigend noch einige Minuten durch den Wald und dann am Wiesenrand entlang zu einer Scheune, vor der ein gebührenpflichtiger Parkplatz eingerichtet ist. Der breite Wirtschaftsweg zweigt nach rechts zum See ab und mündet dann in den bereits bekannten Uferweg ein, auf dem es zurück in den Ort Fuschl geht.

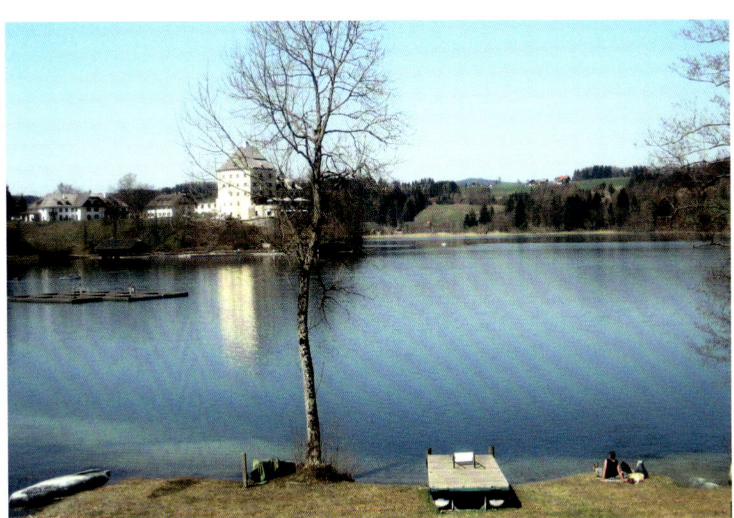

Schloss Fuschl, früher Sitz des Hoffischers, heute ein exklusives Hotel.

21 Filblingsee

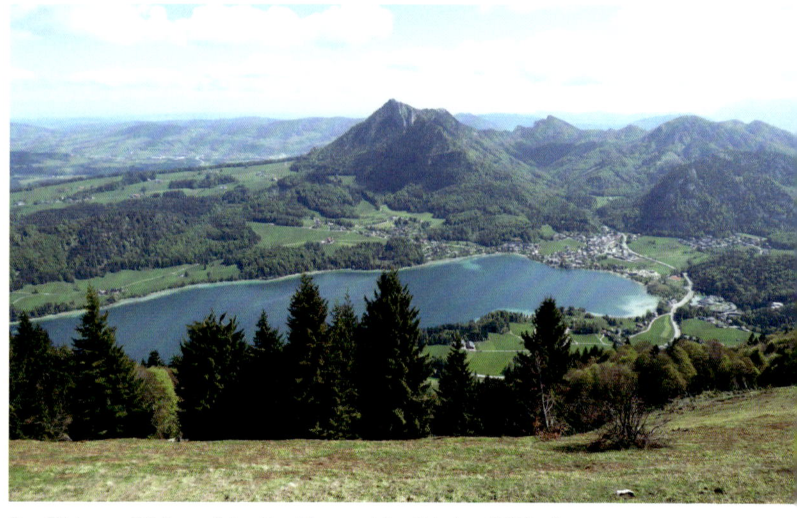

Der Blick vom Filbling auf den Fuschlsee und den Schober (1328 m).

Ob an heißen Sommertagen über die schattige Nordseite von Fuschl aus oder im Herbst über die Sonnseite aus der Tiefbrunnau, der Filbling und sein See sind zu allen Jahreszeiten ideale Ziele.

DER SEE

Kategorie: Bergsee
Lage: Gemeinde Fuschl
Seehöhe: 1063 m
Fläche: 16.000 m^2
Max. Seetiefe: 10,8 m

Der See selbst hat mit einer Länge von 170 Metern und einer Breite von 120 Metern eine überschaubare Größe. Kommt man aber über den steilen Anstieg an den Rand des beinahe kreisrunden Kraters, dann beeindruckt der hohe Rahmen ganz besonders und lässt den mystischen See womöglich größer erscheinen. Vielleicht ist es ja den frühen Kartographen so ergangen. In einer Karte aus dem Jahr 1578 ist der „Vilbinsee" (= Filblingsee) sogar größer eingezeichnet als der benachbarte Fuschlsee, der in diesem Werk nicht einmal mit einem Namen benannt wird. Auch der sonst so genaue Landschaftsbeschreiber Lorenz Hübner (1751–1807) schätzt den Filblingsee falsch ein, indem er von einer unterirdischen Verbindung zum benachbarten Fuschlsee berichtet.

Heute wissen wir, dass sich der Filblingsee in einer abgedichteten Karstmulde ohne natürlichen Zu- und Ablauf befindet. Hübner vermerkt noch den schlechten Zustand der Brachsen, einer Fischart aus der Familie der Karpfen. Auch die 1771 unternommene Aussetzung von 50 Hechten dürfte nicht zum erhofften Erfolg geführt haben.

Als Fischwasser also ungeeignet, aber auf Grund seiner einzigartigen Lage seit 1971 als Landschaftsschutzgebiet ausgewiesen, genießt das Gelände einen besonders hohen Stellenwert unter den Freizeitsportlern und den Biologen. Die umgebenden Wirtschaftswälder bestehen aus Fichte, Rotbuche und einigen Edeltannen. Die Verlandungszone weist einen charakteristischen Schilf- und Seggenbestand auf. Auch die gelbe Teichrose findet gute Bedingungen vor. Ein schmaler Pfad führt rund um den Filblingsee, aber die allermeisten Wanderer haben dann doch noch ein um 300 Meter höher liegendes Ziel: Der Gipfel des Filblings ist nur noch eine gute Dreiviertelstunde entfernt.

DIE WEGE

VON DER NORDSEITE (FUSCHL)

Ausgangspunkt: Zufahrt „Gewerbegebiet Filblingstraße". Oder, von Hof kommend, kurz davor Parkbuchten an der B 158 (Wolfgangsee-Bundesstraße), 2 km vor Fuschl

Anfahrt: A 1, Ausfahrt Thalgau. Auf der B 158 nach Hof und 6 km weiter Richtung Fuschl bis zur Abzweigung

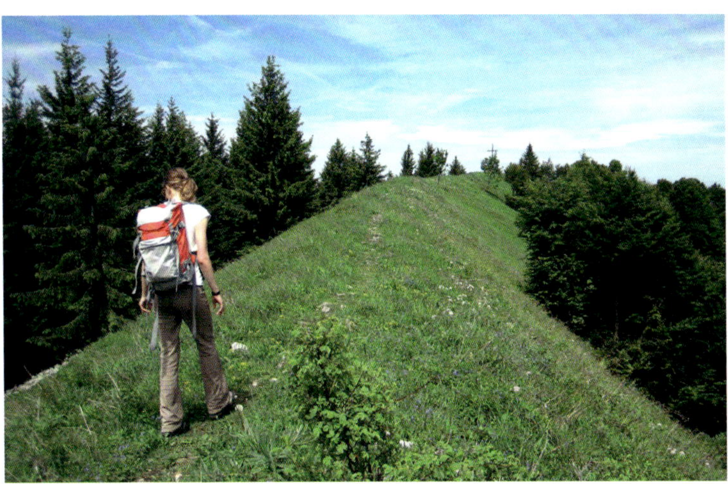

Das Filblingkreuz (1307 m) ist schon in Sichtweite.

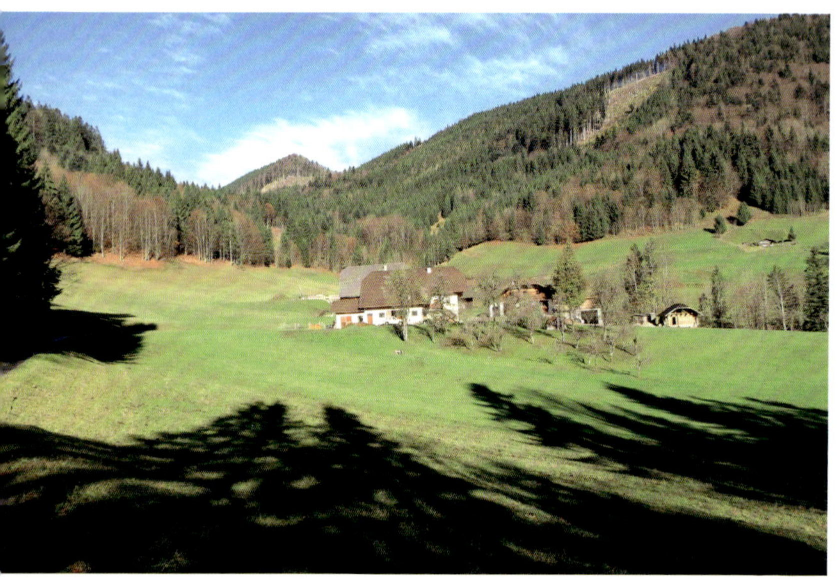

Der Filbling-Süd-Anstieg führt am Hof Pillstein vorbei.

Gewerbegebiet Filblingstraße. Parken entweder hier oder kurz davor auf den beiden Parkbuchten beiderseits der B 158.

Haltestelle: Fuschl am See, Oberbrunn (Bus 150)

Schwierigkeit: T 2

Dauer – Anstieg: 2 Stunden, 600 Höhenmeter, 3,5 Kilometer

Ausgangspunkte sind die beiden Parkbuchten entlang der Wolfgangseestraße oder Parkplätze kurz nach der Einfahrt zum „Gewerbegebiet Filblingstraße". Am Beginn der Filblingstraße erwartet uns schon das erste Wegschild. Der mit zweieinhalb Stunden angeschriebene Weg 40 auf den Filbling folgt noch kurz der Straße und zweigt dann nach links in den schönen Mischwald ab. Der Wirtschaftsweg legt an Steilheit zu, aber der Wald bildet ein wunderbar kühlendes Blätterdach als Ausgleich zum schweißtreibenden Anstieg. Eine nicht weniger erfrischende Wirkung hat dann der romantische Filblingsee, der nach einer guten Gehstunde etwas unterhalb im beinahe kreisrunden Krater auftaucht. Am Ufer gibt es schöne Rastgelegenheiten und wer Lust hat, könnte den See in 20 Minuten umrunden. Der Weg Richtung Filbling-Gipfel aber führt auf den Anstieg zurück und erreicht eine Viertelstunde später einen breiten

Sattel. Hier münden nun auch die Wege von der Südseite, von Faistenau und Tiefbrunnau kommend, ein. Das gemeinsame Ziel ist der Filbling (1307 m), dessen Anstieg im ersten Abschnitt noch ziemlich steil und von einem Geflecht aus Wurzeln überzogen ist, dann aber ganz gemütlich und sanft über den langen Nord-West-Kamm zum Gipfelkreuz hin ausläuft. Abstieg wie Anstieg.

VON DER SÜDSEITE (FAISTENAU)

Ausgangspunkt: Gasthof Steinbräu, Tiefbrunnau

Anfahrt: A 1, Abfahrt Thalgau. Auf der B 158 nach Hof, am östlichen Ortsende im Kreisverkehr Richtung Faistenau abzweigen. An der Ortschaft Faistenau vorbei und bei der nächsten Abzweigung Richtung Tiefbrunnau. Nach 3 km befinden sich links neben der Straße der Gasthof Steinbräu und ein Parkplatz.

Haltestelle: Faistenau Oberascher (Bus 155)

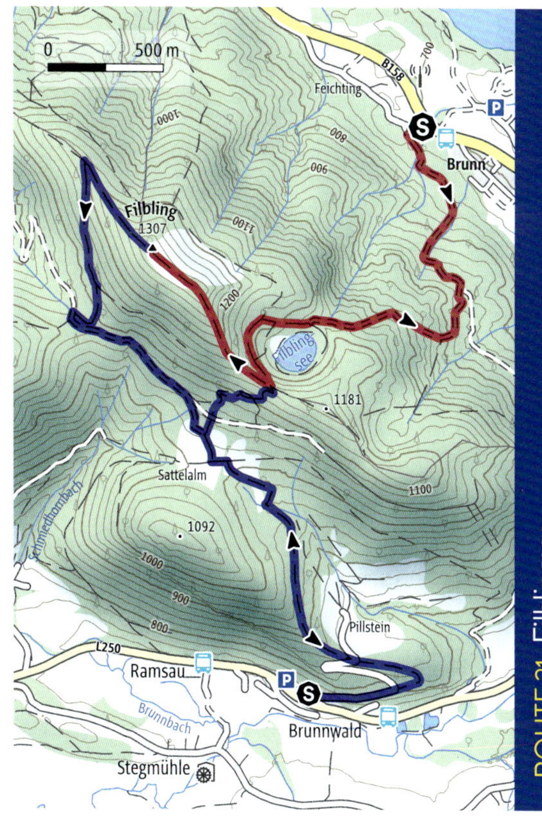

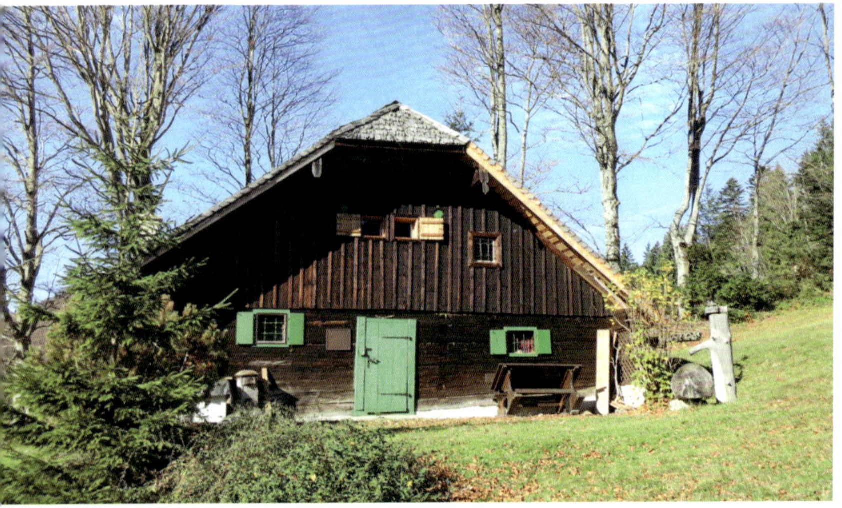

Der Filbling-Sattel ist nicht mehr weit entfernt.

Schwierigkeit: T 2
Dauer: 1 ½ Stunden, 550 Höhenmeter, 8 Kilometer

Ausgangspunkt ist der **Gasthof Steinbräu** an der Straße in die Tiefbrunnau. Der markierte Weg 40 (Filbling) folgt noch kurz der Zufahrt, führt dann aber geradeaus in den Wald und erreicht nach einer Dreiviertelstunde die große Lichtung rund um die Sattelalm (1010 m). Ab der Sattelalm führt der Weg auf den Filbling wieder in den lichten Wald und er wird auch steiler. Auf dem Sattel dreht der Steig scharf nach links (Nordwest), direkt unterhalb liegt der kleine, kreisrunde See. In einer Viertelstunde wäre man da unten am romantischen Ufer mit seinen ruhigen Rastplätzen. Der Gipfelweg aber folgt dem zuerst steilen, dann flachen Nordwest-Grat und mit jedem Meter wird die Aussicht noch prachtvoller. Am Ende spannt sich der Bogen vom Schober bis zum Hochkönig, von den Trumer Seen bis zum Fuschlsee. Nach der ausgiebigen Gipfel- und Panoramarast folgt die Route noch eine Viertelstunde dem Nord-West-Grat bis zur Abzweigung Faistenau (Weg 40) nach links. Der sonnige Steig trifft nach einem knappen Kilometer auf einen Forstweg und folgt diesem wieder nach links zur Sattelalm. Von der Sattelalm orientiert sich der letzte Teil der Wanderung zurück zum Steinbräu am bereits bekannten Weg.

22 Eibensee

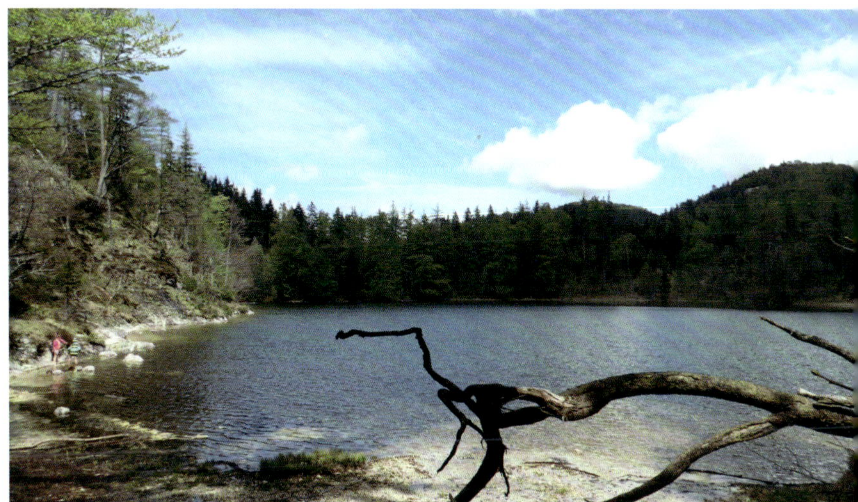

Der Eibensee ist von Wald umgeben.

Ziemlich versteckt und doch sehr bekannt: Der kleine Karsee ist ein beliebtes Familienwanderziel, das bei Lust und Laune auch noch um einen Berggipfel erweitert werden kann. Zwei unterschiedlich lange Wege führen zum Eibensee.

DER SEE

Kategorie: Bergsee (Karsee)
Lage: Gemeinde St. Gilgen
Seehöhe: 952 m
Fläche: 40.000 m^2
Max. Seetiefe: 14 m

Der kleine Eibensee scheint zwar in Urkunden und Urbaren seit dem 15. Jahrhundert immer wieder auf, in den Mittelpunkt wirtschaftlicher Interessen gelangt er aber erst im Jahr 1771. Ein Jäger aus Fuschl empfahl den Besatz mit Saiblingen und Forellen, wenig später wurden 1800 Saiblingsetzlinge aus dem Tappenkarsee und 350 Forellensetzlinge aus den Fuschler Bächen in den abgeschiedenen Eibensee verbracht. Mit dieser Aufwertung zu einem wichtigen Fischgewässer war dann aber auch die weitere Verwendung als Hofküchensee verbunden. Das bedeutete, dass damit beinahe der gesamte Fischertrag an die erzbischöfliche Tafel abgeführt werden musste. Der dürfte nicht unerheblich gewesen sein, in den

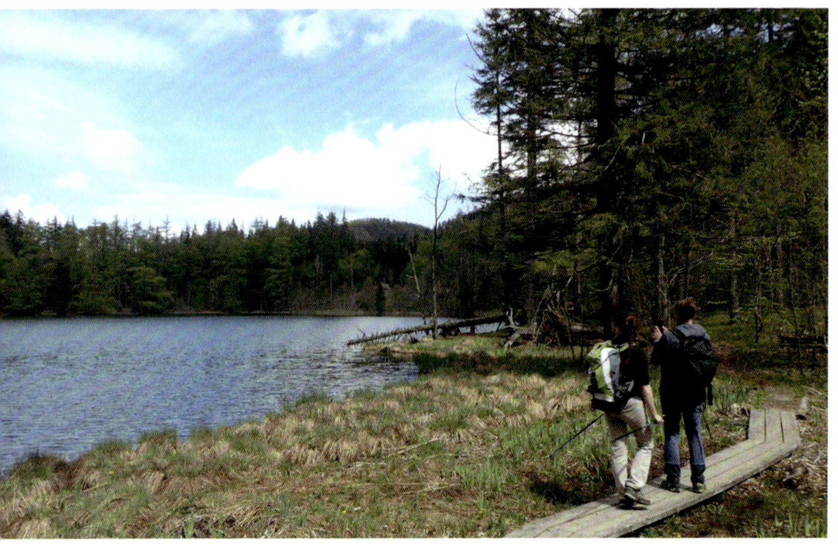

Zum Schutz der Ufervegetation ist ein Holzsteg angelegt.

Aufzeichnungen ist bald die Rede von ein Pfund schweren Saiblingen und Forellen. Nach dem Ende des Fürsterzbistums im Jahre 1803 gelangte der Eibensee in private Hände, aber der Besatz mit hochwertigen Edelfischen wurde mit Erfolg fortgeführt. Heute befindet sich der See im Besitz der Bundesforste und steht wegen seiner außerordentlichen Lage unter Landschaftsschutz.

DIE WEGE

Ausgangspunkt: zentraler Parkplatz beim Seebad Fuschl

Anfahrt: A 1, Abfahrt Thalgau, nach Hof und auf der B 158 nach Fuschl, Ortsmitte

Haltestelle: Fuschl Ortsmitte (ab Hbf. Salzburg Vorplatz, Bus 150)

Schwierigkeit: T 1

Dauer: 4 ½ Stunden, 450 Höhenmeter, 11 Kilometer

VON FUSCHL DURCH DAS ELLMAUTAL ZUM EIBENSEE (ELLMAUSTEINRUNDWEG 13)

Vom zentralen Parkplatz beim Seebad in Fuschl führt der Weg über die nach rechts Richtung Kirche abzweigende Kirchenstraße zum Fußgängertunnel, durch den die Bundesstraße bequem gequert werden kann. Der zunächst mit „Rumingmühle“ angeschriebene Weg verläuft an einer kleinen Kneippanlage und einem Kräutergarten vorbei, bevor dann immer mehr entzückende Zwerge entlang des breiten Weges auftauchen. Die größte Dichte erreicht die Zwergenfamilie bei der zauberhaften **Rumingmühle**. Dort zweigt für die kleinen Wanderer ein kurzer Zwergenweg auf den Hügel nach links ab, für die Größeren gibt es im Gastgarten eine wunderbare Möglichkeit zur inneren und im friedlich vorbeifließenden Ellmaubach zur äußeren Abkühlung. Zumindest für ein Fußbad gibt es eine praktische Einstiegsstelle. Auch der weitere Weg 27 (Ellmau) folgt dem Ellmaubach und dann über einen Kilometer hinweg entlang der Zufahrt dem breiten Ellmautal. Bald nach dem Mathiashof der Caritas zweigt die Route 13 (Zum Eibensee) nach links ab. Über den bewaldeten, vom Ellmaustein herabziehenden Kamm geht es in 40 Minuten und über 130 Höhenmeter zur Kleinerkapelle an der Wolfgangsee-Bundesstraße hinüber. Gehzeit bis hierher 2 Stunden, 4,6 Kilometer.

Links neben der Kapelle startet der zweite Teil der langen Eibenseerunde. Der mitunter steile und feucht-rutschige Eibensee-Steig (Weg 13 b) führt zuerst auf einen breiten Sattel knapp über 1000 Metern Seehöhe, auf dem sich einst die heute verfallene Eibenseealm befand. Eine um eine halbe Stunde längere Variante zum See folgt der nach rechts abzweigenden Forststraße, der schnelle Weg aber führt in 20 Minuten zum kühlen Karsee. Der romantische Eibensee mit seinen schönen Rastplätzen

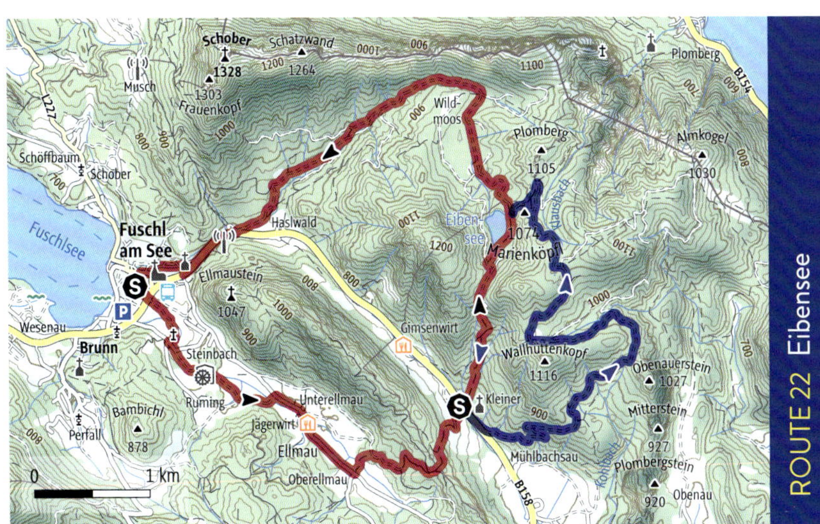

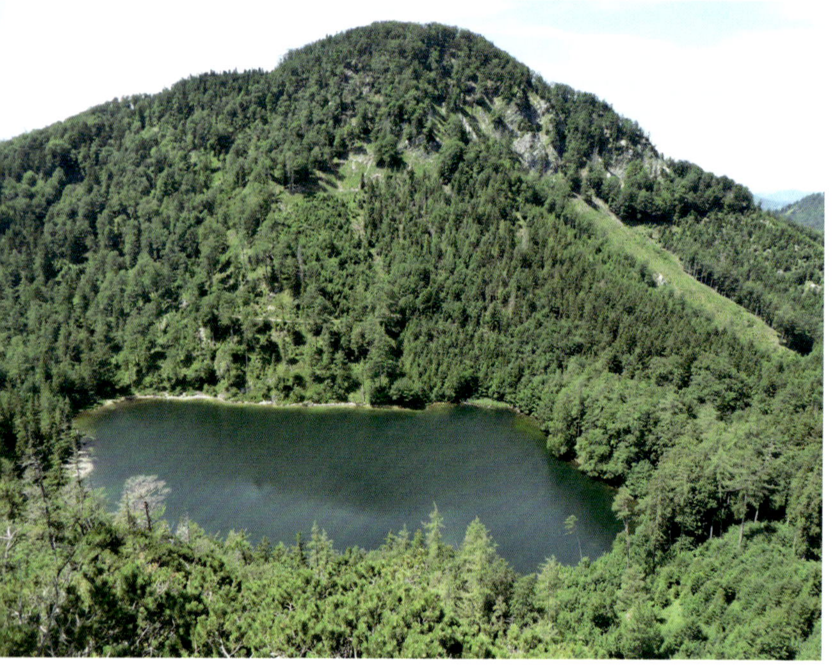

Vom Marienköpfl öffnet sich ein schöner Blick auf den Eibensee.

wird an seinem Ostufer umgangen, danach verläuft der Steig wieder einige Meter aufwärts und folgt dann links abzweigend dem Forstweg (Weg 13). Über diesen breiten Wirtschaftsweg gelangt auch die längere Variante zum See. Ein nächster Höhepunkt am Rückweg Richtung Fuschl ist das geschützte „Wildmoos". Diese idyllische Ebene war ursprünglich ein noch tieferer Karsee, verlandete aber zum Hochmoor. Auch einen Almbetrieb gab es, Lorenz Hübner erwähnt in seinen Aufzeichnungen aus dem Jahr 1797 noch 57 Kühe.

Der auf der Südseite der Drachenwand verlaufende und deswegen so benannte Drachenweg (Weg 13) folgt dem Verlauf des Eibenseebaches gemütlich talwärts und erreicht nach eineinhalb Stunden den Zielort Fuschl.

VON DER KLEINER-KAPELLE AM ST. GILGENERBERG (BUNDESSTRASSE) ZUM EIBENSEE

Ausgangspunkt: Beginn Forstweg (Parkbucht) an der B 158 zwischen Fuschl und St. Gilgen, 900 m nach dem Gasthof Gimsenwirt Richtung St. Gilgen, links

Anfahrt: A 1, Abfahrt Thalgau. Nach Hof und weiter auf der B 158. 4 km nach Fuschl befindet sich auf der linken Straßenseite die Kleiner-Kapelle, nach 200 m bei einer Ausbuchtung weitere Parkplätze und Beginn des Aufstiegs über die Forststraße.
Haltestelle: St. Gilgen Pöllach (ab Hbf. Salzburg Bus 150)
Schwierigkeit: T 1
Dauer: 2 ¾ Stunden, 450 Höhenmeter, 8 Kilometer

Der Ausgangspunkt zu dieser waldreichen Sommerwanderung ist der Beginn des Forstweges, der von Fuschl kommend 200 Meter nach der markanten Kleiner-Kapelle von der Wolfgangsee-Bundesstraße nach links abzweigt. In der kleinen Ausbuchtung stehen einige Parkplätze zur Verfügung und hier beginnt auch der markierte Weg 13 zum Eibensee. Sehr gemütlich geht es entlang der Forststraße bergauf, zunehmend öffnen sich schöne Ausblicke auf die Seen und den markanten Schafberg. Nach einer Stunde zweigt ein schmaler Pfad (Weg 13 a) auf das Marienköpfl ab, womit sich auch noch die Gelegenheit zu einem Gipfelerlebnis auftut. Nach einer Viertelstunde auf dem felsigen Gipfelchen angelangt, ist der tief unterhalb gelegene Eibensee erstmals zu sehen. Der Weg dorthin führt auf die Forststraße retour und dann dieser nochmals 20 Minuten entlang bis zur Abzweigung Eibensee. Einige Meter geht es noch abwärts und schon bieten sich die schönsten Rastplätze entlang des Ufers an. Eine kleine, spitzgiebelige Unterstandshütte bietet Schutz vor Regen, ideal zum Verweilen wäre aber ein heißer Sommertag, denn der Kratersee auf knapp 1000 Metern Seehöhe kann durchaus Badetemperatur erreichen. Der Rückweg führt am Ostufer entlang und muss wieder einige letzte, steile Höhenmeter auf den Sattel zurücklegen. Von dort führt der Eibenseesteig durch den lichten Wald, zum Teil einem Grabenverlauf folgend, hinab zur Kleiner-Kapelle. Von dort sind es noch 200 Meter am Radweg entlang zum Ausgangspunkt.

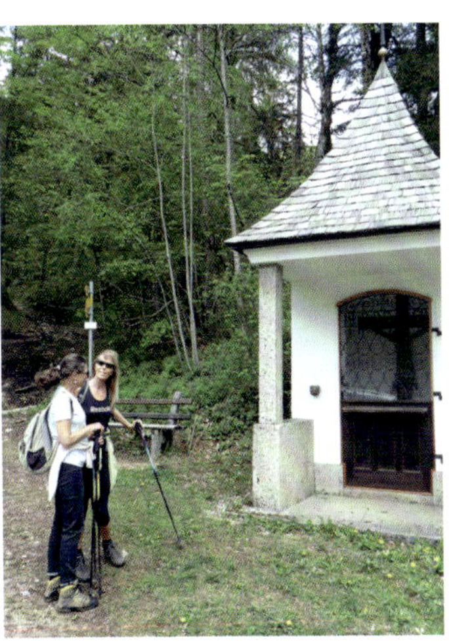

Treffpunkt Kleiner-Kapelle.

23 Krottensee

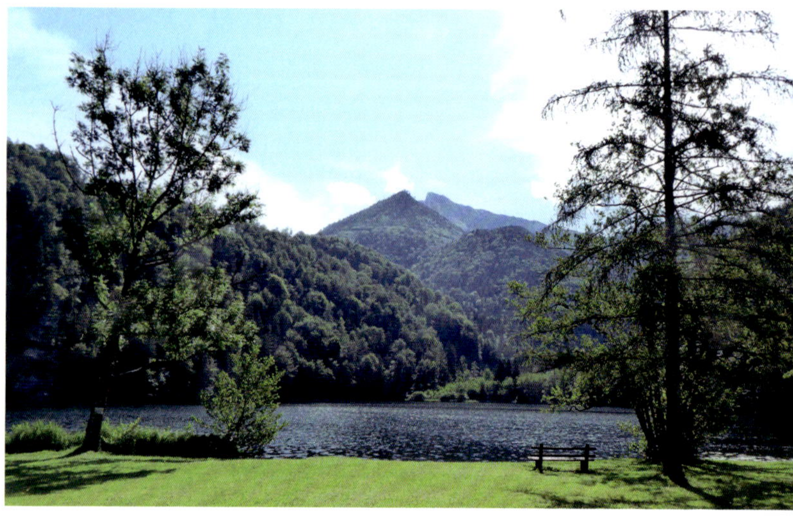

Der öffentliche Badeplatz am Krottensee mit dem Schafberg im Hintergrund.

Kurz vor dem Scharflingpass, im Dreieck zwischen Wolfgangsee, Fuschlsee und Mondsee, breitet sich der außergewöhnliche Krottensee aus. Vor allem seine Tiefe macht ihn zu einem Unikum in der Salzburger Seenlandschaft.

DER SEE

Kategorie: Voralpensee
Lage: Gemeinde St. Gilgen
Seehöhe: 579 m
Fläche: 81.000 m^2
Max. Seetiefe: 45,5 m

Der Krottensee nimmt in der Limnologie, also der Wissenschaft, die sich mit den Binnengewässern beschäftigt, eine Sonderstellung ein. Durch das Verhältnis der kleinen Oberfläche zur großen Tiefe kommt es zu einem ganz speziellen Effekt: Unterhalb einer Tiefe von 23 Metern wird das Gewässer nicht mehr durchmischt. Am Grund dieses somit sauerstofffreien Tiefenbezirks wurden bei Tauchgängen gut erhaltene Funde aus vielen Jahrhunderten gemacht. Die Palette erstreckt sich vom mittelalterlichen Gebrauchsgeschirr, das wohl zum großen Teil aus dem nahen Schloss Hüttenstein stammt, bis zu einem amerikanischen Militärjeep aus der Nachkriegszeit. Hüttenstein war ab dem 14. Jahrhundert ein wichtiger Festungsbau an der Landesgrenze zu den Habsburgern, später wurde hier das Pfleggericht von Fuschl, St. Gilgen und Strobl untergebracht. Zudem gehörte das Gewässer zu den Hofküchenseen, der Fischertrag musste somit an den fürsterzbischöflichen Hof abgeliefert werden. Der heutige Bau von Schloss Hüttenstein wurde im Jahr 1843 im damals angesagten Tudor-Stil errichtet. Sowohl das Schloss als auch der See befinden sich in Privatbesitz. Trotzdem steht den Besuchern im Sommer kostenlos ein sehr schöner Badebereich gegenüber vom **Landgasthof Batzenhäusl** zur Verfügung. Direkt an dieser Uferstelle führte bis 1957 die aus der Richtung Mondsee kommende Trasse der Salzkammergut-Lokalbahn (Ischlerbahn) vorbei.

DER WEG

Ausgangspunkt: Parkplatz kurz vor der Scharflingpasshöhe (von St. Gilgen kommend rechts)

Anfahrt: A 1, Abfahrt Thalgau. Auf der B 158 über Hof nach St. Gilgen. Im ersten Kreisverkehr Richtung Mondsee nach Hüttenstein. Kurz nach dem Krottensee, noch vor dem Scheitelpunkt des Scharflingpasses, befindet sich rechts ein schattiger Parkplatz.

Haltestelle: St. Gilgen Hüttenstein (Bus 156 ab St. Gilgen Busterminal)

Schwierigkeit: T 2

Dauer (ohne Almkogel): 2 ½ Stunden, 250 Höhenmeter, 5,5 Kilometer

RUND UM DEN EIBENBERG

Der Weg rund um den Eibenberg, oder als längere Variante auf den Almkogel, eignet sich sehr gut für heiße Sommertage, da

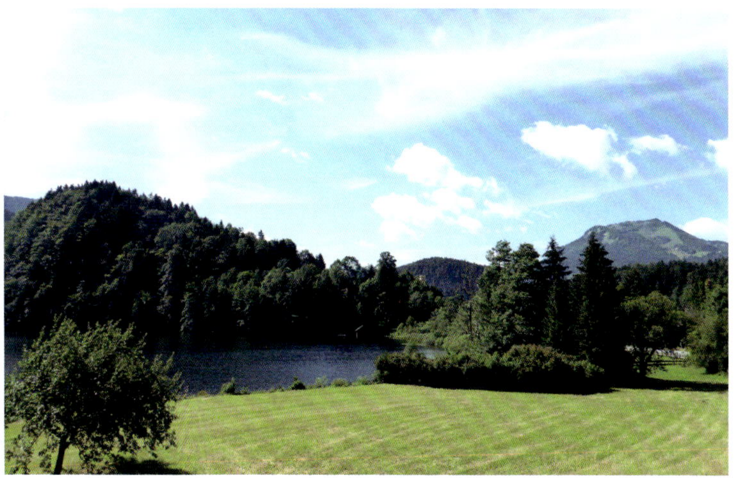

Der Krottensee, ein See mit Tiefgang.

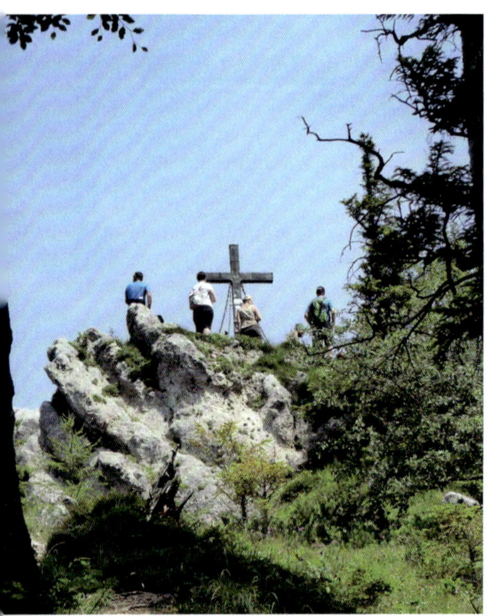

Großer Andrang am kleinen Almkogel.

er größtenteils im kühlen Wald verläuft. Als Abschluss der Runde könnte ja an einem solchen Tag ein Bad im Krottensee stehen, denn dort endet die Wanderung. Vom etwas oberhalb des Krottensees gelegenen Parkplatz geht es 200 Meter entlang der Autostraße (B 154) auf den höchsten Punkt der Scharflinghöhe. Dort am Scheitelpunkt zweigt der mit einem gelben Wegweiser versehene Pfad 16 (Almkogel) nach links ab. Mit schönem Höhengewinn führt der Steig auf der bewaldeten Ostseite des Eibenberges bergan und trifft nach 20 Minuten auf einen breiten Wirtschaftsweg. Auf diesem geht es weniger anstrengend, ja sogar einige Meter wieder talwärts, weiter. Bei einer folgenden Weggabelung zweigt ein Verbindungsweg (Weg 15) steil talwärts Richtung Obenauer Alm nach links ab und führt über Zeppezau und Schmalnau zurück zum Krottensee.

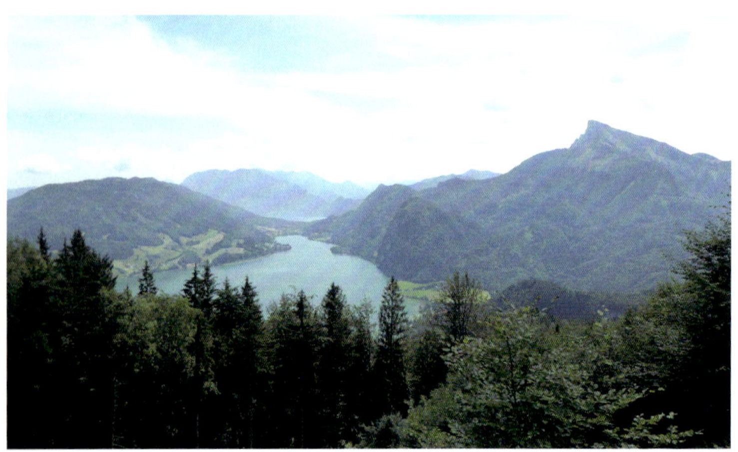

Blick vom Almkogel auf den Mondsee und den Schafberg (rechts).

Wer zuvor noch den Almkogel besuchen will (Anstieg 45 Min.), wandert bei dieser Gabelung geradeaus. Wenig später zweigt ein markierter Steig nach links ab, der zunehmend steiler und auch kurzzeitig etwas feuchter durch das waldige Terrain verläuft. Zum Ende hin wird der Wald lichter, dann öffnen sich schon erste Aussichten auf den Mondsee und den Attersee. Richtig prächtig wird die Rundumsicht dann vom schmalen Almkogel aus, da gesellt sich die Blickachse Richtung Irrsee dazu. Der Abstieg folgt bis zur Verzweigung der Routen 15 und 16 auf dem bekannten Weg und verläuft dort nach rechts, diesmal auf der Westseite des Eibenberges wie oben beschrieben über Zeppezau und Schmalnau retour.

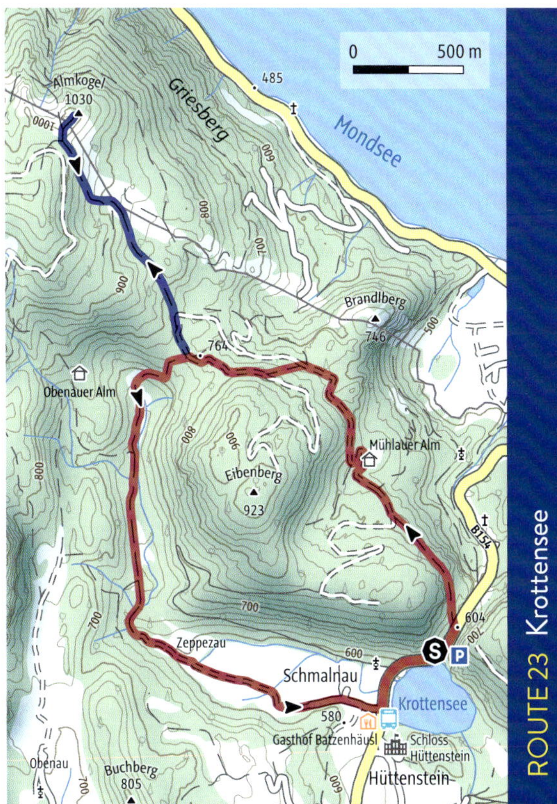

24 Wolfgangsee (Abersee)

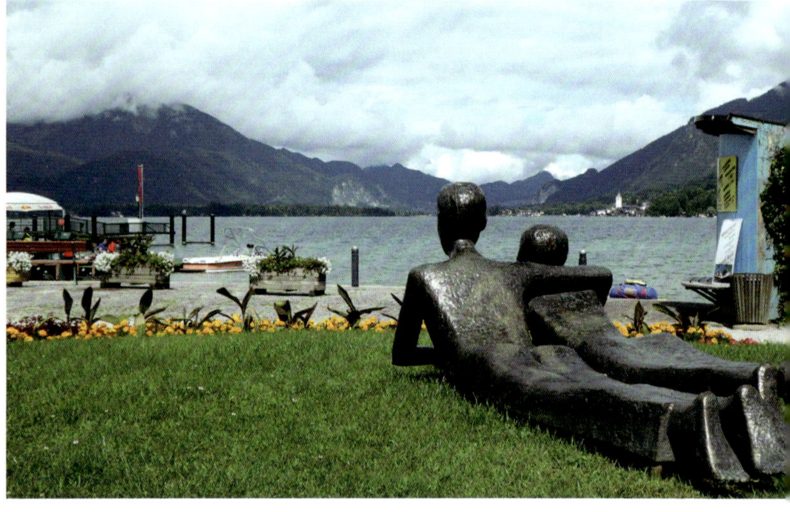

Träumerei in Strobl. Die Bronzeplastik stammt von Eva Maria Mazzucco.

Der Wolfgangsee ist der größte und mit 113 Metern auch der tiefste See Salzburgs. Größte Bedeutung hat er auch für den Tourismus, gilt das Gebiet rund um den See doch als das Zentrum der wiederentdeckten Sommerfrische.

DER SEE

Kategorie: großer See
Lage: Gemeinde St. Gilgen, Strobl, St. Wolfgang
Seehöhe: 538 m
Fläche: 13 km²
Max. Seetiefe: 113 m
Einzugsgebiet: 124 km²

Der Seespiegel des Wolfgangsees senkte sich bereits nach dem Ende der Würmeiszeit vor 18.500 Jahren von damals 600 Metern Seehöhe beinahe auf das heutige Niveau (538 m) ab. Zu dieser Zeit wies das Seebecken aber noch eine beinahe durchgehende Breite von zwei Kilometern auf. Das ist heute nicht mehr der Fall. Der größte Zufluss in den Wolfgangsee, der vom Hohen Zinken in der Osterhorngruppe einmündende Zinkenbach, hat durch das extreme Geschiebe die Seebreite auf derzeit 240 Meter verkleinert. In einigen tausend Jahren wird der See dann endgültig aus zwei Teilen bestehen. Von einem zukünftigen Unter- und

Obersee sind wir also noch weit entfernt, seit 1998 wird der Wolfgangsee von den drei anliegenden Gemeinden St. Gilgen, Strobl und St. Wolfgang sogar touristisch gemeinsam vermarktet.

Mit dem ab dem Ende des 19. Jahrhunderts immer stärker aufkommenden Sommerfrische-Tourismus ging auch die Namensveränderung vom ursprünglichen Abersee auf die besser vermarktbare Bezeichnung Wolfgangsee einher. Ein wichtiges touristisches Merkmal ist die Wolfgangsee Schifffahrt. Am 18. Mai 1873 stach der Raddampfer Kaiser Franz-Joseph erstmals in See. Er ist heute noch immer in Betrieb, der Antrieb erfolgt allerdings mit Dieselmotoren.

Seit jeher ist der Wolfgangsee ein ausgezeichnetes Fischrevier. Durch eine eigene, vom Salzburger Erzbischof erlassene Fischordnung aus dem Jahr 1558 wurden die Fangquoten und Zuständigkeiten streng geregelt. Wegen der unklaren Fischereigrenze kam es vor allem zwischen den Fischern aus Abersee, Strobl und St. Wolfgang immer wieder zu Konflikten. Eine weitgehende Beruhigung trat mit der Umsetzung der sogenannten Seidenfadengrenze ein, die von der Mitte der Mündung des Dittelbaches in St. Wolfgang zum Ausfluss des Sees, der Ischler Ache in Strobl, führt. Da sich durch das Geschiebe des Dittelbaches der Landanteil vergrößert, verändert sich auch der Grenzverlauf ein wenig. Heute ist die Seidenfadengrenze nur noch

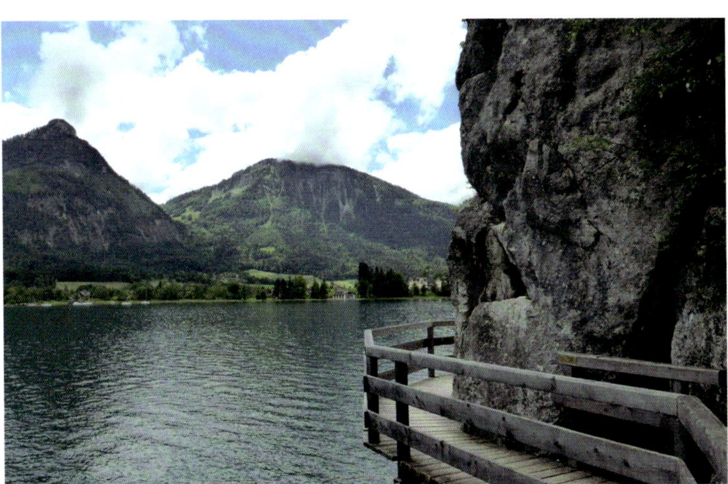

Der Bürglweg mit Blick auf Sparber (links) und Bleckwand.

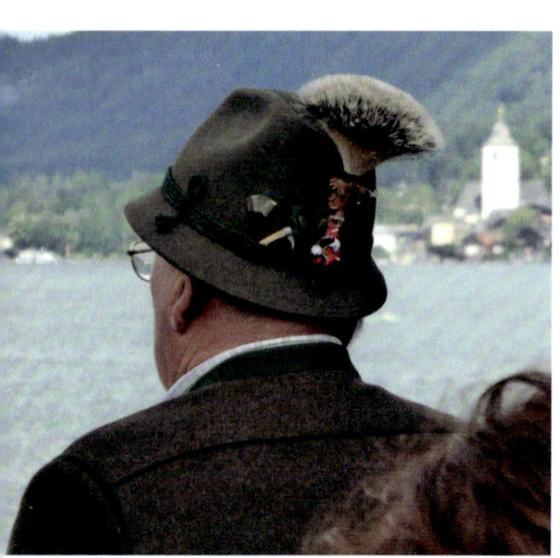

Blick von Strobl nach St. Wolfgang.

symbolisch vorhanden, der Streit um die Fische und sogar um die Zuständigkeit der Ertrunkenen („Wem gehört die Leiche?") ist Vergangenheit.

DER WEG

Ausgangspunkt: Parkplatz an der Ortszufahrt nach Strobl, kurz nach der Brücke über die Ischler Ache

Anfahrt: A 1 Abfahrt Thalgau. Auf der L 177 nach Hof und auf der B 158 über St. Gilgen nach Strobl. Richtung St. Wolfgang abzweigen. Nach 2 km, kurz nach der Brücke über die Ischler Ache zweigt die Ortszufahrt nach Strobl ab. Gleich links daneben befindet sich ein kleiner, gebührenfreier Parkplatz.

Haltestelle: Strobl Busbahnhof (Bus 150, 20 Min. Gehzeit bis Bürglweg)

Schwierigkeit: T 1

Dauer: 1 ½ Stunden, 40 Höhenmeter, 3,7 Kilometer

RUND UM DEN BÜRGL IN STROBL

Ein guter Ausgangspunkt ist der kleine Parkplatz an der Straße nach St. Wolfgangsee kurz nach der Brücke über die Ischler Ache. Hier zweigt die Zufahrt nach Strobl („Strobl 1 km") ab, links daneben befindet sich der Parkplatz. Zum gegenüber vorbeiführenden Bürgl-Rundweg sind es nur wenige Meter, wir folgen dem Weg nach rechts entlang der Nordseite. Der asphaltierte Weg geht bald in einen fußfreundlicheren Kiesbelag über. Allerdings sind nun auch einige steilere Höhenmeter zu bewältigen, die aber zu herrlichen Aussichtspunkten mit Blick über den Wolfgangsee führen. Ein paar Minuten später befindet sich der Rundweg aber schon wieder in Augenhöhe mit dem See. Dicht an den Fels gedrängt verläuft der Steg zum Teil direkt über der Wasserfläche. Von dieser günstigen Position aus lassen sich fast immer prachtvolle Wolfgangsee-Fische aus der Vogelperspektive beobachten. Mit etwas Glück ist auch der seltene Perlfisch dabei, der wegen des besten Fangzeitpunktes auch als Maifisch bezeichnet wird. Er kommt nur in den saubersten Gewässern vor. Nach diesem besonders spektakulären Wegabschnitt beinahe freischwebend über dem Wasser, haben wir bald wieder festen Boden unter den Füßen. Bevor sich der Weg aber endgültig vom

Seeufer verabschiedet, laden hölzerne Sitzinseln in Seerosenform noch zu einem abschließenden Genussliegen über dem Wolfgangsee ein. Die Route führt an einer alten Wehranlage vorbei, die den Wasserstand der hier beginnenden Ischler Ache genau regulieren kann. Der Flussverlauf ist übrigens auch zugleich die Landesgrenze zwischen Salzburg und Oberösterreich. Das schöne Ortszentrum von Strobl und der einladende Uferbereich sind von hier aus rechts abzweigend nur wenige Minuten entfernt. Der Rundweg aber bleibt in Oberösterreich und verläuft geradeaus entlang der Ortszufahrt noch knapp einen Kilometer an den Ausgangspunkt der Wanderung.

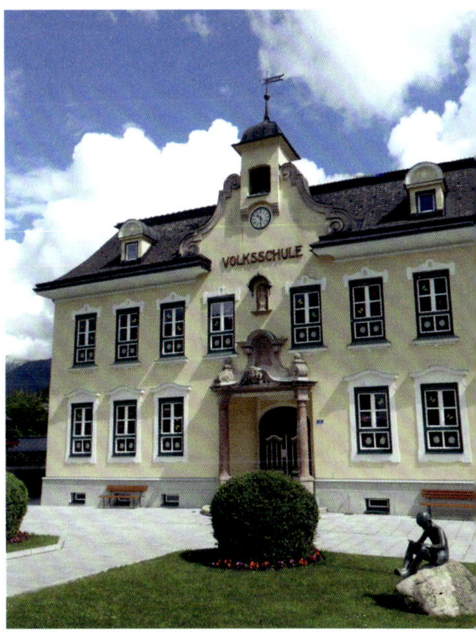

Das Schulhaus in Strobl wurde 1913 eröffnet.

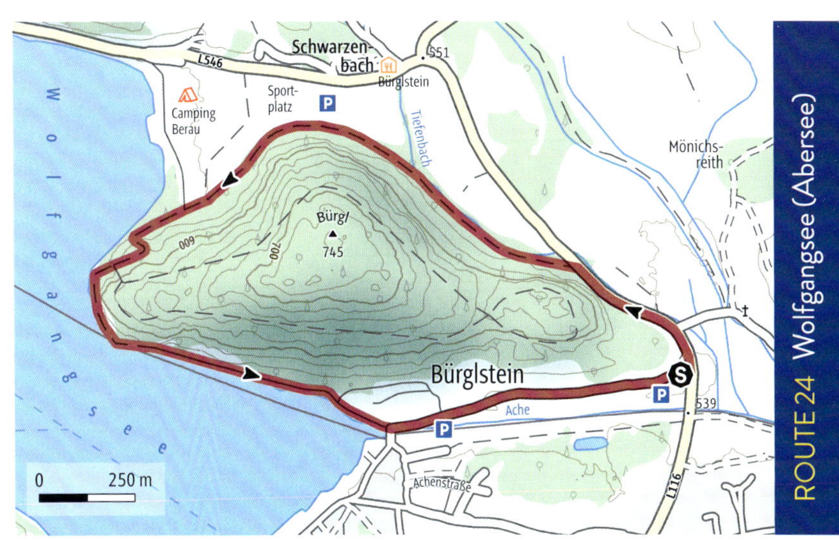

25 Mönichsee, Mittersee und Suissensee

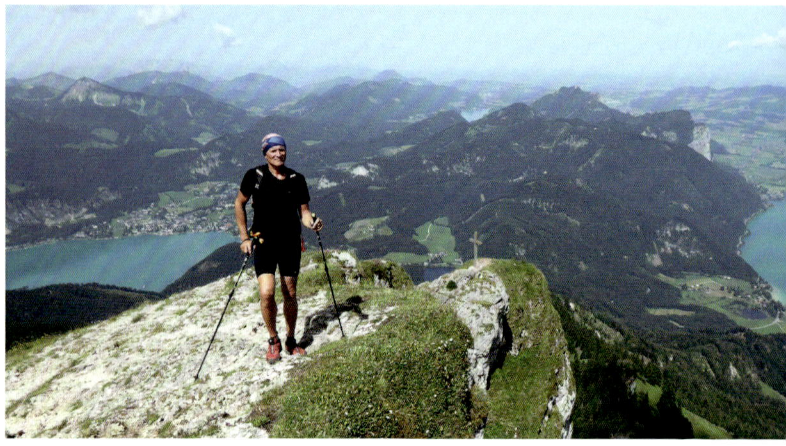

Beim Abstieg Himmelspforte. Vier Seen auf einen Blick: Wolfgangsee (links), Krotten- und Irrsee (Mitte) sowie Mondsee (rechts).

Als ob es rund um den Schafberg im Salzkammergut nicht schon genug Seen gäbe. Diese anspruchsvolle Höhenwanderung rund um den Schafberggipfel führt aber zu drei wirklich außergewöhnlichen Seen.

DIE SEEN

Die drei unterschiedlich großen Seen haben auch verschiedene Entstehungsgeschichten hinter sich. Der kleinste der Seen, eigentlich mehr eine Lacke, ist der Suissensee. Er liegt zur Gänze im Bundesland Salzburg und er ist einer der wenigen Seen, der durch den Einsturz einer Doline entstanden ist.

Durch den Mittersee verläuft exakt die Bundesländergrenze zwischen Salzburg und Oberösterreich, die Gemeinden St. Wolfgang und St. Gilgen teilen sich die 6300 m^2 große Seefläche. Der drei Hektar große Mönichsee oder Münichsee wiederum befindet sich in Oberösterreich. Er ist über den Vormauerstein von St. Wolfgang aus bequem erreichbar.

MÖNICHSEE

Kategorie: Bergsee
Lage: Gemeinde St. Wolfgang
Seehöhe: 1285 m
Fläche: 30.000 m^2
Max. Seetiefe: 34 m

MITTERSEE
Kategorie: Bergsee
Lage: Gemeinde St. Gilgen und St. Wolfgang
Seehöhe: 1385 m
Fläche: 6300 m^2
Max. Seetiefe: 3,5 m

SUISSENSEE
Kategorie: Bergsee (Kratersee)
Lage: Gemeinde St. Gilgen
Seehöhe: 1384 m
Fläche: 600 m^2
Max. Seetiefe: 3 m

DIE WEGE

DREI-SEEN-TOUR AB DER SCHAFBERGBAHN-BERGSTATION

Ausgangspunkt: Bergstation der Schafbergbahn
Anfahrt: A 1, Abfahrt Thalgau, über die Enzersberger Landesstraße nach Hof. Auf der Wolfgangsee-Bundesstraße B 158 zur Kreuzung Strobl und weiter nach St. Wolfgang. Gebührenpflichtige Parkplätze nahe der Schafbergbahn. Auffahrt mit der Zahnradbahn.
Haltestelle: St. Wolfgang Schafbergbahnhof (ab Busbhf. Strobl mit Bus 546)
Schwierigkeit: T 3
Dauer: 3 Stunden, 700 Höhenmeter, 5,5 Kilometer

Die Höhenwanderung zu den drei kleinen Seen rund um den Schafberggipfel kann von verschiedenen Punkten aus gestartet werden. Was sich ändert, sind die Höhenmeter, aber der Weg selbst bewegt sich immer im sehr anspruchsvollen Segment. Trittsicherheit, Schwindelfreiheit und eine gute körperliche Verfassung sind notwendige Voraussetzungen. Die konditionell einfachste Variante beginnt nach der Auffahrt mit der Schafbergbahn beim **Hotel Schafbergspitze** und quert dann nach links Richtung **Schutzhütte** in den Einstieg zur Himmelspforte. Über viele Kehren und Stufen führt der Steig auf der Schafberg-Nordseite in 40 Minuten hinab zu einer Weggabelung. Im Kar unterhalb der steilen Felswände befindet sich der kleine Suissensee. Nach rechts abzweigend verläuft der schmale Pfad zuerst hinüber zum

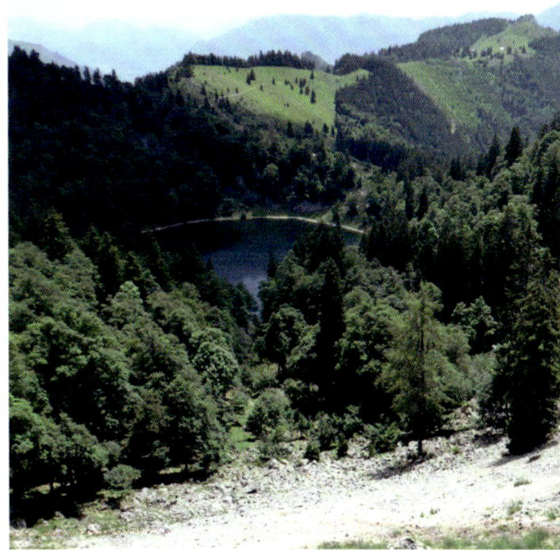

Der Mönichsee.

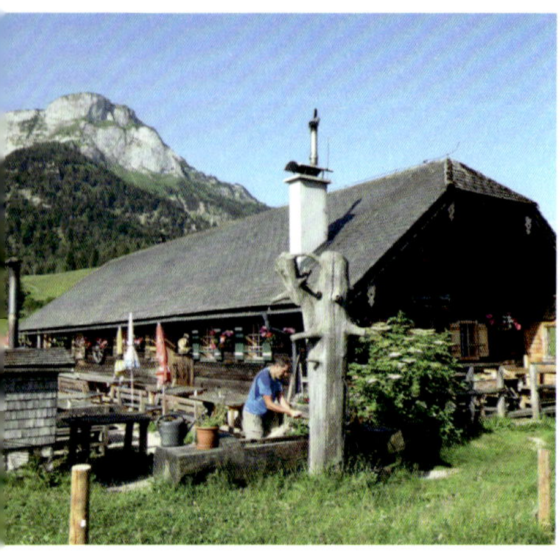

Startpunkt Eisenaueralm.

malerischen Mittersee, der über einen Stichweg leicht erreichbar ist. Der Weg zum Mönichsee, dem mit Abstand größten der drei Seen, bringt aber noch 150 Höhenmeter mit sich. An heißen Sommertagen ist ein Bad im gar nicht so kalten

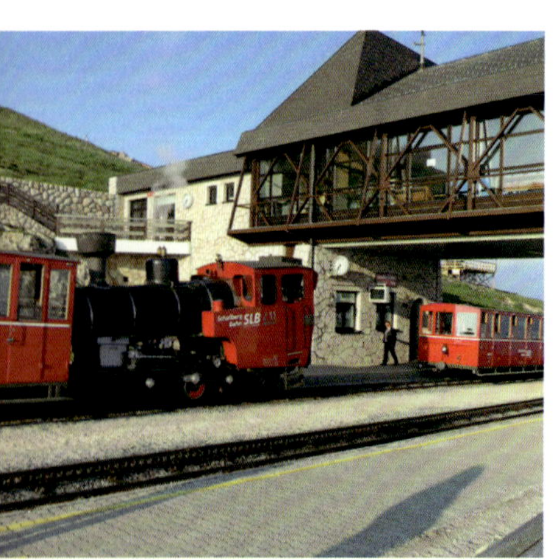

Startpunkt Schafbergbahnhof.

Wasser eine erfrischende Überlegung, bevor es wieder an den Kraterrand zurück und dann über den südseitigen, sehr steilen, aber gut gesicherten Purtschellerweg zur Bergstation weitergeht. Der Abstieg nach St. Wolfgang kann mit der Bahn oder in zweieinhalb Stunden zu Fuß erfolgen.

KOMBINIERTE MB-WANDERTOUR ÜBER DIE EISENAUERALM

Ausgangspunkt: Parkplatz bei der Einfahrt zum Kieswerk Hemetsberger in Scharfling

Anfahrt: A 1, Abfahrt Mondsee. Auf der B 154 nach St. Lorenz und 5 km weiter bis zur Abzweigung Richtung St. Gilgen. Kurz danach Parkmöglichkeit bei der Abzweigung (links) zum Kieswerk Hemetsberger. Hierher auch über St. Gilgen und den Scharflingpass (B 154).

Schwierigkeit: T 3

Dauer: 7–8 Stunden, 1450 Höhenmeter, 22 Kilometer, davon 500 Hm und 13 km mit dem Rad

Ausgangspunkt für die konditionsstarken Mountainbiker ist die Abzweigung zum Kieswerk Hemetsberger an der Scharflingpass-Straße (B 154) nahe der Kreuzung mit der B 151 (480 m Seehöhe). Der 6,5 Kilometer lange Wirtschaftsweg zur Eisenaueralm ist nicht zu verfehlen, der äußerst steile Mittelteil wurde entschärft. Bei der **Buchberg**- oder der benachbarten **Kienberghütte** (1015 m) wird das Rad deponiert und nun geht es dem steilen, aber angenehm schattigen Weg 804 folgend in eineinviertel Stunden zur Weggabelung über dem kleinen Suissensee (1550 m) weiter. Nach links abzweigend verläuft der schmale Pfad zuerst hinüber zum malerischen Mittersee (erreichbar über einen Stichweg) und dann im ständigen Auf und Ab zum Schluss noch mit einem 150 Höhenmeter tiefen Abstieg weiter zum kreisrunden Mönichsee. Nach dem Augen- oder Ganzkörperbad im fischreichen Kratersee führt der Steig wieder zur Gabelung zurück und nun folgt mit dem abzweigenden Purtschellerweg der schwierigste Abschnitt der ganzen Runde. Auf teils drahtseilgesicherten Felssteigen geht es durch die Südwände. Wenn das Wetterloch mit dem eiskalten Höhlenwind auftaucht, passt der Zeitpunkt zum Durchatmen. Zwischen 1895 und 1906 gab es hier sogar einen mehrere hundert Meter langen Schauhöhlenbetrieb. Schön langsam wird es auch am Weg touristischer. Nach der Querung der Bahntrasse folgt das Hotel Schafbergspitze (1783 m), das bereits 30 Jahre vor der Inbetriebnahme der Zahnradbahn, im Jahr 1864, eröffnet wurde. Der Rückweg zu den Rädern und vielleicht auch zum Radler bei der **Eisenaueralm** führt noch ein Stück am Westkamm entlang und zweigt dann durch die schmale und steile Himmelspforte nach rechts ab.

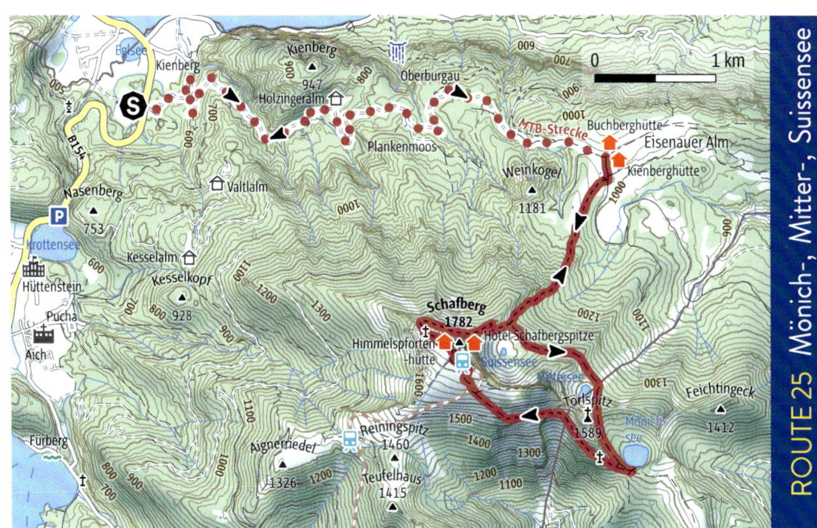

26 Schwarzensee

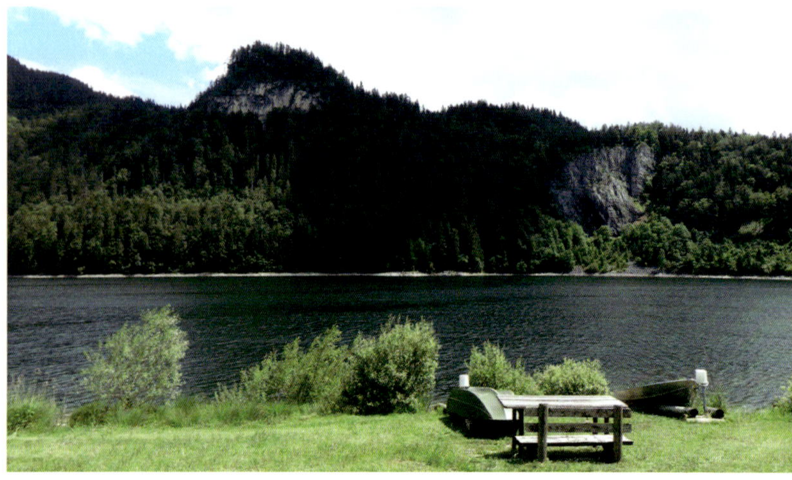

Am Süd-West-Ufer des Schwarzensees.

Das Ziel ist der Schwarzensee, aber die dort hinführenden Anstiege sind recht unterschiedlich. Zur Auswahl stehen der anspruchsvolle Wirrersteig, der gemütliche Almweg oder für Gehfaule die Anfahrt mit dem Fahrzeug.

DER SEE

Kategorie: Bergsee (künstlich aufgestaut)
Lage: Gemeinde St. Wolfgang
Seehöhe: 716 m
Fläche: 480.000 m²
Max. Seetiefe: 54 m
Einzugsgebiet: 8,6 km²

Der Schwarzensee ist konsequent: Aus dem dunklen See entspringt der Schwarzenbach, der fließt über Ischl, Traun und Donau in das Schwarze Meer und selbst der Anstieg über den Wirrersteig zum Schwarzenseeufer ist mit einem schwarzen Punkt (= anspruchsvoll) versehen. Seinen Namen verdankt der Schwarzensee vermutlich der auffallend dunklen Färbung und diese hängt mit dem hohen Mangangehalt in der Tiefe zusammen. Trotzdem hat der See eine sehr gute Wasserqualität und ist auch als Naturschutzgebiet ausgewiesen. Der See spielt aber auch für die grüne Energiewirtschaft eine wichtige Rolle, er dient als Jahresspeicher für jenes im Jahr 1908 errichtete Kraftwerk, an dem auch die Aufstiegsvariante Wirrersteig vorbeiführt. Die Nutzung als Speichersee erklärt auch die hohen Spiegelschwankungen im Beckenbereich, die bis zu sechs Meter betragen können.

Für Badehungrige gibt es am flacheren Südwestufer günstige Einstiegsstellen. Gegen den leiblichen Hunger empfehlen sich die beiden Ausflugslokale direkt dahinter, in denen der Fisch aus dem See nebst anderen Spezialitäten tellerfertig präsentiert wird.

DER WEG

Ausgangspunkt: kleiner Parkplatz mit auffallender Riesenlaterne an der Straße von Strobl nach St. Wolfgang, 3 km vor St. Wolfgang an der Abzweigung Richtung Bad Ischl

Anfahrt: A 1 Abfahrt Thalgau. Auf der L 177 nach Hof und auf der B 158 über St. Gilgen nach Strobl. Dort Richtung St. Wolfgang abzweigen. Nach 2,5 km befindet sich auf der rechten Seite ein kleiner Parkplatz mit einer auffallenden Riesenlaterne.

Haltestelle: Schwarzenbach (Bus 546 ab Strobl, dorthin mit Bus 150)

Schwierigkeit: T 2

Dauer: 2 ½–3 Stunden, 280 Höhenmeter, 7 Kilometer

VOM ORTSTEIL SCHWARZENBACH ZUM SCHWARZENSEE

Die Rundwanderung zum Schwarzensee ist eine ideale Tour für heiße Tage, weil große Abschnitte im Wald und entlang kühler Gräben führen. Der steile Aufstieg über den Wirrersteig erfordert trittsicheres und schwindelfreies Gehen. Als einfache, familienfreundliche, aber um 20 Minuten längere Alternative empfiehlt sich

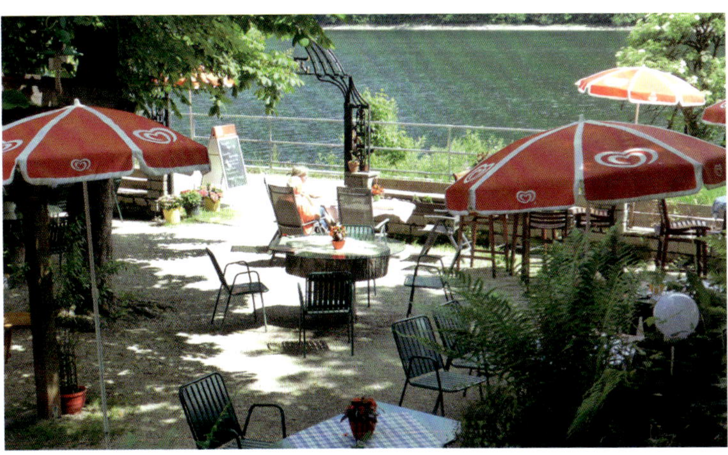

Im Wirtshaus „Lore“ warten feine Fischspezialitäten.

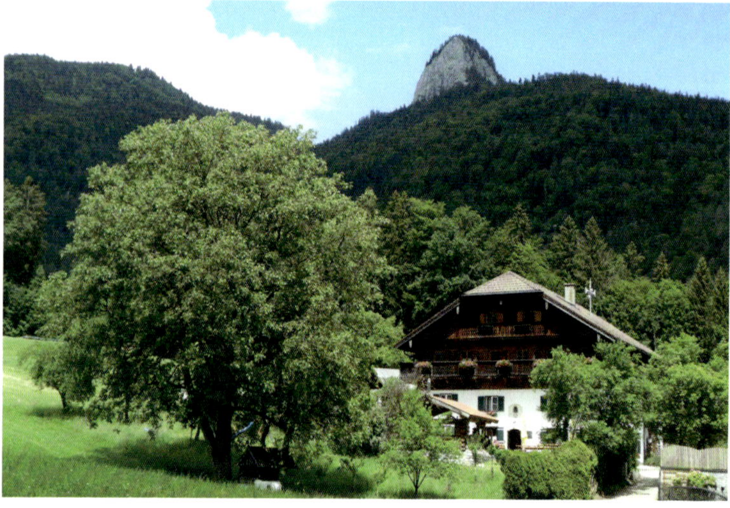

Der Mostbauer am Fuß des Vormauersteins (1450 m).

der „Almweg", der rechtzeitig vor dem steilen Graben nach rechts abzweigt.

Ausgangspunkt ist der kleine Parkplatz drei Kilometer vor St. Wolfgang neben der Info-Stelle und der überdimensionalen Laterne, die zum Markenzeichen von St. Wolfgang geworden ist. Wir folgen der hier nach rechts abzweigenden Straße Richtung Bad Ischl für 200 Meter bis zur Brücke über den Schwarzenbach. Nun beginnt der markierte Wanderweg 29 dem Bachverlauf folgend zum Schwarzensee. In einer romantischen Holzofenbrot-Backstube könnte noch der Proviant ergänzt werden, wenig später teilt sich die Route 29 in den Almweg nach rechts oder in den Wirrersteig. Der mit einem schwarzen Punkt versehene (anspruchsvolle) Wirrersteig ist mit einem Drahtseilgeländer und vielen Stufen sehr gut versichert, der oft feucht-rutschige Untergrund erfordert trotzdem erhöhte Achtsamkeit. Der Almweg ist lichter und aussichtsreicher, aber etwas länger. Spätestens vor der Lore, oder beim Almstadel, den beiden traditionsreichen **Ausflugslokalen am Ufer des Schwarzensees,** treffen sich die beiden Varianten wieder. Hier gibt es nette Uferrastplätze direkt am See, die aber auch die Angler zu schätzen wissen. Wer den Saibling aus dem Schwarzensee lieber tellerfertig angerichtet haben möchte, ist in den beiden Gaststätten gut bedient. Um den

See führt ein einstündiger Rundweg, wobei das gegenüberliegende Nordost-Ufer weniger reizvoll ist.

Der Rückweg (Sattelweg 28) vom Schwarzensee zweigt vor dem **Almstadel** nach links ab, muss aber noch einige Höhenmeter bergauf bewältigen. Bald nach einer wahren Märchenwiese ist der höchste Punkt (807 m) erreicht. Nach weiteren 20 Minuten zweigt der Weg 29 (Schwarzenbach) nach links ab und führt dem Grabenverlauf folgend am Bach entlang zu einer Zufahrt. Einige Minuten entfernt befindet sich rechts oberhalb der wunderbare **Mostbauer**. Wer nicht mehr zukehren will, folgt gleich der Zufahrt, die auf die Verbindungsstraße nach St. Wolfgang trifft. 200 Meter weiter links leuchtet schon die markante Riesenlaterne von unserem Ausgangspunkt herüber.

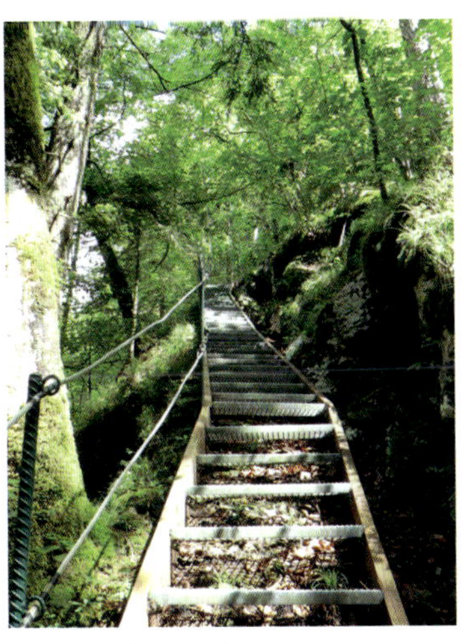

Der steile Wirrersteig.

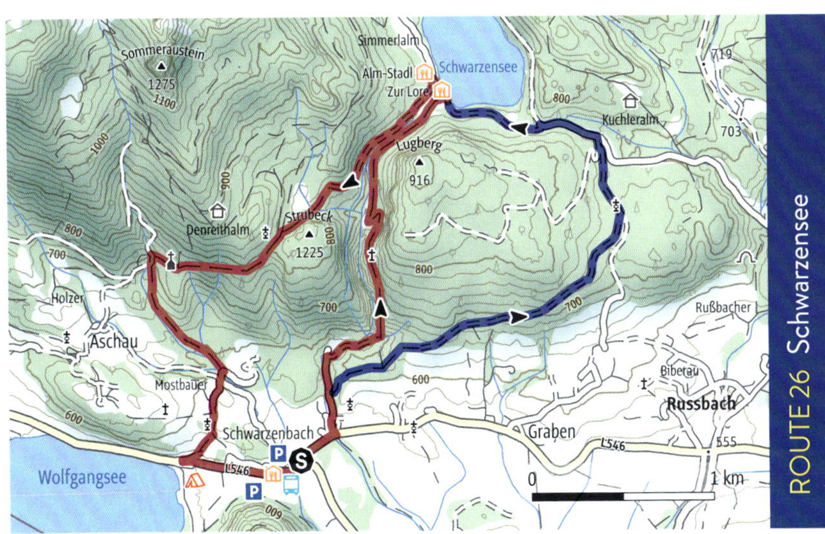

27 Attersee

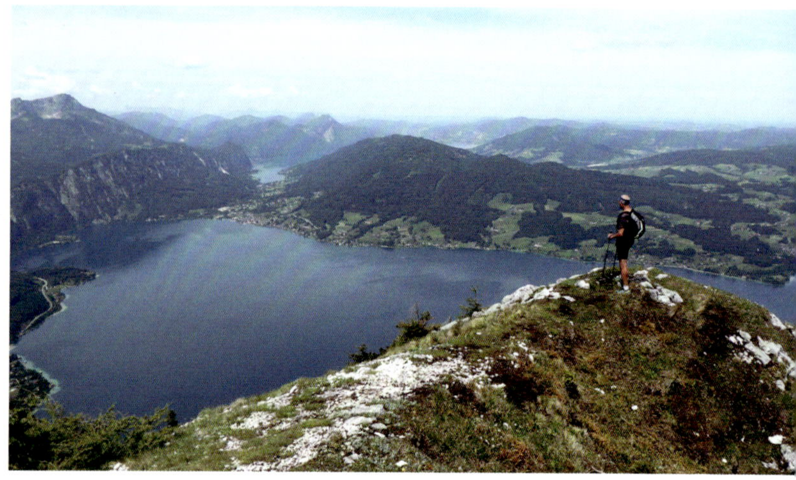

Auf der Mahdlschneid über dem Attersee.

Der größte zur Gänze in Österreich gelegene See ist ein Paradies für Wassersportler und Taucher. Aber auch die Bergsteiger finden mit der Vier-Gipfel-Tour über die Mahdlschneid eine spannende Herausforderung mit besten Aussichten auf den Attersee.

DER SEE

Kategorie: großer See
Lage: Ufergemeinden sind Seewalchen, Schörfling, Weyregg, Steinbach, Unterach, Nußdorf, Attersee und Berg im Attergau sowie St. Gilgen (Ortsteil Burgau).
Seehöhe: 469 m
Fläche: 46 km^2
Max. Seetiefe: 169 m
Einzugsgebiet: 464 km^2

Ein faszinierender statistischer Wert am Attersee ist nicht nur seine beeindruckende Größe, sondern auch seine Tiefe. Offiziell angegeben sind 169 Meter, die Taucher haben aber anscheinend sogar eine 172 Meter tiefe Stelle entdeckt. Die Tauchgänge in diese völlig lichtlosen, eiskalten Zonen sind nicht ganz ungefährlich, wie man den alljährlich erscheinenden Berichten über Tauchunfälle entnehmen kann. Mit dem unglaublichen Wasservolumen von vier Milliarden Kubikmetern übertrifft der Attersee den siebenmal so großen Neusiedlersee gar um das Zwölffache. Größe allein ist eben nicht alles, die Tiefe macht es aus. So ist der Attersee auch für viele eher selten anzutreffende Fische eine gute Grundlage. Die Taucher und die Fischer freuen sich über Aalrutten, Aale, Barsche, Lauben, Rotaugen, Schleien, Aiteln, Perlfische, Reinanken, Forellen und Saiblinge. Auch für die frühen Siedler war der Attersee ein guter und sicherer Boden. Vor Seewalchen wurden Überreste von Pfahlbauten aus der Zeit der Mondseekultur (4000–3000 v. Chr.) entdeckt. In neuerer Zeit ist der Attersee mit seinen Umlandgemeinden wieder ein bevorzugtes Sommerfrischeziel. Entstanden ist dieser Ruf in der Belle Époque vor allem durch die hier urlaubenden Künstler. Sie verbrachten eine genauso erholsame wie inspirierende Sommerzeit am Attersee. Der Wiener Maler Gustav Klimt (1862–1918) fand viele Motive am Ausgangspunkt unserer Wanderung in Weißenbach, der Musiker Gustav Mahler (1860–1911) erschuf wichtige Werke in seinem eigenen Komponierhäuschen in Steinbach beim Gasthof Föttinger, wo sich weit oberhalb unsere lange Runde wieder schließt.

DER WEG

Ausgangspunkt: Weißenbach, 500 m nach der Abzweigung Richtung Bad Ischl entlang der L 153 (Weißenbacher Straße)

Anfahrt: A 1 Abfahrt Mondsee. Über Mondsee auf der B 151 nach Unterach, weiter auf der B 152 nach Weißenbach. Dort auf der B 153 Richtung Bad Ischl abzweigen. Parkgelegenheit nach 500 m entlang der B 153.

Haltestelle: Weißenbach am Attersee Ort (Bus 562 ab Kammer Schörfling, Bahnhst.)

Schwierigkeit: T 3 (Nikoloweg T 2)

Ges. Dauer Schoberstein: 7 Stunden, 1280 Höhenmeter, 13 Kilometer

Dauer Nikoloweg (einfach): 1 ½ Stunden, 250 Höhenmeter, 5 Kilometer

Der Attersee bietet ein faszinierendes Farbenspiel zwischen Azurblau und Smaragdgrün, das schon das Malergenie Gustav Klimt zu vielen seiner Meisterwerke inspirierte. Besonders schön ist diese Farben-

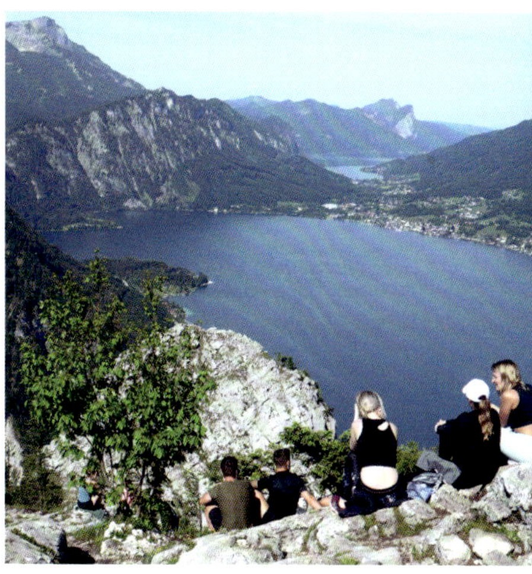

Am Schoberstein mit Attersee- und Mondseeblick.

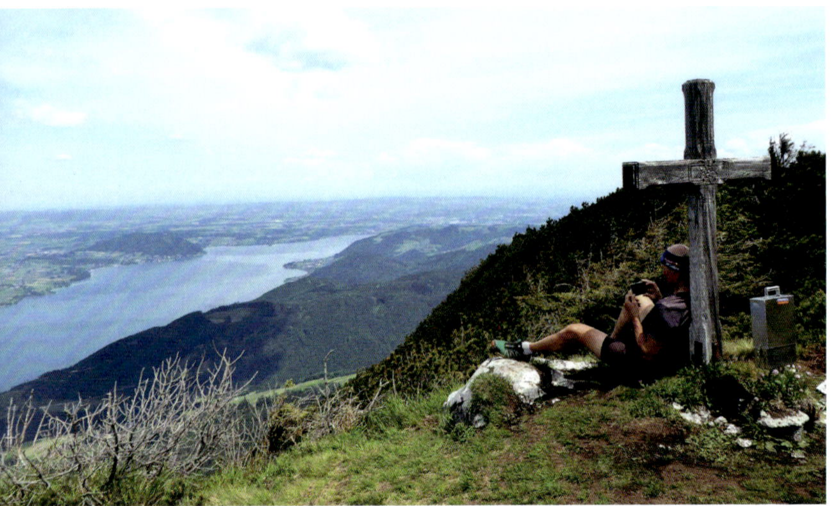

Verdiente Rast auf der Brennerin (1602 m) mit Blick auf den Attersee.

palette von oben zu sehen und dazu wiederum sind der Schoberstein (1037 m) und seine Nachbarn am südöstlichen Atterseeufer die beste Adresse. Der felsige Kamm ist der westliche Ausläufer des 126 km² großen Höllengebirges. Die hier vor dem See so abrupt abstürzenden Felswände schauen unnahbar aus, aber der Weg, der zuerst auf dem Kamm über die Mahdlschneid und dann über Stieg talwärts führt, ist für trittsichere und schwindelfreie Bergsteiger gut zu bewältigen. Die Kondition sollte auf dieser Sieben-Stunden-Tour natürlich auch passen. Ebenso der Trinkvorrat, denn entlang der Route gibt es keine Quelle oder Einkehrhütte. Dafür warten mit Schoberstein, Mahdlkopf, Dachsteinblick und Brennerin aber auch vier exklusive Schau- und Gipfelerlebnisse.

NIKOLOWEG

Für Spaziergänger, die es gemütlicher angehen wollen, gibt es als Alternative am Ausgangspunkt Weißenbach sowie rund um den gesamten Attersee eine Unzahl großartiger Genusswege. Einer davon ist der Nikoloweg von Weißenbach nach Steinbach, der auch am Beginn der Kammwanderung steht. Der gesamte Nikoloweg ist fünf Kilometer lang und überwindet 250 Höhenmeter. Die namensgebende Nikolokapelle folgt gleich zu Beginn, dann geht es durch den steilen Schutzwald in ein zunehmend flacheres Waldgelände.

Schließlich klingt der Nikoloweg sanft aus und führt über aussichtsreiche Bauernwiesen hinab nach Steinbach. Von hier aus empfiehlt sich die Rückfahrt mit dem Bus oder dem Schiff.

VIERGIPFELWANDERUNG

Der gemeinsame Ausgangspunkt sowohl für die anspruchsvolle Viergipfelwanderung als auch für den Nikoloweg nach Steinbach ist der große Parkplatz in Weißenbach oder, näher am Einstieg, entlang der B 153 kurz nach der Abzweigung Richtung Bad Ischl. Auf der gegenüberliegenden Straßenseite zweigt der markierte Weg auf den Schoberstein ab, der zunächst dem Nikoloweg folgt und dann aber nach der Nikolo-Kapelle steil nach rechts abzweigt. Der schön angelegte Waldsteig führt bald in lichtere Regionen und trifft nach

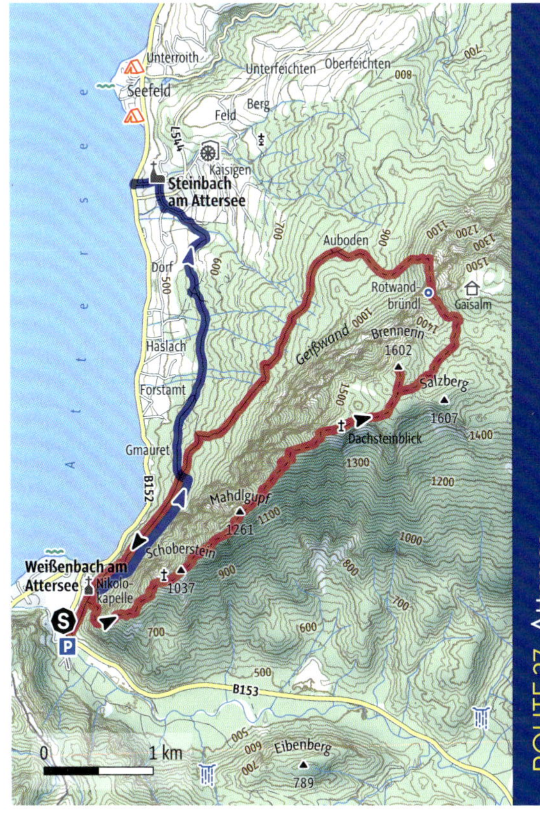

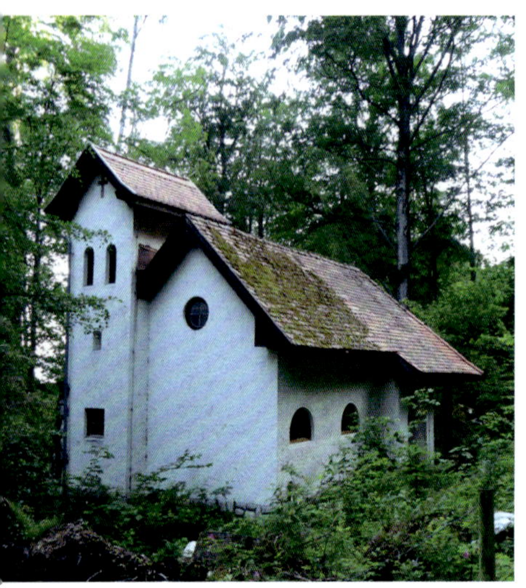

Die St.-Nikolaus-Kapelle in Weißenbach.

einer Stunde auf die Abzweigung zum Schoberstein. Ein Felssteig erreicht nach weiteren 15 Minuten den schmalen Gipfel (1037 m), der nicht viel Platz, aber eine großartige Aussicht bietet. Wieder bei der Abzweigung retour verläuft der Weg 820 zum nächsten Gipfel weiter, dem ganz ähnlich aufgebauten Mahdlkopf (1261 m). Auch dieser ist über einen kurzen felsigen Zustieg erreichbar, oben gibt es wieder wenig Platz, aber auch weniger Besucher. Nach insgesamt zweieinhalb Stunden Gehzeit ist der Dachsteinblick (1559 m) erreicht und bei dieser Gipfelbezeichnung steht nun erwartungsgemäß weniger der See als vielmehr das beeindruckende Dachsteinmassiv im visuellen Mittelpunkt. Freie Rastplätze gibt es genügend, die Besucherfrequenz ist nochmals merklich gesunken. Der halbstündige Weg zur Brennerin führt mit kleineren Auf- und Abstiegen in die Latschenzone und dieser Gipfel (1602 m) lenkt das optische Interesse wieder auf den westlich gelegenen Attergau. Dazu gibt es sogar einen bequemen Jausentisch.

Nach dem letzten Gipfel dieser Runde führt der Abstieg wieder zum Abzweigepunkt retour und folgt zunächst über das verkarstete Plateau der Richtung Hochleckenhaus (Weg 820) und dann bei der nächsten Gabelung dem Weg 822 nach links zur Aubodenhütte. Nun beginnt der steile Abstieg über 500 Höhenmeter Richtung „Stieg", der bei Feuchtigkeit noch größere Vorsicht verlangt. Bei einem Hochstand setzt ein bequemerer breiter Weg ein, der zur Aubodenhütte und dann links abzweigend Richtung Weißenbach (Weg 6) führt. Die Route 6 geht vom breiten Forstweg in einen schmalen Pfad, dann wieder auf einen steileren Holzziehweg über. Schließlich treffen wir wieder auf den Nikoloweg, der uns, von interessanten Waldzustands-Lehrtafeln begleitet, in einer Dreiviertelstunde wieder an den Startpunkt der langen Rundwanderung retour bringt.

28 Nussensee

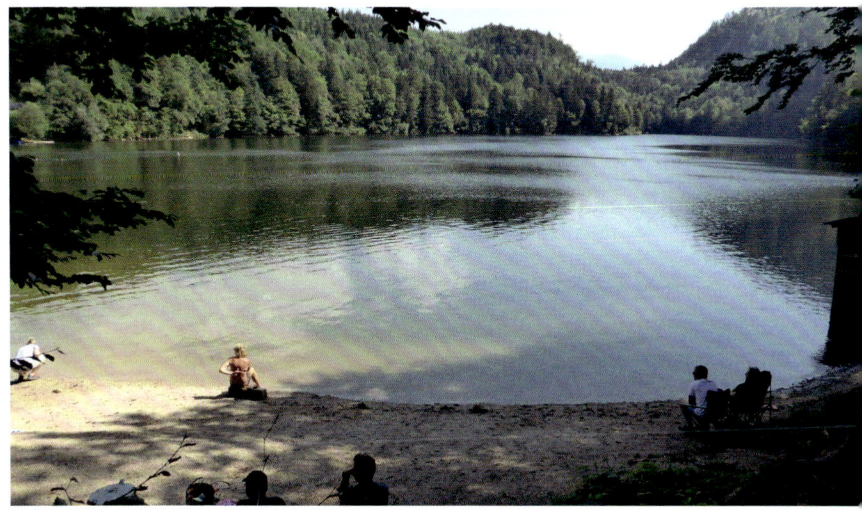

Der einzige größere Badeplatz am Nussensee.

Der idyllische Waldsee auf der Nordseite des Katergebirges ist ein ideales Ziel für heiße Sommertage.

DER SEE

Kategorie: Voralpensee (Karstsee)
Lage: Gemeinde Bad Ischl
Seehöhe: 604 m
Fläche: 102.000 m²
Max. Seetiefe: 15 m

Der Nussensee hat keine natürlichen Zuflüsse, gespeist wird er aus unterirdischen Quellen. Dadurch kommt es abhängig von der Jahreszeit und den Niederschlägen zu beträchtlichen Pegelschwankungen, die auch zur Trockenlegung des Überlaufs (Nussenbach) führen können. Ebenso schwankend wie der Pegel, ist die Wasserqualität, die von sehr gut bis mäßig reicht. Für den Badebetrieb ist die Qualität immer ausreichend, geprüft wird das Wasser zweimal jährlich durch die Fachleute des Landes Oberösterreich. Da der See von dichtem Wald umgeben ist, der auf allen Seiten bis zum Ufer reicht, fehlen auch die idealen Strandplätze. Trotzdem finden sich genug Badefreudige ein, die sich sichtlich auf das Ein- und Abtauchen freuen und dann wieder weiterwandern. So hat der See mehr Ruhe und die Nachkommenden

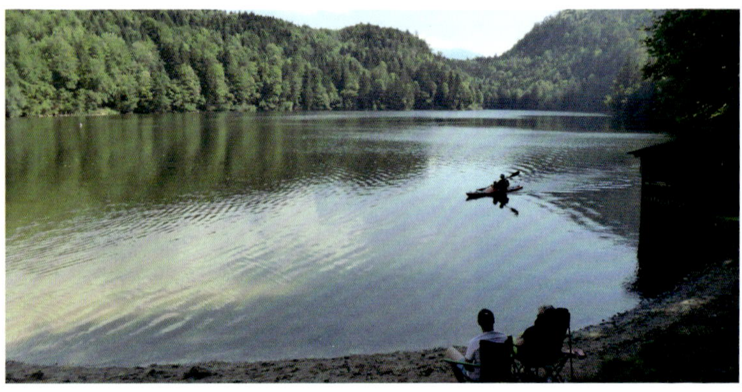

Paddelboot-Ausflug am Nussensee.

finden ausreichend Platz. Auch die gängigen Fischarten, wie Forelle, Hecht, Saibling, Reinanke, Zander, Karpfen und Schleie, hoffen auf die Ruhe im See, landen aber doch hin und wieder am Haken und in der Folge in der Bratpfanne. Der Nussensee ist zur Gänze als Naturschutzgebiet ausgewiesen.

DIE WEGE

Ausgangspunkt: Parkplatz in Pfandl vor der Pfarrkirche

Anfahrt: A 1, Abfahrt Thalgau. Auf der Enzersberg-Landesstraße nach Hof, auf der B 158 (Wolfgangsee-Straße) über St. Gilgen Richtung Bad Ischl. Im Ortsteil Pfandl, 4 km vor Bad Ischl, nach links zum Parkplatz vor der Pfarrkirche.

Haltestelle: Bad Ischl Pfandl Bundesstraße (ab Bhf. Salzburg Südtirolerplatz mit Bus 150)

Schwierigkeit: T 1

Dauer: 2 ½ Stunden, 180 Höhenmeter, 9 Kilometer

RUNDWANDERUNG VON PFANDL ZUM NUSSENSEE

Die Rundwanderung zum Nussensee ist eine ideale Tour für heiße Sommertage, weil sie fast zur Gänze im Wald bzw. an der Ischler Ache entlang verläuft. Der See erreicht bald badetaugliche Temperaturen und obwohl es nur wenige Einstiegsstellen gibt, ist die Mitnahme des Badeanzugs auf Verdacht empfehlenswert.

Ausgangspunkt der kühlen Sommerwanderung ist der Parkplatz vor der modernen Pfarrkirche im Bad Ischler Ortsteil Pfandl. Entlang der Zufahrt geht es die 200 Meter zurück zur Bundesstraße. Diese wird ampelgeregelt überquert, dann nach links über die Ischler Ache und gleich wieder vor der Tankstelle nach rechts Richtung Reha-Zentrum. Die Route verläuft vorerst entlang der Zufahrt, gleich taucht auch das erste Wegschild „Nussensee“ auf. Bei einer Weggabelung zweigt die Richtung Reha-Zentrum nach rechts ab, wir aber orientieren uns am Auerbachweg nach links. Die schmale Asphaltstraße folgt dem Bachverlauf und mündet dann nach links in die Lindaustraße ein. Wenig später zweigt die Richtung Nussensee nach rechts ab und nun beginnt ein durchgehend schattiger Waldsteig, der nach insgesamt einer Stunde recht unvermittelt auf den Nussensee trifft. Nach rechts führt eine kurze Routenvariante gleich zum Abzweigepunkt des Rückwegs, sehr lohnend ist aber zuvor noch links abzweigend die 40-minütige Umrundung des Sees, zumal sich

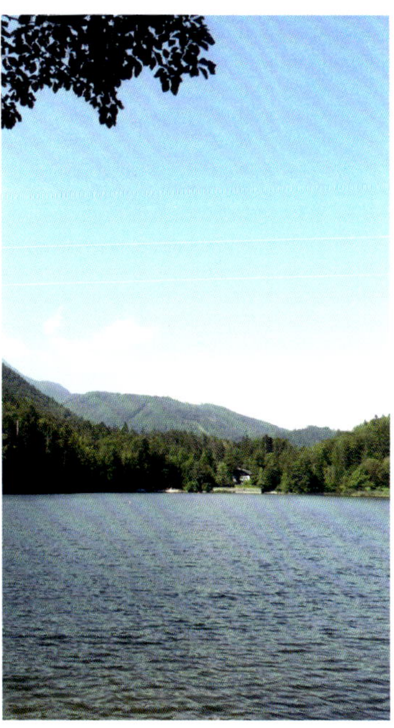

Am Nussensee.

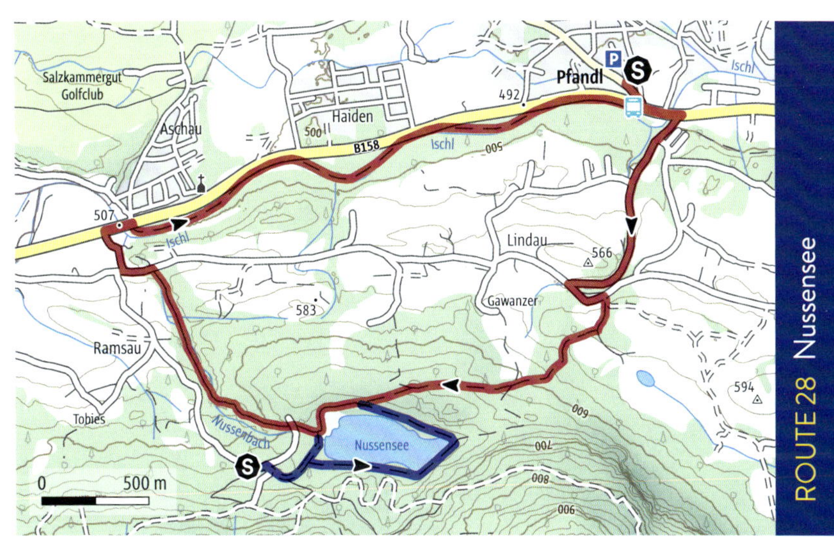

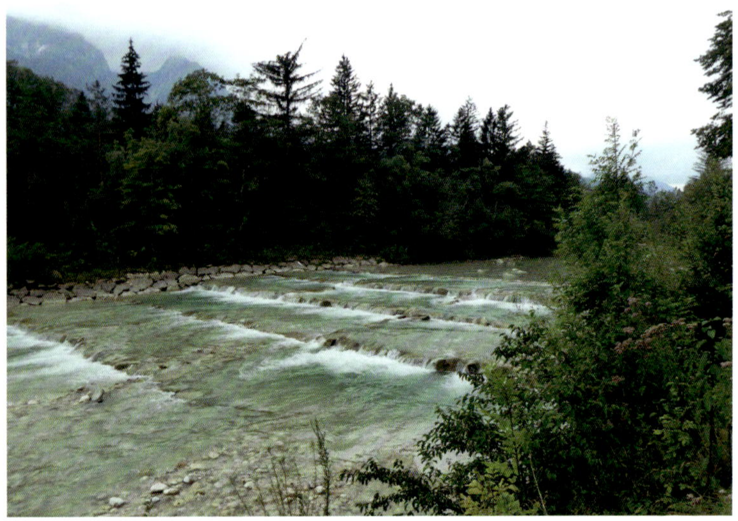

Die Pendelrampe an der Ischl.

da einige Einstiegsstellen für Badehungrige auftun.

Der Rückweg (Weg 11) vom Nussensee zweigt am Westufer zwischen den beiden einzigen Häusern ab und folgt dem Ablauf des Sees. Die Wasserführung des Nussenbachs ist sehr unterschiedlich und hängt vom Pegelstand des Sees ab. Nach einem Kilometer tauchen die ersten Häuser auf, der Weg 11 führt in einer Links-rechts-Kombination durch die Siedlung zur Bundesstraße und dann nach rechts über den Fluss Ischl. Gleich danach beginnt der Dammweg, der eine Dreiviertelstunde später den Ausgangsort Pfandl erreicht. Einige Uferstellen bieten nette Rastgelegenheiten, interessant ist ebenso eine im Jahr 2016 fertiggestellte Pendelrampe, die für die Fischwanderung von großer Bedeutung ist. Bis zu 75 Zentimeter große Individuen, allen voran der wertvolle Perlfisch, wurden hier beobachtet. Durch die raffinierte, stufenartige Konstruktion entstanden die für die Fischwanderung nötigen Ruhezonen, aber auch neue Lebensräume für verschiedene Organismen. Eine Alternative zum drei Kilometer langen Dammweg, der auch von den Radfahrern stark frequentiert wird, ist der mindestens stündlich verkehrende Postbus zwischen den Haltestellen Bad Ischl B 158 Abzweigung Nussensee und Bad Ischl Pfandl Bundesstraße.

RUND UM DEN NUSSENSEE

Ausgangspunkt: Parkplatz Nussensee am Ende der öffentlichen Zufahrt

Anfahrt: A 1, Abfahrt Thalgau. Auf der Enzersberg Landesstraße nach Hof, auf der B 158 (Wolfgangsee Straße) über St. Gilgen Richtung Bad Ischl. 500 m nach dem Gasthof Zur Wacht, 7 km vor Bad Ischl, zweigt die beschilderte Zufahrt zum Nussensee nach rechts ab. Parkplatz nach 2 km.

Haltestelle: Bad Ischl B 158 Abzweigung Nussensee (ab Bhf. Salzburg Südtirolerplatz mit Bus 150). Anstieg 40 Min.

Schwierigkeit: T 1

Dauer: 45 Minuten, 20 Höhenmeter, 1,8 Kilometer

Eine kürzere Gelegenheit zum Kennenlernen des Nussensees als die zweieinhalbstündige Wanderung ab Pfandl ist jene Umrundung, die beinahe direkt am See beginnt. Dazu geht es die wenigen Meter vom Parkplatz Richtung See und dort dann einer der beiden Möglichkeiten folgend nach links oder rechts weiter. Nahe dieser Wegverzweigung befindet sich der einzige öffentliche Uferzugang, der etwas mehr Platz bietet. Hier pausieren naturgemäß speziell in der Badesaison sehr gerne die Familien, weil sie einen einigermaßen flachen Schottereinstieg vorfinden. An der nach rechts abzweigenden Südseite führt der Waldsteig näher am Ufer entlang, hier und auch noch in der Ostbucht finden sich die besseren Einstiegsstellen für Badefreudige. Der gesamte, gut gesicherte Weg um den See verläuft zur Gänze im Wald.

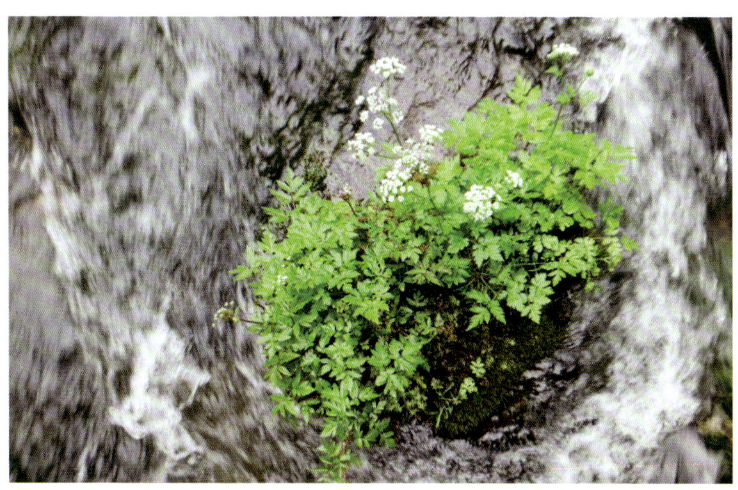

Blumeninsel in der Ischl. Oder: der Giersch wächst überall.

29 Gosauseen

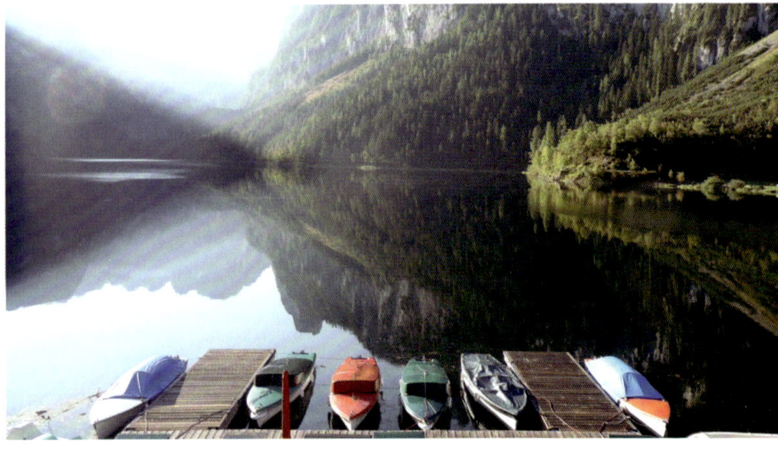

Der berühmte Dachsteinblick über den Vorderen Gosausee.

Eingebettet zwischen dem vergletscherten Dachsteinmassiv und den Felszacken des Gosaukamms breitet sich das Gosautal mit drei sehr unterschiedlichen Seen aus: Vorderer Gosausee, Gosaulacke und Hinterer Gosausee.

DER SEE

VORDERER GOSAUSEE

Kategorie: Bergsee, künstlich aufgestaut
Lage: Gemeinde Gosau
Seehöhe: 933 m
Fläche: 2,4 km^2
Max. Seetiefe: 82 m

Der Blick vom Vorderen Gosausee in Richtung Dachstein gehört zu den berühmtesten Bergansichten in Österreich. Alexander von Humboldt soll den See mit dem darin spiegelnden Dachsteinmassiv als „Auge Gottes“ bezeichnet haben. Auf den alten Fotografien und Gemälden fällt die im Vergleich zu heute große Mächtigkeit des Gosaugletschers und der erheblich kleinere Gosausee auf. Der Gletscherrückgang ist im 21. Jahrhundert ein weit verbreitetes Phänomen, der größere See aber hat mit dem Ausbau zum Stausee im Jahre 1910 zu tun, der dem Gosausee einen um zwölf Meter höheren Seespiegel bescherte. Damals entstand auch die in den Fels gesprengte Straße am Ostufer, die an den Gosaulacken vorbei bis zum Hinteren Gosausee weitergebaut wurde. Auch diese beiden

Gewässer sollten in das Stauseeprojekt mit einbezogen werden, aber glücklicherweise waren sie nicht effizient genug.

In den Wintermonaten sinkt die Wassertiefe des Vorderen Gosausees, denn in dieser Zeit des größten Stromverbrauchs wird das Wasser zur Stromgewinnung abgelassen. Im Sommerhalbjahr haben die Taucher und die Angler ihre Freude mit dem randvollen Gosausee. Das klare Wasser und die damit verbundene hohe Sichttiefe sind gute Voraussetzungen für das Abtauchen und Erkennen. Zu sehen oder zu fangen gibt es unter anderem Regenbogenforellen, Barsche und Hechte. Nur der Schwarzreiter, eine kleine Saiblingsart, zeigt sich schon seit 50 Jahren nicht mehr, er ist nach dem Einsetzen der Forellen ausgestorben.

GOSAULACKE

Kategorie: episodischer Bergsee
Lage: Gemeinde Gosau
Seehöhe: 969 m
Fläche: 45.000 m^2
Max. Seetiefe: stark schwankend

Während sehr trockener, meist hochsommerlicher Wetterperioden kann es schon vorkommen, dass von den Gosaulacken am Weg zwischen dem Vorderen- und Hinteren Gosausee gar nichts zu sehen ist. Geringe Zuflüsse kommen von der Launigg-Karstquelle, aber

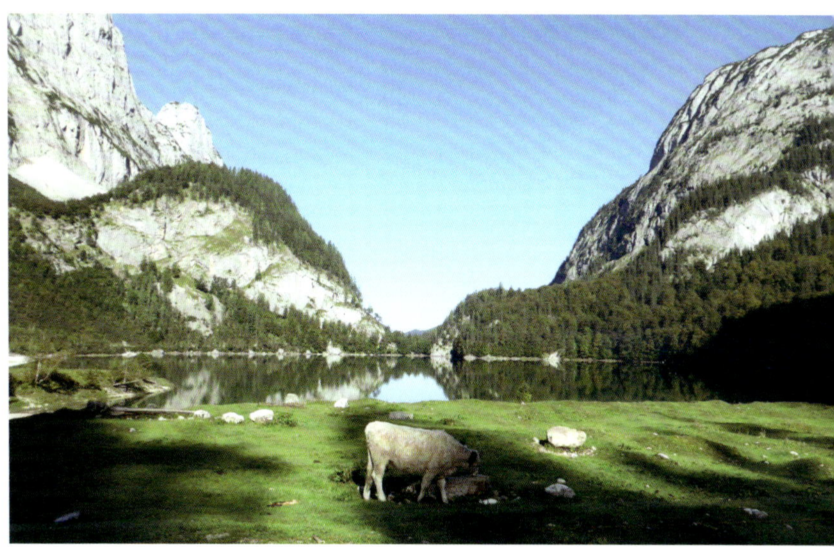

Almidylle am Hinteren Gosausee.

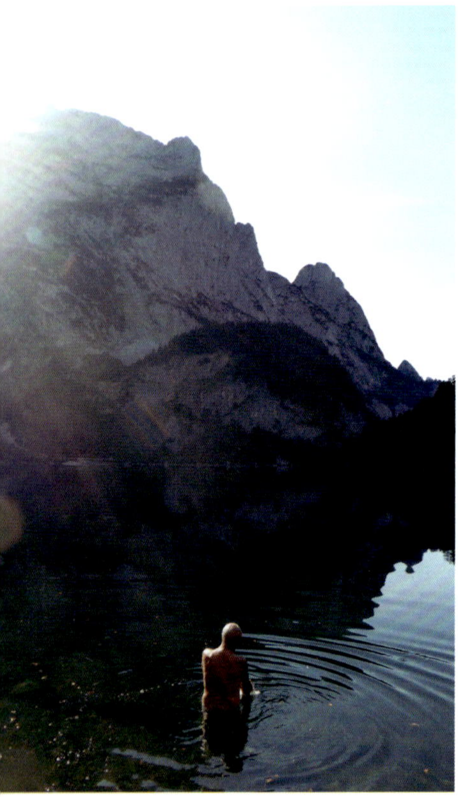

Nach der Tour ein Bad im Hinteren Gosausee.

auch diese kann versiegen. Am stärksten treten die malerisch im Wald und auf kleinen Lichtungen verstreuten Lacken aber nach der Schneeschmelze oder nach starken Regenfällen in Erscheinung. Dann kommt der Zufluss durch einen Überlauf aus dem eineinhalb Kilometer taleinwärts gelegenen Hinteren Gosausee. Wenn dann auch die flachen Gosaulacken an ihre Kapazitätsgrenzen gelangen, fließt das überschüssige Wasser in den Vorderen Gosausee weiter.

HINTERER GOSAUSEE

Kategorie: Bergsee (Karstsee)
Lage: Gemeinde Gosau
Seehöhe: 1154 m
Fläche: 310.000 m^2
Max. Seetiefe: 36 m

Der Hintere Gosausee kann noch sehr einfach über einen breiten Wirtschaftsweg erreicht werden, danach beginnt das alpine Wandergelände Richtung Dachstein. Ursprünglich bestand der Plan, auch diesen See in eine Kette von fünf Stauseen einzubinden. Bei genaueren Untersuchungen stellte sich heraus, dass der Boden nicht die nötige Dichte aufweist und so blieb der Hintere Gosausee zum Glück in seiner ganzen Schönheit erhalten. Gespeist wird der typische Karstsee hauptsächlich durch unterirdische Quellen, aber bei Starkregenereignissen kommt der Zufluss auch von den umliegenden Steilflanken, wie an den gewaltigen Schotterflächen unschwer zu erkennen ist. Eine Besonderheit ist eine nur schwer zugängliche Spalte im vorderen Teil des Sees. Diese Spalte ist normalerweise eine Quelle, steigt der Wasserspiegel aber an, so fließt das Wasser des Sees durch diese Öffnung ab. Die Quelle wird zur „Schwinde". Noch erstaunlicher aber ist der

Weg, den das Wasser nimmt. Über ein unterirdisches Höhlen- und Kanalsystem entwässert der See dann in nordöstlicher Richtung und der größte Teil kommt nach acht Kilometern bei der Riesenquelle Waldbachursprung nahe Hallstatt wieder an das Tageslicht. Von diesem beeindruckenden Naturschauspiel am Ende des Echerntales fließt der Bach dann in den Hallstättersee weiter.

Eine andere Art der Entwässerung unter hochwasserähnlichen Bedingungen, oder auch nach der Schneeschmelze im Frühling, erlaubt das bestehende, in der Regel trockene Bachbett, das in nordwestlicher Richtung zu den Gosaulacken führt. Diese periodischen Gewässer werden dann aufgefüllt und entwässern ihrerseits in den Vorderen Gosausee.

DER WEG

Ausgangspunkt: Parkplätze beim Vorderen Gosausee

Anfahrt: A 10, Abfahrt Golling. Durch das Lammertal (B 162) und über den Pass Gschütt (B 166) über Gosau 7 km weiter zum Gosausee. Großes Parkplatzangebot.

Haltestelle: Gosausee (ab Bhf. Bad Ischl Busterminal mit Bus 542)

Schwierigkeit: T 1

Ges. Dauer: 3 ½ Stunden, 300 Höhenmeter, 13 Kilometer

VOM VORDEREN ZUM HINTEREN GOSAUSEE

Der günstigste Ausgangspunkt ist der etwas unterhalb gelegene, letzte

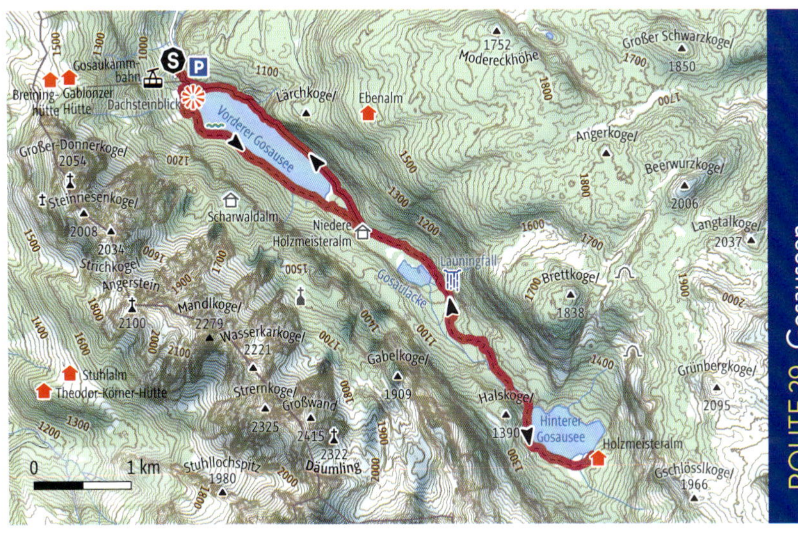

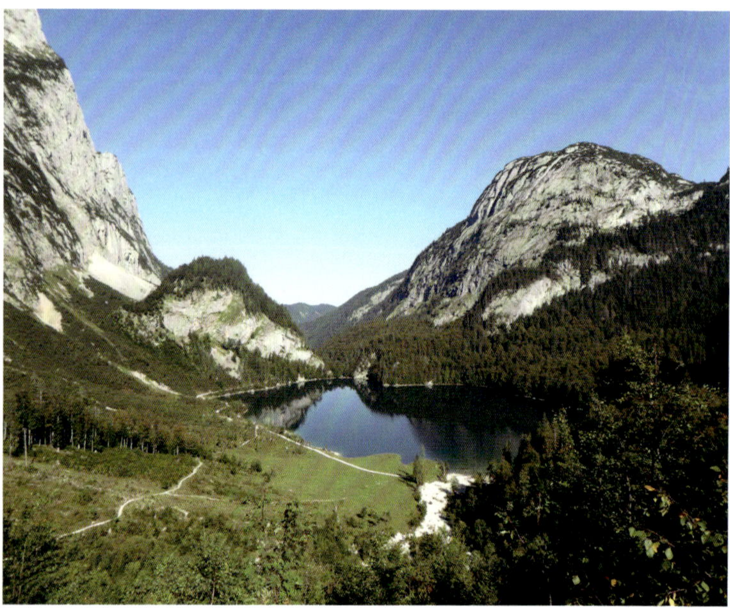

Der Hintere Gosausee vom Anstieg zur Adamekhütte aus gesehen.

große Parkplatz vor dem Gosausee. Über eine Treppe geht es auf das Niveau des Sees hinauf, der sich vor dem **Gasthaus Gosausee** in Blickrichtung Dachstein in seiner ganzen Pracht ausbreitet. Je nach Lust und Kondition stehen von der einfachen Seeumrundung (1 ¼ Std.) bis zur anspruchsvollen Bergtour auf den Dachstein (8 Std.) verschiedene Varianten zur Auswahl.

Der Seerundgang ist kinderwagentauglich und führt, speziell auf der Westseite, zu schönen Uferplätzen. Auf dieser Uferseite verlief auch der ursprüngliche Almenweg, während die schmale Straße am gegenüberliegenden Ostufer am Beginn des 20. Jahrhunderts im Zuge des Kraftwerkbaus aus dem Fels gesprengt wurde. Beeindruckend sind beide Seiten, zu sehen gibt es da wie dort genug. Auf dem alten, rechts abzweigenden Almenweg werden mehr die Sinne angesprochen. Bei einer Station wird das ganz langsam über die Moospölster fließende Wasser durch einen großen Trichter hörbar gemacht, weiter taleinwärts lädt der Holztrog zum Kneippen und das Uferbankerl zum Träumen ein. Am Ostufer vis-a-vis geht es spektakulärer zu. Da können sich die Kletterer an einem tollkühnen, direkt über dem

See verlaufenden Klettersteig mit entsprechender Vorsicht und Ausrüstung austoben.

Wer auch noch den Hinteren Gosausee und die mystischen Gosaulacken erforschen will, wandert am südlichen Wendepunkt der Seerunde ganz einfach geradeaus weiter. Der bis dahin flache Weg gewinnt nun allmählich an Höhe. Auf einer kleinen Ebene steht die romantische, im Jahr 1787 errichtete Niedere Holzmeisteralm. Je nach Jahreszeit und vorangegangener Niederschlagsintensität tauchen nun die flachen Gosaulacken in stets variierender Größe und Anzahl auf. Auch die Wasserqualität ist dementsprechend unterschiedlich, von ganz klar bis trüb ist alles möglich. Die Mächtigkeit des Launigg-Wasserfalles auf der linken Wegseite ist ebenfalls von den Regenfällen abhängig. Der Hintere Gosausee aber, der nach einer letzten kleinen Steilstufe auftaucht, ist ganz verlässlich ein kaum überbietbares Naturerlebnis. Am vielleicht eindrucksvollsten präsentiert sich der See bei Windstille im frühen Herbst, wenn sich der nahe Gosaugletscher im glatten See spiegelt und das bunte Laub der Birken umrahmt dieses einzigartige Gemälde. In der bewirtschafteten **Holzmeisteralm** am südseitigen Ufer lassen sich diese besonderen Momente auch noch kulinarisch veredeln. Vielleicht ja sogar mit einem Fisch aus dem Gosausee.

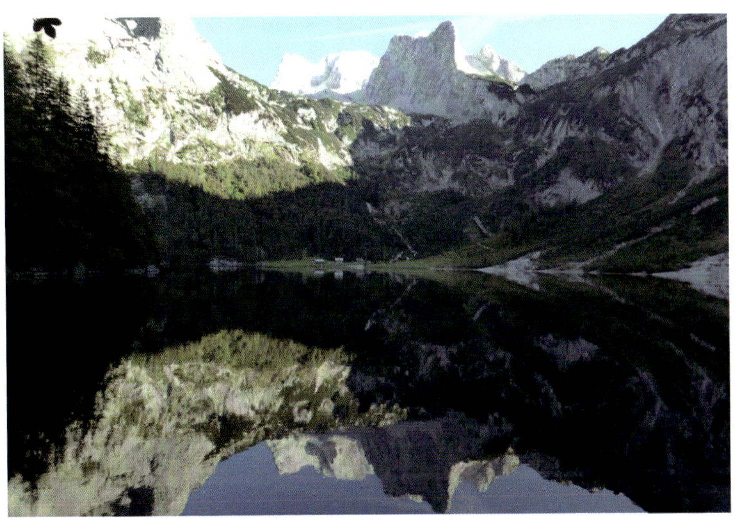

Der Hintere Gosausee mit der Holzmeisteralm und dem Dachstein im Hintergrund.

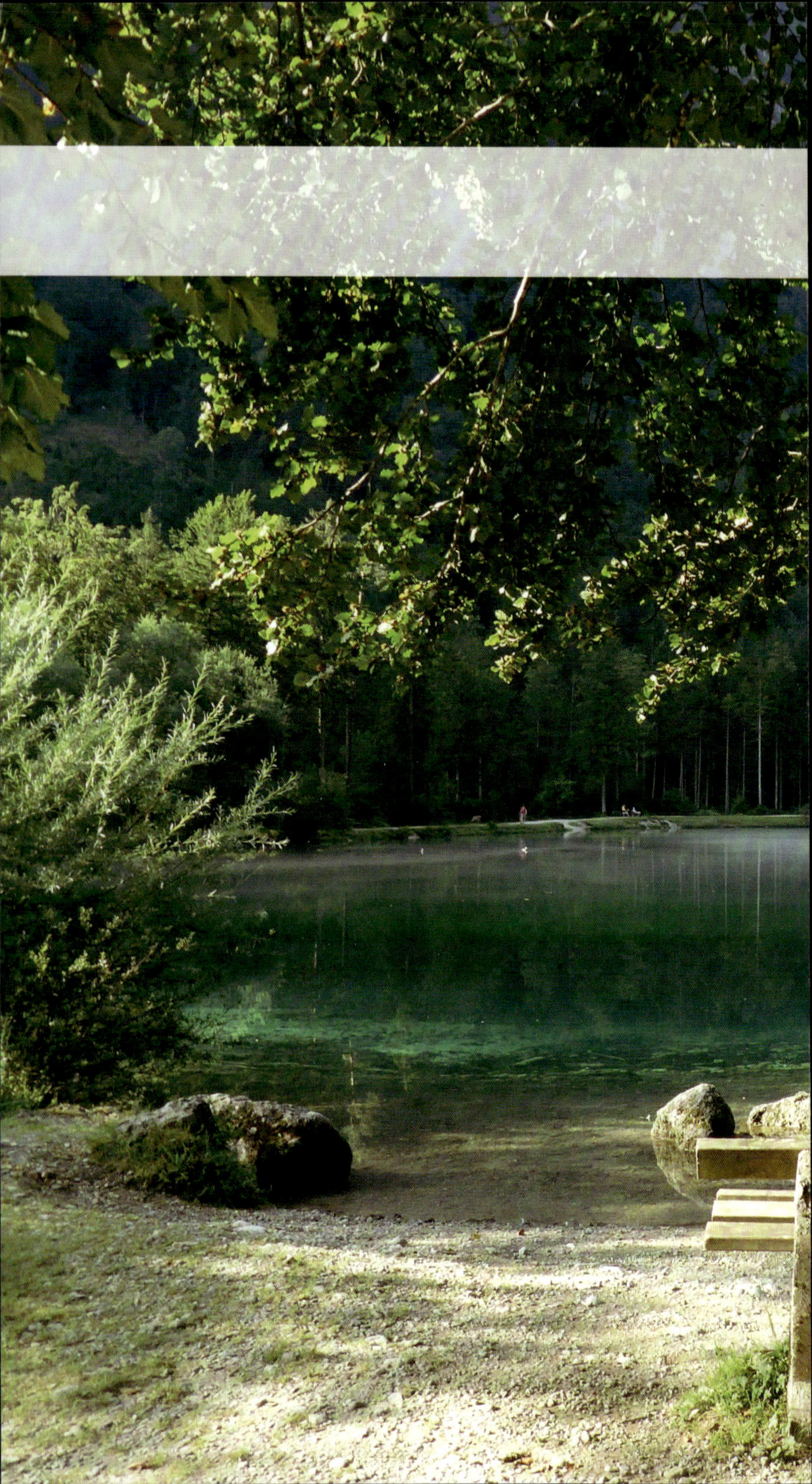

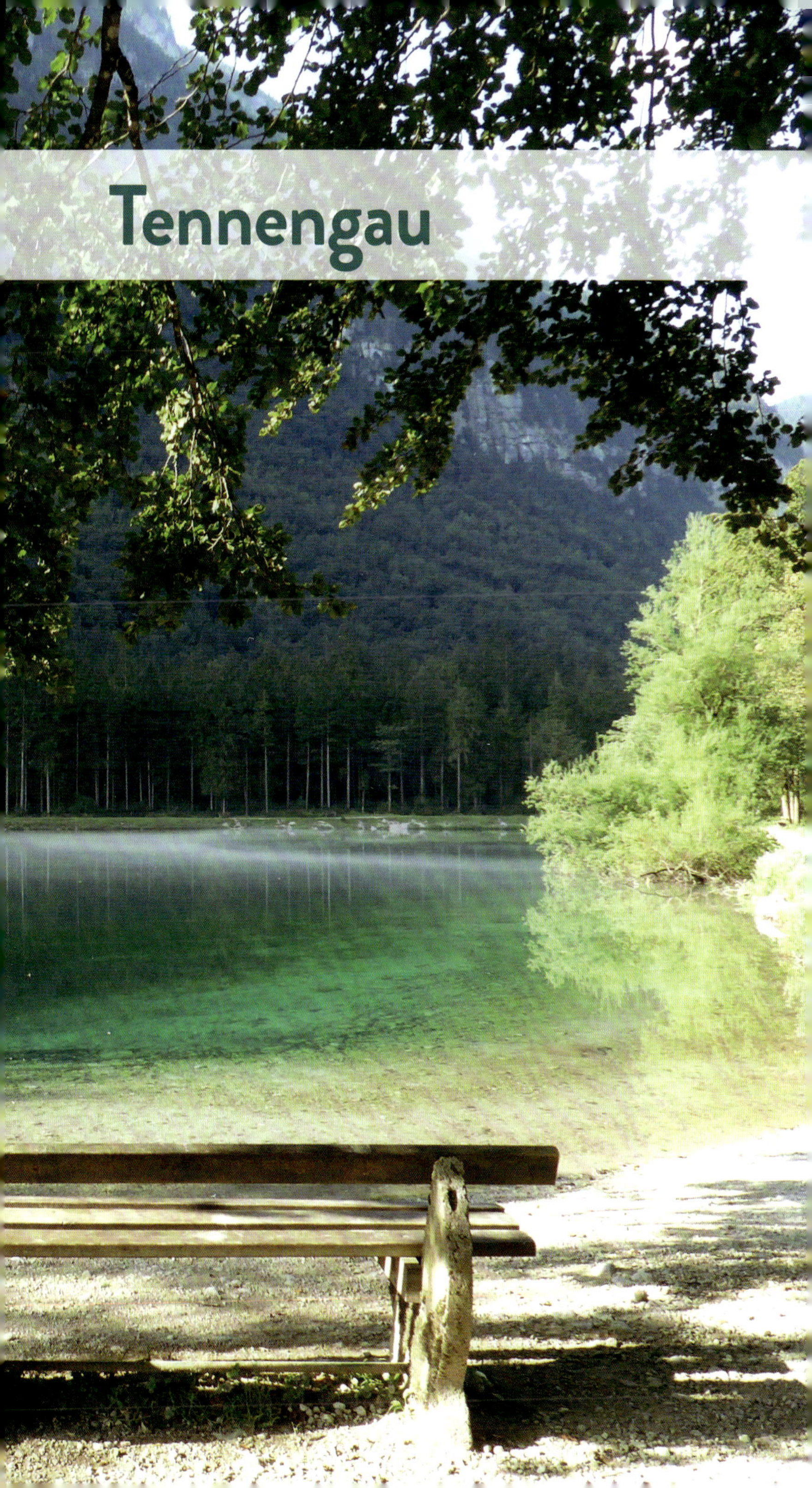

Tennengau

30 Eglsee bei Abtenau

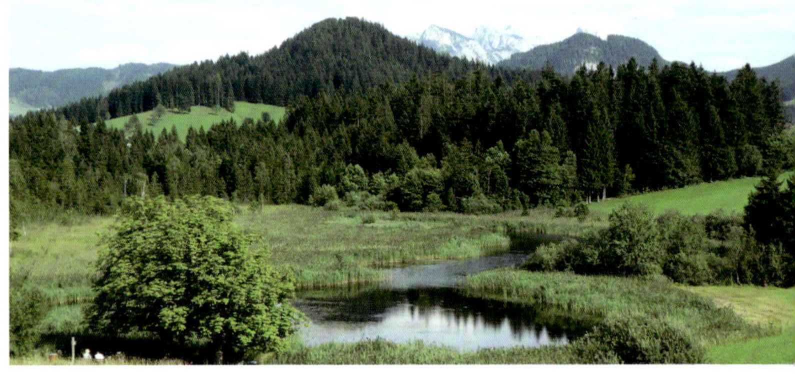

Der Eglsee in Blickrichtung Süden mit dem Gosaukamm im Hintergrund.

Ein Teil der Rundwanderung folgt dem „Lebenspfad Eglsee", ein anderer Abschnitt führt durch den zauberhaften Zwergenwald zur Kirche Mühlrain. Auf jeden Fall eine richtige Genussrunde für die ganze Familie.

DER SEE

Kategorie: Voralpensee (Moorsee)
Lage: Gemeinde Abtenau
Seehöhe: 727 m
Fläche: 7700 m^2
Max. Seetiefe: 1,4 m

Die Bezeichnung Egel- oder Eglsee kommt in Salzburg häufig vor. Meistens sind es sehr kleine Seen, oder sie sind gar schon verlandet, wie jener im Gebiet Vorderfager (Gemeinde Puch), der nur noch als romantische Moorlandschaft erahnbar ist. Der Eglsee in Abtenau macht da keine Ausnahme, auch dieses flache Gewässer wird eines Tages von Schilfbeständen zugewachsen sein. Dabei hat sich der Abtenauer Egelsee ja bereits verändert, denn in einer Beschreibung aus dem Jahr 1908 ist noch von zwei kleinen Becken die Rede. Vielleicht hängt das vermutliche Ausbaggern zu einem See ja mit der angestrebten Aufwertung zum Moorbad zusammen. Bis in die 1950er-Jahre wurden in dem einfachen Holzhaus nahe am Ufer Mooranwendungen angeboten. Zum Schwimmen dürfte sich der weniger als eineinhalb Meter tiefe See kaum eignen und auch die Aussichten auf die namensgebenden Blutegel wirken nicht sehr motivierend. Zum Seele-baumeln-Lassen und zur Naturbeobachtung ist der malerische Ort aber bestens geeignet. Seit 1971 steht der Eglsee unter besonderem Landschaftsschutz.

DER WEG

Ausgangspunkt: Abtenau Parkplatz Ost kurz nach der Abzweigung Richtung „Sonnleit'n"

Anfahrt: A 10, Abfahrt Golling, dann auf der Lammertalstraße B 162 nach Abtenau. Im Ortszentrum nach links Richtung Sonnleit'n zum großen Parkplatz vor dem Autohaus.

Haltestelle: Golling Ortsmitte (ab Bhf. Golling-Abtenau mit Bus 470)

Schwierigkeit: T 1

Ges. Dauer: 2 ¼ Stunden, 150 Höhenmeter, 8 Kilometer

VON ABTENAU ÜBER MÜHLRAIN ZUM EGLSEE

Ausgangspunkt ist der große Parkplatz kurz nach der Abzweigung

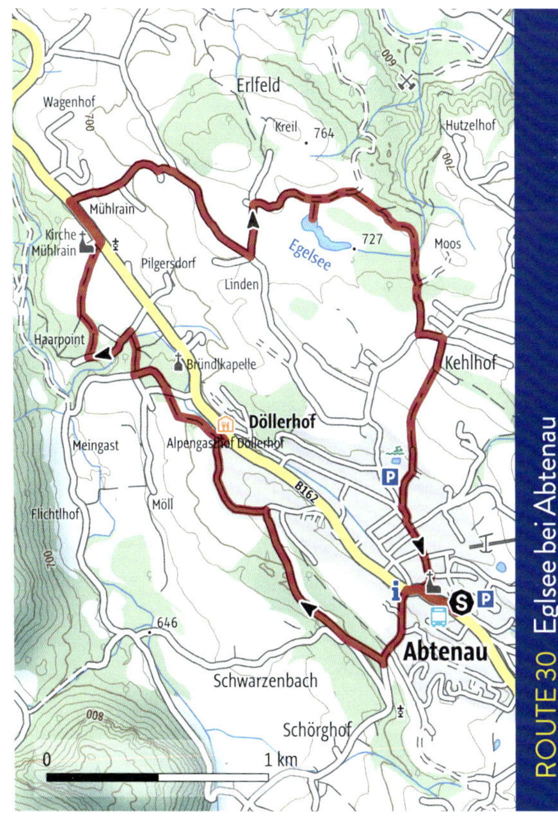

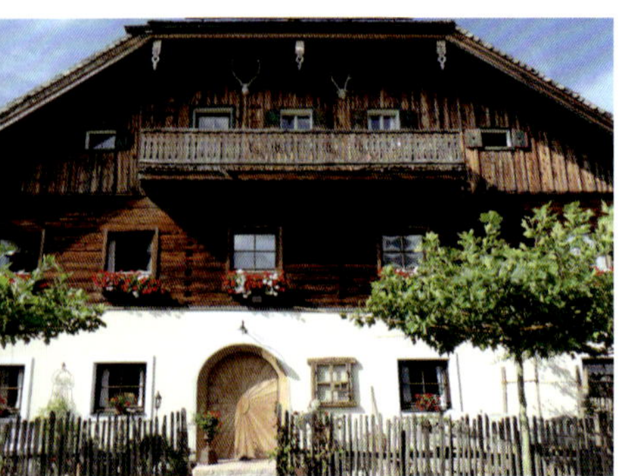

Der Eglseebauernhof.

Sonnleit'n. Von dort geht es die paar Meter retour zur Bundesstraße und rechts abzweigend entlang dieser über den Schutzweg zur Sparkasse und weiter zum benachbarten Hotel Post. Die Route folgt für einige Meter der steilen Zufahrt Richtung Au, zweigt dann aber auf der Kuppe nach rechts (Schild Mühlrain – Eglsee R 31) in den Zwergenwald ab. Der steilste Abschnitt der Runde liegt hinter uns, nun folgt im märchenhaften Wald die reine Entspannung. Nette Sprüche und lustige Zwerge sind die kurzweiligen Begleiter. „Lebe, liebe, lache", steht da ganz einfach auf einem roten Herzen. Oder: „Es mangelt nicht an Mobilität, sondern am Selbergehen." Abwechselnd über Hofzufahrten sowie über Wald- und Wiesenwege geht es zur Kirche Mühlrain weiter. Die auffallende, an der Bundesstraße gelegene Marienkirche wurde im Jahr 1686 erbaut. Der in seinen Heimatort zurückgekehrte Bauherr Achatius Rösch erfüllte damit ein Gelübde, das auf irgendeine Weise mit dem schrecklichen Bergsturz der Mönchsbergwand im Jahr 1669 in der Stadt Salzburg in Zusammenhang steht, bei dem über 200 Personen ums Leben kamen. Das Gehöft neben der Kirche ist ein harmonischer Ort: Die Hühner, die Ziegen, die Katzen und die Kälber strahlen ein größtmögliches Wohlbefinden aus. Durch eine Unterführung gelangen wir auf die andere Seite der Bundesstraße. Rund 50 Meter verläuft der Weg R 31 entlang der Straße und zweigt dann nach rechts Richtung Kainhof ab. Bald taucht der malerische Eglsee auf, aber zuvor gilt noch die ganze Aufmerksamkeit dem wunderbaren Anwesen beim Eglseebauern, einem der ältesten Höfe im Abtenauer Becken. Der alte Troadkasten, der Bauerngarten, die Proportionen – alles in diesem liebevoll gepflegten Ambiente ist, passend zur Landschaft, von großer Ruhe und Harmonie geprägt. Etwas weiter unten am See gibt es schöne Plätze zum Verweilen. Nach dem kurzen Abstecher zum See geht es über die sanft hügeligen Felder ziemlich beschwingt und leichten Fußes auf dem Weg 160 zum Wimmwald hinüber und rechts abzweigend immer der Beschilderung „Abtenau" folgend retour in den Ort.

31 Seewaldsee

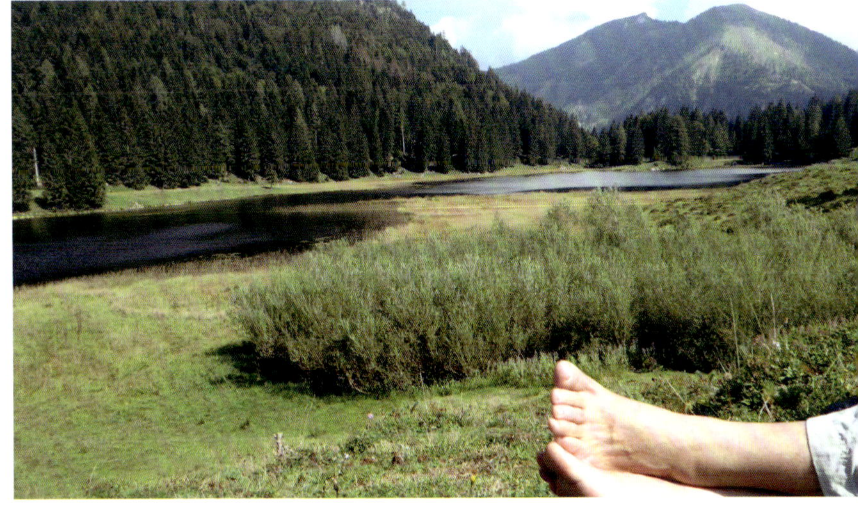

Ausstrecken am Seewaldsee. Westwärts im Hintergrund der Hochwieskopf.

Auf der Südseite des Trattberges breitet sich der idyllische Seewaldsee aus. Umgeben ist er von ökologisch wertvollen Moorwiesen, von seltenen Nutztierrassen und von vielen begeisterten Besuchern.

DER SEE

Kategorie: Bergsee (Moorsee)
Lage: Gemeinde St. Koloman
Seehöhe: 1072 m
Fläche: 51.000 m^2
Max. Seetiefe: 11 m

Der von moorigen Wiesen umgebene Seewaldsee ist von einer geradezu unglaublichen landschaftlichen Schönheit und er ist relativ leicht erreichbar. Beides gemeinsam beschert ihm einen großen Andrang erholungssuchender Gäste. Einer der Seegrundbesitzer ist Thomas Strubreiter, der auf seiner nahe gelegenen Auerhütte seltene Nutztierrassen hegt und pflegt. Ihm und seiner Tierschar wurde der Wirbel mit bis zu 400 Badegästen zu viel und so wurde der alte Weg am nördlichen Ufer einen Stock höher in den Wald verlegt. Die Aktion wirbelte viel Staub auf, andererseits haben der See und der Archehof nun wieder ihre Ruhe. Die archaische Schönheit des Sees führte auch zu

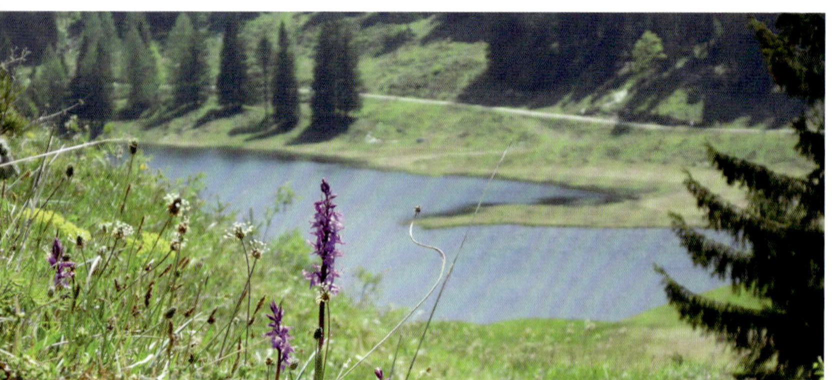

Auch für das seltene Knabenkraut ist der Seewaldsee der ideale Ort.

einigen Filmproduktionen, eine davon war der Hollywoodschinken „Der letzte Tempelritter" mit Nicolas Cage, der ganz besonders von der mystischen Stimmung schwärmte. Märchenhaft ist auch das neue Haus von Thomas Strubreiter, das er einige Meter südlich von seiner Auerhütte in der Art eines Hobbit-Hauses in den Hang gebaut hat. Aber auch die Biologen sind von der Flora und Fauna des Seewaldsees begeistert. Der seltene Fieberklee kommt genauso vor wie etliche vom Aussterben bedrohte Amphibien.

DER WEG

Ausgangspunkt: Weitenauer Kircherl, am Ende der Zufahrt Güterweg Kronreif (Sackgasse). Bitte um Parkerlaubnis fragen.

Anfahrt: A 10, Abfahrt Golling. Auf der B 162 durch das Lammertal Richtung Abtenau bis zur Abzweigung Voglau nach links. Direkt nach der Brücke links, dann Richtung Weitenau 3,5 km bis zur Abzweigung „Weitenauer Kirche" nach rechts.

Haltestelle: Voglau bei Abtenau, Lammerbrücke (mit Bus 470 ab Bhf. Golling. Zusätzliche Gehzeit 1 Std.)

Schwierigkeit: T 2

Dauer: 3 ½ Stunden, 360 Höhenmeter, 11 Kilometer

VON WEITENAU ZUM SEEWALDSEE

Die meisten Besucher kommen über Wegscheid bei St. Koloman auf der schmalen, durch den Zimmereckwald führenden Gemeindestraße zum Seewaldsee. Je nach Saison ist die Zufahrt bis zum gebührenpflichtigen Parkplatz 500 Meter vor dem See möglich, oder die Straße wird schon zuvor für den öffentlichen Verkehr gesperrt. Der hier vorgestellte, eineinhalbstündige Anstieg aus der Weitenau wird hingegen selten begangen. Der Ausgangspunkt liegt an jener Sackgasse, die nach 3,5 Kilometern (ab Voglau) von der Gemeindestraße Weitenau nach rechts abzweigt und somit den Kreuzwegstationen folgt. Die Zufahrt endet bei den letzten Höfen, bitte um Parkerlaubnis fragen. Hier findet auch der Kreuzweg seinen großartigen Abschluss mit der kleinen Kirche Weitenau. Das auch als Greinwaldkirchlein bekannte Gotteshaus wurde in den Jahren 1928 und 1929 von den Bewohnern aus einer ursprünglichen Scheune errichtet. Die Ausstattung der Unterkirche stammt von Jakob Adlhart (1898–1985). Der bekannte Halleiner Künstler schuf unter anderem die unverwechselbaren Masken, die am Salzburger Festspielhaus angebracht sind.

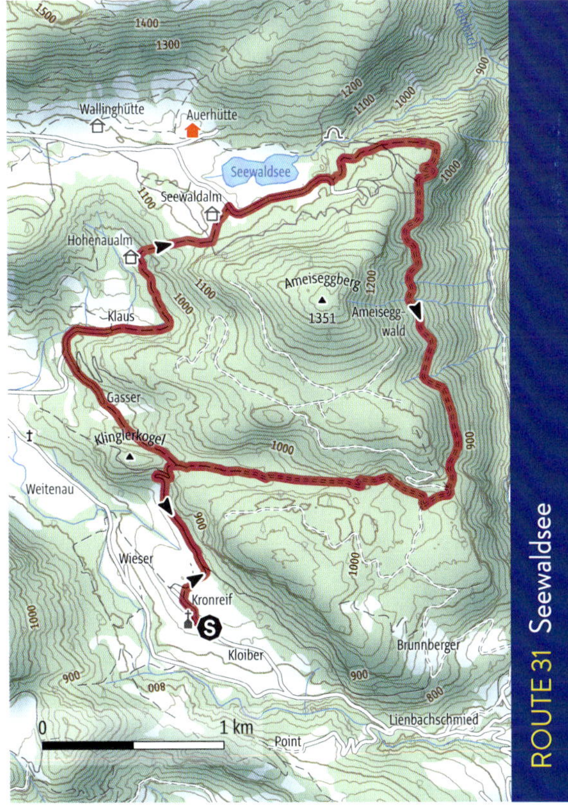

Der angeschriebene Weg zum Seewaldsee zweigt im kleinen Weiler (847 m) nach rechts ab und führt an einem herrschaftlichen Hof vorbei über eine Weide zum Waldrand. Entlang der Forststraße geht es nun einen Kilometer bis zu einer Abzweigung nach links. Ein schmaler Pfad führt durch den wild-romantischen Wald, bei einer kleinen Lichtung verläuft der Weg schwer erkennbar nach rechts und überquert anschließend eine Wiese. Jetzt ist die Richtung wieder eindeutig sichtbar, sie folgt ab dem abgeschieden gelegenen Hof Gasser der Zufahrt und zweigt wenig später nach rechts in eine weitere Hofzufahrt ein. Am Ende der Straße beginnt ein kurzer, steiler, meist auch feucht-rutschiger Anstieg, aber keine 20 Minuten später stehen wir schon in herrlich sonniger Aussichtslage neben der Seewaldalm (1095 m) über dem südliche Seeufer.

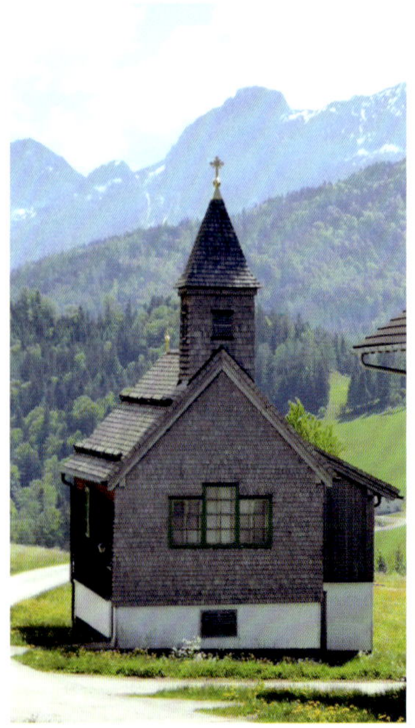

Das Greinwaldkirchlein in Weitenau.

Wer Lust hat, kann den See an der gegenüberliegenden, bewirtschafteten **Auerhütte** (www.auerhuette.at) vorbei umwandern, der Rückweg allerdings folgt der Wirtschaftsstraße nach rechts. An der Ostspitze des Sees zweigt noch einmal ein Zugang zum Ufer ab, unsere Route aber folgt der Richtung Voglau und legt vor einer scharfen Rechtskurve noch einige wenige Höhenmeter zurück. Die nächsten dreieinhalb Kilometer bleiben wir auf der abenteuerlich in den steilen Hang gebauten, südwärts verlaufenden Forststraße, die immer wieder mit herrlichen Ausblicken überrascht. Dann taucht die Straße aber doch in den Finsterstubenwald ein, wenig später bei einer Vergabelung (981 m) zweigt unser Weg „Weitenau“ nach rechts ab. Etwa 50 Höhenmeter steigt der Weg nochmals bergan, dann endet der Forstweg und die Route geht wieder in einen schmalen Pfad über. Dieser mündet nach 15 Minuten links abzweigend in den bereits bekannten Anstiegsweg ein.

32 Bluntauseen

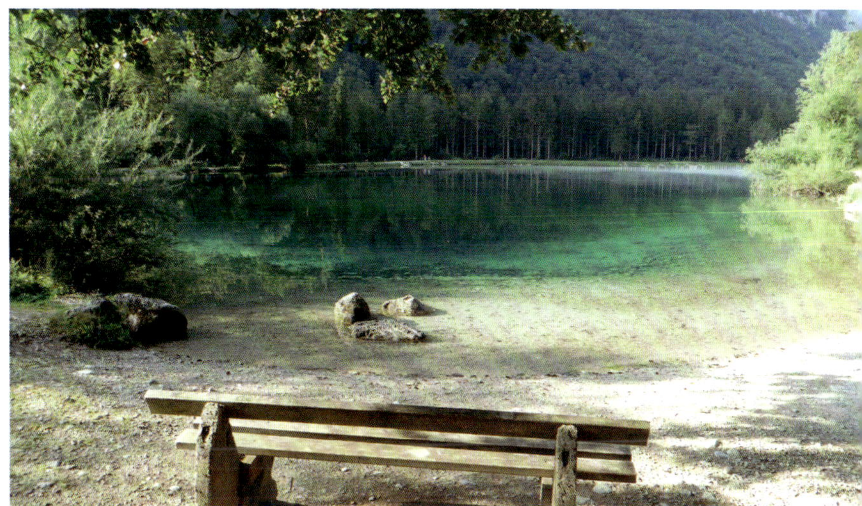

Einladung zum Rasten am Bluntausee.

Auch landschaftliche Wunden können verheilen. Vor rund 50 Jahren wurde für den Bau der Tauernautobahn der Schotter aus dem Bluntautal benötigt, heute sind die riesigen Gruben eine traumhafte Seenlandschaft, die sogar unter Schutz gestellt wurde.

DER SEE

Kategorie: künstlich angelegte Seen
Lage: Gemeinde Golling
Seehöhe: 484 m
Fläche: See I 20.000 m², See II 9000 m²
Max. Seetiefe: 6–7 m

Die beiden Seen am Beginn des Bluntautales, die heute ein zentraler Punkt des beliebten Naherholungsgebietes sind, entstanden Anfang der 1970er-Jahre mit dem Bau der Tauernautobahn A 10. Im Juli 1972 wurde der Abschnitt zwischen Kuchl und Golling eröffnet, im Jahr 1983 wurde das letzte Baulos durch das Drautal nach Villach fertig gestellt. Die einstigen Schottergruben im Bluntautal verwandelten das Landschaftsbild in eine beruhigende Seen- und Seelenlandschaft. Hier finden Erholungssuchende, Schulklassen, Yogakurse und Fischer gleichermaßen eine ideale Grundlage für ihre Bedürfnisse. Die im See vorkommenden Fischarten gehören hauptsächlich zur Familie der Forellen

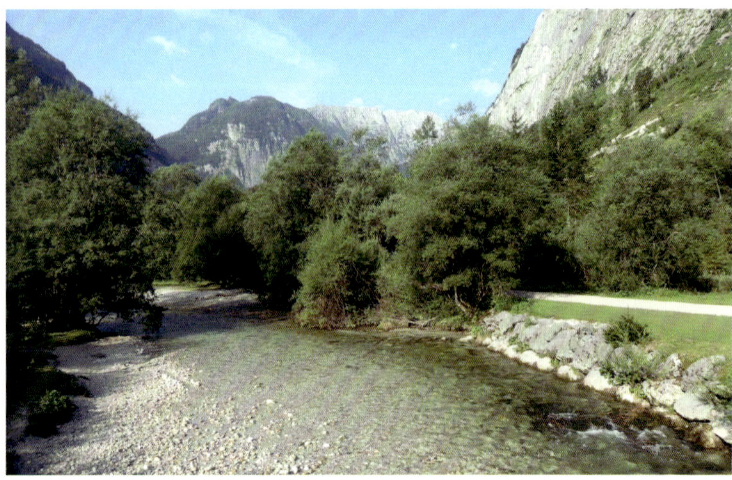

Am Beginn des Bluntautales. Den Abschluss bildet der Schneibstein (2276 m).

und der Saiblinge. Die landschaftliche Schönheit und die ökologische Bedeutung werden so hoch eingeschätzt, dass der Abschnitt neben dem Titel „Geschützter Landschaftsteil" seit 1995 auch als „Natura 2000"-Gebiet unter besonderem Schutz steht.

DER WEG

Ausgangspunkt: Parkplatz am Anfang des Bluntautales gegenüber Gasthaus Göllhof

Anfahrt: A 10, Abfahrt Golling, Richtung Bahnhof Golling. Kurz vor dem Bahnhof Richtung „Bluntautal" nach links über die Salzachbrücke. Nach 2 km gebührenpflichtiger Parkplatz (€ 7,– Tagesgebühr) gegenüber Gasthaus Göllhof.

Achtung: Von 4. April bis 31. Oktober gilt an Samstagen, Sonn- und Feiertagen in der Zeit von 10.00 bis 17.00 Uhr für die Zufahrt zum Gasthof Bärenhütte (Gemeindestraße) ein allgemeines Fahrverbot.

Haltestelle: Bhf. Golling-Abtenau. Zusätzliche Gehzeit 30 Min.

Schwierigkeit: T 1

Dauer: 2 Stunden, 30 Höhenmeter, 6 Kilometer

DIE BLUNTAUTALRUNDE

Ausgangspunkt ist der gebührenpflichtige Parkplatz am Taleingang. Der Weg führt an stilvollen Häusern vorbei zur Brücke über den Torrener Bach. Eine friedliche Uferlandschaft tut sich auf, die eigentlich schon zum Bleiben einlädt. Hier kann es aber auch ganz anders zugehen, selbst eine massive Steinbrücke konnte vor einigen Jahren nach sintflutartigen Regenfällen den Wassermassen des reißenden Baches nicht standhalten. Der Name des Baches deutet aber schon auf seine Unberechenbarkeit hin: Das aus dem Keltischen von den Römern übernommene „Torren“ wird von den Sprachforschern mit „Wildes Wasser“ übersetzt. In der Regel ist das wilde Wasser aber doch recht friedlich. Vor allem der Anfangsteil und dann wieder in Höhe Gasthaus Bärenhütte am Umkehrpunkt sind die breiten Schotterbänke und die Wiesen ein herrliches Spielgelände für die Kinder.

Vor der Brücke zweigt der Bluntauweg 36 nach rechts ab und führt beinahe eben zuerst über die Wiese, dann durch den schönen Laubwald taleinwärts. Zwischendurch sorgt bei Bedarf ein originelles Armbad für Abkühlung. Ein simpler Brunnentrog wurde dafür

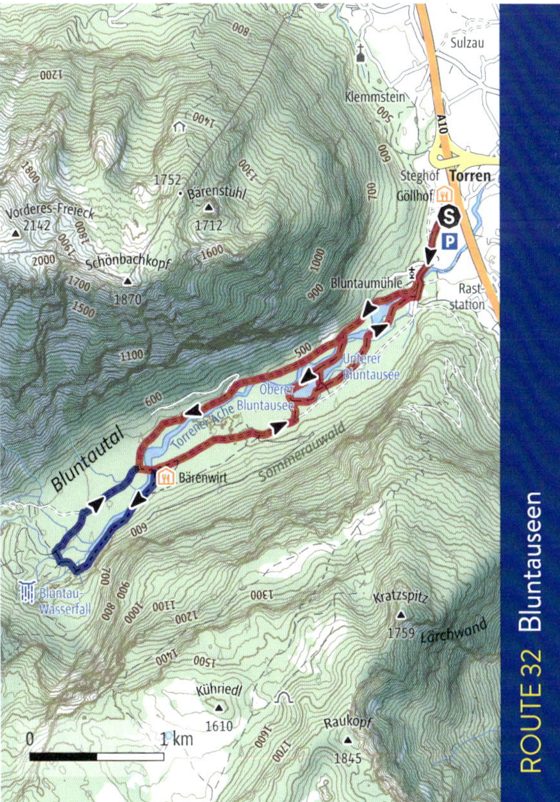

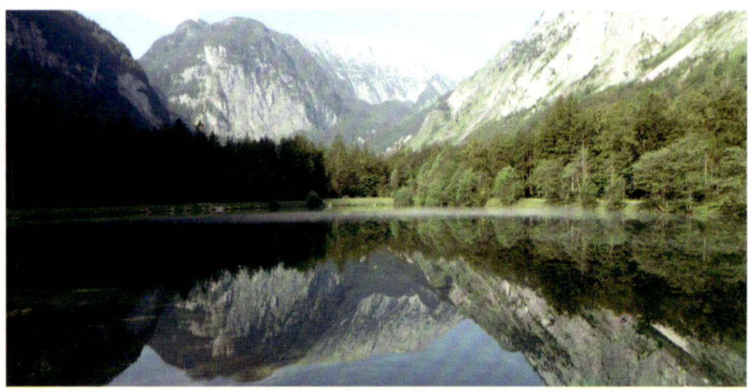

Das Bluntautal verläuft zwischen Göllmassiv (rechts) und Hagengebirge.

umgestaltet. Nach einem Kilometer zweigt ein kurzer Verbindungsweg zu den beiden Bluntauseen nach links ab. Eine kurze, insgesamt einstündige Runde verläuft nun weiter um die Seen und führt dann am rechten Bachufer entlang wieder zurück in das offene, weitläufige Gelände beim Taleingang.

Eine doppelt so lange Runde folgt dem Hauptweg 36 weiterhin taleinwärts. Nun wird der Torrener Bach in ein engeres Korsett gezwängt und damit wird er seinem Namen schon eher gerecht. Leicht bergansteigend erreicht der Weg eine Brücke, die zum gegenüberliegenden **Gasthaus Bärenhütte** führt. Wer dem quellfrischen, eiskalten Nass auf den Grund gehen will, kann dazu zwei weiterführende Wege benützen. Der eine Pfad bleibt auf der Seite Bärenhütte und führt einen Kilometer am Bach entlang zu einem unterirdischen Quelltopf, aus dem das Gerinne gespeist wird. Der andere Weg folgt gegenüber der Bärenhütte auf der anderen Bachseite noch 400 Meter der Straße Richtung Jochalmen und zweigt dann nach links zum Wasserfall ab. Einige steile Höhenmeter geht es noch bergauf, dann steigt auch schon der feine Wasserfallnebel hinter den Felsnadeln auf. Beeindruckend sind beide Schauspiele, die sich über einen unmarkierten Verbindungsweg auch leicht zu einer kleinen Gesamtrunde verbinden lassen (ges. Gehzeit ab Bärenhütte 1 Std.). Der Rückweg vom Gasthaus Bärenhütte folgt eineinhalb Kilometer der Zufahrt, für die besondere Benutzungszeiten gelten, und zweigt dann nach links zu den Bluntauseen ab. Von dort geht es auf dem genussvollen Wanderweg retour zum Talanfang.

33 | Vorderschlumsee

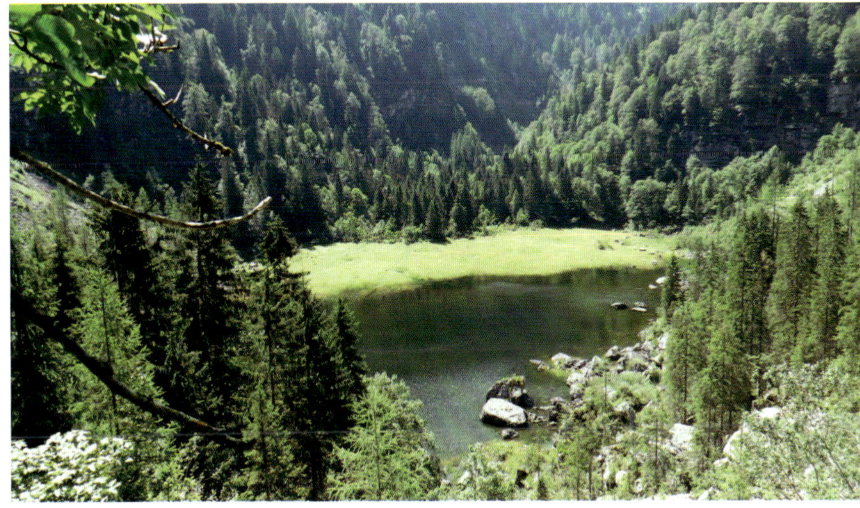

Noch 100 Höhenmeter im Abstieg, dann ist der Vorderschlumsee erreicht.

Der einsame Vorderschlumsee im Hagengebirge ist ein periodisches Gewässer, das als Laichplatz für die Kröten große Bedeutung hat. Der Weg dorthin ist weder für die Amphibien noch für die Bergsteiger ganz einfach.

DER SEE

Kategorie: Bergsee (episodisch)
Lage: Gemeinde Golling
Seehöhe: 1100 m
Fläche: variabel
Max. Seetiefe: variabel

Wenn vermehrt Kröten am Weg zum Vorderschlumsee auftauchen, ist das ein gutes Zeichen, denn dann ist das Ziel der Wanderung nicht mehr weit. Jedes Jahr machen sich Tausende Exemplare der bedrohten Amphibienart über einige hundert Höhenmeter zum Ablaichen auf den Weg in den tiefen Krater. Ganz sicher ist es nicht, dass der See dann auch wirklich vorhanden ist, denn der Vorderschlumsee erscheint je nach Niederschlagsintensität episodisch. Aber selbst wenn der See zeitweise austrocknet, befindet sich im Boden genug Restfeuchtigkeit zum Überleben – und zum Abwarten auf den nächsten Regen. Die große Krötenwanderung ist ein faszinierendes, jedes Jahr wiederkehrendes

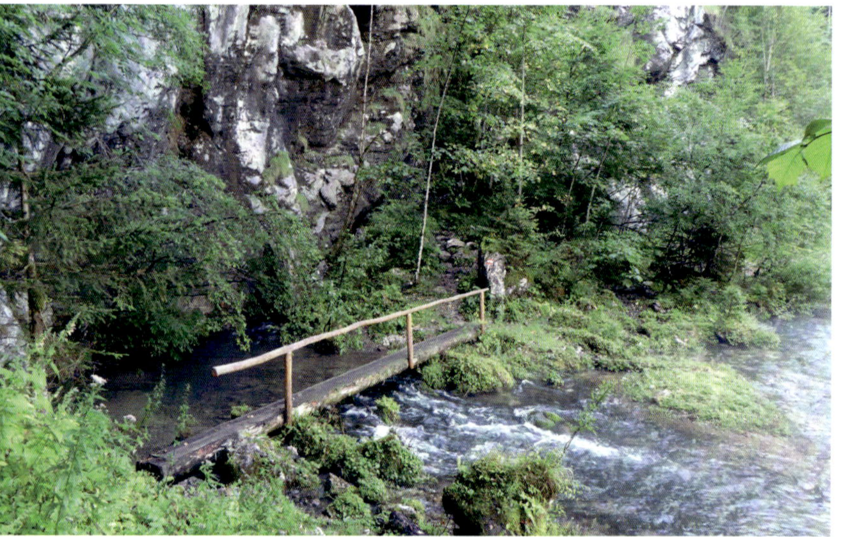

Nach dem imposanten Quelltopf beginnt der durchgehend steile Anstieg.

Schauspiel. Für die Menschen hat der Anstieg zum Vorderschlumsee beinahe schon Expeditionscharakter und ist das genaue Gegenteil einer Genusswanderung. Zur durchgehenden Steilheit des nordseitigen Wald- und Felsengeländes kommt auch noch der großteils sehr feuchte Weguntergrund dazu. Empfehlenswert ist die abenteuerliche Tour für entdeckerfreudige, gut ausgebildete Alpinisten und dann am besten bei trockenem Sommerwetter.

DER WEG

Ausgangspunkt: Parkplatz Talanfang Bluntautal oder Parkplatz Bärenhütte

Anfahrt: A 10, Abfahrt Golling, Richtung Bahnhof Golling. Kurz davor Richtung „Bluntautal" nach links über die Salzachbrücke. Nach 2 km gebührenpflichtiger Parkplatz (€ 7,– Tagesgebühr) gegenüber Gasthaus Göllhof. 3 km weiter bis zum Gasthaus Bärenhütte.

Achtung: Von 4. April bis 31. Oktober gilt an Samstagen, Sonn- und Feiertagen in der Zeit von 10.00 bis 17.00 Uhr für die Zufahrt zum Gasthof Bärenhütte (Gemeindestraße) ein allgemeines Fahrverbot.

Haltestelle: Bhf. Golling-Abtenau. Zusätzliche Gehzeit 30 Min.

Schwierigkeit: T 4

Ges. Dauer ab Gh. Bärenhütte:

Zum Vorderschlumsee: 4 ½ Stunden, 750 Höhenmeter, 8 Kilometer

Große Runde: 6 ½ Stunden, 1100 Höhenmeter, 11 Kilometer

AUS DEM BLUNTAUTAL ZUM VORDERSCHLUMSEE

Die Wanderung beginnt am gebührenpflichtigen Parkplatz am Beginn des Bluntautales oder mit einer Zeitersparnis von einer Stunde drei Kilometer weiter taleinwärts beim Gasthof Bärenhütte (507 m). Dort zweigt der markierte Weg 454 (Vorderschlum) nach links ab. Der erste Kilometer ist eine angenehme Eingehstrecke, aber bald nach der kleinen Brücke über den imposanten Quelltopf beginnt der durchgehend steile Anstieg. Vielleicht bleibt ja noch Zeit zum Auffinden der Felsbilder, die sich nach längerem Betrachten der Felswand schemenhaft zeigen. Felsritzungen aus prähistorischer Zeit sind ebenso vorhanden wie neuzeitliche Kunstwerke. Dann allerdings gilt die Aufmerksamkeit dem schmalen, stellenweise sehr unangenehm

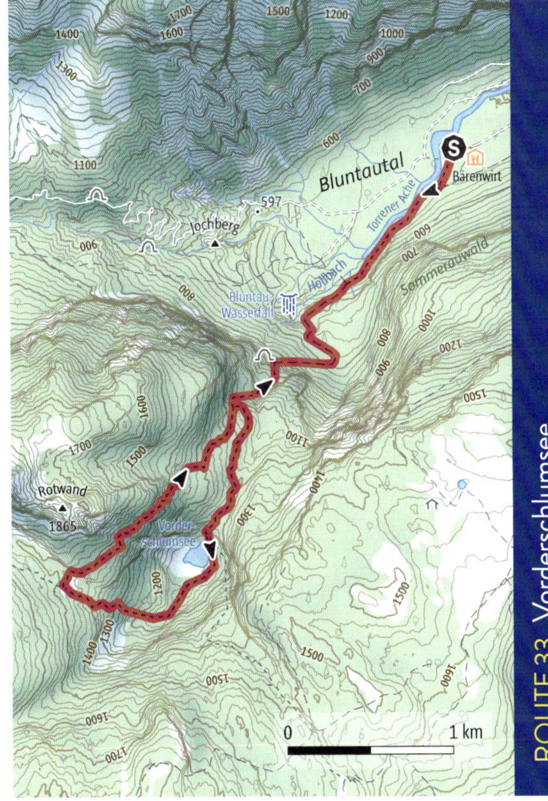

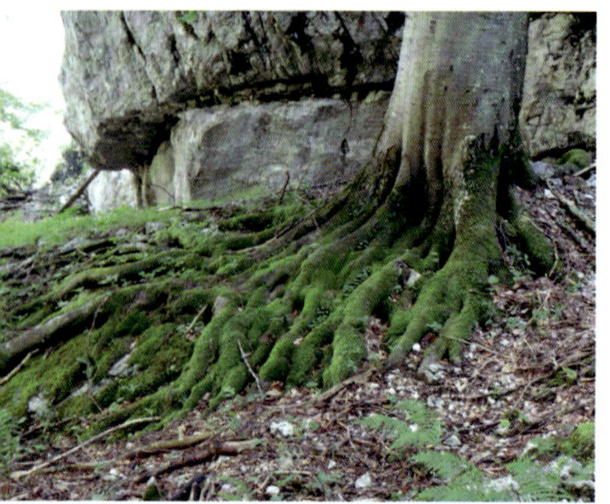

Hauptsache fest verankert.

feuchten Steig. Der Verbindungsweg zur Bärenhöhle ist nicht mehr zu finden, aber das „Kalte Wasser", eine mit drei Schrägrinnen originell gefasste Quelle in 878 Metern Seehöhe kommt sehr gelegen.

Zeitweise macht der steile Graben mit den senkrechten Felswänden einen gänzlich unüberwindbaren Eindruck, irgendwo findet sich dann aber doch ein Durchgang. An einer Stelle hilft allerdings nur noch eine aufwändige, in höchster handwerklicher Perfektion gefertigte Treppenkonstruktion, die quer über die Wand führt. Wenig später trifft der Steig auf eine Weggabelung. Die kürzeste Verbindung zum Vorderschlumsee zweigt nach links ab (Weg 455). Rund 45 Minuten sollte man für den Weg noch einplanen, der nun endlich nicht mehr so steil durch den freundlichen Laubwald verläuft.

Allerdings steht noch ein steiler Abstieg über 100 Höhenmeter in den tiefen Graben bevor. Nun sind die Wanderer auch nicht mehr ganz alleine unterwegs, auf die unzähligen Kröten wirkt der See aus verständlichen Gründen ebenfalls sehr anziehend. Ein Stichweg führt direkt zum Ufer (1100 m), an dem die massiven Felsblöcke gute Rastmöglichkeiten bieten.

Der kürzeste Rückweg folgt dem Anstieg. Wer noch Lust und Kondition auf weitere 400 Höhenmeter oder zusätzliche zwei Stunden Gehzeit hat, könnte aber auch eine Umrundung des steilen Beckens in Erwägung ziehen. Der Weg verläuft, von diesem Standpunkt schwer vorstellbar, quer durch die Rotwand westlich gegenüber. Um dorthin zu gelangen, folgen wir dem markierten Pfad am östlichen Ufer entlang, der dann Richtung Vorderschlum (Weg 454 A) durch den Seegraben verläuft. Zu Beginn noch mäßig ansteigend, dann aber bis zum Wegeknotenpunkt Vorderschlum (1481 m) durchgehend steil. Die Wegrichtung Bärenhütte (Weg 454) zweigt nach rechts ab und führt mit nur noch wenig ansteigenden Höhenmetern quer durch die sonnige Südost-Wand zu jener Gabelung, die schon vom Aufstieg her bekannt ist. Der letzte, einstündige Abschnitt in das Bluntautal folgt dem Anstiegsweg.

34 Bürgerausee

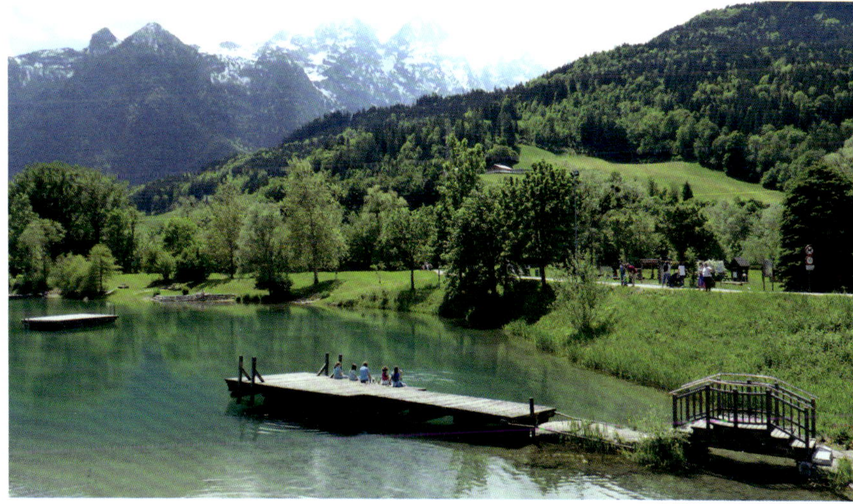

Der Bürgerausee vor dem schneebedeckten Hohen Göll.

Auf der einen Seite von Kuchl fehlt der Schotter, in dieser Grube hat sich der Bürgerausee gebildet. Auf der anderen Seite ist der Schotter in verdichteter Form 50 Meter hoch, da ragt der Georgenberg in die Höhe. Dazwischen gibt es den hochinteressanten Kuchler Zeitreisenweg.

DER SEE

Kategorie: künstlicher See (Schotterteich)
Lage: Gemeinde Kuchl
Seehöhe: 485 m
Fläche: 22.000 m^2
Max. Seetiefe: 4 m

Die Entstehung des Bürgerausees hängt mit dem Bau des Tauernautobahn-Abschnittes im Jahr 1972 zusammen. Hier im Boden des Salzachtals ist der dazu nötige Schotter in ausreichender Menge und Qualität vorhanden. Den vorangehenden Transport des begehrten Baumaterials aus Innergebirg besorgten der mächtige Salzachtalgletscher und später dann die Bäche und Flüsse. Was lag also näher, als das Material auf dem wohl kürzesten Weg zu entnehmen und zu verwenden? In den ersten Jahren waren diese entlang der Autobahn entstandenen Schottergruben wohl keine Augenweide. Aber ein paar Jahrzehnte später

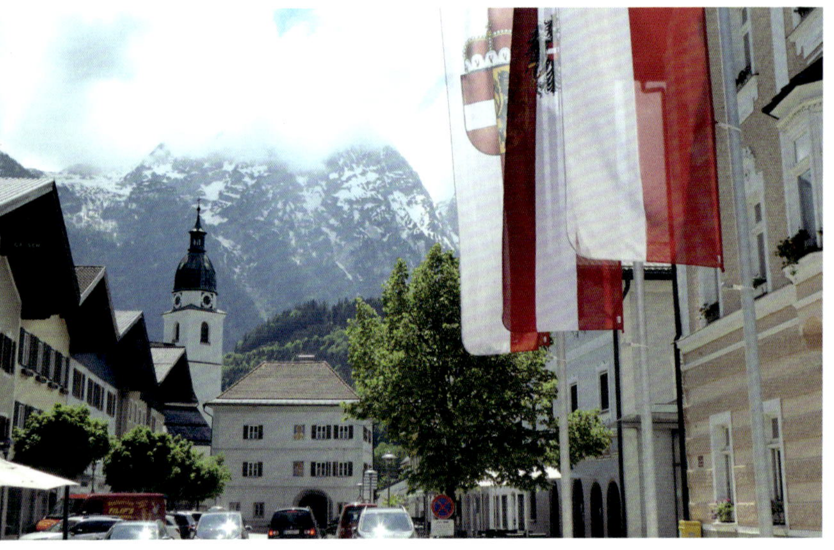

Der Zeitreisenweg verläuft durch das Zentrum von Kuchl.

sind aus dieser Notwendigkeit heraus ausgesprochen attraktive Erholungsgebiete entstanden. Das Waldbad in Anif gehört dazu und auch der Bürgerausee erfreut sich zu allen Jahreszeiten großer Beliebtheit. Natürlich besonders im Sommer. Für einen optimalen Badebetrieb sorgt in erster Linie die Sonne, denn das frische Grundwasser in bester Qualität erwärmt sich nicht so schnell wie die Voralpenseen. Die Gemeinde hat dazu aber noch ein bemerkenswertes Rahmenangebot geschaffen. Für die Kinder gibt es einen Spielplatz, der alle Wünsche erfüllt, für die Jugendlichen wurde ein originelles Schilf-Labyrinth angepflanzt und für diejenigen, die sich vorerst noch gar nicht mit dem frischen Bürgerausee-Wasser anfreunden können, gibt es als „Einstiegsdroge" am Südufer eine neue Kneippanlage. Am Bürgerausee erfreuen sich auch die Fischer und in den sehr kalten Wintermonaten die Eisläufer.

Die Bürgerau nahe der Salzach, auf deren Gebiet der See entstanden ist, hat aber auch eine sehr interessante Geschichte. Das Gebiet, auch Kuchlerau genannt, wurde der Bürgerschaft 1682 vom Salzburger Erzbischof überschrieben. Bürger waren diejenigen, die Haus und Hof im Markt besaßen und entweder durch Erbe oder Zahlung eines Geldbetrags in die Bürgerschaft aufgenommen wurden. Es herrschte stets ein rechtlich unklares Verhältnis zwischen Marktgemeinde und Bürgerschaft, die sich gewisse Privilegien gegenüber den Bauern herausnahmen. Nach ihrer Auflösung während der NS-Zeit gingen die Gründe vorübergehend an die Marktgemeinde über. Soweit möglich, wurden sie im Jahr 1972 nach der Neugründung der Bürgerschaft wieder an die ursprünglichen Eigentümer übergeben und die Bürgerschaft verpachtet die Anlage nun an die Gemeinde.

DER WEG

Ausgangspunkt: Parkplatz Bürgerausee

Anfahrt: A 10, Abfahrt Kuchl. Auf der B 159 nach Kuchl. Bei der nördlichen Ortseinfahrt nach rechts durch die Bahnunterführung zum Parkplatz Bürgerausee.

Haltestelle: Bahnhof (S 3) oder Bushaltestelle (Bus 170) Kuchl

Schwierigkeit: T 1

Dauer: 2 Stunden, 80 Höhenmeter, 6,5 Kilometer

DER ZEITREISENWEG VOM BÜRGERAUSEE ZUM GEORGENBERG

Ausgangspunkt ist der große Parkplatz beim Bürgerausee. Die Umrundung des Bürgerausees dauert nicht länger als eine halbe Stunde, allerdings gibt es viele Stationen, für die man sich Zeit nehmen sollte. Dazu gehört der für die Holzgemeinde Kuchl sehr passende Baumlehrpfad. Auch die Verlängerung des Weges Rich-

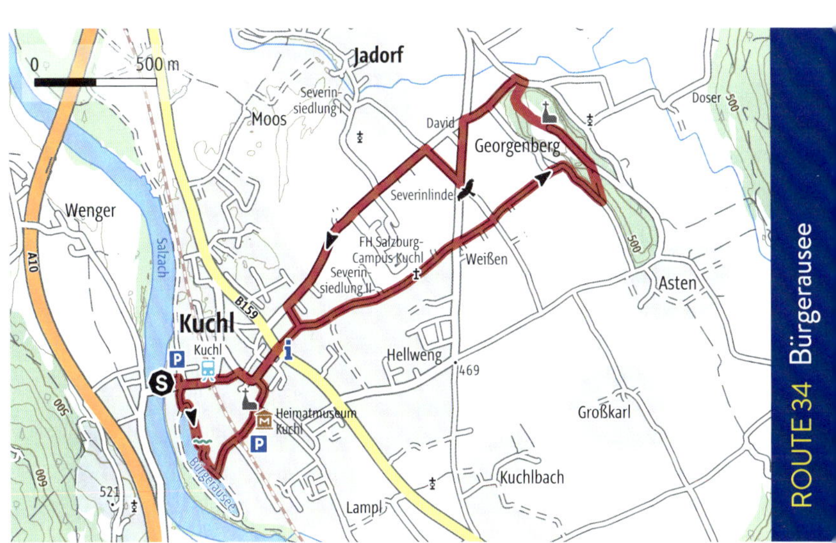

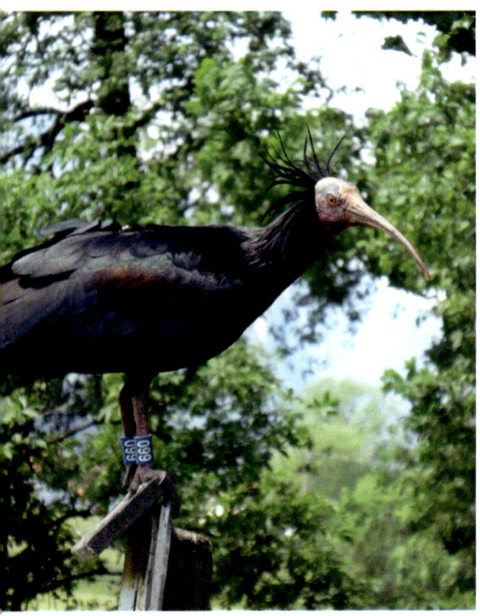

Eine Waldrapp-Kolonie bezieht am Georgenberg ihr Sommerquartier.

tung Salzachauen am südlichen Umkehrpunkt (Kneippanlage) bringt schöne Perspektiven.

Am lohnendsten aber ist die Ausdehnung der kurzen Seerunde auf den eineinhalb bis zweistündigen Kuchler Zeitreisenweg zum Georgenberg. Dieser zweigt beim Vereinsgebäude am Ostufer nach links ab und führt an der Sportanlage vorbei über die Bahnüberführung in Richtung Pfarrkirche. Gegenüber der spätgotischen Kirche befindet sich das Heimatmuseum, das immer wieder mit außergewöhnlichen Sonderausstellungen von sich reden macht. Durch das malerische Ortszentrum geht es über die Bundesstraße und am Informationszentrum vorbei (Folder zum Mitnehmen), zuerst über die Raiffeisenstraße und dann rechts abzweigend über den Leisenweg zur Reitanlage vor dem Georgenberg. Den Berglweg entlang geht es kurz nach rechts, dann verläuft der Zeitreisenweg steil nach links auf den Georgenberg. Die Filialkirche zum hl. Georg kann auf eine lange Geschichte zurückblicken. Der erste Bau dürfte um 400 entstanden sein und wird mit dem hl. Severin in Verbindung gebracht, der sich nach dem Rückzug der Römer um die Kuchler Bevölkerung kümmerte. Was von den Römern blieb, war ein exzellentes Straßennetz und der Name Cucullis (= Kuchl). Am Georgenberg wurden aber auch Funde aus der Jungsteinzeit geborgen.

Der Weg führt an der Kirche vorbei und folgt dem schmalen Pfad, der über die felsige Nordwestseite wieder in die Talebene hinab verläuft. Auf dem Doserweg wandern wir Richtung Kuchl, queren die Römerstraße, die tatsächlich genau hier verlief, folgen nach dem kurzen Abstecher zur Severinlinde zuerst der Davidenstraße, dann der Jadorferstraße und sind auch schon wieder im schönen Ortszentrum von Kuchl.

35 St. Jakober Weiher

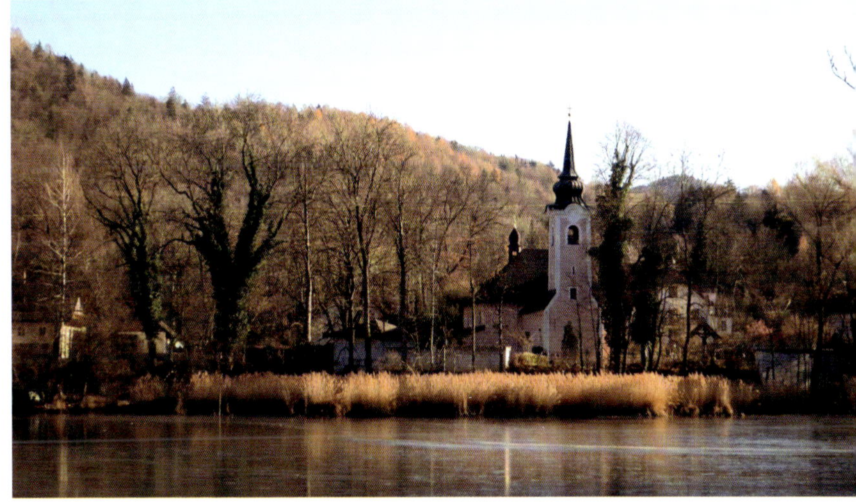

Der Weiher und die Wallfahrtskirche St. Jakob am Thurn.

Die Gegend rund um den Weiher in St. Jakob am Thurn ist zu allen Jahreszeiten ein lohnendes Ziel. Das frische Grün im Frühling ist genauso einladend wie der stimmungsvolle Bauern-Adventmarkt vor der Kirche im Winter.

DER SEE

Kategorie: künstlich entstandener See
Lage: Gemeinde Puch bei Hallein
Seehöhe: 510 m
Fläche: 22.000 m^2
Max. Seetiefe: 3 m

Neben dem Schlossturm und der Pfarrkirche ist der kleine See das bildbestimmende Element in St. Jakob. Aber im Unterschied zum Wohnturm aus dem 11. Jahrhundert und der barocken Wallfahrtskirche ist der See erst am Beginn des 20. Jahrhunderts aufgrund touristischer Überlegungen entstanden. Nach vielen Diskussionen über die technische Umsetzbarkeit wurde der auf einer sumpfigen Wiese zwischen Kirche und Turm künstlich aufgestaute See im August 1929 mit einem feierlichen Festakt der Öffentlichkeit übergeben. Zunächst herrschte ein striktes Badeverbot, für das die Pächterin der Schlossrestauration zu sorgen hatte. Zwei Jahre später wurde dann aber doch, als

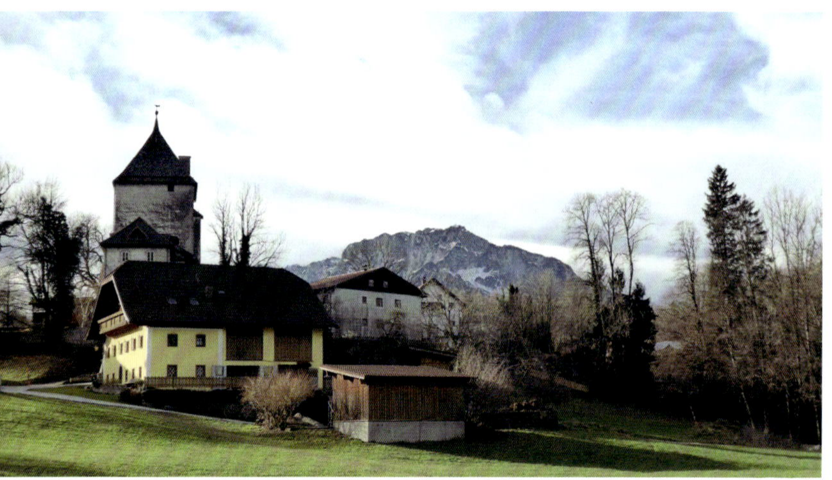

Der namensgebende Turm von St. Jakob am Thurn vor dem Untersberg.

besondere Touristenattraktion, das Schwimmbad genehmigt und im Jahr 1934 kam noch ein Kaffeehaus dazu. Der durch Uferbefestigungen künstlich angestaute See hat einen Zu- und einen Abfluss. Bei lang anhaltender Trockenheit wird zu wenig Wasser zugeführt, was zur vorübergehenden Beinahe-Austrocknung führen kann. Der Teich befindet sich im Privatbesitz der Familie Flatz, den Schlossherrn von St. Jakob am Thurn.

DER WEG

Ausgangspunkt: Parkplatz St. Jakob am Thurn vor der Kirche oder vor dem Schützenwirt

Anfahrt: A 10, Abfahrt Puch-Urstein. Auf Halleiner Landesstraße Richtung Elsbethen, nach 1,2 km in Haslach rechts nach St. Jakob abzweigen. An der Kirche vorbei rechts zum Parkplatz gegenüber Schützenwirt.

Haltestelle: Elsbethen Haslach mit Bus 160 (30 Min. zusätzliche Gehzeit)

Schwierigkeit: T 1

Dauer: 2 ¼ Stunden, 280 Höhenmeter, 5,5 Kilometer

VON ST. JAKOB ZUM VOLLERERHOF

Ausgangspunkt ist der Parkplatz vor der einladenden **Gastwirtschaft Schützenwirt**. Die Route führt an der Kirche vorbei, folgt rechter Hand noch ein Stück der Straße Richtung Puch und zweigt dann am Ortsrand nach links in den Weg 1a, Vollererhof (Pointweg) ab. Nach einer kurzen, bewaldeten Steilstufe geht es an einem schönen Hof vorüber hinaus auf die Sonnenwiesen, an die sich ein lichter

Laubwald anschließt. Danach folgt abermals eine Lichtung, auf der das Gehöft mit der Hausnummer 77 steht. Der sanft ansteigende Weg führt daran vorbei in den Wald, folgt dann aber der ersten Abzweigung nach links. Als Orientierungshilfe dient eine Stromleitung, die zu den unterhalb vom **Vollererhof** gelegenen Häusern führt. Nun setzt aber auch eine rote Wegmarkierung ein. Der Waldweg bleibt unterhalb der Häuser, quert dann auf eine Wiese hinaus und trifft am höchsten Punkt der Runde auf die abwärtsführende Route 1 c.

Dieser schön angelegte Wirtschaftsweg führt an einem Hof mit Hochlandrinder-Züchtung vorbei und zweigt dann nach links in den Steinerweg ein. Nach 1,2 Kilometern entlang der Zufahrt ergibt sich auf der rechten Seite noch ein interessanter, 15-minütiger Abstecher zu einem versteckten Wasserfall. Wieder zurück auf dem Steinerweg folgen wir diesem bis zur Einmündung in die Thurnbergstraße. Westlich gegenüber hebt sich schon der markante Turm von St. Jakob ab. Über die Zufahrt schließt sich nach einem halben Kilometer dort die genussreiche Runde. Ein sehr lohnender Schlusspunkt könnte dann noch die 20-minütige Seeumrundung sein. Reizvolle Ausblicke sind genauso garantiert wie kunstvolle Einblicke in die Welt der modernen Skulpturen, die an markanten Stellen im Wald stehen.

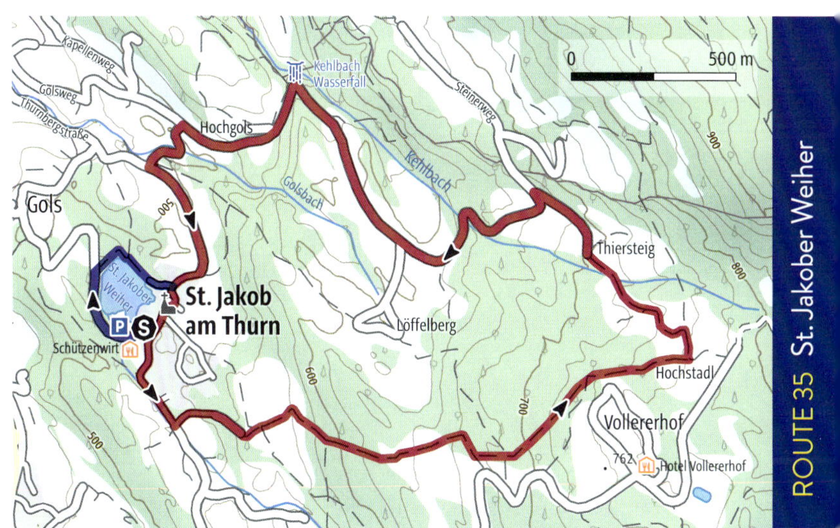

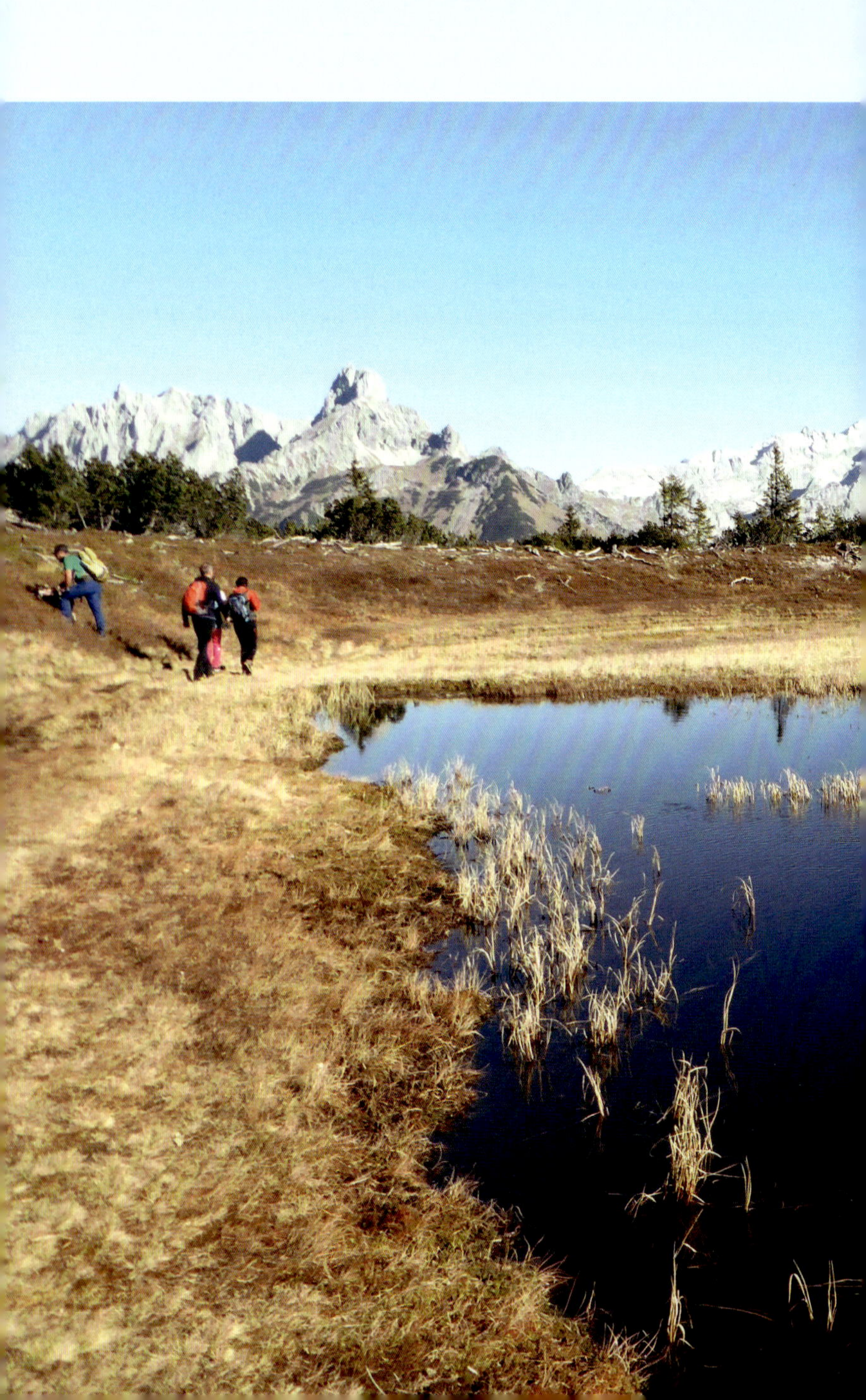

Pongau

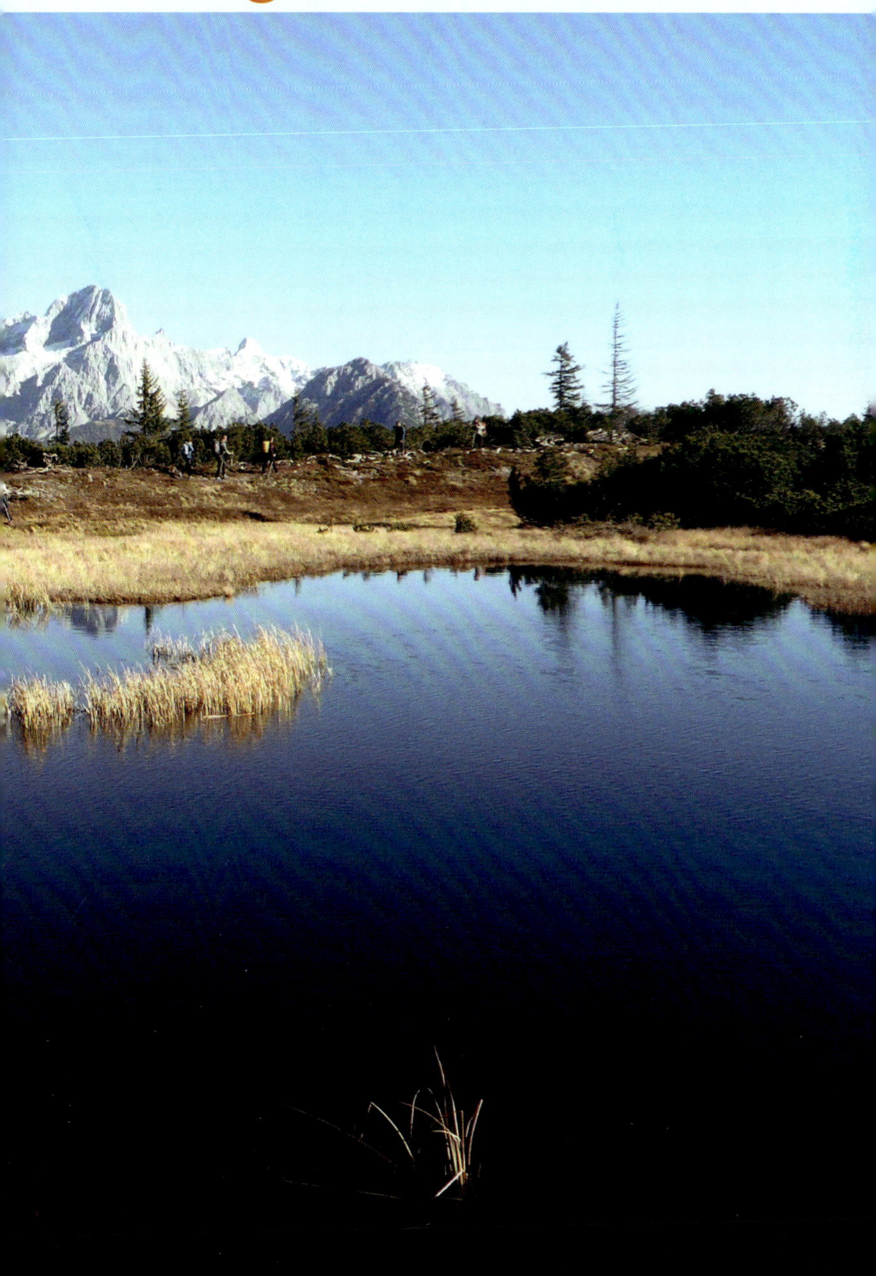

36 Goldegger See

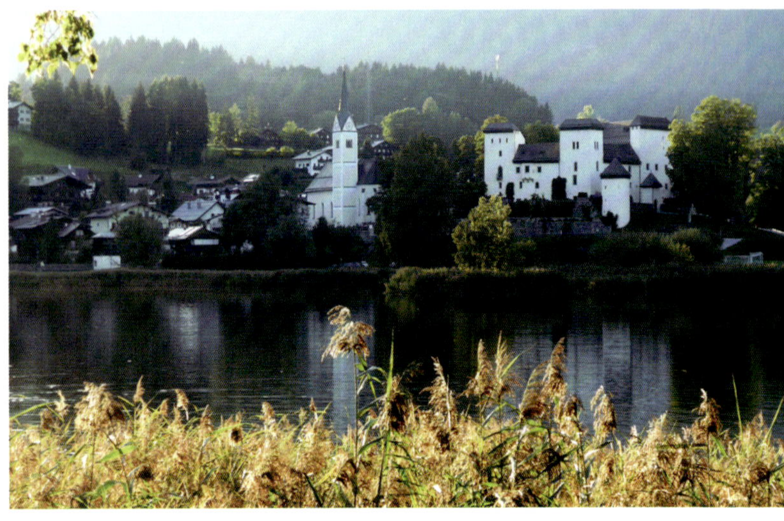

In alten Ansichten reicht der Goldegger See bis zur Schlossmauer.

Der Goldegger See, das Schloss und der Ort bilden eine malerische Kulisse. Rund um dieses Ensemble verlaufen wunderbare Wanderwege für alle Bedürfnisse und Jahreszeiten.

DER SEE

Kategorie: Bergsee (Moorsee)
Lage: Gemeinde Goldegg
Seehöhe: 811 m
Fläche: 45.000 m^2
Max. Seetiefe: 7,8 m

Der Goldegger See ist nicht allzu groß, aber wahrscheinlich gehört er zu den am häufigsten fotografierten Seen im Pongau. Die Szenerie mit dem mächtigen Schloss im Hintergrund begeisterte die historischen Reiseschriftsteller genauso, wie das heute der Fall ist, wenn die Besucher von Schwarzach heraufkommen und unvermittelt vor dem See stehen. Der kleine Goldegger See bietet aber nicht nur einen perfekten (Foto-)Rahmen für den Ort und das Schloss, er ist auch ein beliebter Badesee, der im Sommer schon leicht einmal 27 °C Wassertemperatur erreichen kann. Die Größe und die Anzahl der geeigneten Liegeflächen sind allerdings überschaubar. Das für das öffentliche Moorbad vorgesehene Gelände ist von dichtem Schilfwuchs und Feuchtwiesen geprägt und engt die

Möglichkeiten ziemlich ein. Diese Erfahrung musste auch schon der Salzburger Seenpionier Eberhard Fugger machen, als er im Jahr 1892 den See vermessen wollte. Ein erster Versuch scheiterte am bis zu 100 Meter breiten Schilfgürtel. In der Zeit der Errichtung der Burganlage im 14. Jahrhundert reichte der See noch bis zum Felsvorsprung, auf dem das mittelalterliche Bauwerk steht. Schloss Goldegg befindet sich seit 1972 im Besitz der Gemeinde und ist mit seinen zahlreichen Veranstaltungen und Ausstellungen ein wichtiger kultureller Impulsgeber der Region.

DIE WEGE

Ausgangspunkt: Schlossparkplatz in Goldegg

Anfahrt: A 10, Abfahrt Knoten Pongau. Entlang der B 311 nach Schwarzach und dort nach rechts Richtung Goldegg abzweigen. Nach 5 km zum Parkplatz links abzweigen (unterhalb Schloss Goldegg).

Haltestelle: Schloss Goldegg (Bus 580 ab Bhf. Schwarzach St. Veit Vorplatz)

Schwierigkeit: T 1

Ges. Dauer Oberhof-Rundweg: 2 Stunden, 100 Höhenmeter, 3,8 Kilometer

Ges. Dauer Drei-Buchenrundweg: 2 ½ Stunden, 90 Höhenmeter, 4,8 Kilometer

Ges. Dauer Rundweg über den Judenhof: 1 ¾ Stunden, 120 Höhenmeter, 4,5 Kilometer

DER OBERHOF-RUNDWEG (5) UND DER DREI-BUCHEN-RUNDWEG (6)

Die beiden Wege 5 und 6 südlich von Goldegg verlaufen im ersten Abschnitt auf einer gemeinsamen Strecke. Der Drei-Buchen-Rundweg 6 ist die größere Variante und holt zu einer um eine halbe Stunde längeren Runde aus. Ausgangspunkt ist der große Schlossparkplatz, von dem es am Fuße des Schlossberges entlang in das Ortszentrum geht. An prachtvollen alten Bürgerhäusern und Gaststätten vorbei quert der Weg nach dem **Hotel Seehof** zum See hinab. Das historische Moorbad wird rechts umgangen, wenig später führen die Wege 5 und 6 leicht bergansteigend in den Wald. Nun ist es

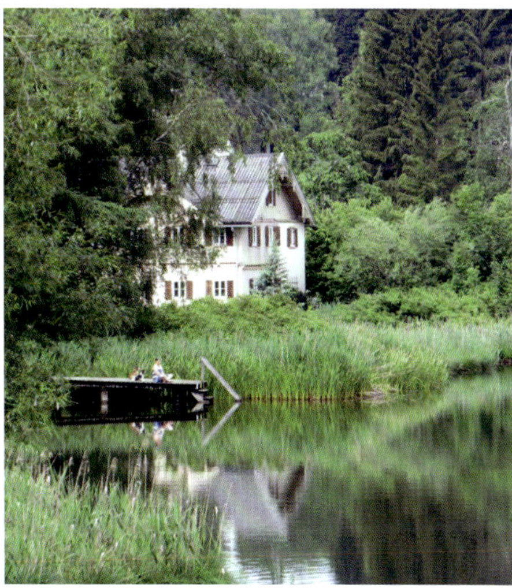

Ein breiter Schilfgürtel umgibt den See.

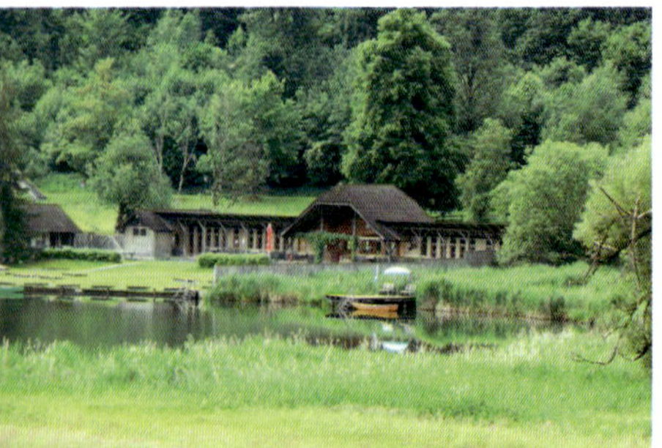

Das Strandbad steht unter Denkmalschutz.

mit der malerischen Seeansicht für längere Zeit vorbei. Der breite Weg verengt sich zu einem schmalen Pfad und erreicht nach insgesamt einer Dreiviertelstunde den Punkt Höhenbrand (846 m). Nun trennen sich die Wege 5 und 6, der kürzere Oberhofrundweg 5 verläuft nach rechts und führt mit schöner Aussicht am Waldrand entlang zurück zu den ersten Häusern in Goldegg.

Der um eine halbe Stunde längere Drei-Buchen-Rundweg 6 folgt dem Waldsteig geradeaus und zweigt erst auf einer großen Viehweide nach rechts ab. In einer weiten Schleife geht es an schönen Höfen vorbei in 50 Minuten nach Goldegg zurück.

RUNDWEG ÜBER DEN JUDENHOF

Der Ausgangspunkt dieser sonnigen Höhenwanderung ist wieder der Schlossparkplatz. Gegenüber der Einfahrt, auf der anderen Straßenseite beim Steinernen Kreuz, zweigt der Weg 70 ab und führt in wenigen Minuten zum aussichtsreichen Kleinschönbergbauer hinauf. Entlang der Zufahrt geht es leicht ansteigend zu den nächsten Häusern weiter. Bei einer Weggabelung wechseln wir auf den Höhenrundweg 3 hinüber, der hier nach links auf den Südhang

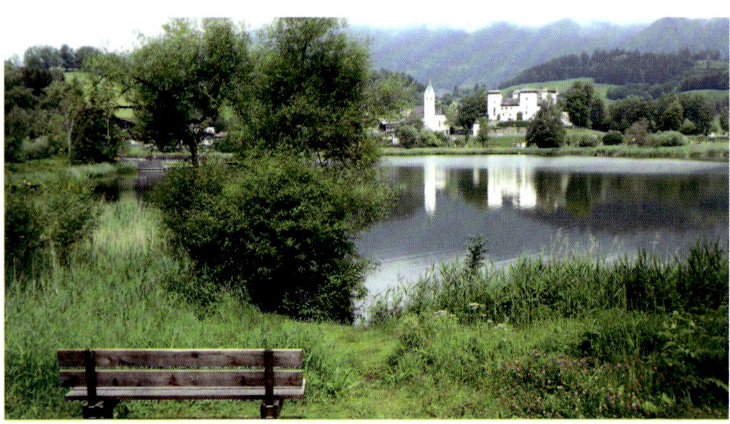

Eine Promenadenweg führt rund um den Goldegger See.

abzweigt. Der Wiesenweg trifft auf eine Zufahrt, die links abzweigend beim weithin sichtbaren Judenhof endet. Dieser herrschaftliche Ansitz aus dem 16. Jahrhundert war reich ausgestattet. Durch glückliche Umstände wurde das besonders kostbare Zirbenzimmer vor der drohenden Demolierung gerettet und gelangte im Jahr 1883 in das Museum Carolino Augusteum (heute Salzburg Museum). Dort ist die berühmte Goldegger Stube aus dem Jahr 1606 nun wieder in ihrer ganzen Pracht zu besichtigen. Beim Judenhof (903 m) zweigt der Weg Richtung Goldegg scharf nach links ab, überquert die Landesstraße und folgt der leicht ansteigenden Zufahrt zum Pröllerbauer (869 m). Wenig später erfolgt nach links abzweigend der Rückweg in den Ort.

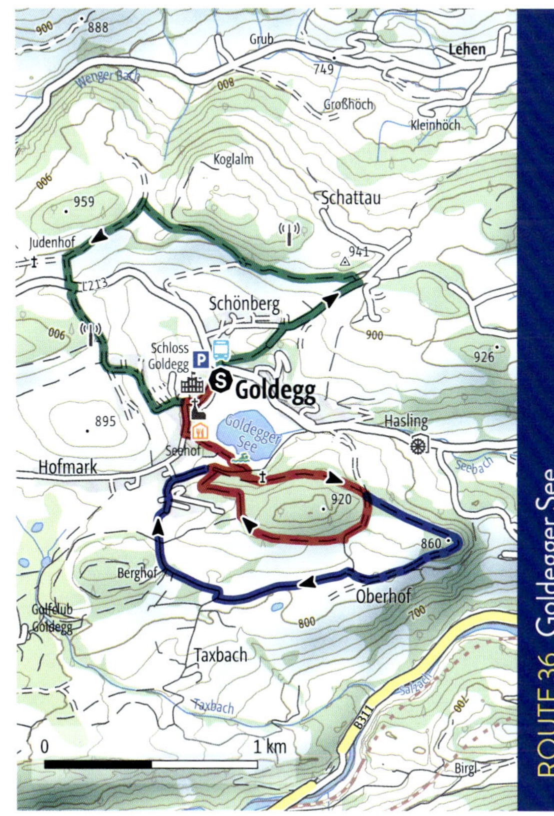

37 | Böndlsee

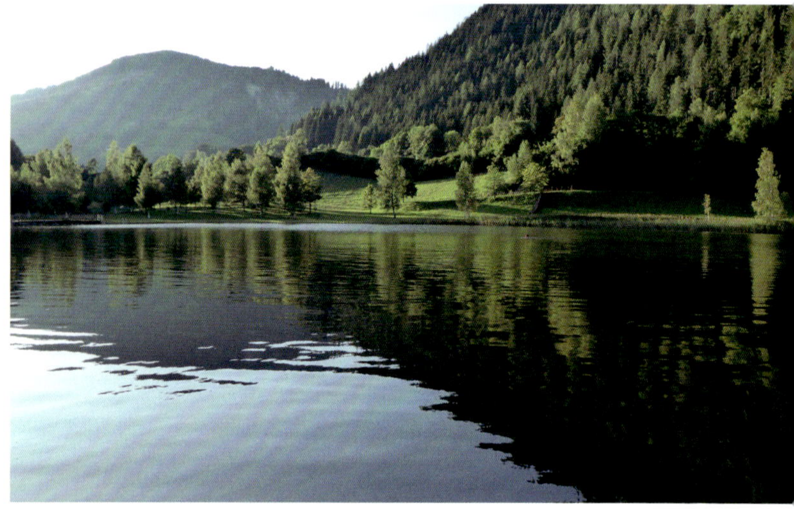

Spätsommer am Böndlsee.

Der malerische Böndlsee liegt auf einer Hochebene in über 800 Metern Seehöhe und gehört trotzdem zu den wärmsten Seen in Salzburg. Im Sommer könnte ein Bad im See der ideale Abschluss des Wandertages sein.

DER SEE
Kategorie: Bergsee (Moorsee)
Lage: Gemeinde Goldegg
Seehöhe: 843 m
Fläche: 17.100 m²
Max. Seetiefe: 8 m

In seinem Touristen-Handbuch schreibt Franz Carl Weidmann im Jahr 1845: „Außer einigen Hechten enthält der Scheiblingsee keine bemerkenswerten Fische.“ In der Zwischenzeit hat sich nicht nur der Name von Scheiblingsee auf Böndlsee geändert, unter den Salzburger Fischern ist der See eine beliebte Adresse mit besten Aussichten auf einen guten Fang. Auch die Krebspopulation hat sich erholt und hier sind ebenfalls die Chancen groß, ein derart seltenes Tier zu sehen. Der See erfreut sich unter den Badefreunden großer Beliebtheit, ist er doch einer der wärmsten Seen in Salzburg. Zwei große Liegeflächen stehen zur Verfügung. So gar nicht zur friedlichen Idylle passt das Drama vom 2. Juli 1944, als hier über 1000 Angehörige der Gestapo und der SS Jagd auf einheimische Deserteure machten. Nach Abschluss der grausamen Razzia waren 14 Todesopfer zu beklagen. Ein Gedenkstein ganz in der Nähe erinnert an den wahnwitzigen Nazi-Terror.

DER WEG

Ausgangspunkt: Parkplatz Böndlsee

Anfahrt: A 10, Abfahrt Knoten Pongau. Auf der B 311 bis Schwarzach, nach Goldegg abzweigen und über Goldegg-Weng zum Böndlsee. Parkplatz.

Haltestelle: Goldegg Böndlsee (Bus 580 ab Bhf. Schwarzach St. Veit Vorplatz)

Schwierigkeit: T 2

Dauer: 3 ½ Stunden, 550 Höhenmeter, 10 Kilometer

RUNDWEG VOM BÖNDLSEE ZUR HIRTENKAPELLE

Die malerische Hirtenkapelle, das Ziel der Wanderung, ist am einfachsten über die Hackeralm und die Meislsteinalm erreichbar. Der Anstieg bei dieser Variante zweigt 300 Meter vor dem Parkplatz Böndlsee nach rechts (N) ab. Wesentlich ruhiger und ausgefallener, aber auch länger, ist jener Vorschlag, der den Anstieg von der Nordseite aus zur wunderbaren Hirtenkapelle vorsieht. Der Ausgangspunkt dazu ist der Parkplatz am Böndlsee, gegenüber **Gasthof Seeblick**. Von dort geht es entlang der Zufahrt 150 Meter zurück und dann der Beschilderung Schindeggwald (Weg 446)

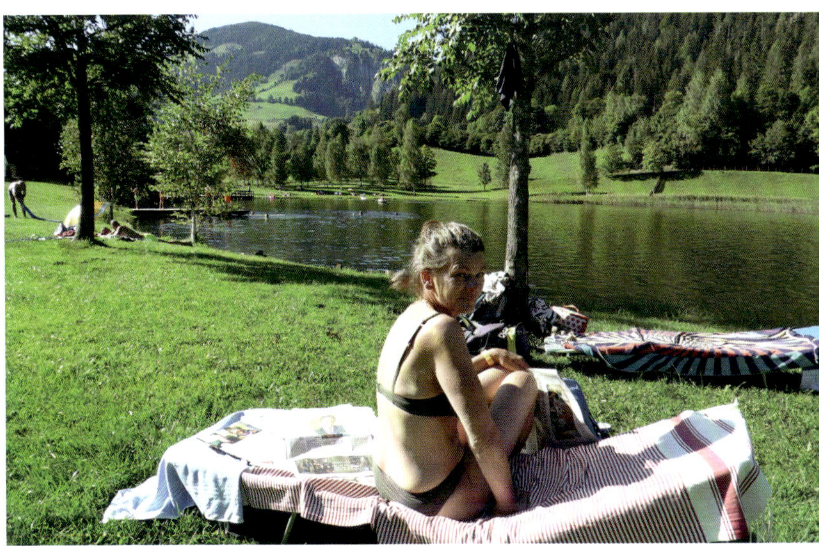

Nach der Wanderung eine erfrischende Belohnung mit dem Böndlsee.

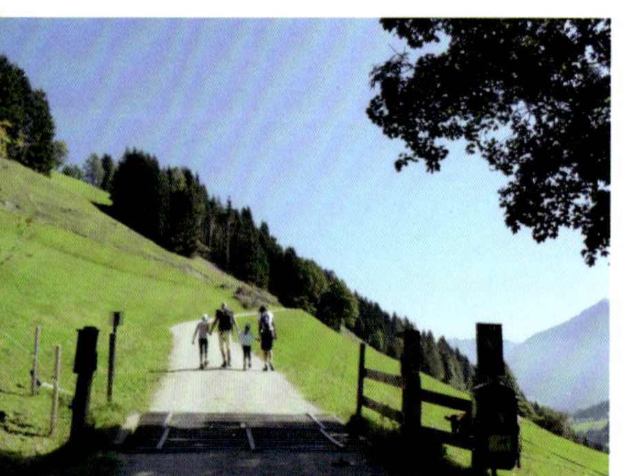

Am Rückweg von der Hackeralm.

folgend nach links. Der erste, zwei Kilometer lange Abschnitt bis zum Hof Hinterbichl der Familie Hauser führt über die Hofzufahrt, dann beginnt ein Wirtschaftsweg. Beim Punkt Vorderwaldreit (937 m) zweigt aber schon wenig später der markierte Steig 446 nach rechts ab. Nach insgesamt einer Stunde ist das romantische Metzlehen erreicht. Das Anwesen ist gewiss viele Jahrhunderte alt, ebenso wie der beeindruckende Baumbestand rund um den Hof. Der Weg bleibt unterhalb und quert einen Graben. Danach folgt der steilste, zum Glück nur kurze Abschnitt der ganzen Runde, der 150 Höhenmeter weiter oberhalb auf einen Güterweg trifft. Nun geht es nach rechts abzweigend wieder bequem weiter zu den Punkten Mitterhauser und Ballehen (1194 m).

Wir folgen der angeschriebenen Richtung Hirtenkapelle (Weg 58). Nach einer neuerlichen kurzen Steilstufe breitet sich freundliches Almgelände aus, ein untrügliches Zeichen, dass die Kapelle und damit der höchste Punkt der

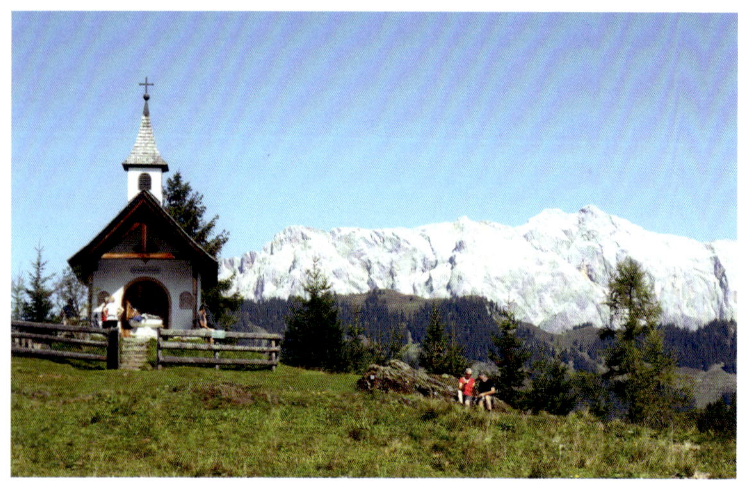

Die Hirtenkapelle und das Steinerne Meer im Hintergrund.

Runde (1384 m), bald erreicht sind. Malerisch steht sie auf einer Kuppe und bietet neben herrlichen Rastplätzen auch ein großartiges Panorama, das vom Großglockner bis zum Steinernen Meer reicht. Der Abstieg von diesem friedlichen Ort folgt der Beschilderung Böndlsee über 20 Minuten hinab zur bewirtschafteten **Meislsteinalm**. Der letzte Teil der Runde führt entlang der Almstraße an der **Mittersteinund der Hackeralm** (beide bewirtschaftet) vorbei. Zwischendurch tut sich eine Abkürzung auf und, schon ziemlich in Talnähe, zweigt ein kürzerer Steig nach rechts (Weg 9) zum Böndlsee ab. An einem schönen Sommertag ist es jetzt natürlich keine Frage, wohin die allerletzten Meter führen: Eine wunderbare Badewiese breitet sich vor dem See aus, der zu den wärmsten im Bundesland zählt.

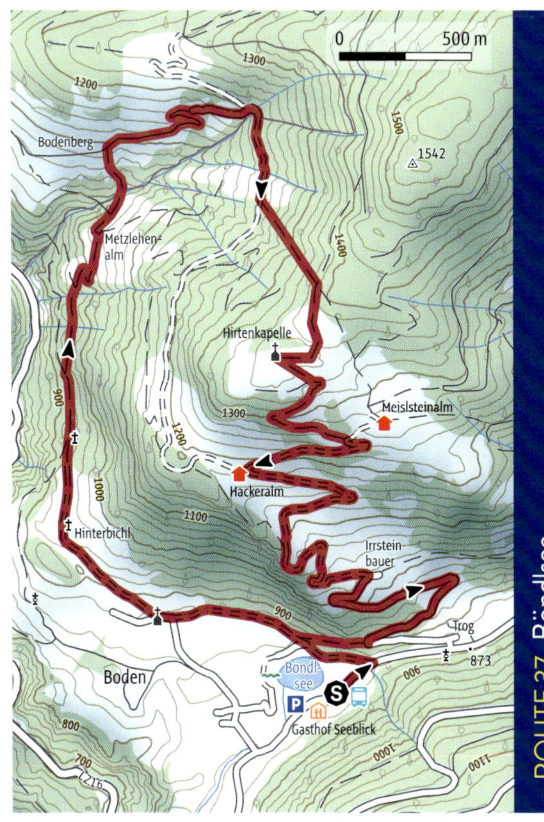

38 Schwarze Lacken am Gerzkopf

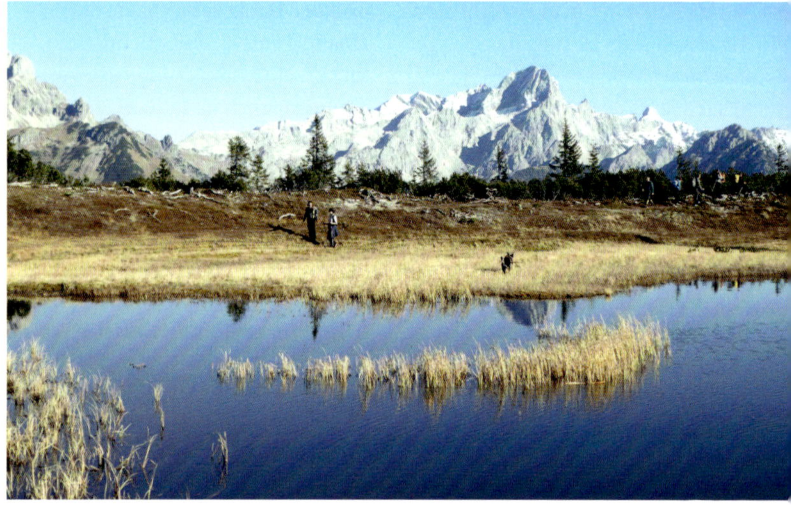

Der Weg auf den Gerzkopf führt am Ufer der Schwarzen Lacken entlang.

Die Bezeichnung „Schwarze Lacken" bringt es auf den Punkt: Das Gewässer ist zu klein für einen See und von geheimnisvoller Färbung. Aber in der spiegelnden Seeoberfläche fließt die ganze umliegende Gipfelprominenz zusammen.

DER SEE

Kategorie: Bergsee (Moorsee)
Lage: Gemeinde Eben
Seehöhe: 1675 m
Fläche: 850 m^2
Max. Seetiefe: 2,5 m

Die Größe allein ist nicht alles, die Lage eines Gewässers macht den wahren Wert aus. Wenn der kleine See so günstig liegt wie am Gerzkopf, dann kann er mit Täuschen, Tarnen und Spiegeln leicht über sich hinauswachsen. Zum richtigen Zeitpunkt bei windstillen Verhältnissen finden sich dann das halbe Dachsteinmassiv und der Gosaukamm im kaum 1000 Quadratmeter großen Moorbecken wieder. Kein Wunder, dass die Sagenerzähler von solchen Sinnestäuschungen begeistert sind und mit wunderbaren Geschichten reagieren. Eine goldene Kutsche soll sich demnach in der Tiefe der Schwarzen Lacken befinden, deren Deichsel zu allen heiligen Zeiten aus dem Wasser ragt. Wer sie bergen kann, wird mit

Reichtum belohnt. Aber eigentlich hat man ja schon mit dem stillen Bewundern des Hochmoores einen unbezahlbaren Fund gemacht. Für die darauf spezialisierte Tier- und Pflanzenwelt sind die Schwarzen Lacken ja sowieso ein Schatz. Die geschützten Moorkomplexe bieten ungestörte Brut- und Wohnstätten und sind für Torfmoose, Wollgräser oder Rispenseggen die notwendige Basis zum Überleben. Dazu wurde 2020 ein neuer Themenweg angelegt.

DER WEG

Ausgangspunkt: Parkplatz vor dem Schranken im Schattbachwinkl zwischen Eben und Filzmoos

Anfahrt: A 10, Abfahrt Eben. Weiter auf der Landesstraße Richtung Filzmoos, nach 4 km links in den Schattbachwinkel abzweigen. Parken nach 2 km vor dem Schranken.

Haltestelle: Eben Schattbach (mit Bus 521 ab Bhf. Eben). Zusätzliche Gehzeit 1 Std.

Schwierigkeit: T 2

Dauer: 3 ¾ Stunden, 650 Höhenmeter, 10 Kilometer

AUS DEM SCHATTBACHWINKL AUF DEN GERZKOPF

Auf den Gerzkopf (1728 m) führen aus allen Richtungen Anstiege. Die hier vorgestellte Runde aus dem südseitig gelegenen Schattbachwinkl wird eher selten begangen, gehört aber zu den eindrucksvollsten Routen, die der Berg zu bieten hat. Ausgangspunkt ist der Ortsteil Schattbachwinkel, spätestens vor dem Schranken mit Beginn der Forststraße (1080 m) muss das Auto abgestellt werden. Zu Beginn

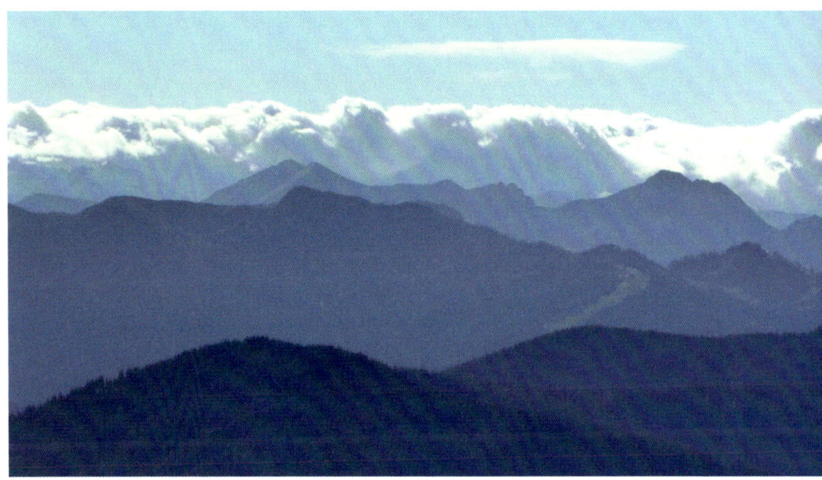

Eine Föhnmauer baut sich Richtung Süden am Alpenhauptkamm auf.

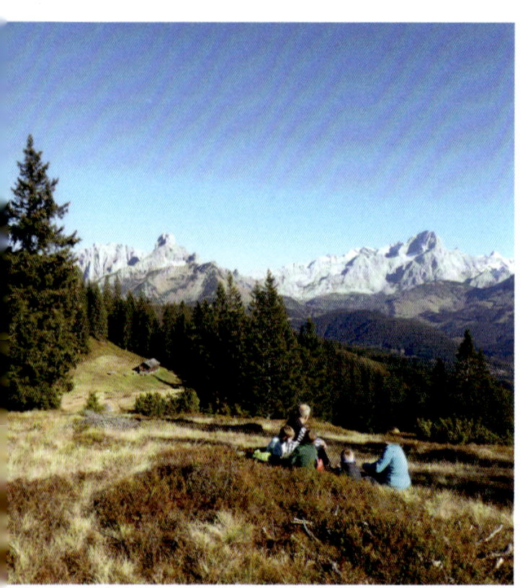

Schäferhütte vor Bischofsmütze und Dachstein (rechts).

orientiert sich der markierte Anstieg (Weg 15) noch an der Forststraße, dann zweigt der Steig 52 a nach links in den schönen Hochwald ab. Die Route folgt dem bequem ansteigenden Rückenverlauf und erreicht nach einer weiteren halben Stunde den wohl schönsten Teil der Wanderung. Der Wald wird immer lichter, der Weg zunehmend mooriger und dann taucht auch schon das malerische Gebiet der Schwarzen Lacken vor der atemberaubenden Bergkulisse auf. Die bleichen Kalkstöcke Dachstein und Gosaukamm stehen im starken Kontrast zum farbenfrohen Vordergrund.

Vom streng geschützten Moorkomplex führt der Weg durch Latschengassen in 15 Minuten auf den flachen Gipfel mit dem auffallend großen Glockengestell. Die hier häufig gefeierten Bergmessen müssen sicherlich ein beeindruckendes Erlebnis sein. Von diesem ganz besonderen Ort führt der Abstieg zu jenem Punkt wenig oberhalb

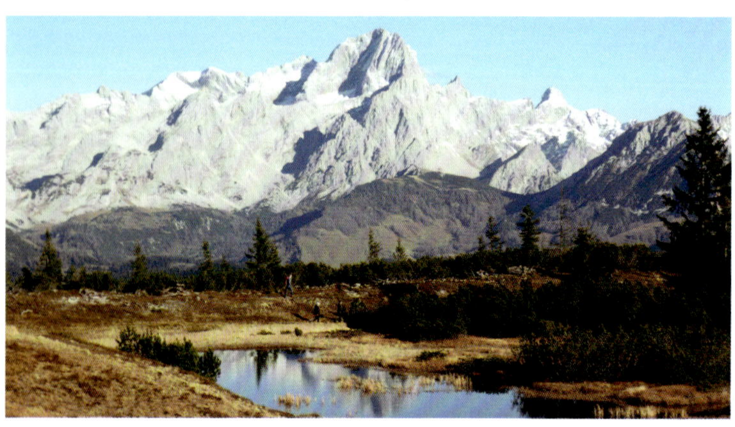

Zwei Welten: das kahle Dachsteinmassiv und das Moor.

der Schwarzen Lacken zurück, an dem eine Infotafel die zum Moor gehörende Sage vorstellt. Hier beginnt der unmarkierte, aber sehr gut ersichtliche Steig, der immer konsequent dem Südrücken folgt, bis er nach zwei Kilometern auf einen Forstweg trifft. Dieser beschilderte Weg 16 führt links abzweigend in 40 Minuten zum Ausgangspunkt Schattbachwinkel retour.

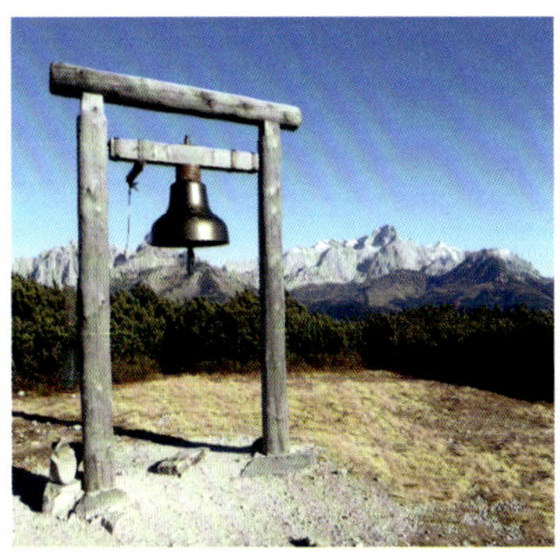

Am Gerzkopf-Plateau.

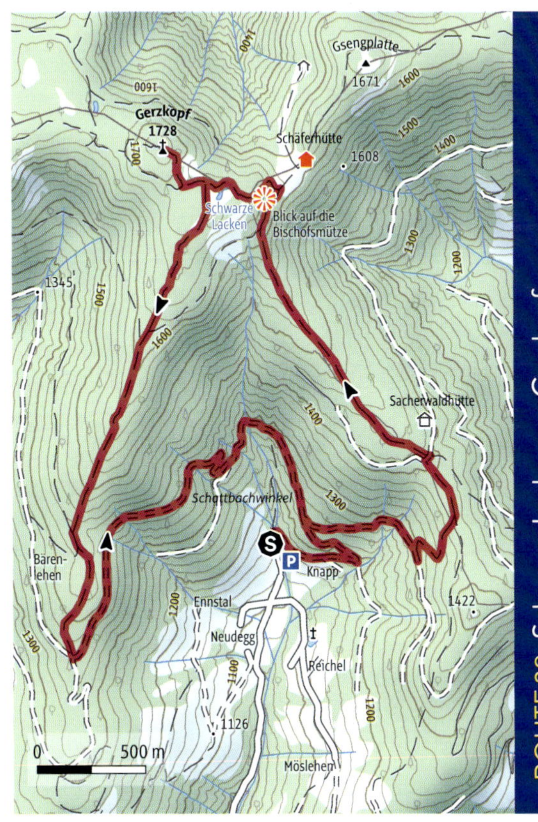

39 Jägersee

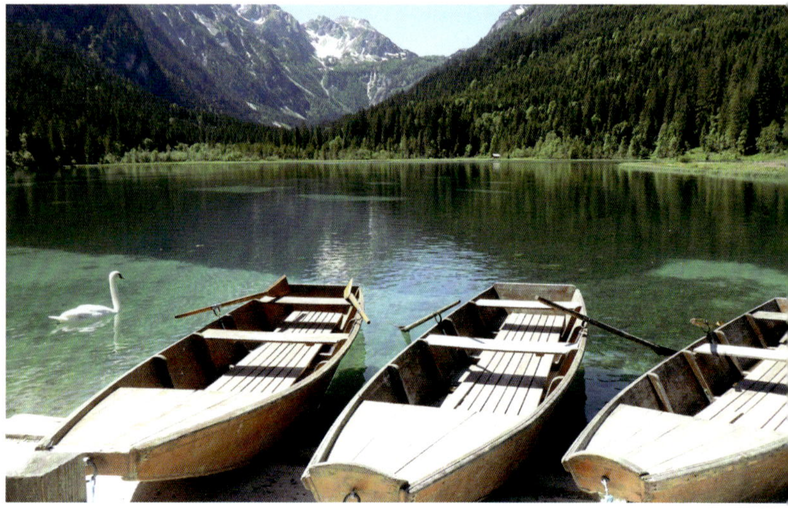

Der romantische Jägersee mit dem Draugstein im Hintergrund.

Der Jägersee im letzten Abschnitt des Kleinarltales ist zu jeder Jahreszeit ein genauso leicht erreichbares wie spektakuläres Ziel. Seine Größe verdankt er einer Maßnahme der Salzburger Erzbischöfe.

DER SEE

Kategorie: Bergsee (künstlich aufgestaut)
Lage: Gemeinde Kleinarl
Seehöhe: 1099 m
Fläche: 90.000 m^2
Max. Seetiefe: 2,8 m

Auf den ersten Blick macht der Jägersee einen völlig natürlichen Eindruck, so als ob er sich schon immer in dieser großartigen Lage im Talschluss ausgebreitet hätte. Dabei wurde spätestens im 17. Jahrhundert an einer natürlichen, von Murenkegeln gebildeten Schwelle jenes Stauwehr errichtet, das dem bis dahin sehr kleinen See zu seiner jetzigen Größe verhalf. Der Salzburger Naturforscher und Seenvermesser Eberhard Fugger berichtet im Jahr 1908, dass der See ohne das künstliche Stauwerk schon längst abgeflossen wäre. Wirtschaftliche Überlegungen führten zur Seevergrößerung, denn der Eilsee, wie er früher genannt wurde, sollte als Wachstumsbeschleuniger für die kleinwüchsigen

Saiblinge aus dem höher gelegenen Tappenkarsee dienen. Für die schnellstmöglichen Fischtransporte hatte ein eigener Hoffischer zu sorgen. Seit 1650 gehörte der See, wie der Tappenkarsee auch, zu den Hofküchenseen der Erzbischöfe. Das bedeutete, dass der gesamte Fischfang aus dem See ausschließlich für die Tafel des Erzbischofs bestimmt war. Da der Fisch als Fastenspeise gilt, war die Nachfrage angesichts von 104 Fastentagen entsprechend groß.

Seit 1960 ist der Jägersee ein ausgewiesenes Landschaftsschutzgebiet. Das einzigartige Landschaftsbild wird einerseits durch die bewaldeten Steilhänge auf der Ost- und Westseite geprägt, andererseits bietet der flache Uferbereich ideale Lebensräume für viele Tier- und Pflanzenarten. Der Zwergtaucher hat hier eines der wenigen inneralpinen Brutgebiete, daneben lassen sich auch Stockenten, Höckerschwäne und Reiherenten beobachten.

Gespeist wird der Jägersee durch den Kleinarlbach, der vier Kilometer weiter südlich im 1768 Meter hoch gelegenen Tappenkarsee entspringt. Welche gestalterische Kraft das Wasser haben kann, wurde im August 2017 augenscheinlich, als sich nach Murenabgängen am Talweg zwischen Jägersee und Schwabalm zwei neue Waldseen bildeten. Diese als Josefisee I und II bezeichneten Gewässer sollten den Forschern Aufschluss darüber geben, wie ein See entsteht und wie

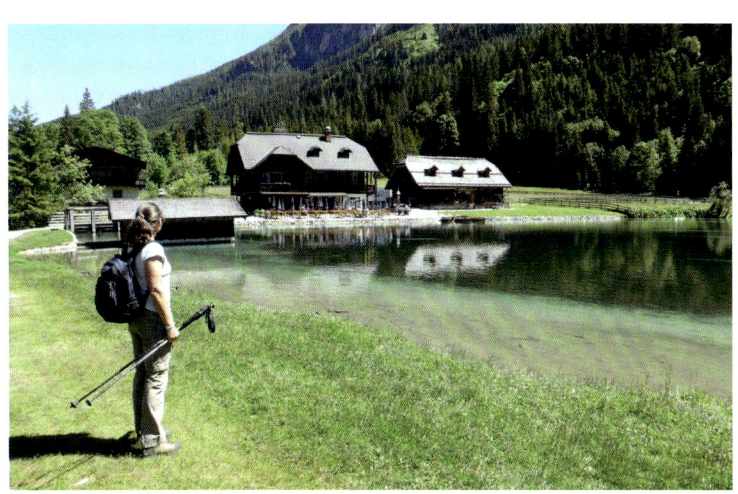

Der Gasthof Jägersee ist der Ausgangs- und Endpunkt der Seerunde.

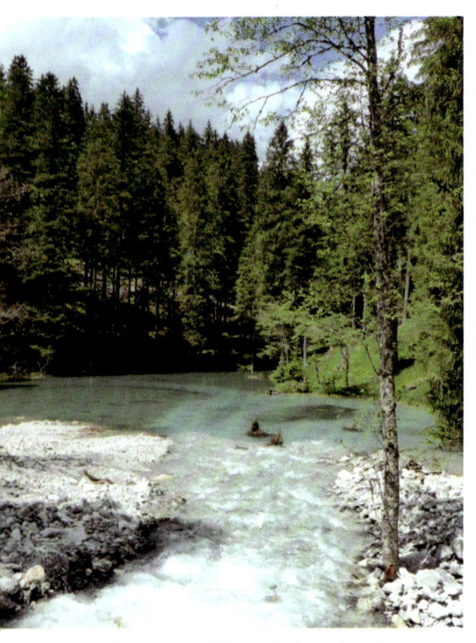

Der heute nicht mehr bestehende „Josefisee“.

er sich im Laufe der Zeit verändert. Leider wurde dem Grundbesitzer der Besucherandrang zu dieser seltenen Attraktion zu viel und so wurden die beiden Kurzzeitseen wieder auf- bzw. ausgelassen.

DER WEG

Ausgangspunkt: Parkplatz Jägersee

Anfahrt: A 10, Abfahrt Flachau. Auf der B 163 nach Wagrain und 12 km weiter über Kleinarl zum Parkplatz Jägersee.

Haltestelle: Kleinarl Jägersee (ab Bhf. St. Johann Vorplatz mit Bus 530)

Schwierigkeit: T 1

Dauer: 50 Minuten, 20 Höhenmeter, 2,7 Kilometer

RUND UM DEN JÄGERSEE

Ausgangspunkt ist der große Parkplatz vor dem Jägersee. Von dieser leicht exponierten Lage lässt sich der gesamte, von Berggipfeln umrahmte Jägersee wunderbar überblicken. Eine erste Anlaufstelle ist der historische Gasthof am Nordufer. Wer Lust zum langsamen Dahingleiten über den Seespiegel hat, könnte sich beim Wirt ein Ruderboot ausleihen. Der Rundweg aber führt rechts am traditionsreichen Gasthof vorbei und quert den regulierten Abfluss, der den Jägersee vor dem Austrocknen bewahrt. Dicht am Ufer entlang verläuft der Weg dann über einen Holzsteg durch die Schilfzone. Oft lässt sich hier ein kunstvoll gebautes Entennest entdecken, das zum Schutz vor Feinden im schwer zugänglichen Sumpfgebiet angesiedelt wurde. Der Weg erreicht wieder festen Untergrund und führt sogar ein paar Höhenmeter in den Wald bergauf. Am südlichsten Punkt der Runde quert der Weg den Kleinarlbach, der wenige Kilometer von seinem Quellort Tappenkarsee entfernt schon eine überraschend große Dimension angenommen hat. Entlang der mautpflichtigen Zufahrt schließt sich links abzweigend der Jägersee-Rundweg. Das bewaldete Ostufer gibt noch einmal schöne Blicke auf den See frei, dann ist nach einem Kilometer wieder der Parkplatz oder das **Gasthaus Jägersee** erreicht.

Wer die dreiviertelstündige Jägerseerunde aber um einen erfrischenden Bachspaziergang erweitern möchte, könnte nach der Brücke über den Kleinarlbach einfach der Richtung Schwabalm (Weg 722) zurück in den Talschluss folgen. Bis zum Endpunkt sollte man eine Stunde einplanen, der Weg folgt abschnittsweise direkt dem Bachverlauf, schmalen Waldpfaden oder auch der Zufahrt zum großen Tappenkarsee-Parkplatz im Talende. Im letzten Wegdrittel befanden sich auf der rechten Seite, etwas abseits des Weges, die beiden nach einem Murenabgang im August 2017 neu entstandenen, heute nicht mehr existierenden Waldseen.

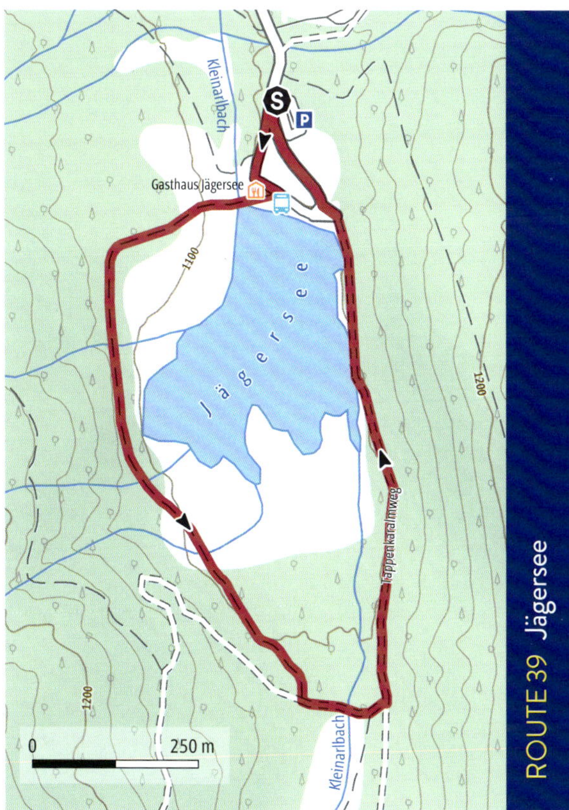

40 Tappenkarsee

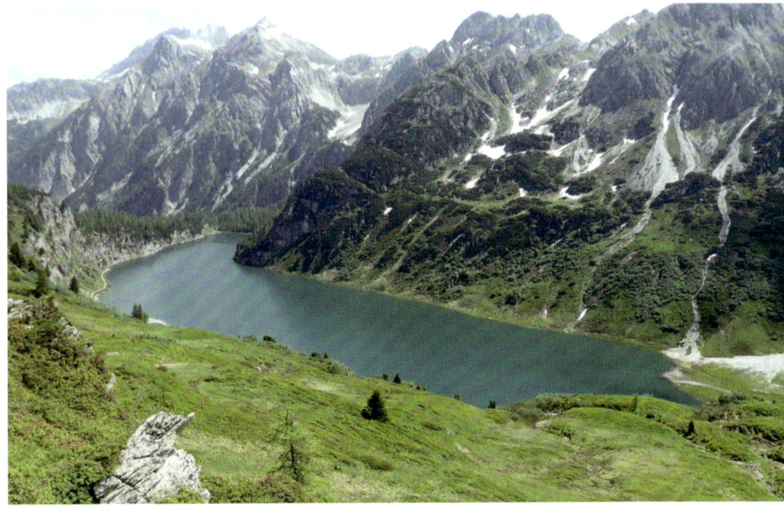

Der Tappenkarsee vom Karteistörl aus betrachtet.

Wie ein Fjord liegt der Tappenkarsee inmitten der Radstädter Tauern. Er ist der größte natürliche Bergsee Salzburgs und wahrscheinlich auch eines der beliebtesten Wanderziele des Landes.

DER SEE

Kategorie: Bergsee
Lage: Gemeinde Kleinarl
Seehöhe: 1762 m
Fläche: 295.000 m²
Max. Seetiefe: 48 m

Ob es den sagenhaften Lindwurm im Tappenkarsee jetzt wirklich gibt, ist nicht so fix. Auf jeden Fall kann der See bzw. sein Abfluss nach extremen Regenfällen ungeheure Schäden anrichten. Entlang des Aufstiegs sind noch die gewaltigen Felsblöcke zu sehen, die nach einem Jahrhundertunwetter in das Tal donnerten. Sagenhaft überwältigend ist aber mit Sicherheit jener Augenblick, wenn sich nach dem steilen nordseitigen Anstieg die freie Sicht auf dieses Naturjuwel auftut. Kein Wunder, dass die Reiseschriftsteller des 19. Jahrhunderts in Lobeshymnen schwelgten. Was sie in ihren Berichten über den Jägersee und den Tappenkarsee auch immer erwähnten, war die wirtschaftliche Rolle als wichtiges Fischwasser des Erzbischöflichen Hofes. Wie die moderne Forschung durch genetische Untersuchungen nun weiß, stammen die Ur-Saiblinge im Tappenkarsee aus dem Königssee. Die kleinwüchsigen Schwarzreuter, eine Kümmerform der Saiblinge, wurden in erzbischöflichem Auftrag im Tappenkarsee eingesetzt, dann im Jägersee und sogar im Faistenauer Hintersee weiter in Form gebracht und kamen schlussendlich in der Residenz in Salzburg in die Bratpfanne. Der Aufwand war genauso groß wie der Bedarf an der begehrten Fastenspeise. Heute liegt die Fischerei-Bewirtschaftung in den beiden Kleinarler Talschluss-Seen in den Händen der Gutsverwaltung Nesselrode-Reichenstein.

DER WEG

Ausgangspunkt: Parkplatz Schwabalm (ab Parkplatz Jägersee mautpflichtige Zufahrt)

Anfahrt: A 10, Abfahrt Flachau. Auf der B 163 nach Wagrain und 12 km weiter über Kleinarl zum Parkplatz Jägersee. Auf der mautpflichtigen Zufahrt 3,5 km zum Parkplatz Schwabalm im Talschluss.

Haltestelle: Kleinarl Jägersee (ab Bhf. St. Johann Vorplatz mit Bus 530)

Schwierigkeit: T 2

Dauer-Anstieg Tappenkarsee: 1 ¾ Stunden, 580 Höhenmeter, 3,5 Kilometer

VOM TALSCHLUSS SCHWABALM ZUM TAPPENKARSEE

Der waldreiche Anstieg zum Tappenkarsee verläuft auf der kühlen Nordseite, er eignet sich also recht gut für heiße Sommertage. Zu solchen Zeiten ist dann auch an ein Eintauchen im See zu denken, der auf Grund der Höhe freilich kaum badetaugliche Temperaturen erreicht. Für eine zusätzliche Abkühlung sorgen dann auch unterschiedlich große Wasserläufe,

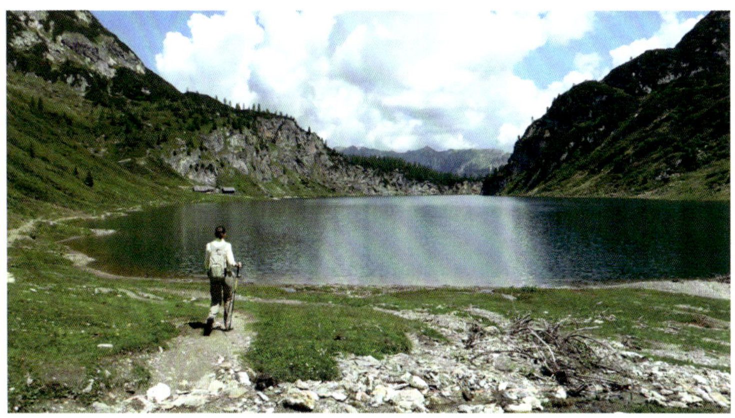

Der Uferweg von der Tappenkarseealm (im Bild) zur Tappenkarseehütte.

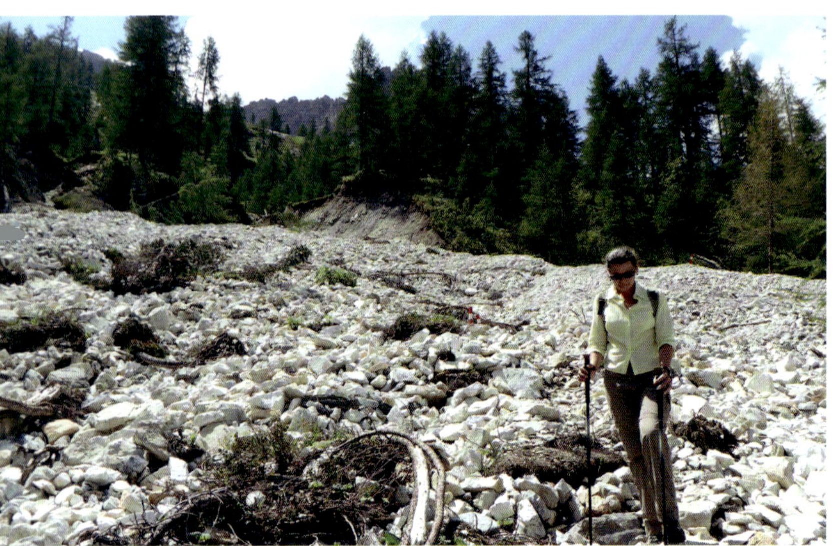

Ein Teil der Geröllawine vom Sommer 2014.

die sich links und rechts entlang des Aufstiegs ihren Weg ins Tal suchen.

Ausgangspunkt ist der Parkplatz Schwabalm im Talschluss des Kleinarltales auf 1200 Metern Seehöhe. Der vorerst breite Gehweg verengt sich bald und wird auch zunehmend steiler. Einige der massiven Schotterrinnen erinnern noch an den Juli 2014, als sich gewaltige Fels- und Schottermassen von der Nordflanke lösten und für eine Weltuntergangsstimmung im Tal sorgten. Im oberen Abschnitt war der Anstieg komplett zerstört und machte eine neue, aufwendige Wegführung nötig. Die Wasserspiele mit dem spektakulären Sprühvorhang, durch den früher jeder Wanderer gehen musste, sind damit leider auch Geschichte. Der

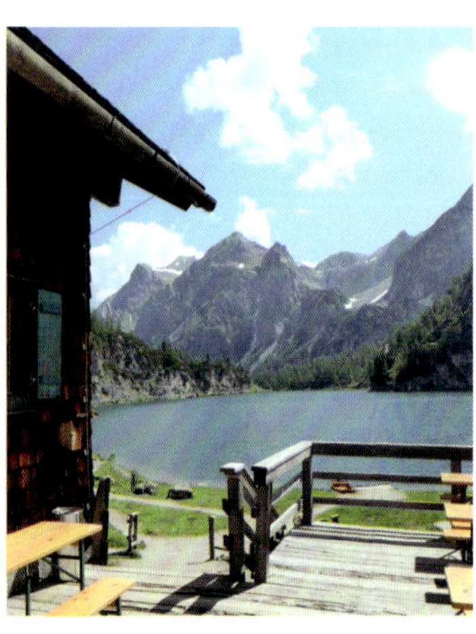

Die Tappenkarseealm wird über den Seeweg versorgt.

neue und sichere Stufenweg quer über die Nordwand ist aber ebenso aufregend. Der tosende Wasserfall auf der rechten Wegseite macht auf den Tappenkarsee aufmerksam, der sich bald in stiller Pracht präsentieren wird. Ein bequemer Uferweg führt in 20 Minuten zur **Tappenkarseealm** (1768 m) und in einer weiteren halben Stunde zur zweiten Einkehrmöglichkeit, der ebenfalls schon sichtbaren **Tappenkarseehütte** (1820 m). Zwischen den beiden Hütten bietet sich die Möglichkeit zu einer netten Runde an, die über das westlich gelegene Draugsteintörl (2077 m) führt. Der zeitliche Mehraufwand beträgt eine Stunde, dafür eröffnet sich aber auch eine gewaltige Horizonterweiterung in Richtung Hohe Tauern. Ab der Tappenkarseealm erfolgt der Abstieg auf dem bereits bekannten Weg.

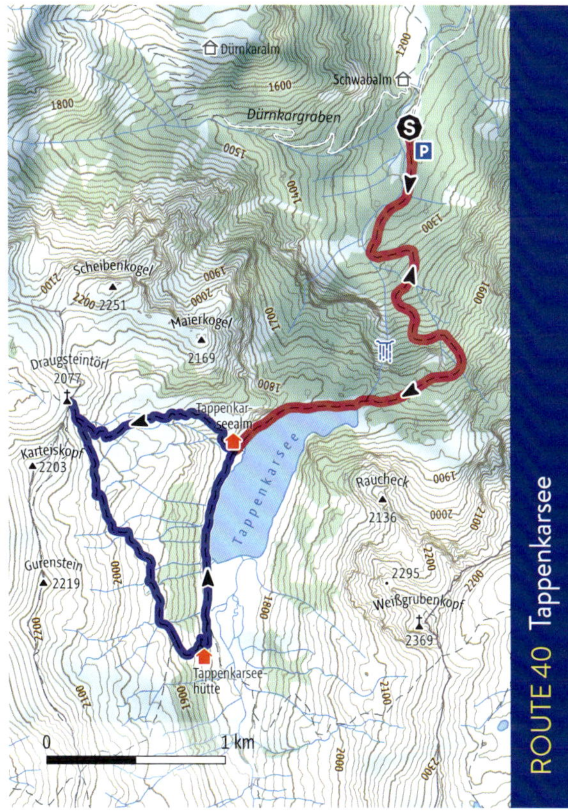

41 Trögseen

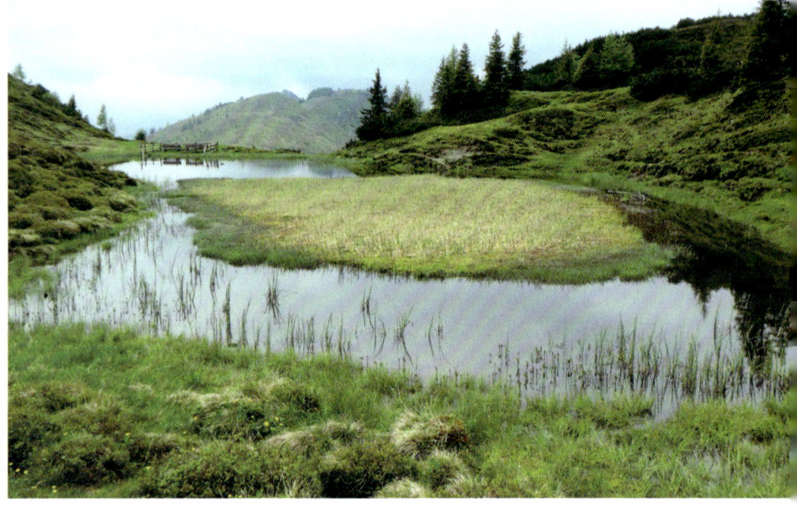

Der beinahe schon verlandete Trögsee.

Die kleinen Bergseen auf der Westseite des Gründegg sind leicht zu übersehen. Aber der minimale Umweg zu diesem paradiesischen Ort über dem Ellmautal ist mehr als lohnend.

DER SEE

Kategorie: Hochgebirgssee (Moorsee)
Lage: Gemeinde Großarl
Seehöhe: 1938 m
Fläche: 600 m^2
Max. Seetiefe: 2,5 m

Wie beinahe alle Seen in Salzburg ist auch der kleine Trögsee durch die Ausschürfungen der Gletscherflüsse in der letzten Eiszeit entstanden. Der Trögsee und seine benachbarten Lacken sind der letzte Rest eines größeren Seengebietes, das sich, etwas versteckt vom Hauptweg, in einer langgestreckten Mulde auf der Gründegg-Westseite ausbreitet. Die gut erkennbaren Verlandungsflächen und die moorigen Wiesen weisen auf die einstige Größe hin. Aber auch der verbliebene Rest ist äußerst eindrucksvoll und durch seine Süd-West-Ausdehnung besonders in der Abendstimmung sehr reizvoll. Eine nette Sitzgelegenheit verstärkt den Genuss. Den Rückweg sollte man allerdings nicht unterschätzen, der See liegt ja immerhin auf knapp 2000 Metern.

DER WEG

Ausgangspunkt: Parkplatz Grundlehen

Anfahrt: A 10, Abfahrt Knoten Pongau. Bis St. Joh. auf der B 311, dort in das Großarltal abzweigen. Im Zentrum von Großarl nach links in das Ellmautal, Parkplatz Grundlehen nach 5 km.

Haltestelle: Großarl Grundlehen (Bus 541 ab Großarl Ortsmitte)

Schwierigkeit: T 2

Dauer: 3 ¾ Stunden, 850 Höhenmeter, 8 Kilometer

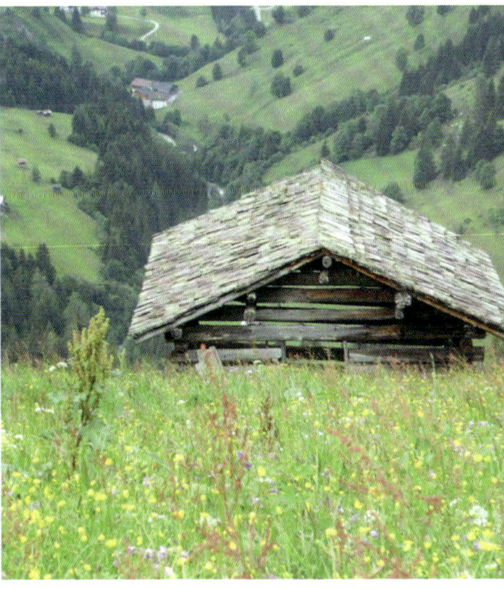

Die Weiden gehören zur Ellmaualm.

AUS DEM ELLMAUTAL ÜBER GRÜNDEGG ZU DEN TRÖGSEEN

Ausgangspunkt ist der Parkplatz Grundlehen (1322 m) im Talschluss des Ellmautales. Die markierte Route 61 zur Weißalm folgt noch einige Minuten der breiten Wirtschaftsstraße und zweigt dann nach links auf einen klassischen Almsteig ab. Das bedeutet schmal, durchgehend steil und spürbar vom Almvieh benutzt. Aber dafür wurde der Steig ja vor vielen Generationen angelegt. Zu Beginn führt der Weg noch durch einen kühlen Wald, aber schon bald wird das Gelände lichter, auch

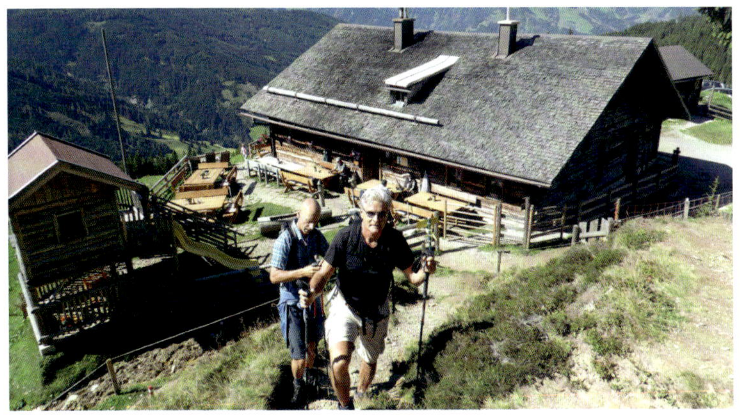

Die Ellmaualm liegt auf der sonnigen Gründegg-Südseite.

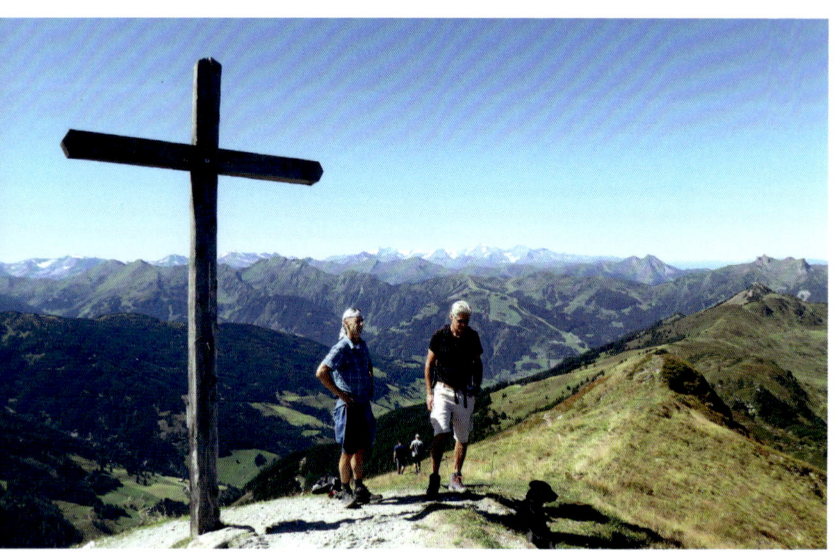

Der Abstieg vom Gründegg-Gipfel folgt dem Kammverlauf Richtung Westen.

einige kleinere Bachläufe werden gequert. Nach eineinviertel Stunden ist die aussichtsreich gelegene **Weißalm** (1724 m) erreicht. Die schöne Alm hat verständnisvolle Besitzer, die mit der alten Substanz gut leben und umgehen können. In den letzten Jahren wurde das Gebäude behutsam renoviert und zugleich auf einen zeitgemäßen Standard gebracht. Auf der offenen Feuerstelle, über der die spiegelblanken Kupferkessel hängen, wird noch wie seit Generationen der Sauerkäse hergestellt. Der Weg 61 Richtung Gründegg legt noch zweihundert Höhenmeter über die Westhänge zurück und folgt dann dem nach links abzweigenden Höhenweg auf den Gipfel (2168 m). Die Gehzeit vom Talboden bis hierher beträgt zweieinhalb Stunden.

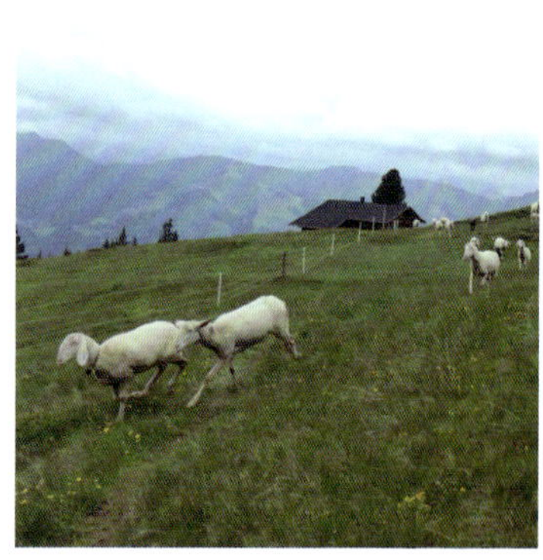

Am Weg zur Ellmaualm.

Der Abstieg folgt dem Weg 64 über den breiten Westrücken Richtung Saukaralm eine halbe Stunde bis zur Abzweigung „Trög 5 Min.“ nach rechts. Der zauberhafte See ist in den flachen Kammverlauf gut eingebettet, man muss schon wirklich diese paar zusätzlichen Meter zurücklegen, um in den vollen See- und Sehgenuss zu kommen. Von der stilvollen Sitzgelegenheit aus betrachtet, baut sich die Gründeggpyramide im Osten auf, in der Gegenrichtung glänzen die Hohen Tauern herüber. Der weitere Kammweg trifft auf eine Gabelung, wir folgen nach links der Route 63 zur **Ellmaualm** (1795 m). Auf die Kinder wartet ein origineller Spielplatz mit einer Holzburg, dazu auch noch Almtiere zum Anfassen,

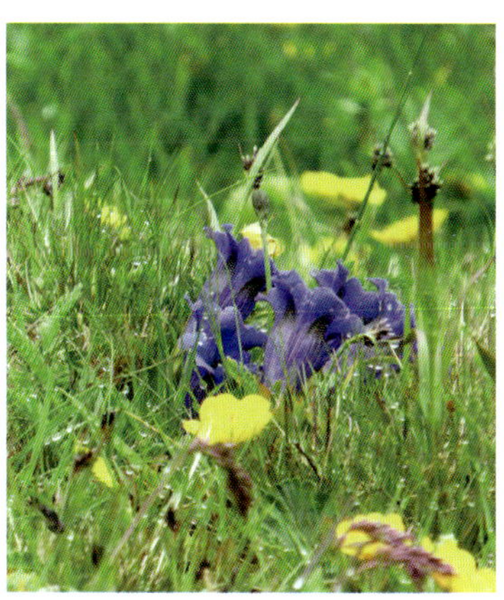

Enzian bei den Trögseen.

für die Erwachsenen gibt es auf der herrlichen Aussichtsterrasse in der Zwischenzeit vielleicht einen erfrischenden Radler. Der knapp einstündige Abstieg in das Tal folgt dem Almsteig 62.

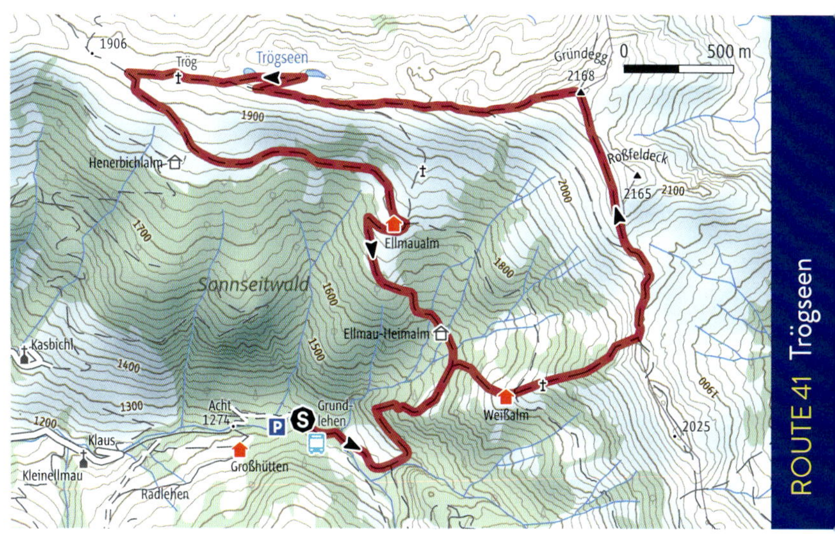

42 Ötzlsee und Schödersee

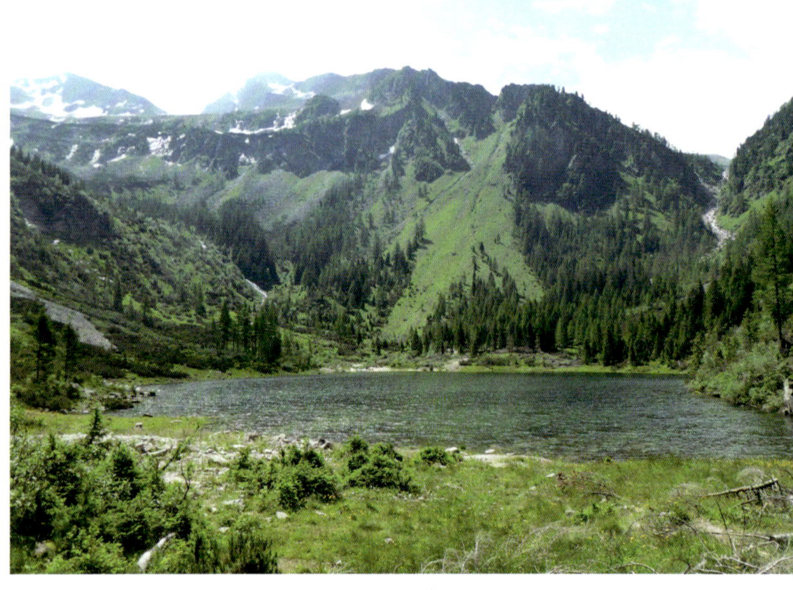

Der episodische Schödersee nach intensiven Regenfällen.

Zwei seltsame Seen warten im Talschluss von Hüttschlag auf ihre Besucher. Der junge Ötzlsee hat ganz praktische Entstehungsgründe, der periodische Schödersee verschwindet hingegen hin und wieder zur Gänze.

DIE SEEN

ÖTZLSEE

Kategorie: künstlich entstandener See
Lage: Gemeinde Hüttschlag
Seehöhe: 1061 m
Fläche: 6500 m^2
Max. Seetiefe: 3 m

Der Ötzlsee hat eine interessante Entstehungsgeschichte, denn seine Geburtsstunde hängt mit dem Bau der Gemeindestraße von Hüttschlag in den Ortsteil See in den 1980er-Jahren zusammen. Das durch die notwendige Schotterentnahme entstandene Loch wurde ganz einfach geflutet und seither freuen sich die Urlauber und die Einheimischen genauso wie die Fliegenfischer über dieses neu gewonnene, leicht erreichbare Naherholungsgebiet.

SCHÖDERSEE

Kategorie: Bergsee (episodisch)
Lage: Gemeinde Hüttschlag
Seehöhe: 1432 m
Fläche: bis 8000 m²
Max. Seetiefe: bis 2 m

Die Geschichte des Schödersees, am Ende der Wanderung, ist komplizierter. Er ist der einzige episodische See im Nationalpark Hohe Tauern, der sich nur während der Schneeschmelze und nach starken Regengüssen füllt. Er wirkt dann wie ein Überlaufbecken und schützt vor Hochwasser. Nach dem Abfließen verwandelt sich das Gebiet in eine Gras- und Weidefläche, nur ein kleines Bächlein mäandriert noch durch das breite Becken und verschwindet schließlich ganz zwischen den Steinen. Die Entwässerung des Sees erfolgt über einen unterirdischen Ablauf, der dann im nördlichen Schödertal direkt neben dem Wanderweg an das Tageslicht tritt.

Dieses Phänomen und die je nach Jahreszeit und Wetterlage völlig unterschiedliche Gestalt des Schödersees regten die Phantasie der Besucher an und führten zu zahlreichen Sagen. Eine Hauptrolle spielen dabei die arglistigen, im See lebenden Schödermännchen, die schon einmal den Händlern den Weinvorrat und den Bauern die Milchkühe stehlen. Bis in das Jahr 1925 führte aus dem Großarltal eine beliebte Wallfahrt durch das Schödertal und weiter über die Arlscharte durch das Maltatal zum „Heiligen Berg der gnadenreichen Gottesmutter Maria Luschari (Monte Santo di Lussari)“ in der Nähe von Tarvis (Italien). Es war keine kirchliche Wallfahrt, mög-

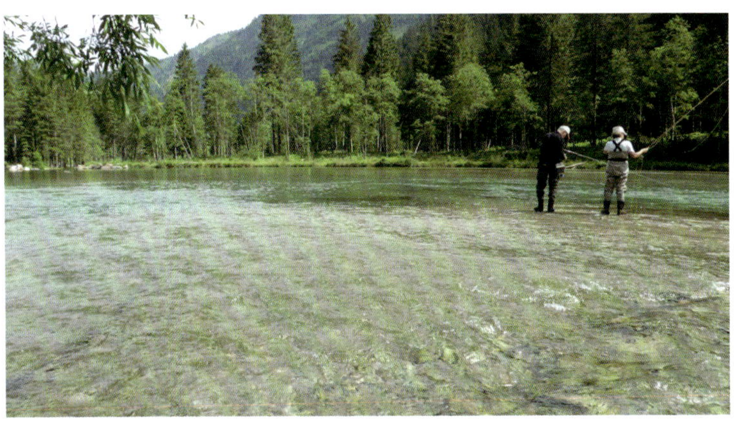

Der Ötzlsee ist ein beliebtes Freizeit- und Fischrevier.

licherweise geht die Bewegung auf die in Hüttschlag arbeitenden Knappen zurück, von denen viele aus den südlich angrenzenden Ländern stammten.

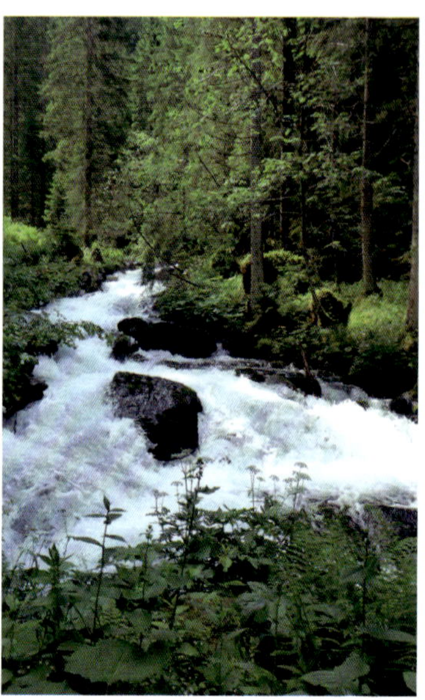

Der Weg zum Schödersee folgt dem Bachverlauf.

DER WEG

Ausgangspunkt: Parkplatz beim Talschlussmuseum, Hüttschlag
Anfahrt: A 10, Abfahrt Knoten Pongau. Auf der B 311 nach St. Johann und weiter in das Großarltal über Hüttschlag in den Ortsteil Stockham (Talschlussparkplatz).
Haltestelle: Hüttschlag Talschluss (Bus 540 ab Bhf. St. Johann i. Pg.)
Schwierigkeit: T 2
Dauer (Anstieg): 2 Stunden, 400 Höhenmeter, 5,5 Kilometer

VOM TALSCHLUSS IN HÜTTSCHLAG ZUM SCHÖDERSEE

Ausgangspunkt ist der große Talschlussparkplatz im Gemeindegebiet Hüttschlag. Die erste halbe Stunde bis zum Ötzlsee (1068 m) ist noch eine gemütliche Eingehstrecke, bis zu diesem familienfreundlichen Naherholungsgebiet ist auch die Zufahrt mit dem Fahrrad möglich. Der Weg führt zu einer romantischen Holzfällerhütte, danach beginnt ein schmaler Pfad. Eine Brücke quert den Bach, der hier schon eine ordentliche Größe erreicht hat. Auffallend sind die intensiv rot gefärbten, von Flechten überzogenen Gesteinsblöcke am Ufer. Der Wildbach bleibt auch für die nächste Stunde der ständige Wegbegleiter. Er garantiert selbst an heißesten Sommertagen eine angenehme Frische, aber auch einen oft feucht-rutschigen Weguntergrund. An einigen Übergängen sind Brücken nötig, sonst folgt der wunderbare Weg ganz einfach dem angenehm ansteigenden Grabenverlauf. Zwischendurch verflacht der Weg, die kleine, von saftigem Grün überzogene Ebene ist dann auch ein beliebter Futterplatz für Almtiere. Wieder etwas weiter oben verstummt auf einmal das vertraute Wasserrauschen, der Bach verläuft ab jetzt unter der Erde. Nun ist es nicht mehr sehr weit zum Schöderseebecken.

Nach einem letzten kurzen Waldabschnitt öffnet sich das Kar, in dem der Schödersee (1432 m) liegt. Oder auch nicht, sein Zustand und seine Größe sind ganz von der Jahreszeit und den Niederschlägen abhängig. Das Ausdehnungspotenzial ist auf jeden Fall gut erkennbar. Der südwärts weiterführende Weg auf die Arlscharte (Anstieg 2 Std.) trifft auf drei weitere, tatsächlich vorhandene Seen. Unser schönes Ziel aber ist mit dem periodisch auftretenden Schödersee erreicht. Der Rückweg folgt dem Anstieg. Wenn noch Zeit bleibt, dann ist im Talschluss der Besuch des Nationalpark-Museums sehr lohnend, das sich mit dem Thema Almen auseinandersetzt. Für die kulinarischen Bedürfnisse empfehlen sich der **Talwirt** nebenan oder das **Bauernladen-Stüberl** etwas oberhalb.

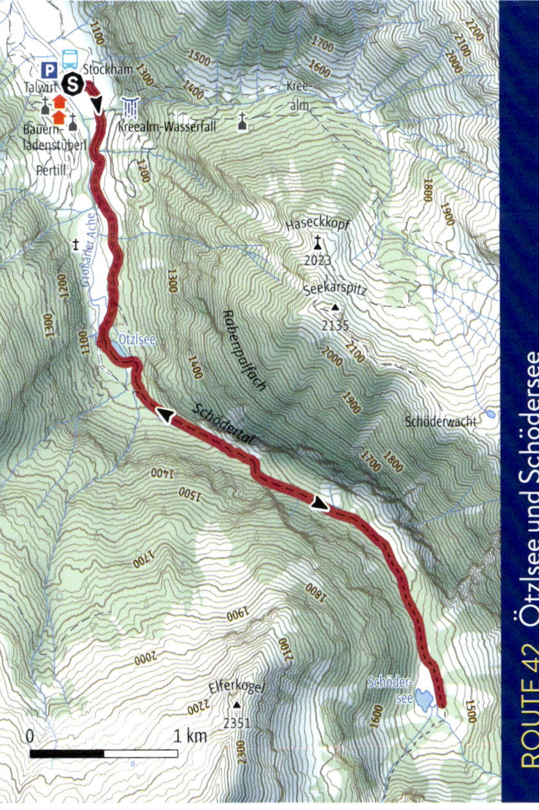

43 | Schuhflickersee

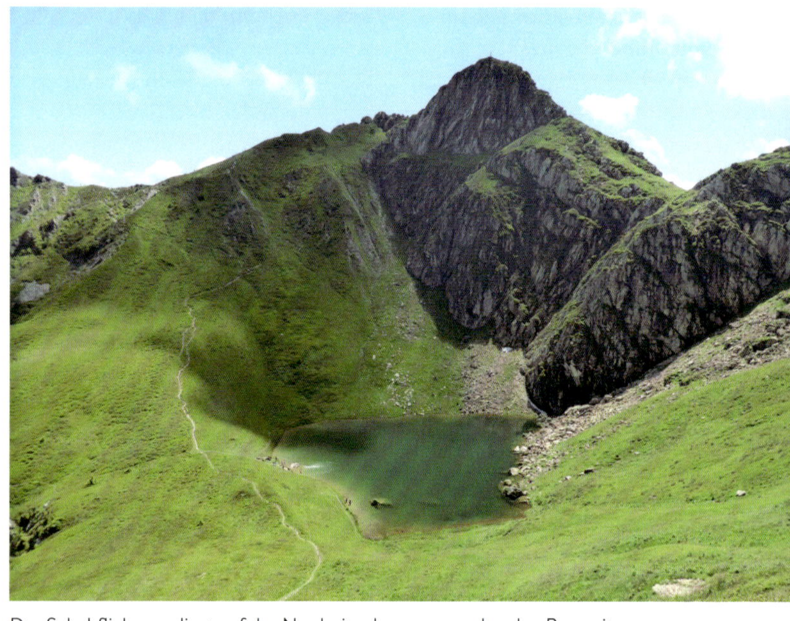

Der Schuhflickersee liegt auf der Nordseite der namensgebenden Bergspitze.

Der idyllische See und der gleichnamige, beinahe unnahbare Felsgipfel sind ein malerisches Duo und bilden zugleich ein starkes Kontrastprogramm.

DER SEE
Kategorie: Hochgebirgssee
Lage: Gemeinde St. Veit
Seehöhe: 2041 m
Fläche: 5800 m²
Max. Seetiefe: 15 m

Um den Schuhflicker ranken sich etliche Sagen. Zwei Großarler Schustergesellen erstarrten zu Fels, weil sie ein ziemlich liederliches Leben führten. Wenn man genau schaut, sind die beiden ja noch am Felsenkamm zu erkennen, wie sie die Schuhsohlen der armen Sünder nageln. Sagenhaft schön ist aber jedenfalls auch der kleine Bergsee, der sich nun zu ihren Füßen ausbreitet. Obwohl das Wasser eiskalt ist, herrscht im Sommer reger Badebetrieb. Interessant ist, dass der Wasserspiegel konstant bleibt, obwohl es keinen oberirdischen Zu- und Abfluss gibt. Jetzt kommt wieder eine Sage ins Spiel, denn angeblich hat der See eine direkte Verbindung zum Tappenkarsee in Kleinarl. Wahr ist wiederum, dass es im See Fische gibt und dass das Fischrecht um teures Geld in den 1980er-Jahren verkauft wurde.

DER WEG

Ausgangspunkt: versch. Startpunkte zwischen Parkplatz in Großarl an der Abzw. Zufahrt Aualm bis Au-Hochalm (Ende Güterweg)

Anfahrt: A 10, Abfahrt Knoten Pongau. Auf der B 311 nach St. Johann und weiter in das Großarltal. Am Ortsanfang Großarl nach rechts in den Ortsteil Unterberg abzweigen. Nach rechts auf die Zufahrt „Aualm" abzweigen. Parken hier oder spätestens nach 7 km vor der Aualm.

Haltestelle: Großarl Sportzentrum (Bus 540 ab Bhf. St. Johann)

Schwierigkeit: T 2

Ges. Dauer ab Talboden: 6 Stunden, 1350 Höhenmeter, 14 Kilometer

Ges. Runde ab Au-Hochalm: 2 ¼ Stunden, 500 Höhenmeter, 4,5 Kilometer

ÜBER DIE AU-HOCHALM ZUM SCHUHFLICKERSEE

Die Länge der Wanderung zum Schuhflickersee kann ganz nach Lust und Kondition variiert werden. Die längste Variante (ges. 6 Std., rot) startet im Talboden in Großarl an der Abzweigung der Alm-Zufahrt, der kürzeste Anstieg beginnt bei der **Au-Hochalm** (1795 m, blau) und erreicht in einer Stunde den malerischen See im Kar auf der Nordseite des Schuhflickers. Dazwischen liegen je nach Parkplatz-Verfügbarkeit mehrere mögliche Ausgangs-

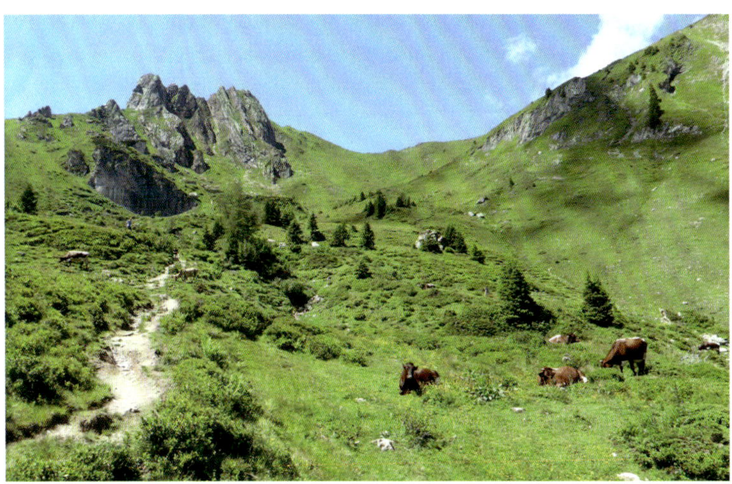

Der Schuhflicker. Der Weg zum See führt über den Sattel rechts.

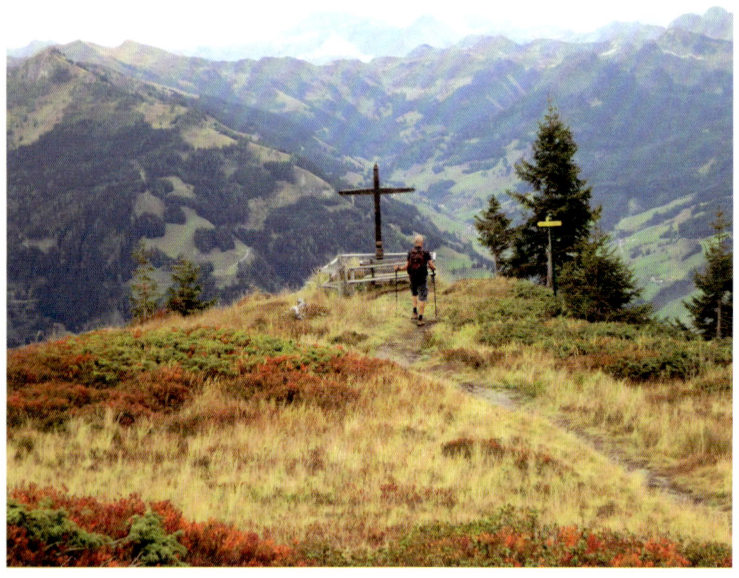

Eine Abstiegsvariante zur Au Hochalm verläuft über den Aukopf.

punkte. Der Anfangsteil ab Großarl ist für die Wanderer und die Autofahrer noch identisch, dann zweigt aber nach einigen Minuten von der angeschriebenen Zufahrt „Aualm" der Steig 34 a (Aualm, Schuhflicker) nach links ab. Steig und Zufahrt kreuzen sich einige Male, ein anderer guter Einstiegspunkt in den schönen Fußsteig ist die Aubauer Heimalm auf knapp über 1500 Metern Seehöhe. Von diesem markanten Punkt an der scharfen S-Kurve sollte man mit einer Stunde Gehzeit bis zur Aualm rechnen. Knapp vor der bewirtschafteten Alm liegt der letzte Parkplatz, der natürlich immer recht gut gefüllt ist. Der weitere Weg 34 folgt dem Grabenverlauf in ein landschaftlich besonders reizvolles Alm-Weidegebiet. Als Kontrast zu den grünen Almmatten heben sich die spitzen Zacken des Schuhflickers (2214 m) ab.

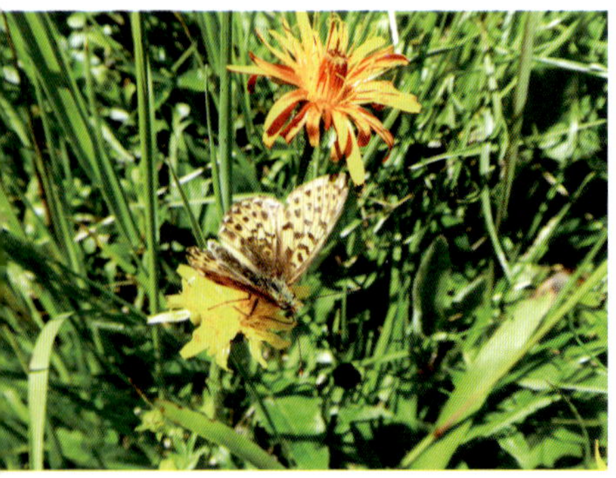

Perlmuttfalter am Seeufer.

Dieser massive Felsaufbau besteht aus Dolomitgestein, während im Almgelände Glimmerschiefer vorherrscht. Der Steig Richtung Schuhflicker wird zum Schluss hin steiler, aber dann, auf dem Sattel angelangt, öffnet sich auch schon ein herrlicher Tiefblick auf den Schuhflickersee (2041 m). Nach dem 15-minütigen Abstieg zum Seeufer und der anschließenden verdienten Rast geht es auf dem gleichen Weg wieder retour. Der halbstündige Gipfelsteig auf den Schuhflicker ist anspruchsvoll, er erfordert Trittsicherheit und schwindelfreies Gehen. Am Weg dorthin zur Gratwanderung zweigt aber eine nette Rückwegvariante zur Aualm über das Wetterkreuz am Aukopf und den Liechtensteinkopf nach links ab (Weg 34 b). Entweder ist dort der Startpunkt schon wieder erreicht oder es geht auf einer der Routen zum jeweiligen Ausgangspunkt retour.

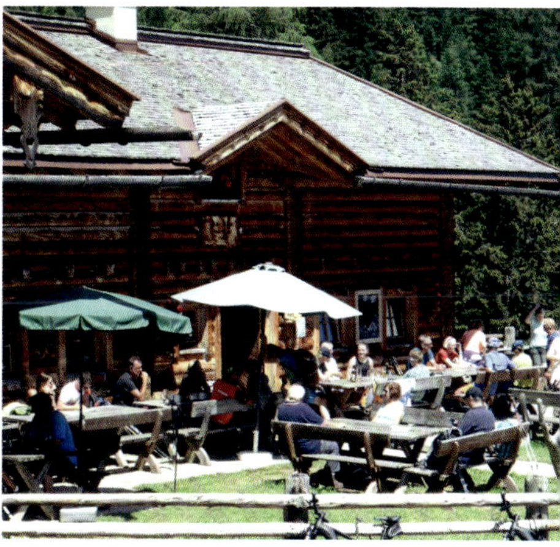

Treffpunkt Au Hochalm.

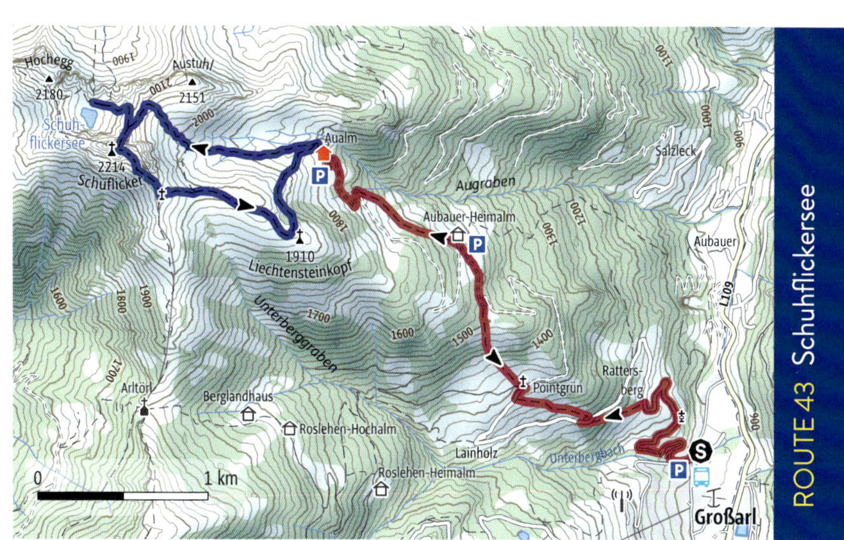

ROUTE 43 Schuhflickersee

44 Kleiner und Großer Paarsee

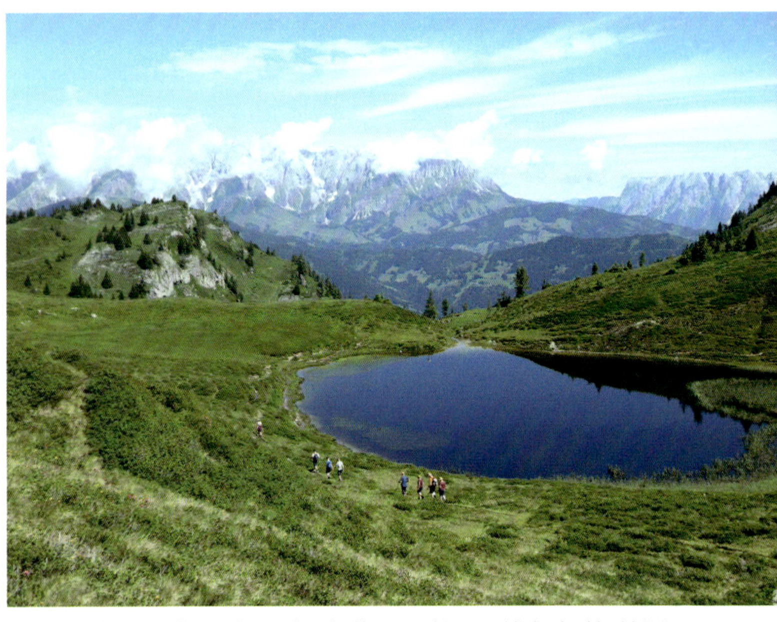

Der Kleine Paarsee. Gegenüber rechts das Tennengebirge und links der Hochkönig.

Was die Wasserversorgung betrifft, ist der Große Paarsee über einen Zufluss vom höher gelegenen Kleinen Paarsee abhängig.

DER SEE

KLEINER PAARSEE

Kategorie: Hochgebirgssee
Lage: Gemeinde St. Veit im Pongau
Seehöhe: 1948 m
Fläche: 5300 m²
Max. Seetiefe: 2 m

Seit 1990 steht das 867 Hektar große Dreieck zwischen Paarseen, Schuhflicker und Heukareck unter besonderem Naturschutz. Die Unterschutzstellung durch das Land Salzburg weist auf die hohe ökologische Bedeutung des Gebiets rund um die Paarseen hin. Ausschlaggebend dafür war die mosaikartige Verzahnung der unterschiedlichen Landschaftsformen. Diese setzen sich aus den von den Gletschereinflüssen geprägten alpinen Zonen, aus seltenen Mooren, Hangrasen, Schutt- und Felsspaltengesellschaften sowie natürlich den beiden Paarseen selbst zusammen. Auch der vielfältige Waldreichtum, bestehend aus Eschen-, Ahorn-, Buchen-, Tannen-, Fichten- und Lärchenbeständen ist beeindruckend. Im Naturschutzgebiet Paarseen liegt der nördlichste Zirbenstandort der Radstädter Tauern. Geologisch betrachtet befindet sich das Gebiet der Paarseen in der Schieferzone, nur der im wahrsten Sinn herausragende, aus hartem Dolomitgestein bestehende Schuhflicker (2214 m), vier Kilometer weiter südwärts, macht eine unübersehbare Ausnahme.

GROSSER PAARSEE

Kategorie: Hochgebirgssee
Lage: Gemeinde St. Veit im Pongau
Seehöhe: 1856 m
Fläche: 31.500 m²
Max. Seetiefe: 9,5 m

Im Unterschied zum Kleinen Paarsee findet der Große Paarsee als fischreiches Gewässer Eingang in die historische Literatur. Der Kartograph und Reisebuchschriftsteller Lorenz Hübner (1751–1807) erwähnt den damals zur Pflegschaft Goldegg gehörenden See und lobt die Qualität der Fische. Der Kleine Paarsee bleibt unerwähnt, obwohl aus dieser oberhalb gelegenen Mulde der Zufluss in den Großen Paarsee stammt. Der Abfluss in das Salzachtal erfolgt unterirdisch. Für die Besucher aus dem Tal ist der Große Paarsee erst nach einem weglosen Abstieg in die 100 Höhenmeter tiefer gelegene Karmulde erreichbar. Am Kleinen Paarsee hingegen führt der bequeme Wanderweg Richtung Haßeck (2119 m) direkt vorbei.

DER WEG

Ausgangspunkt: Wanderparkplatz Hauserbauer
Anfahrt: A 10, Abfahrt Knoten Pongau. Auf der B 311 über Schwarzach in das Gasteiner Tal bis zur Abzweigung Dorfgastein nach links. Am Mayrhofbach entlang der angeschriebenen Auffahrt Richtung Alpengasthof Hauserbauer folgen. Nach 2 km befindet sich rechts der vom Gasthof Hauserbauer kostenlos zur Verfügung gestellte Parkplatz.
Haltestelle: Dorfgastein Dorfstraße (ab Bhf. Schwarzach mit Bus 550)
Schwierigkeit: T 2
Dauer Anstieg: 2 ½ Stunden, 900 Höhenmeter, 4,5 Kilometer

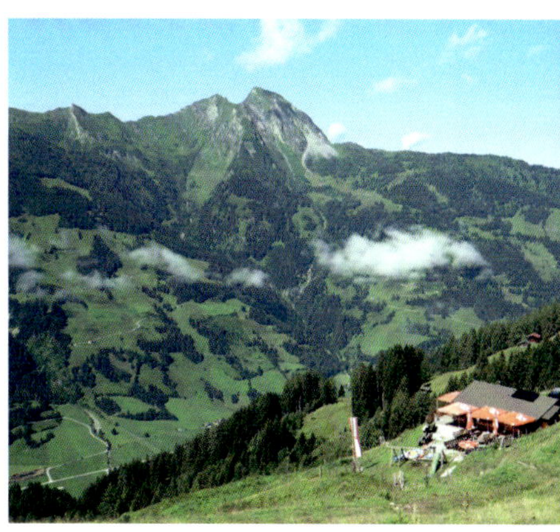

Die Steiner Hochalm mit Blick auf den Bernkogel.

VOM HAUSERBAUER ÜBER DIE MAIERHOFERALM ZU DEN PAARSEEN

Ausgangspunkt ist der speziell für die Wanderer eingerichtete Parkplatz etwas unterhalb der **Gaststätte Hauserbauer** (1075 m). Dort bieten sich zwei angeschriebene Anstiege zu den Paarseen an. Die gemütliche Variante zweigt nach rechts ab und führt in zwei Stunden über den Güterweg zur Maierhoferalm (1593 m). Um eine halbe Stunde kürzer ist der Weg, der nach links zuerst nur mäßig ansteigend an der Sebastiani-Kapelle vorbei zum letzten Hof Mitterbauer verläuft, dann aber immer steiler zur Maierhoferalm bzw. zur bewirtschafteten **Steiner Hochalm** weiterführt. Der kürzeste Weg zweigt schon vor der Steiner Hochalm Richtung Paarseen über die steilen Almwiesen nach rechts ab und erreicht nach einer weiteren dreiviertel Stunde eine Weggabelung auf dem Sattel. Nach links führt der Weg in zehn Minuten auf die Gasteiner Höhe (1994 m), nach rechts geht es in einer dreiviertel Stunde auf das Haßeck (2119 m) und geradeaus ist in wenigen Minuten der Kleine Paarsee zu erreichen. Ebenfalls sehr lohnend ist der mit zehn Minuten Gehzeit angeschriebene „Zwei-Seenblick Bärenrast". Von der urigen Sitzgelegenheit aus öffnet sich dann erstmals der Blick auf den tief unterhalb gelegenen Großen Paarsee. Der Abstieg zum unteren See ist nicht schwierig, aber es führt kein markierter Steig an das Ufer. Der Rückweg vom Sattel folgt der bereits bekannten Route oder zweigt dann vor der Steiner Hochalm in die alternierende Variante retour zum Parkplatz Hauserbauer ein.

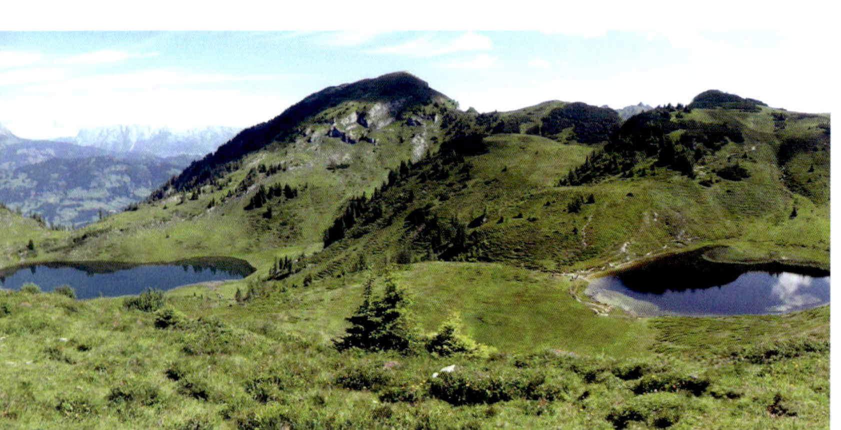

Der Große (links) und der Kleine Paarsee mit dem Haßeck (2119 m) in der Mitte.

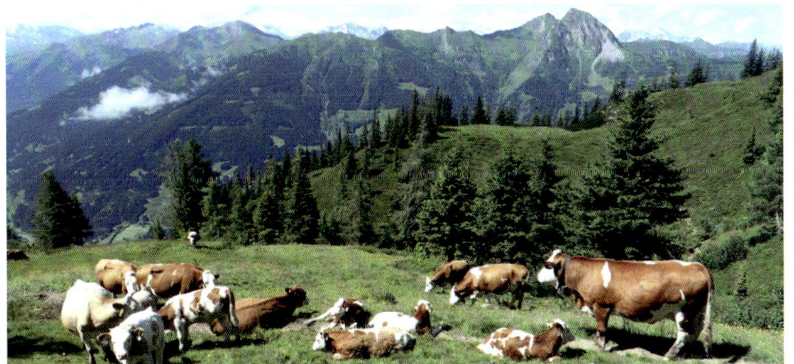

Blick vom Aufstieg südwärts in das Gasteiner Tal.

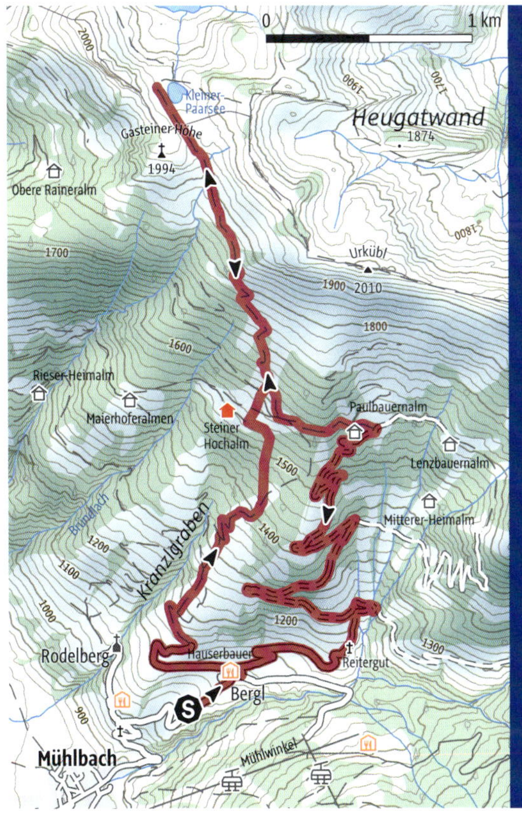

ROUTE 44 Kleiner und Großer Paarsee

45 Reedsee, Seekarl und Windschursee

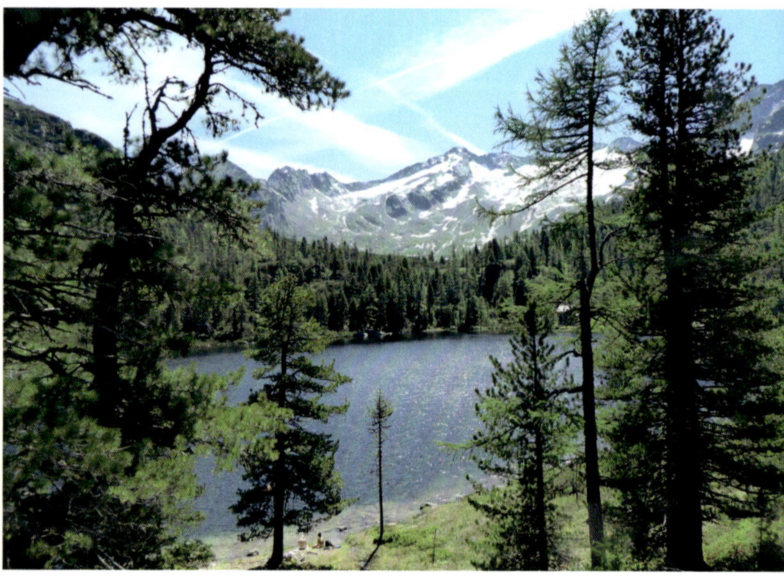

Der von Zirben umrahmte Reedsee mit dem Tischlerkar im Hintergrund.

Es heißt, der Reedsee sei der schönste aller Alpenseen. Der erste Eindruck mit dem vergletscherten Tischlerkar im Hintergrund ist auf jeden Fall wirklich einzigartig.

DER SEE

REEDSEE

Kategorie: Hochgebirgssee
Lage: Gemeinde Bad Gastein
Seehöhe: 1825 m
Fläche: 44.500 m²
Max. Seetiefe: 22 m

Nach dem durchgehend steilen Anstieg aus dem Kötschachtal tut Beruhigung gut. Die stellt sich auch ein, wenn dann nach zweieinhalb Stunden Gehzeit vermehrt die von Wind und Wetter gezeichneten Zirben entlang des Weges auftauchen. Allerdings wird es trotzdem gleich wieder atemberaubend, wenn sich der Vorhang öffnet und den Blick auf den Reedsee frei gibt. Die Maler der Romantik hätten ihre helle Freude mit der Szenerie: himmelblauer See, leuchtende Gletscher, dramatische Bergspitzen als obere und ein Zirben-Lärchenwald in der jeweiligen Färbung der Saison als untere Umrahmung.

Im Hochsommer kann der Reedsee sogar mit einigermaßen badetauglichen Temperaturen aufwarten. Über 16 Grad wird er zwar nicht hinauskommen, aber nach dem schweißtreibenden Anstieg reicht das schon für ein kurzes Ein- und Abtauchen. In der Umgebung am Weg Richtung Palfner Scharte (2321 m) liegen noch weitere, unterschiedlich leicht erreichbare Seen, die aber vom Gesamterlebnis schwer mit dem Reedsee mithalten können. Eines dieser kleinen Gewässer ist der versteckte Seekarl, der nach 20 Gehminuten an genau jener Stelle über einen Stichweg erreicht wird, wo das handgeschriebene Schild „Palfner Scharte“ auf eine Bachüberquerung hinweist. Dieser Bach ist der Ablauf des Seekarl, dem es nur zu folgen gilt.

WINDSCHURSEE

Kategorie: Hochgebirgssee
Lage: Gemeinde Bad Gastein
Seehöhe: 2215 m
Fläche: 5500 m^2
Max. Seetiefe: 8 m

Der über fünf Hektar große Windschursee in der baumlosen Ödlandzone ist unübersehbar, zumal der Weg auf die nahe Palfnerscharte direkt an seinem Ufer (2215 m) vorbeiführt. Im Franciszeischen Kataster auf der Grundlage von 1817 sind sogar zwei benachbarte Seeflächen vermerkt, von denen eine die Bezeichnung Windschursee trägt. Wirtschaftlich gesehen war der See uninteressant, im nährstoffarmen, mit wenig Biomasse versehenen Wasser konnte keine sinnvolle Fischaufzucht betrieben werden. Auch die

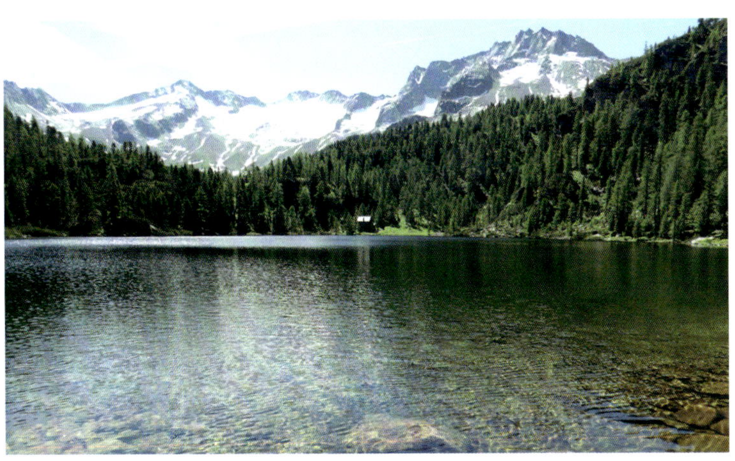

Der Windschursee liegt am Weg zur Palfner Scharte.

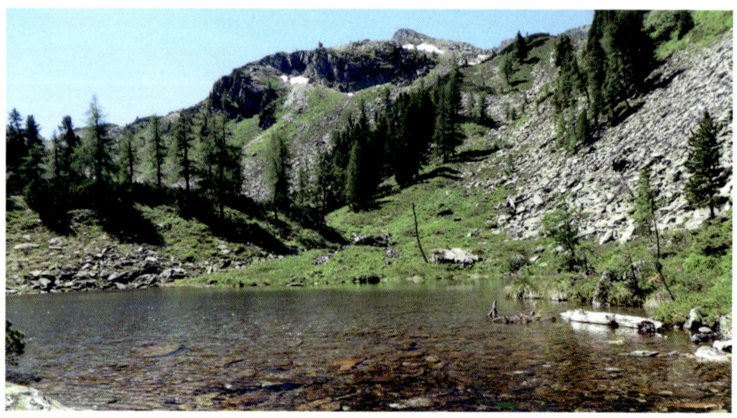

Der winzige See im Seekarl ist ein versteckter Wasserschatz.

Ufervegetation ist karg. Dafür ist die Lage mit Blick auf das Tischlerkar und den unterhalb gelegenen Reedsee umso prachtvoller.

DER WEG

Ausgangspunkt: Parkplatz nahe „Hotel Grüner Baum"

Anfahrt: A 10, Abfahrt Knoten Pongau. Auf der B 311 bis Lend, der B 167 bis Bad Gastein. Am Bahnhof vorbei, dann links Richtung Kötschachtal. Nach 3 km Parkplatz nahe Hotel Grüner Baum.

Haltestelle: Bad Gastein Grüner Baum (Bus 555 ab Bhf. Bad Gastein)

Schwierigkeit: T 2

Dauer – Anstieg Reedsee: 2 ¾ Stunden, 780 Höhenmeter, 5,5 Kilometer

AUS DEM KÖTSCHACHTAL ZUM REEDSEE

Ausgangspunkt ist der Parkplatz nahe der Hotelanlage Grüner Baum. Ursprünglich befand sich hier das Jagdhaus von Erzherzog Johann. Daraus entwickelte sich eine Luxusherberge, in der sich ab den 1920er-Jahren gekrönte Häupter, Schauspieler und Wirtschaftskapitäne trafen. Derzeit liegt die Anlage im Dornröschenschlaf und wartet auf seine neue Bestimmung. Der Weg führt taleinwärts Richtung Prossau an einer Schnitzerei, an Alpakas und an einer Andachtsstelle vorbei. Im Jänner 1951 fegte hier eine gigantische Staublawine über vier Anwesen hinweg und tötete 14 Bewohner. Der Lawinenkegel war 20 Meter hoch. Aber auch im Sommer droht aus dem so friedlich erscheinenden Kötschachtal Gefahr, wie die gewaltigen Wildbachverbauungen erkennen lassen. Bald danach zweigt der Weg 526 nach rechts über den Bach ab, verläuft noch einige Minuten im flachen Tal und beginnt dann mit jener Steigung, die er die nächsten 700 Höhenmeter beibehalten wird. Zu Beginn führt der kühle, nordseitige Anstieg noch durch einen dichten Hochwald, mit zunehmender Höhe aber gibt es mehr Aussichtsplätze und der Wald wird immer stärker von wärmeliebenden Kiefern geprägt. Der Zirbenbestand war in früheren Zeiten wesentlich größer, aber der Gasteiner Bergbau hatte einen enormen Holzbedarf. Allmählich geht die Steigung zurück, eine erste kleine, reichlich vermoorte Verlandungsebene ist ein deutlicher Hinweis auf den großen Reedsee. Am gegenüberliegenden Ufer ist die unbewirtschaftete Reedsee-AV-Hütte (1832 m) erkennbar, ein viertelstündiger Weg führt dorthin.

Wer noch über Lust und Kondition zum Entdecken weiterer Seen

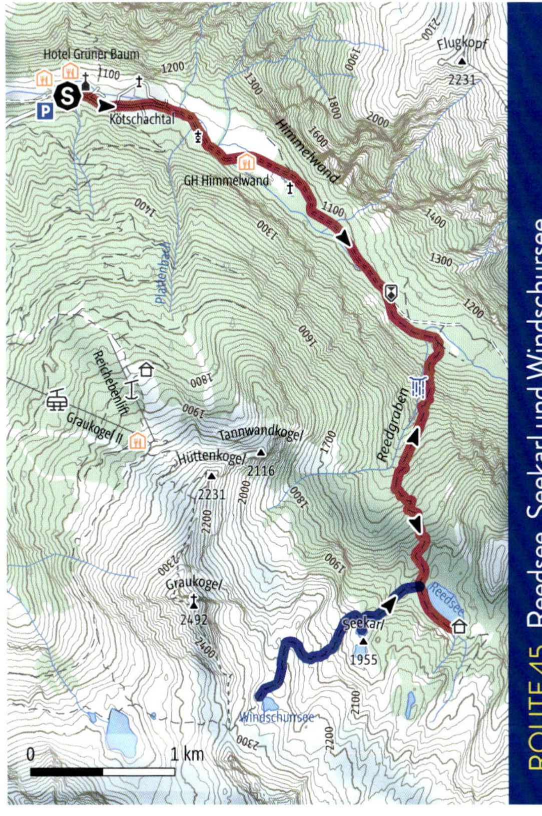

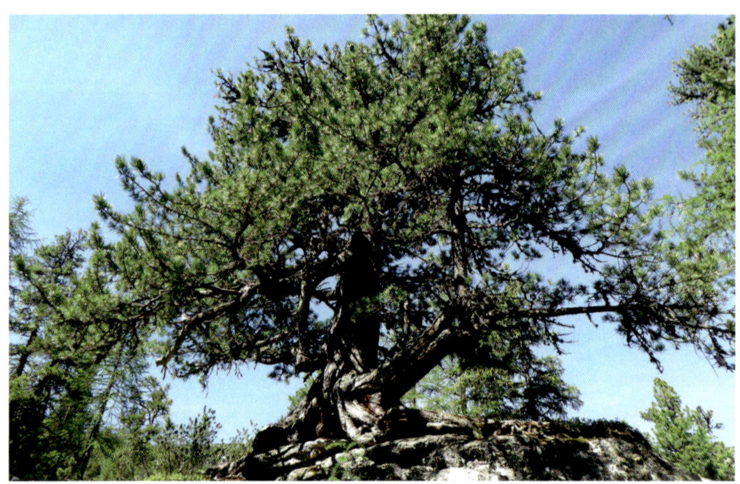

Die Zirben werden über 400 Jahre alt.

verfügt, könnte dem Weg 526 Richtung Palfner Scharte folgen. Der kleine Seekarl ist vom Weg aus nicht sichtbar, ein Stichweg führt nach 20 Gehminuten, vor der Querung des Baches (Holzschild Palfner Scharte), zu diesem reizenden See. Einfacher erkennbar ist der größere Windschursee (2215 m), der in einem Kar knapp unterhalb der Palfner Scharte (2321 m) liegt. Die zusätzliche Gehzeit bis hierher beträgt ab dem Punkt Reedsee eineinviertel Stunden. Eine oft gewählte Option hat von der Palfner Scharte aus die Bergstation der Graukogelbahn zum Ziel (1 ¼ Std.), von der aus in den Sommermonaten ein Sessellift ins Tal schwebt. Ab der Talstation geht es in einer Stunde zu Fuß über die Kaiser-Wilhelm-Promenade oder als Alternative in wenigen Minuten mit dem Bus 555 zum Ausgangspunkt Grüner Baum retour. Ansonsten verläuft der Rückweg in das Kötschachtal über den Anstieg (Weg 526).

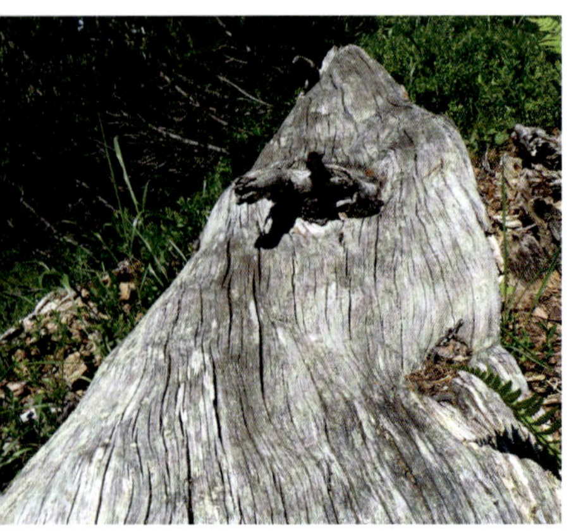

Die Zirbe ist selbst als Baumleiche noch attraktiv.

46 Palfner See

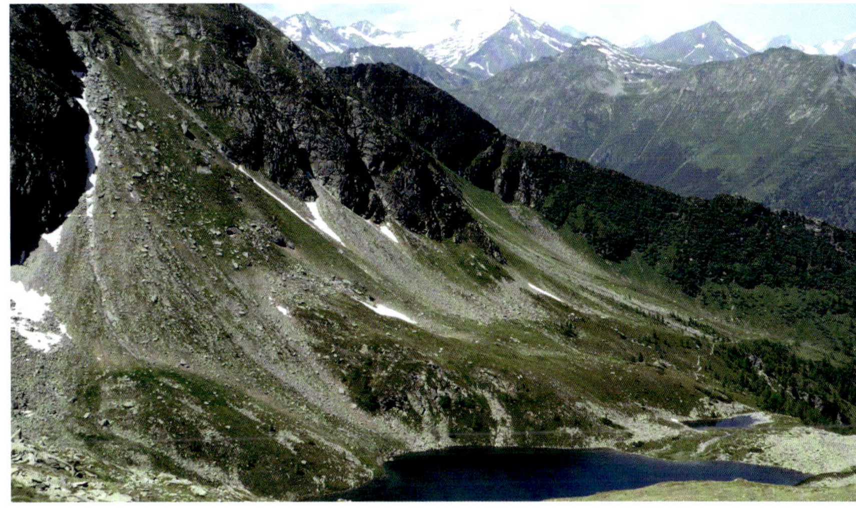

Der Palfner See. Im Hintergrund der schneebedeckte Hocharn und links davon der Sonnblick.

In einem mächtigen Kessel zwischen Feuersang, Palfnersee-Kogel und Graukogel liegt der Palfner See. Von der Bergstation der Graukogelbahn führt ein nicht allzu schwieriger Steig dorthin.

DER SEE

Kategorie: Hochgebirgssee
Lage: Gemeinde Bad Gastein
Seehöhe: 2070 m
Fläche: 48.500 m²
Max. Seetiefe: 10 m

Für Bad Gastein ist die markante Graukogelpyramide der vielleicht wichtigste Gipfel im Talschluss. Die legendären Silberkrugrennen trugen ab 1951 den Ruf Gasteins als Skidestination in die weite Welt hinaus. Der Graukogel bietet auch heute noch anspruchsvolle Skipisten, der große Skizirkus aber hat sich auf die andere Talseite zum Stubnerkogel hin verlagert. Ein anderer Schatz, den der Graukogel bietet, ist das Wasser. Hochwertiges Gasteiner Trink- und Thermalwasser strömt am Fuß des Graukogels aus 17 Quellen zu den jeweiligen Anwendungsorten. Aber wie kommt das Wasser in den Berg? Die Wanderung auf der Westseite des Graukogels von der Graukogelhütte zum Palfnersee (2070 m) führt zu einem dieser oberirdischen Wasserjuwele. In der

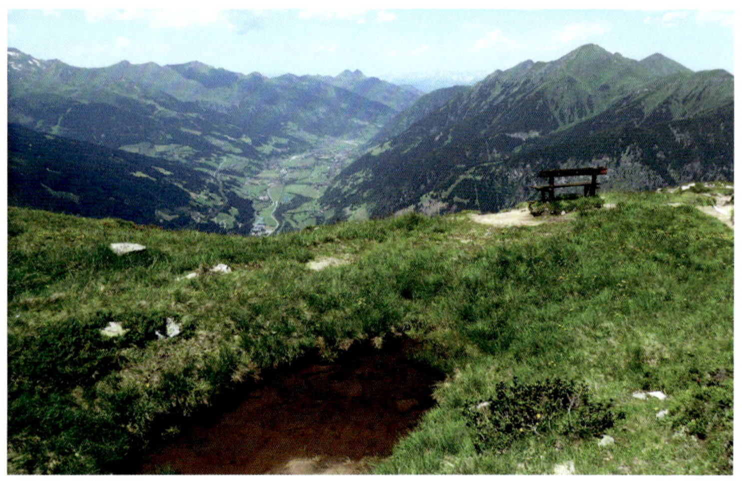

Vom Weg eröffnen sich schöne Blicke in das Gasteiner Tal.

baumlosen Zone über 2000 Metern breitet sich der knapp fünf Hektar große Bergsee in einem Kar aus. Er ist gut zugänglich, der Weg zu diesem eiszeitlichen Relikt lässt sich auch bestens mit dem neugeschaffenen Zirbenweg verbinden.

DER WEG

Ausgangspunkt: Parkplatz Graukogelsessellift

Anfahrt: A 10, Abfahrt Knoten Pongau. Auf der B 311 bis Lend, der B 167 bis Bad Gastein. Am Bahnhof vorbei, dann links Richtung Kötschachtal. Nach 1,5 km Parkplatz Graukogelsessellift.

Haltestelle: Bad Gastein Graukogelbahn (Bus 555 ab Bhf. Bad Gastein)

Schwierigkeit: T 2

Ges. Dauer (ohne Aufstiegshilfe Sessellift): 5 ½ Stunden, 1200 Höhenmeter, 14 Kilometer

ÜBER DEN ZIRBENWEG ZUM PALFNER SEE

Ausgangspunkt ist der Parkplatz neben dem Graukogellift. In den Sommermonaten (Anfang Juli bis Ende September) ist der nostalgische Sessellift eine gemütliche Alternative, um bequem in eine Höhe von 1954 Metern (Bergstation) zu kommen. Natürlich gibt es auch einen Wanderweg (Weg 525), der zur Mittelstation führt, dann aber in einem weiten Linksbogen ausholt (Gehzeit 2 ½ Std.). Nahe der Bergstation befindet sich die bewirtschaftete **Graukogelhütte** und hier beginnt auch der knapp einstündige Zirbenweg. Auf diesem Rundweg auf 2000 Metern Seehöhe erfahren die Wanderer alles über die „Königin der Alpenhölzer", gleichzeitig eröffnen sich großartige Panoramaansichten auf das Gasteinertal und die umliegenden Gipfel. Die entsprechende Infrastruktur entlang des Weges lädt zum Verweilen ein: Zirbenbetten, Zirbennester, Zirbenschaukeln und natürlich Liegen aus Zirbenholz unter den bis zu 400 Jahre alten Zirben sind eine Wohltat für Geist und Körper und sollen auch noch zu einer Verringerung der Herzfrequenz führen.

Eine lohnende Ergänzung zu diesem sehr schön angelegten Weg ist die weitere Wanderung zum Palfner See. Am obersten Umkehrpunkt des Zirbenweges verläuft der Weg 527 zum Palfner See und zur Palfnerscharte geradeaus weiter. Ohne großen Höhenunterschied quert der Pfad auf der sonnigen Westseite des Graukogels in 45 Minuten zu einer Gabelung. Der halbstündige Anstieg zum Palfner

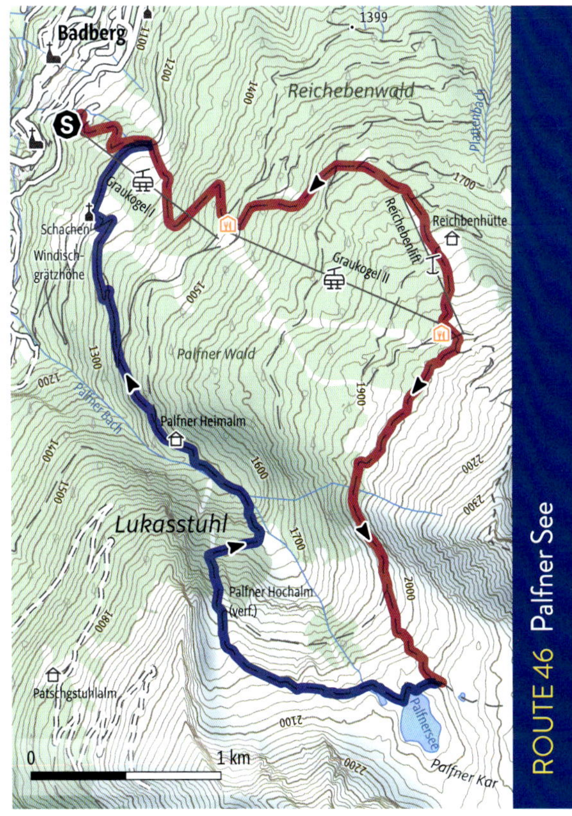

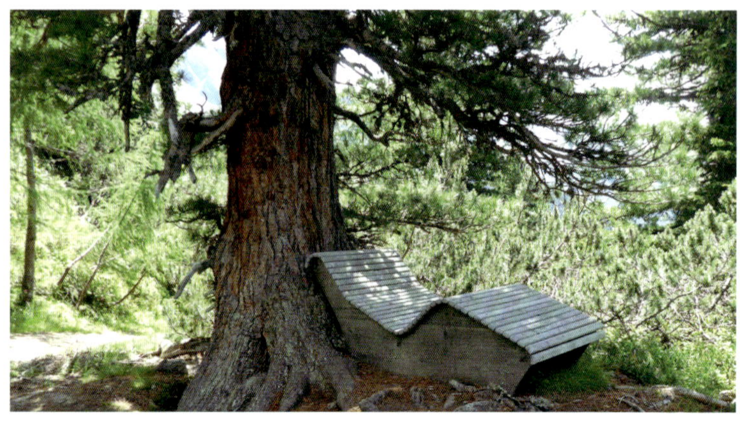

Rastplatz am Zirbenweg.

See gestaltet sich auf den folgenden 200 Höhenmetern etwas steiler. Umso größer ist vielleicht das Bedürfnis nach einem Fußbad, das am flachen Ufer leicht umgesetzt werden kann.

Für den Rückweg bietet sich eine lohnende, etwas längere Variante über den Weg 526 Richtung Bad Gastein zur verfallenen Palfner Hochalm an. Nach einer halben Stunde bei den steinernen Fundamenten der einst großen Alm angelangt, zweigt der einstündige Weg 527 zur Graukogellift-Bergstation nach rechts ab. Der spektakulärste Punkt auf diesem Verbindungsweg ist die Querung des wild tosenden Palfnerbaches über einen schmalen, gut gesicherten Holzsteg. Um eine Dreiviertelstunde länger als diese insgesamt eineinhalbstündige Variante dauert der direkte Abstieg ab der Palfner Hochalm in das Tal Richtung Bad Gastein. Dieser Weg 526 ist im ersten Abschnitt steil und mit einigen Stufen versehen, die zweite Hälfte ab der Palfner Heimalm (1472 m) gestaltet sich gemütlicher. Der Weg zum Lift-Parkplatz zweigt beim Hof Schachen nach rechts ab.

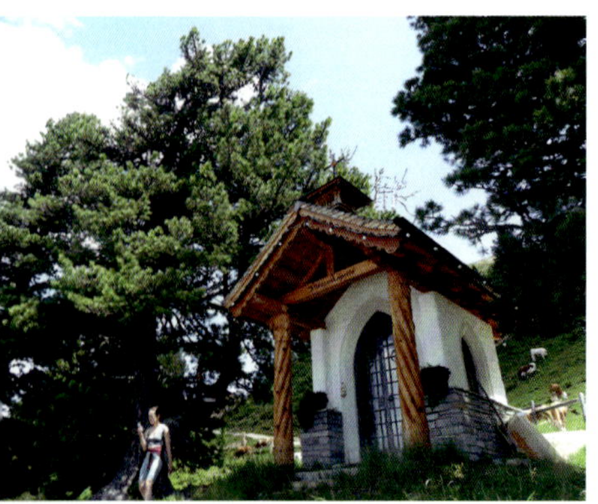

Vinzenz-Kapelle am Beginn des Zirbenweges.

47 Knappenbäudelsee

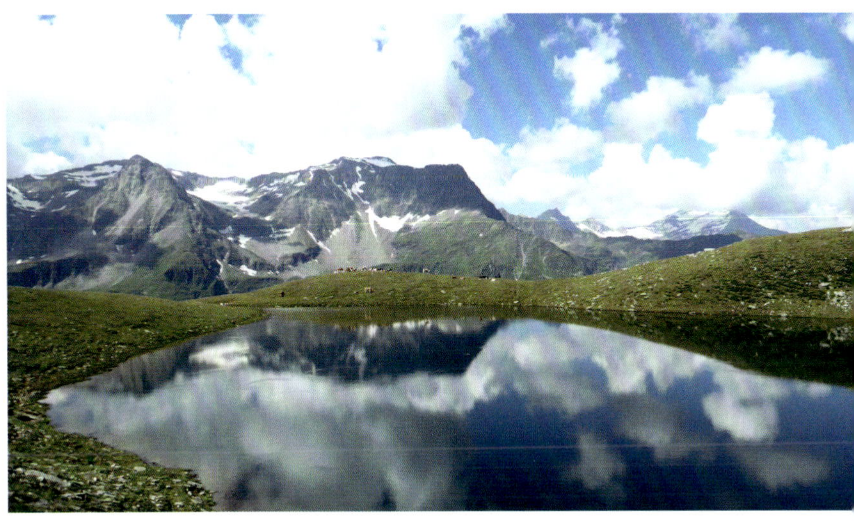

Im malerischen Knappenbäudelsee spiegelt sich das Schareckmassiv (3122 m).

Das Gold des 21. Jahrhunderts im Gasteiner Tal ist der Skisport. Die Wanderung zum Knappenbäudelsee führt zu den Spuren des Goldes aus längst vergangenen Zeiten.

DER SEE

Kategorie: Hochgebirgssee
Lage: Gemeinde Bad Gastein
Seehöhe: 2238 m
Fläche: 18.500 m^2
Max. Seetiefe: 5–7 m

Der Knappenbäudelsee breitet sich in einer sanften Geländemulde aus, die von Krummseggenrasen umgeben ist. Sowohl der Zufluss als auch der Abfluss erfolgen über oberirdische Bäche. Am Ufer ist keine Verlandungszone ausgebildet, Wasserpflanzen und aus dem Wasser ragende Felsblöcke kommen nicht vor.

Ursprünglich hieß der heute in den Karten so bezeichnete Knappenbäudelsee inmitten der Bergbauregion am Kreuzkogel richtigerweise Knappenbäuelsee. Das ergibt auch durchaus Sinn, denn ein „Bäuel“ war in der Sprache der Knappen ein kleiner Bau und ebenso eine seinerzeit übliche Bezeichnung für einen Stollen. Der bekannte Gasteiner Montanhistoriker Dr. Fritz Gruber sieht im Knappenbäudelsee

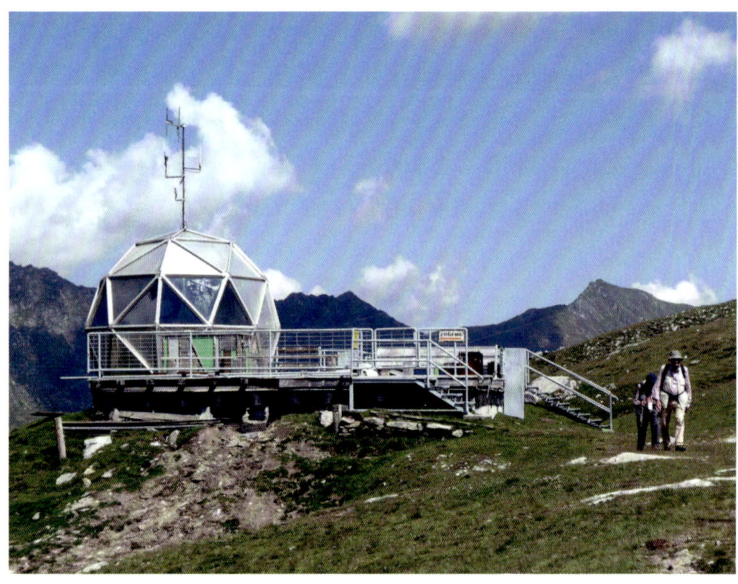

Die „Garstenauer-Kugeln" in Sportgastein wurden 1972 aufgestellt.

ein Opfer moderner Kartographen, andererseits verweist der Bergbau-Fachmann auf eine mögliche Verballhornung, die in der derben Sprache der Knappen ihren Ausgang genommen haben könnte. Vom Bäuel zum Bäudel, vom Stollen zum männlichen Glied, der Spielraum augenzwinkernder Anspielungen ist groß. Jedenfalls wäre eine Rückkehr zur Urform Knappenbäuel wünschenswert, meint Dr. Fritz Gruber. Der Gasteiner ist nicht nur ein unermüdlicher Namensforscher, er wiederentdeckte im Jahr 2013 auch die Stollen in der Nähe des Sees. Nach ihm ist auch der erste Teil des Anstiegweges benannt.

DER WEG

Ausgangspunkt: Parkplatz in Sportgastein

Anfahrt: A 10, Abfahrt Knoten Pongau. Auf der B 311 bis Lend, dort auf der B 167 in das Gasteiner Tal. Am Talende in Böckstein nach rechts nach Sportgastein (mautpflichtige Straße).

Haltestelle: Sportgastein Goldbergbahn (Bus 550 ab Bhf. Schwarzach und Bhf. Bad Gastein)

Schwierigkeit: T 2

Dauer: 3 ¾ Stunden, 700 Höhenmeter, 10,5 Kilometer

VON SPORTGASTEIN ZUM KNAPPENBÄUDELSEE

Vom großen Parkplatz in Sportgastein führt unser Weg am Informationskiosk des Nationalparks vorbei und folgt dem grammatikalisch bereits korrekten Schild „Knappenbäuelsee, Dr. Fritz Gruber Weg" über die Brücke. Nach 100 Metern zweigt dieser Weg nach links ab und orientiert sich weitgehend an der Skipiste. In etwa 1850 Metern Seehöhe trifft die Route auf die von rechts heraufkommende Werkstraße, zwei Kehren weiter oberhalb ist die Mittelstation erreicht. Wir bleiben auf der Werkstraße, die Richtung Norden durch das Mooskarl führt. Rund 200 Höhenmeter weiter oberhalb dreht die Route südostwärts und peilt die markante Aluminiumkugel an, die Anfang der 1970er-Jahre im Architekturbüro Garstenauer erdacht wurde. Vier dieser raumschiffartigen Metallkapseln wurden am Kreuzkogel aufgestellt und dienten als Unterstand. Das umlaufende Fenster ermöglichte einen fulminanten 360-Grad-Panoramablick auf die Gasteiner Bergwelt.

Nach dem Ausflug in die Welt der Architektur besinnt sich die Umgebung wieder ganz auf sich selbst und erfährt mit dem malerischen Knappenbäuelsee (2238 m) einen nächsten Höhepunkt. Die Liftanlagen und der Skisport am Kreuzkogel treten in den Hintergrund, jetzt trifft der Weg vermehrt auf eine andere Goldader, die vor 500 Jahren im Gasteiner Tal für Reichtum und Wohlstand sorgte. Damals galt das Erzbistum Salzburg mit einer jährlichen Fördermenge von 1000 Kilo als das goldreichste

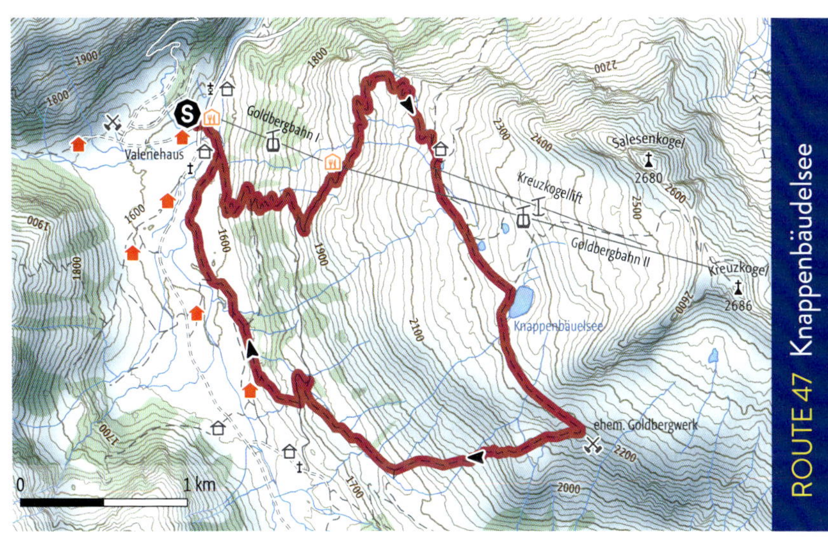

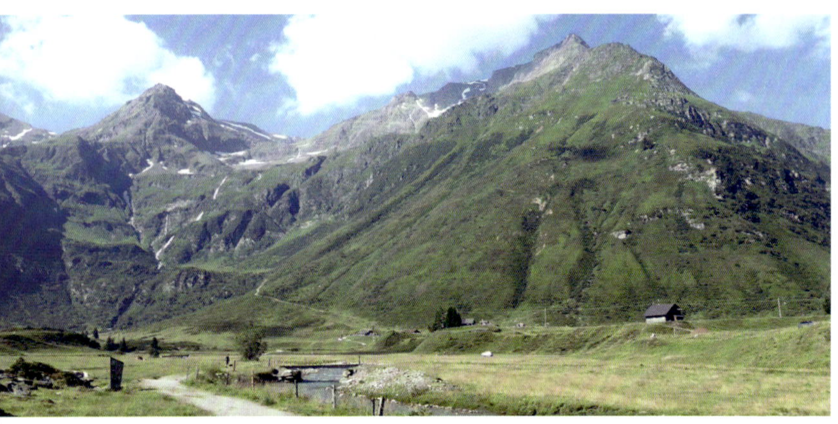

Das Nassfeld mit den 3000ern Schareck (rechts) und Weinflaschenkopf.

Land in Europa. Vom Gold in den Gasteiner Stollen ist zwar nicht mehr viel vorhanden, aber zahllose Baudenkmäler erinnern noch an diese glänzende Epoche.

Nach der ausgiebigen Rast am grasbewachsenen Seeufer folgt der Rückweg in das Nassfeld dem wunderbar naturbelassenen Peter-Siska-Weg. Zunächst führt der schmale Steig ohne viel Höhenverlust 20 Minuten in südlicher Richtung weiter. In einer kleinen Verebnung befinden sich die Reste eines Goldbergwerkes. Die Rampe in den Stolleneingang und die Grundmauern der Knappenhäuser sind noch gut erkennbar. Außerdem tritt hier eine kleine, erfrischende Quelle an das Tageslicht. Nun führt der Pfad steiler talwärts und mündet nach einer weiteren halben Stunde rechts abzweigend in einen Themenweg ein. Vorerst noch als schmaler Steig, zum Schluss dann als breiter Weg im Talboden, erlaubt der Themenweg interessante Einblicke in die Fauna und Flora. Die letzte Station dieser außergewöhnlichen Runde widmet sich dem Goldbergbau.

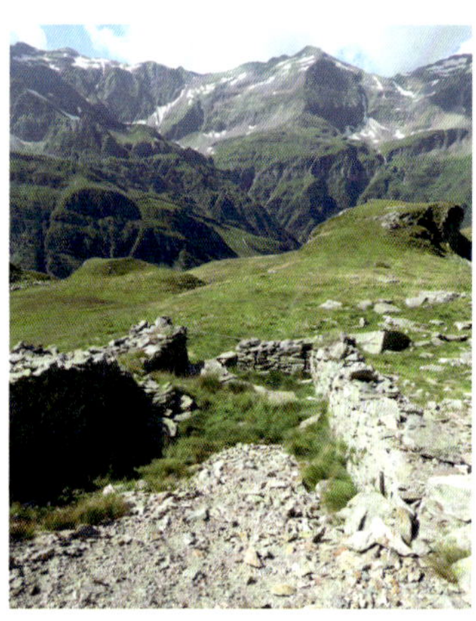

Goldbergwerk am Sika-Weg.

48 Unterer und Oberer Bockhartsee

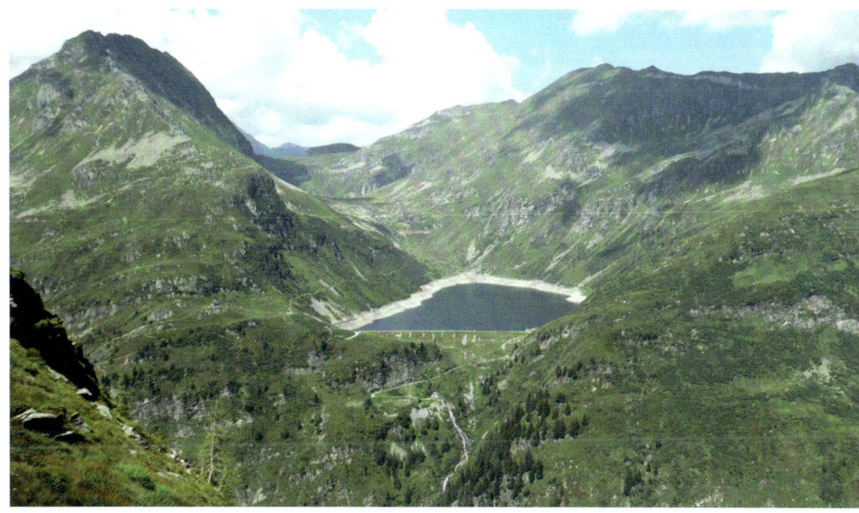

Die beiden Bockhartseen werden vom Silberpfennig (rechts) und der Kolmkarspitze begrenzt.

Die beiden benachbarten Bockhartseen unterscheiden sich ganz wesentlich: der obere, natürliche dient der Freizeit, der untere, künstlich aufgestaute der Elektrizitätswirtschaft.

DER SEE

UNTERER BOCKHARTSEE

Kategorie: Hochgebirgssee (künstlich aufgestaut)
Lage: Gemeinde Bad Gastein
Seehöhe: 1881 m
Fläche: 450.000 m²
Max. Seetiefe: 80 m

Der Untere Bockhartsee ist ein natürlicher See, der schon 1912 für den Strombedarf des Goldbergbaus herangezogen wurde. Um das Fassungsvermögen zu vergrößern, wurde im Jahr 1982 ein Steinschüttdamm errichtet, der 2007 von 28 Metern auf 36 Meter erhöht wurde. Seither ist der Bockhartsee der Jahresspeicher für die Kraftwerke Naßfeld, Böckstein und Remsach, die heute gemeinsam 264 Millionen Kilowattstunden Strom pro Jahr produzieren. Der Untere Bockhartsee war aber schon vor dem Ausbau zum Stausee einer der größten Bergseen im Land Salzburg. Auch die Tiefe des Sees war bereits in den vergangenen Jahrhunderten so beachtlich, dass es den Talbewohnern anscheinend

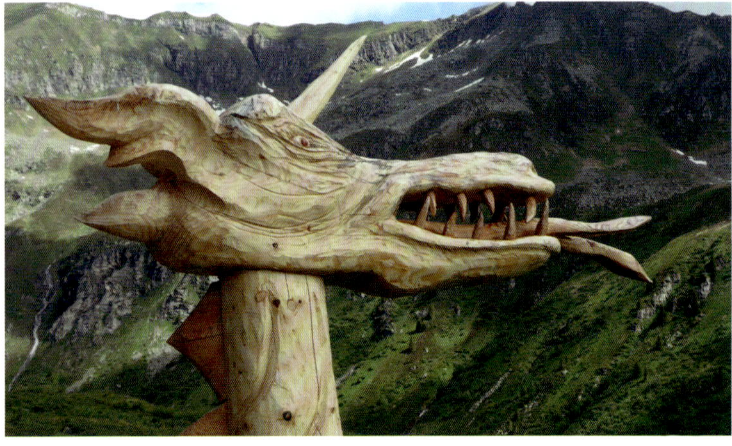

Der Bockhartseedrache bewacht den Schatz im Silberpfennig (links oben).

ein Bedürfnis war, der Sache auf den Grund zu gehen. Ein erster Tiefenmessversuch schlug fehl, da die mitgebrachten Seile nicht ausreichten. Im Frühling 1861 ergab die Messung durch die Eisdecke des zugefrorenen Sees ein Resultat von 44 Metern. Bei solch enormen Wassermengen war es nur eine Frage der Zeit, bis der See energetisch genutzt werden sollte. Das im Talboden gelegene alte Kraftwerksgebäude aus den Anfangsjahren der Stromgewinnung ist zu einem interessanten Museum umgebaut worden und gibt über diese Zeit Auskunft.

Einen noch weiteren Rückblick in die Vergangenheit ermöglichte die komplette Leerung des Sees im Jahr 1981. Die Auswertung der Bohrungen vom Seeboden zeigte, dass sich in der klimatisch begünstigten Zeit vor 10.000 Jahren hier ein geschlossener Waldbestand, bestehend aus Zirbe, Erle und Fichten, befand. Spätestens ab der Blütezeit des Gasteiner Bergbaus im 15. und 16. Jahrhundert wurde der Baumbestand zur Gänze abgeholzt. Die pollenanalytischen Untersuchungen ergaben ebenso einen Nachweis der Almwirtschaft für das 2. Jahrhundert v. Chr. Heute hängt der Stand des Seespiegels stark vom Nutzungsbedarf und den Niederschlagsmengen ab.

OBERER BOCKHARTSEE

Kategorie: Hochgebirgssee
Lage: Gemeinde Bad Gastein
Seehöhe: 2070 m
Fläche: 27.000 m^2
Max. Seetiefe: 3,3 m

Die beiden Bockhartseen liegen inmitten des bedeutendsten im 16. Jahrhundert bekannten Gold- und Silberbergbaugebiet der Alten Welt. Es ist also kaum verwunderlich, dass sich diese wichtige Epoche auch in den Geländebezeichnungen wiederfindet. Der Silberpfennig, das Erzfeld oder eben die Bockhartseen erinnern mit ihren Namen an die Blütezeit des Gasteiner Bergbaus. Vermutlich bezieht sich das „Pochen" auf das Zerkleinern des Gesteins. Es sind aber auch noch ausreichend andere, angreifbare Spuren im Gelände vorhanden. In alten Bergkarten sind unzählige alte Stollen eingezeichnet, deren Lage auch heute noch zum Teil gut erkennbar ist. Daneben finden sich noch Schlackehügel von den Schmelzvorgängen und am See stehen die Reste von einem alten Knappenhaus und

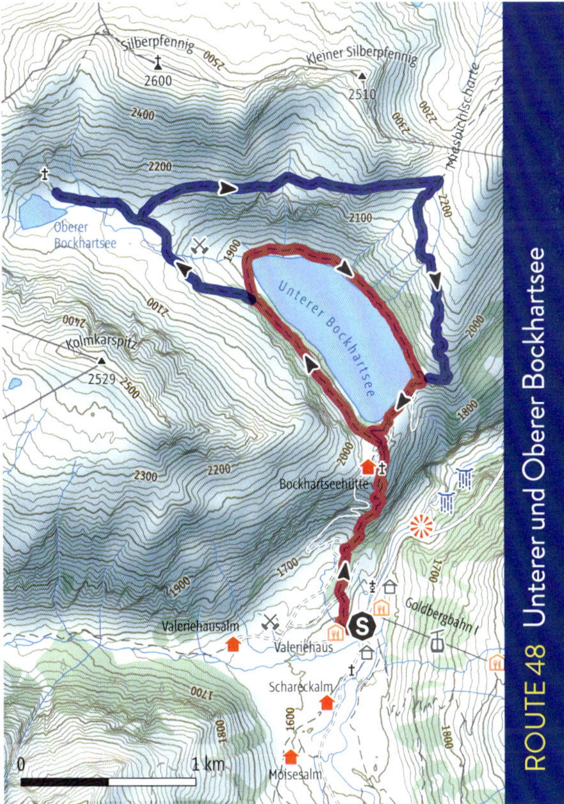

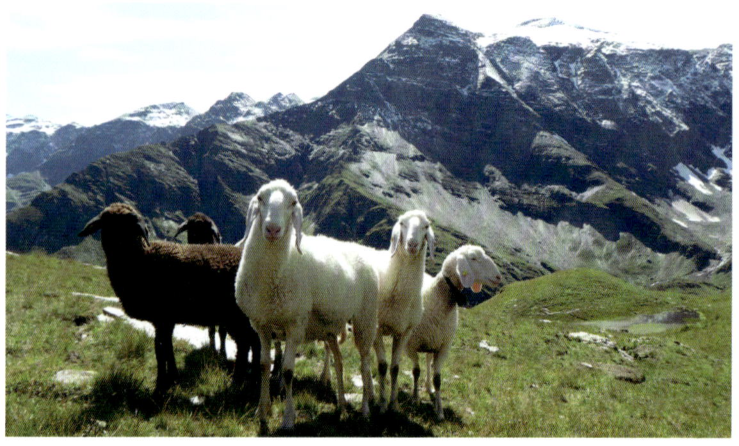

Am Weg zum Oberen Bockhartsee mit dem Schareck im Hintergrund.

von einer Schmiede. Noch weiter in die Geschichte zurück führen die hier nachgewiesenen Spuren aus der jungsteinzeitlichen Weidewirtschaft vor 6000 Jahren.

DER WEG

Ausgangspunkt: Parkplatz in Sportgastein
Anfahrt: A 10, Abfahrt Knoten Pongau. Auf der B 311 bis Lend, dort auf der B 167 in das Gasteiner Tal. Am Talende in Böckstein nach rechts nach Sportgastein (mautpflichtige Straße).
Haltestelle: Sportgastein Goldbergbahn (Bus 550 ab Schwarzach und Bhf. Bad Gastein)
Schwierigkeit: T 2, Variante Zimburgweg T 3
Ges. Dauer kleine Runde: 3 ½ Stunden, 430 Höhenmeter, 6,5 Kilometer
Ges. Dauer große Runde (Weg 111 Zimburgweg): 5 Stunden, 700 Höhenmeter, 10 Kilometer

VON SPORTGASTEIN ZU DEN BOCKHARTSEEN

Ausgangspunkt ist der große Parkplatz in Sportgastein. Da das Ziel der Wanderung ein Stausee ist, bietet sich am Beginn oder Ende ein Besuch im historischen Schaukraftwerk „Gewerkschaft Rathausberg“ an. Das von Ing. Dr. Karl Imhof erbaute Kraftwerk diente unter anderem der Elektrifizierung des Goldbergbaues im Nassfeld (heutiges Sportgastein). Betrieben wurde es mit dem Wasser aus dem Bockhartsee (nähere Informationen zu den Öffnungszeiten unter Tel. +43 6434 5414). Vom historischen Kraftwerksgebäude, das auch ohne Museumsbesuch sehr eindrucksvoll ist, verläuft talauswärtsführend ein direkter Zugang auf jenen Weg „Bockhartseehütte“, der beim bewirtschafteten **Vale-**

riehaus abzweigt. Sehr schön angelegt, mit einigen Holz- und Steinstufen versehen, gewinnt der steile Steig rasch an Höhe und gibt immer wieder großartige Ausblicke auf das Nassfeld frei. Wer es lieber gemütlicher angeht, der kann zum Teil auch auf die Betriebsstraße ausweichen, die sich in vielen Kehren parallel zum Steig emporschlängelt. Die **Bockhartseehütte** (1917 m) ist erst zum Schluss sichtbar, aber die rot-weiß-rote Fahne macht schon lange zuvor auf die nahende Einkehrmöglichkeit aufmerksam.

Für den weiteren Weg gibt es zwei unterschiedlich schwierige Varianten. Die einfache Möglichkeit umrundet den Stausee, dessen Wasserspiegel stark von der Jahreszeit abhängig ist. Der unkomplizierte Weg bleibt auf einer relativ konstanten Ebene, zur Almzeit herrschen auf der Ostseite allerdings oft ziemlich morastige Verhältnisse, weil sich hier auch gerne die Kühe aufhalten. Für die drei Kilometer lange Umrundung sollte man eine Stunde einplanen.

Etwas länger und auch etwas komplizierter ist jene Runde, die am nördlichen Ende des Sees geradeaus weiterführt und den Oberen Bockhartsee (2076 m) zum Ziel hat. Der Weg führt über gut begehbares Blockwerk und quert den Verbindungsfluss zwischen den beiden Seen. Nach dieser kleinen Steilstufe auf der oberen Ebene angekommen zweigt der Zimburgsteig (Weg 111 Miesbichlscharte) nach rechts ab und führt noch knappe 200 Höhenmeter ansteigend hoch über dem Bockhartsee in östlicher Richtung retour. Dieser Abschnitt entlang der steilen Flanken erfordert trittsicheres und schwindelfreies Gehen. Bei nassen Wegverhältnissen ist der Zimburgsteig, der nach dem ehemaligen Bad Gasteiner Kurdirektor und Buchautor Heinrich von Zimburg benannt ist, nicht ratsam. Kurz unterhalb der Miesbichlscharte (2238 m) mündet diese Variante in den abwärtsführenden Weg 128 Richtung „Sportgastein“ ein. In einer Dreiviertelstunde ist die Bockhartseehütte erreicht, von der Gabelung kurz davor schließt sich die Runde in einer weiteren Dreiviertelstunde auf dem bereits bekannten Weg.

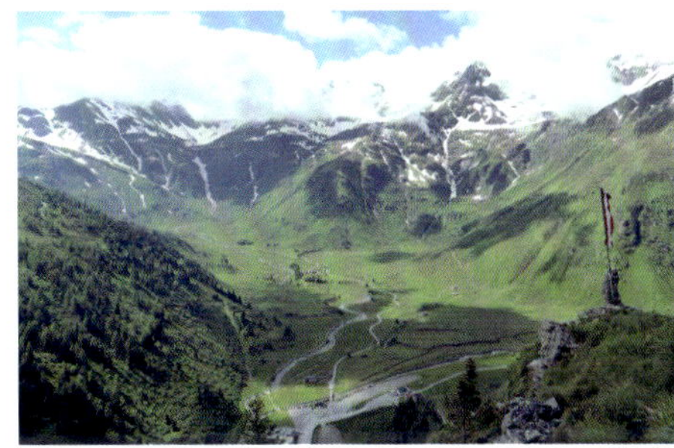

Blick von der Bockhartsee Hütte in das Nassfeld.

49 Oberhüttensee

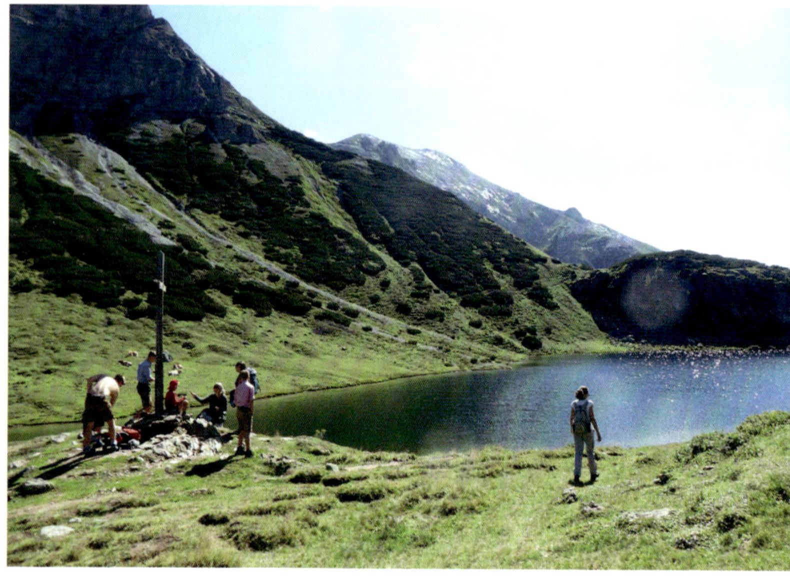

Der Oberhüttensee. In der Bildmitte oben die Lungauer Kalkspitze.

Eingebettet zwischen den Radstädter Tauern im Westen und den östlich gelegenen Schladminger Tauern breitet sich auf einem Sattel der malerische Oberhüttensee aus. Einst führte hier ein wichtiger Saumpfad aus dem Weißpriachtal vorbei.

DER SEE

Kategorie: Hochgebirgssee
Lage: Gemeinde Forstau
Seehöhe: 1863 m
Fläche: 39.200 m^2
Max. Seetiefe: 3,5 m

Der Oberhüttensee liegt auf einem breiten Sattel zwischen den Bezirken Lungau und Pongau und unweit der Grenze zwischen den Bundesländern Steiermark und Salzburg. Ein Saumpfad verband das Lungauer Becken mit dem Ennstal schon lange vor dem Bau der Römerstraße und spielte dann nach dem Zusammenbruch des Römischen Reiches (476 n. Chr.) wieder eine größere Rolle. Die römische Verbindungsstraße über den Radstädter Tauern wurde bis in das 16. Jahrhundert kaum mehr instand gehalten, außerdem galten der Oberhüttensattel und das benachbarte Znachtal als weitgehend lawinensicher.

Seit der verstärkten Bewerbung des 136 Kilometer langen Leonhardsweges, vom Salzburger Dom zur Wallfahrtskirche St. Leonhard bei Tamsweg, wird diese alte Route auch wieder vermehrt von den Pilgern und Weitwanderern benutzt. Eine wichtige Rolle auf dieser letzten Etappe als Übernachtungsort spielt die unweit des Sees liegende **Oberhütte** (www.oberhuette.at). Eine rechtzeitige Reservierung ist allerdings ratsam. Der See ist von allen Seiten gut zugänglich und bietet herrliche Uferplätze zum Rasten. Der Zufluss kommt von einem Quellbach, der zwischen Sonntagkarhöhe und Rosskogel im Westen des Sees entspringt, der Abfluss sucht sich seinen Weg Richtung Norden in das Forstautal.

DER WEG

Ausgangspunkt: Parkplatz Vögeialm (1383 m)

Anfahrt: A 10, Abfahrt Altenmarkt. Auf der B 99 nach Radstadt dort Richtung Obertauern und im Kreisverkehr Richtung Forstau abzweigen. Nach 6,5 km in Forstau nach rechts über die mautpflichtige Straße (€ 7,–) bis zum Endpunkt Vögeialm weiterfahren.

Haltestelle: keine sinnvolle Verbindung möglich

Schwierigkeit: T 2

Dauer Weg 36 gesamt: 3 Stunden, 500 Höhenmeter, 8 Kilometer

VON DER VÖGEIALM ZUM OBERHÜTTENSEE

Vom Ausgangspunkt **Vögeialm** bieten sich drei unterschiedlich schwierige Anstiegsvarianten an. Der anspruchsvollste und längste Weg (3 ½ Std.) ist die nach rechts abzweigende Route 769 „Oberhütte

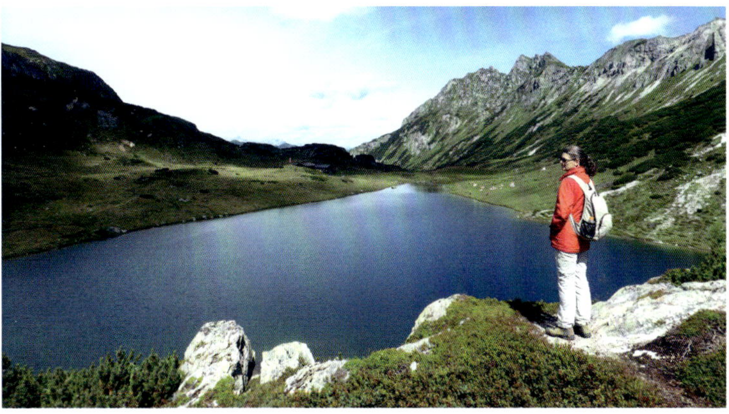

Der Oberhüttensee in Blickrichtung Forstautal (Norden).

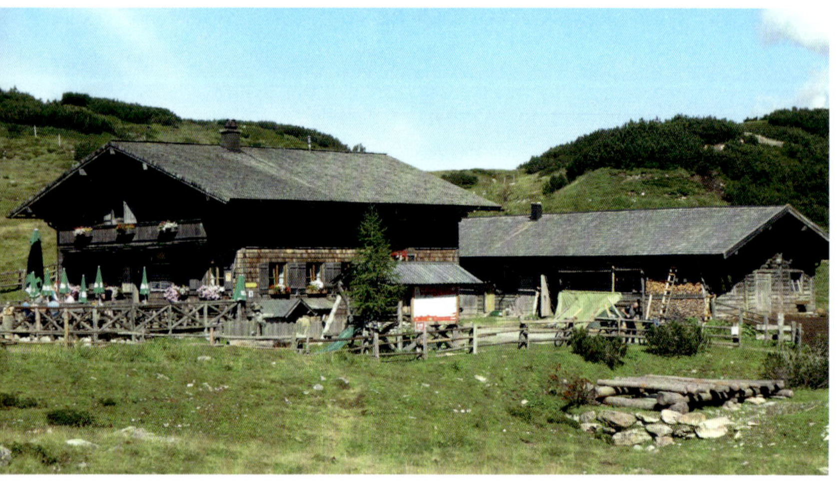

Die Oberhütte steht im Sattel, nur wenige Meter vom See entfernt.

über Klamml". Zunächst geht es noch relativ flach in den Talschluss, aber nach der Querung des Baches verläuft der Steig zunehmend steiler zum kleinen Klammlsee. In der Seekarscharte (2022 m), dem Übergang nach Obertauern, dreht die Wegrichtung von Süd auf Ost und quert mit einem kurzen Gegenanstieg in eineinviertel Stunden zum Oberhüttensee hinüber.

Der bequemste Weg ab der Vögeialm zum See folgt linksabzweigend dem Fahrweg 770 (Gehzeit 1 ½ Std.). Der kürzeste Anstieg (1 ¼ Std.) orientiert sich zunächst auch am Fahrweg, mündet dann aber 10 Minuten später nach rechts in den Wandersteig 36 ein. Der erste Abschnitt dieser Variante präsentiert sich bald in ziemlich feucht-rutschiger Form. Bei Starkregen verwandelt sich dieser Teil sichtlich in ein Bachbett, entsprechend ausgewaschen zeigt sich auch der Weg. Nach der kleinen Brücke über den Oberhüttenbach hat die kurze feuchte Waldstrecke

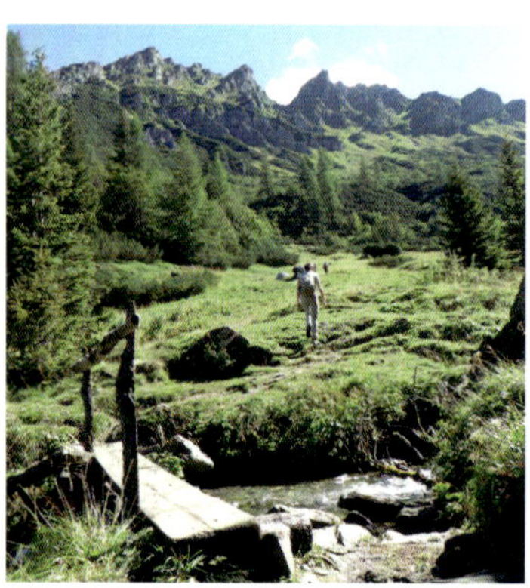

Der Weg 36 ist die kürzeste Verbindung zum See.

aber ein Ende, das offene Gelände wird luftiger und der Weg sonniger. Eine halbe Stunde später verflacht der Anstieg, von Weitem ist schon ein hoher Fahnenmast sichtbar und wenig spater zeigt sich dann auch die dazugehörende Oberhütte. Nicht weniger Aufmerksamkeit zieht aber der See auf sich, der sich malerisch über den Sattel zieht. Eine See-Umrundung (20 Min.) ist sehr empfehlenswert, denn von der erhöhten Südspitze aus ergibt sich ein großartiges See-Gipfel-Panorama.

Der bequemste Rückweg zur gastfreundlichen Vögeialm ist für alle Varianten der schön angelegte Fahrweg, den natürlich auch die vielen Mountainbiker für sich entdeckt haben. Er führt in zwei weit ausholenden Kehren hinab in den Talboden.

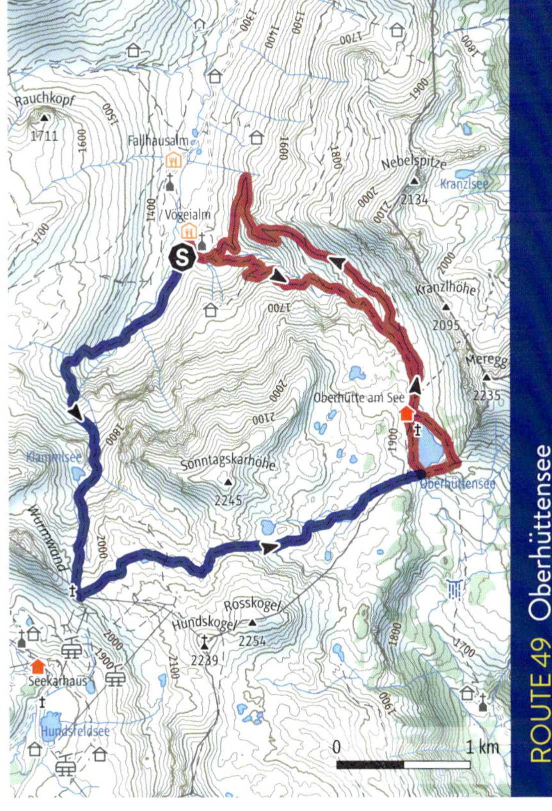

50 Zauchensee

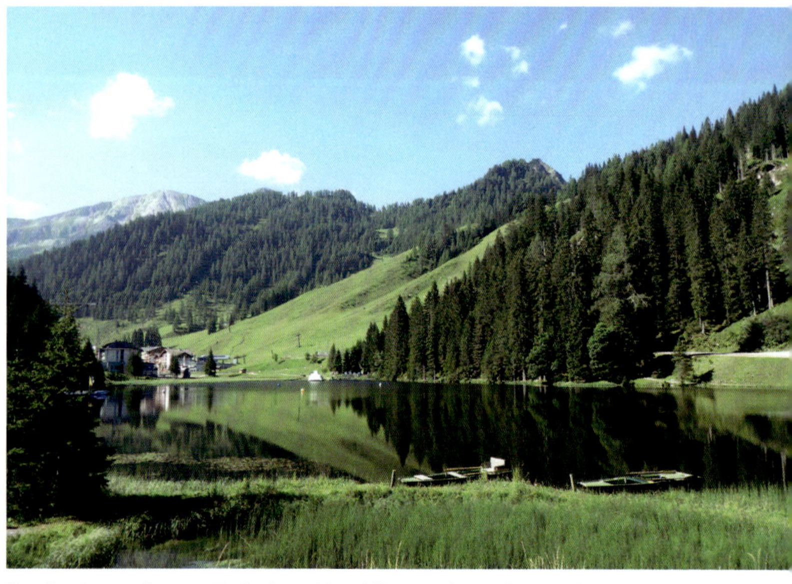

Der Zauchensee liegt am Ende eines sieben Kilometer langen Seitentales.

Der See liegt mitten im touristischen Zentrum von Zauchensee und wird auch dementsprechend genutzt. Sehr viel einsamer gestaltet sich dann die weitere Tour auf den Strimskogel (2139 m).

DER SEE

Kategorie: Bergsee
Lage: Gemeinde Altenmarkt
Seehöhe: 1339 m
Fläche: 32.000 m²
Max. Seetiefe: 7 m

Selbst als das Zauchenbachtal noch abgeschieden, kaum besiedelt und schon gar nicht touristisch genutzt war, hatte der See schon eine wirtschaftliche Bedeutung, wie aus einem Bericht über die Fischrechte im 18. Jahrhundert nachzulesen ist. Heute wird der Zauchensee nach wie vor fischereiwirtschaftlich genutzt, dazu kommt aber in den Wintermonaten die Funktion als natürlicher Speichersee für die Beschneiungsanlagen und im Sommer wird neben Bootsfahrten ein eigener Badebereich für Hartgesottene angeboten. Um den See führt ein interessanter Rundgang, der sich dem Thema Mond mit all seinen Nebenaspekten widmet.

DIE WEGE

Ausgangspunkt: Parkplatz in Zauchensee

Anfahrt: A 10, Abfahrt Altenmarkt. Auf der B 320 in das Ortszentrum Altenmarkt und 8 km weiter durch das Zauchenbachtal nach Zauchensee. Parkplätze nahe der Seilbahn-Talstation.

Haltestelle: Altenmarkt Zauchensee (ab Altenmarkt mit Bus 523)

Schwierigkeit: T 2 (Strimskogel), T 1 (Mondweg)

Dauer Anstieg Strimskogel: 2 ¼ Stunden, 800 Höhenmeter, 2,5 Kilometer

Dauer Mondweg: 2 Stunden, 100 Höhenmeter, 3,8 Kilometer

STRIMSKOGEL

Von einem der Parkplätze im Talschluss wandern wir zum Nordende des Sees. Dort zweigt der markierte Weg 83 auf den Strimskogel nach rechts ab. Bis zur Vorderen Strimshütte auf knapp über 1500 Metern Seehöhe ist eine Zufahrt angelegt, der Anstieg lässt aber auch Abkürzungen zu. Bei der Hütte verzweigen sich die Wege, wir folgen der Route Strimskogel nach links. Über nicht allzu steiles, von Lärchen durchsetztes Almgelände geht es zügig bergan. Der Pfad geht zwischendurch in einen alten, grasbewachsenen Almweg über, dann führt der Weg allmählich in die Latschenzone. Eine liebevoll arrangierte Quelle („Aldis Brunnenquelle") lädt noch einmal zum Auftanken ein, bevor der Steig auf den heißen Südhang hinüberquert. Der Gipfel bleibt

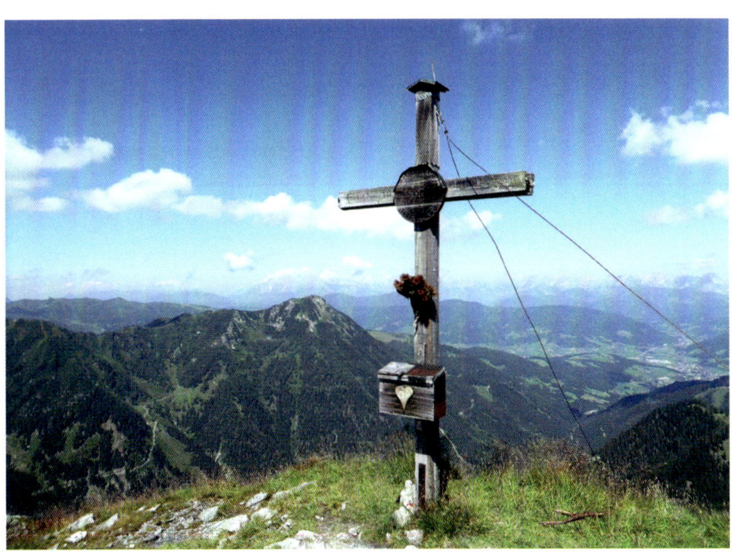

Am Strimskogel (2139 m) steht ein einfaches Holzkreuz.

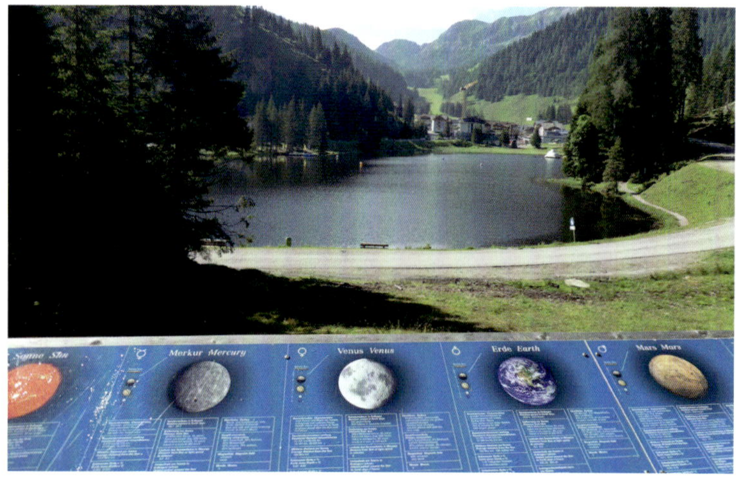

Der Weg um den See hat das Thema Mond zum Inhalt.

nun für längere Zeit hinter der letzten Erhebung verborgen, erst ganz zum Schluss öffnet sich der Blick Richtung Norden und damit kommt auch das beeindruckende Dachsteinpanorama zum Vorschein. Der Rückweg folgt dem Anstieg.

MONDWEG

Der knapp vier Kilometer lange Mondweg umkreist den Zauchensee und nützt das bequeme Waldgebiet weiter nördlich für viele mondrelevante Stationen. Er ist familienfreundlich, ohne große Höhenunterschiede angelegt und bedient alle Altersstufen mit Wissenswertem rund um das unerschöpfliche Thema Mond. So lässt sich zum Beispiel an verschiedenen Stationen mit Gymnastik oder Massagen erfahren, welchen Einfluss der Mond auf unseren Körper hat, im Garten des Mondkraters kann man Kräuter zu einer bestimmten Mondphase sammeln, während die Kinder auf dem Mondspielplatz herumtollen.

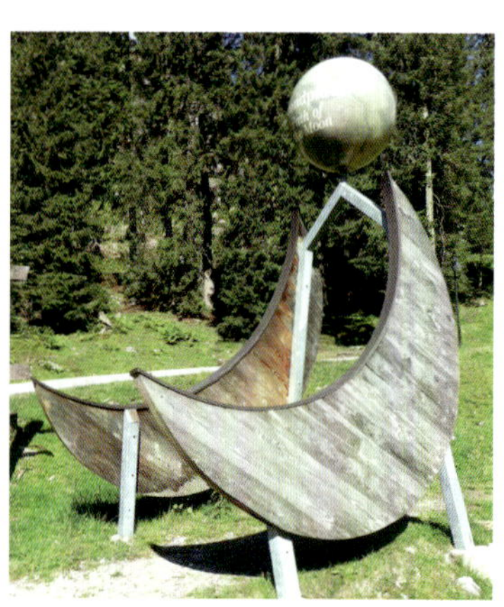

Der Eingang zum Mondweg.

Beliebt ist auch die Aussichtsplattform bei der Sternwarte, wo bei entsprechender Wetterlage jeden Mittwoch nach Einbruch der Dunkelheit unter fachkundiger Anleitung unsere Nachbarsterne und -planeten beobachtet werden können. Info unter www.altenmarkt-zauchensee.at.

Ausgangspunkt ist der Parkplatz neben der **Felserhütte** im Zentrum von Zauchensee. Von hier geht es zum See und dann am linken Ufer entlang zur Aussichtsplattform am nördlichen Seeende. Wer nur den See umrunden will, wandert am östlichen Ufer retour, für die nun vielleicht schon Mondsüchtigen führt der Mondpfad noch weiter in das Universum und folgt dem schönen Zauchenbach-Verlauf einen Kilometer talauswärts.

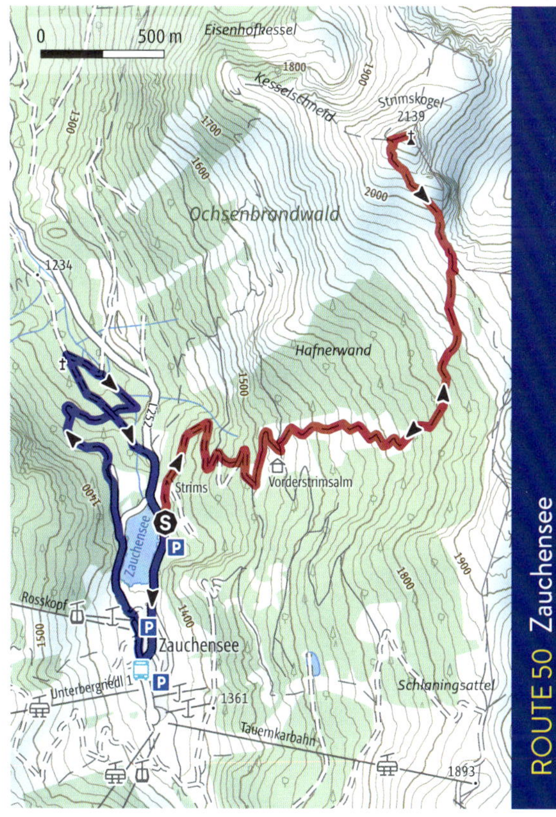

ROUTE 50 Zauchensee

51 Hakarsee

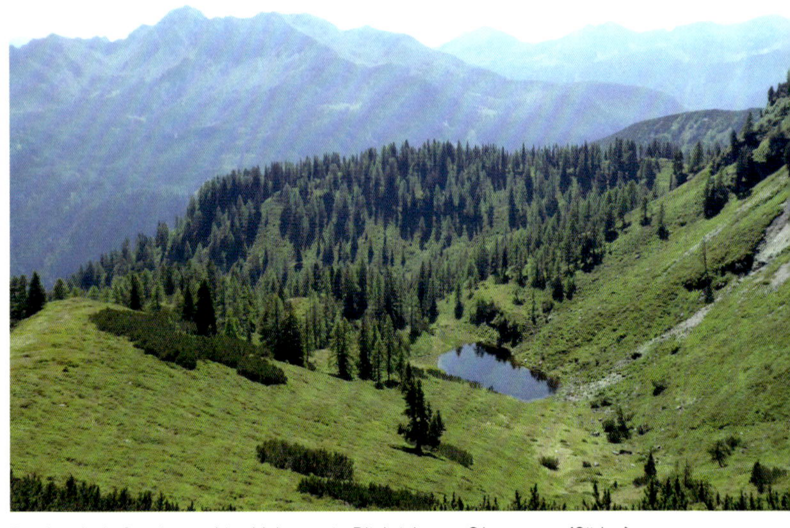

Das Landschaftsschutzgebiet Hakarsee in Blickrichtung Obertauern (Süden).

In Obertauern und in Zauchensee ist eigentlich immer so einiges los. Der einsame Hakarsee, der zwischen den beiden Freizeitarealen liegt, ist allerdings so gut wie unbekannt.

DER SEE

Kategorie: Bergsee
Lage: Gemeinde Untertauern
Seehöhe: 1788 m
Fläche: 2300 m^2
Max. Seetiefe: 4 m

Über den kleinen Hakarsee ist in der Literatur wenig zu finden. Aber auch der See selbst gibt sich sehr zurückhaltend, die Wege dorthin sind etwas für orientierungsmäßig versierte „Pfad-Finder". Der See liegt tief eingebettet in einer Mulde auf der Ostseite des Hakopfes und fristet ein sehr einsames Dasein. Aber immerhin ist er schon im Franciszeischen Kataster eingetragen, also in jenem Grundstücks-Verzeichnis, das von Kaiser Franz I. beginnend mit dem Jahr 1817 zum Zwecke der besseren Steuereintreibung verfügt wurde.

Seit dem Jahr 1971 ist der Hakarsee allerdings als besonders wertvolles

Landschaftsschutzgebiet ausgewiesen. Die Almbewirtschaftung wird extensiv betrieben, die Eingriffe von Mensch und Tier in diesen Naturraum sind sehr zurückhaltend. Daraus entsteht eine besonders reizvolle Verzahnung der alpinen Kulturlandschaft mit der urwüchsigen Natur.

Neben Flecken mit Almvegetation treten Zwergstrauchheiden mit Alpenrosen und Heidelbeerpflanzen auf. Hangabwärts folgt lockerer Wald mit teils sehr altem Fichten- und Lärchenbestand. In den höheren Lagen des knapp 100 Hektar großen Schutzgebietes kommen das Alpenschneehuhn, Hausrotschwanz und der Turmfalke vor. Im Übergang zum Wald finden sich mit Weiden-, Hauben- und Tannenmeise sowie dem Fichtenkreuzschnabel für den Nadelwald typische Vogelarten. Trotz fehlender Beschilderungen und sehr knapp gehaltenen Markierungen ist ein Besuch des stillen Hakarsees lohnend. Wer also die Bergeinsamkeit liebt, oder sogar als Geschenk empfindet, mit dem es besonders behutsam umzugehen heißt, ist am Hakarsee gut aufgehoben.

DER WEG

Ausgangspunkt: Parkplatz Vordergnadenalm, Untertauern

Anfahrt: A 10, Abfahrt Altenmarkt, auf der B 99 über Radstadt Richtung Obertauern bis zur Gnadenbrücke. Dort nach rechts zur „Vordergnadenalm" abzweigen.

Haltestelle: Untertauern Gnadenalm (mit Bus 280 ab Radstadt)

Schwierigkeit: T 2

Dauer – Anstieg: 2 ½ Stunden Stunden, 550 Höhenmeter, 6,2 Kilometer

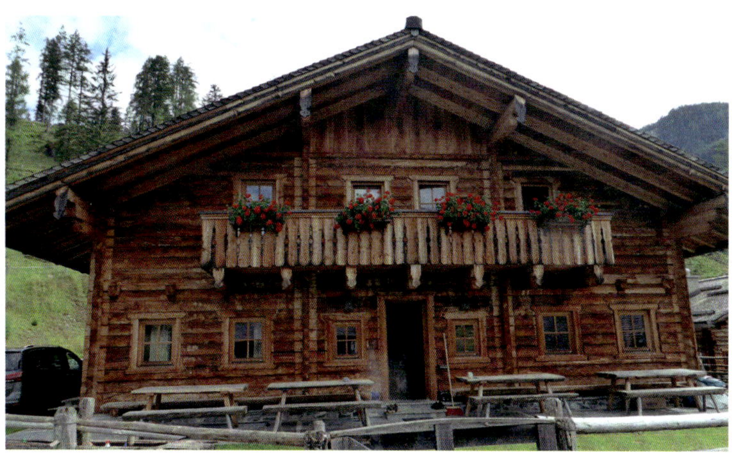

Die Tiefenbachalm im Gebiet der Vordergnadenalm am Beginn der Wanderung.

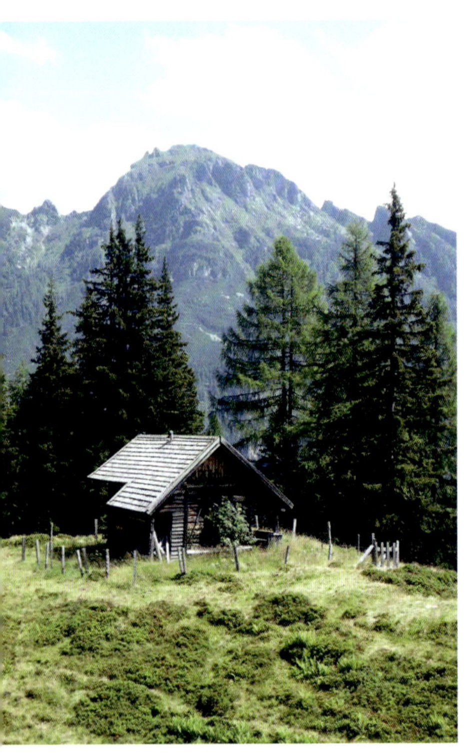

Hütte im Gebiet der Hakaralm.

In den Landkarten ist zwar ab der Ortschaft Untertauern ein markierter Zustieg zum Hakarsee eingetragen, aber der alte Almsteig ist derart verwachsen, dass eine Begehung nicht mehr empfohlen werden kann. Wer es trotzdem versuchen will, wandert an den Freizeitseen in Untertauern vorbei und folgt an jenem Punkt, an dem die Richtung „Wasserfall" nach links abzweigt, in die entgegengesetzte Richtung nach rechts. Auf diesem Wirtschaftsweg geht es zwei Kehren bergauf, 500 Meter nach der zweiten Kehre zweigt ganz unscheinbar ein Steig nach links ab, der zwar nicht angeschrieben ist, aber an einem Baumstamm befindet sich die verblasste rot-weiße Markierung. Der Anfangsteil ist sehr steil, vor allem aber gilt es, den sehr spärlich markierten Steig nicht aus den Augen zu verlieren. Über zwei Gräben hinweg und an vielen Jäger-Hochständen vorbei führt der beinahe schon unsichtbare Pfad zur Hakaralm (1630 m).

Viel einfacher und noch dazu mit weniger Höhenmetern, dafür aber auch nicht so spannend ist der Anstieg von der Vordergnadenalm (1272 m) aus. Vor der beliebten Einkehrstation zweigt der markierte Weg Richtung Zauchensee nach rechts ab, dem wir vorerst folgen. Nach 30 Minuten wird der breite Almweg schon wieder verlassen, unser Weg zur Hakaralm folgt nun dem rechts abzweigenden Forstweg. In der Weggabelung befindet sich das große Holzschild „Tauernkarleitenalm", der Weg zur Hakaralm bzw. Hakarsee in die Gegenrichtung ist leider nicht angeschrieben. Nach drei Kilometern quert die Forststraße den Schlaningraben, bei der nächsten Gabelung, einen halben bergaufwärtsführenden Kilometer später, verläuft die richtige Route scharf nach links. Der breite

Wirtschaftsweg endet bei einem neu errichteten Jagdhaus, zu dem auch der Fischteich davor gehört. Die alte Almhütte steht auf einer kleinen Anhöhe 100 Meter weiter nördlich. Unser Weg folgt dem deutlich erkennbaren Steig, der am Zaun entlang in diese Richtung verläuft. Hin und wieder tauchen blasse rot-weiße Markierungen auf, aber nun ist der schmale Steig eigentlich nicht mehr zu verfehlen.

Der Weg quert einen steilen Hang und beschreibt dabei einen sanften Linksbogen, der auf eine kleine, hochtalartige Ebene hinausläuft. Hier führt der Steig leicht nach rechts weiter und orientiert sich in der Folge an einem kleinen Bach. Dieses Bächlein ist der Abfluss des Hakarsees, der dann nach einer letzten Viertelstunde vor den Augen der Besucher auftaucht. Der Rückweg folgt dem Anstieg.

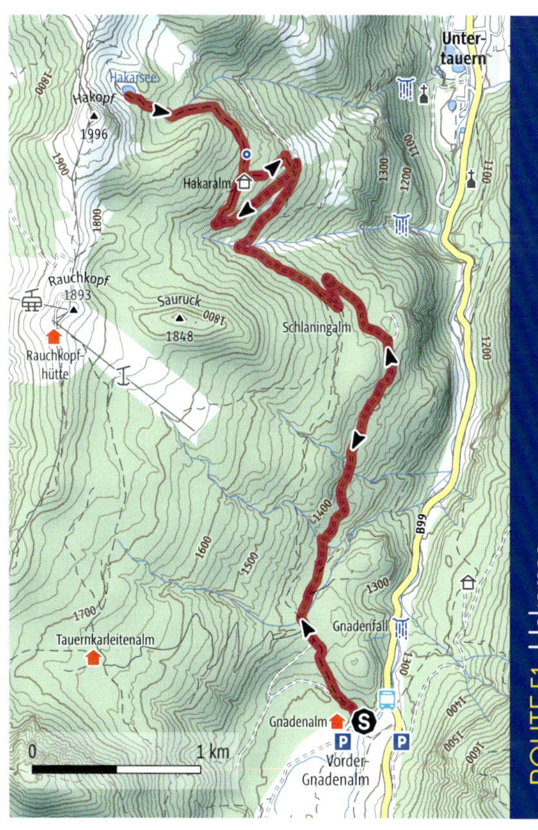

52 Tauernkarsee

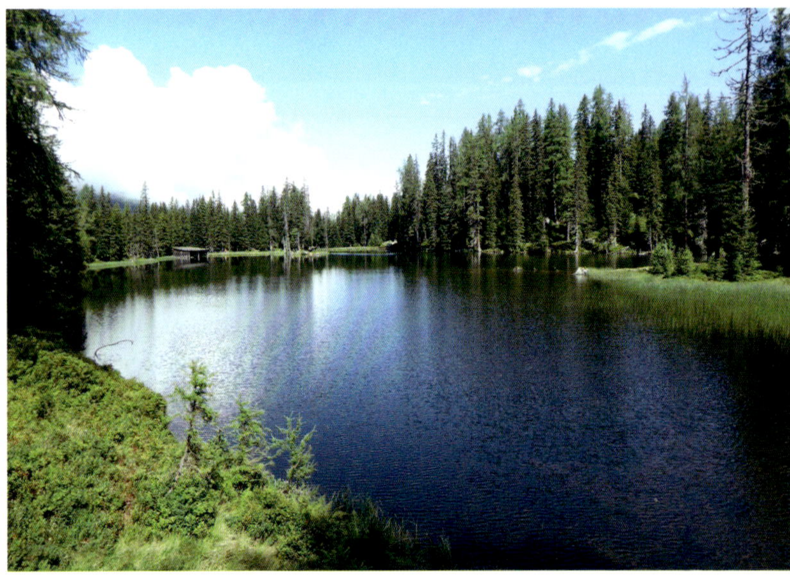

Am Westufer des Tauernkarsees wachsen besonders viele Heidelbeerstauden.

Der romantische Tauernkarsee liegt, von Wald umgeben, auf der Nordseite der Seekarspitze. Durch die leichte Erreichbarkeit sind die Alm und der See zwei sehr beliebte Ziele.

DER SEE

Kategorie: Bergsee
Lage: Gemeinde Untertauern
Seehöhe: 1595 m
Fläche: 30.000 m^2
Max. Seetiefe: 4 m

An schönen Ausflugstagen ist rund um den privaten Tauernkarsee einiges los. Der idyllische Waldsee ist über eine bequeme, kinderwagentaugliche Almstraße in eineinhalb Stunden leicht erreichbar. Auch für die Mountainbiker sind der See und die etwas oberhalb gelegene Alm beliebte Zielpunkte. Die Gäste vom Hotel Post in Untertauern haben es noch einfacher, sie dürfen mit dem eigenen Fahrzeug zufahren. Sofern die Hausgäste dann auch noch im Besitz einer Fischerkarte sind, können sie eines der drei Ruderboote verwenden, die im Bootshaus verwahrt werden. Aber auch ohne Bootsfahrt lässt sich der Aufenthalt am See bestens genießen. Rund um den See gibt es schöne Rastplätze und wer zur richtigen Zeit im Sommer unterwegs ist, hat mit den zahlreichen Heidelbeeren gleich einen pfluckfrischen Nachtisch parat. Mit etwas Finderglück gesellen sich auch noch andere Früchte des Waldes dazu, die dann zu Hause am besten gemeinsam mit einem Semmelknödel zubereitet werden. Die Qualitäten des Tauernkarsees waren schon vor langer Zeit bekannt, Lorenz Hübner erwähnt den Bergsee in seinen Beschreibungen über Land und Leute im Jahr 1796.

DER WEG

Ausgangspunkt: Parkplatz Tauernkaralm an der B 99 in Höhe Gnadenalm

Anfahrt: A 10, Abfahrt Altenmarkt, auf der B 99 über Radstadt und Untertauern Richtung Obertauern. Kurz nach der Gnadenbrücke (Gnadenalm) befindet sich auf der linken Seite an der Straße der Parkplatz für die Besucher der Tauernkaralm.

Haltestelle: Untertauern Gnadenalm (mit Bus 280 ab Radstadt)

Schwierigkeit: T 1

Dauer Anstieg: 1 ¾ Stunden, 400 Höhenmeter, 4,6 Kilometer

VOM PARKPLATZ GNADENBRÜCKE ZUR TAUERNKARALM

Ausgangspunkt des fünf Kilometer langen Zustiegs ist der Parkplatz an der B 99 einige Meter nach der Gnadenbrücke. Nach der ersten Kehre gibt es noch einige Parkplätze, dann herrscht ein Fahrverbot für Nicht-Berechtigte. Von der sanft ansteigenden Almstraße zweigt nach 20 Minuten die Zufahrt zur wenig unterhalb

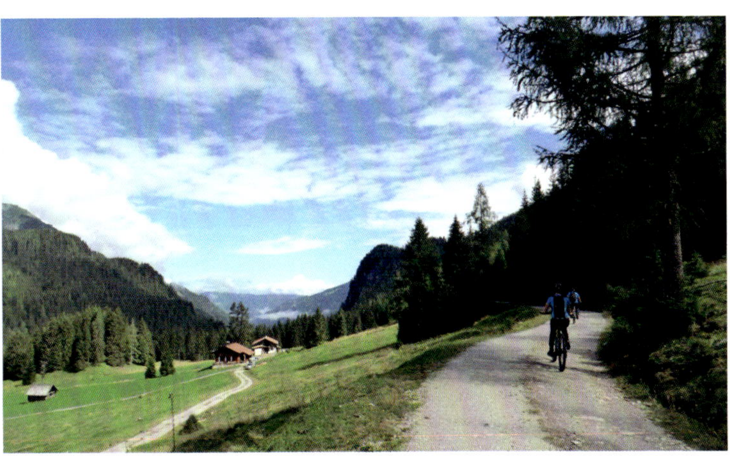

Die Mayerl Alm liegt nur einen Steinwurf vom Anstieg entfernt.

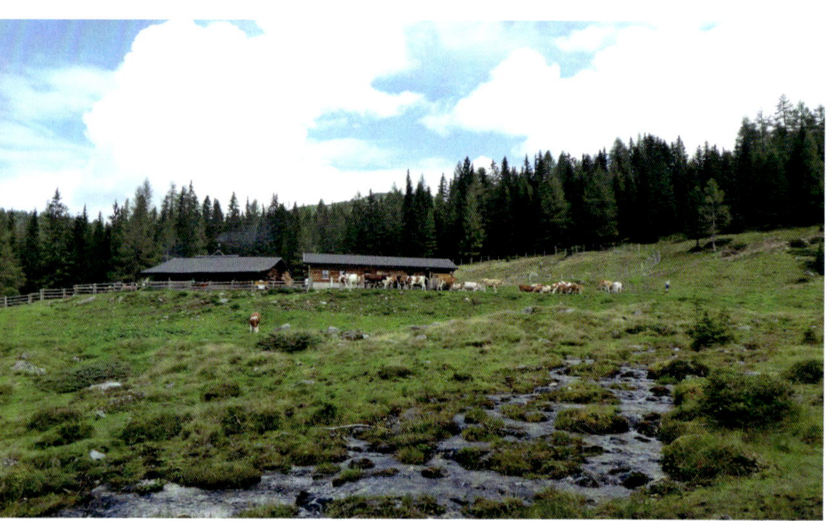

Die letzten Meter zur Tauernkaralm.

gelegenen, bewirtschafteten **Mayerl Alm** ab. Die Straße zum See verläuft in nördlicher Richtung beinahe durchgehend im Wald, zwischendurch öffnen sich aber immer wieder schöne Fenster auf die gegenüberliegenden Berggipfel der Radstädter Tauern. Der letzte Abschnitt der fünf Kilometer langen Straße ist mit einigen Kehren versehen, wenig später ist dann auch schon der See auf knapp 1600 Metern Seehöhe erreicht. Rechts abzweigend beim Bootshaus vorbei ergibt sich nun endlich eine Gelegenheit, von der Forststraße auf einen sehr schönen, naturbelassenen Weg auszuweichen. Dieser alternative Zustieg zur Tauernkaralm ist zwar nicht markiert, aber leicht zu finden. Am Südufer entlang geht es oberhalb der schönen Moorwiese auf einem zunächst noch breiten Weg weiter, der sich dann aber zusehends verengt. Ein kurzes Stück teilen sich Weg und

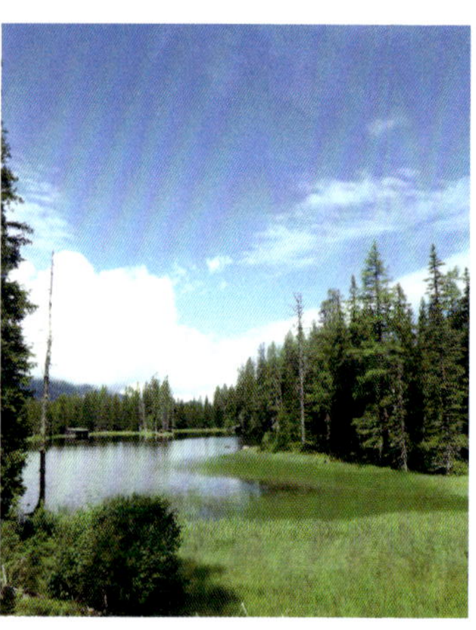

Der Tauernkarsee verlandet allmählich.

Bach das gemeinsame Bett, aber auf den paar feuchten Metern findet man genügend Trittsteine und Ausweichmöglichkeiten. Der urige Wald wird lichter und nach 20 Minuten ist auch schon die freie Ebene rund um die Alm erreicht. Der Rückweg von der **Tauernkaralm** zum See kann dann entlang der Zufahrt erfolgen, auf der es auch wieder retour zum Ausgangspunkt geht.

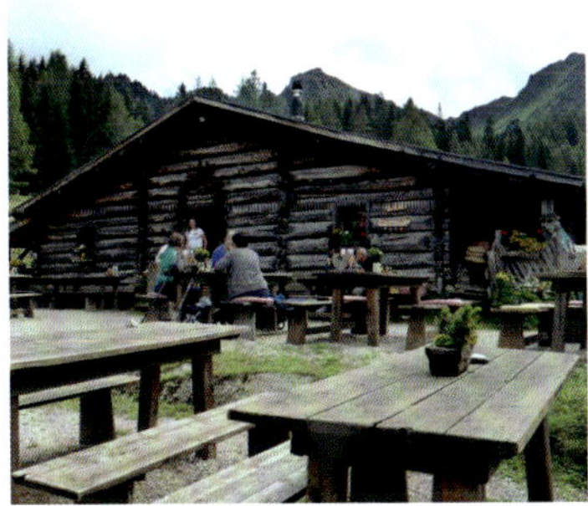

Die Tauernkaralm (1675 m).

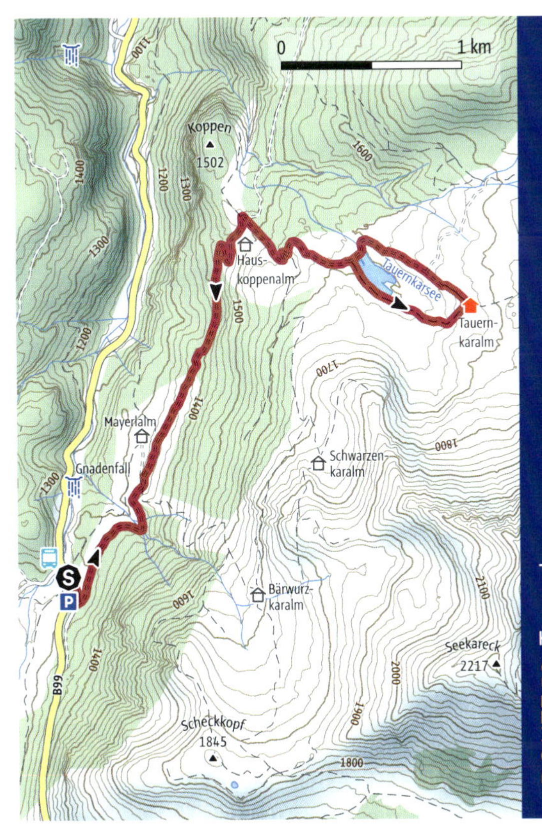

ROUTE 52 Tauernkarsee

53 Wildsee

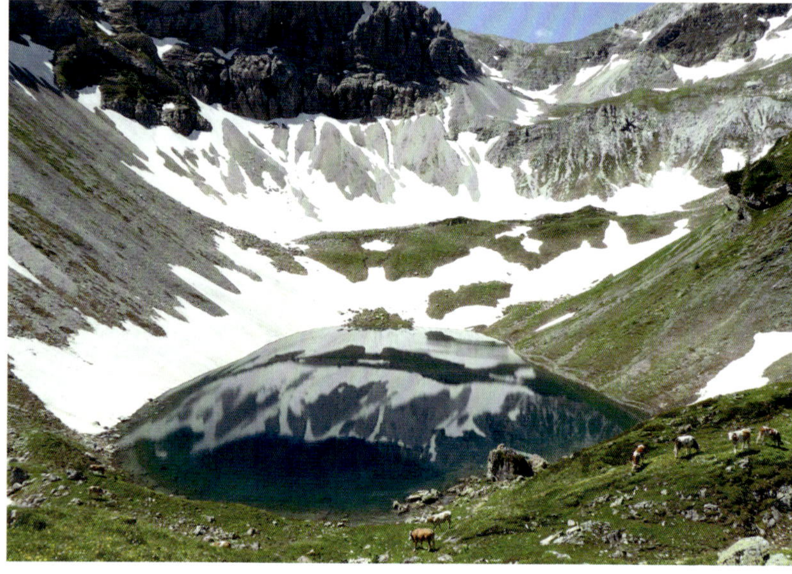

Der Wildsee ist auch im Hochsommer zumeist von Schneefeldern umgeben.

Am Beginn steht ein kurzer steiler Anstieg auf der Nordseite, dann läutet ein ganz spezielles Kreuz die letzten Meter ein, bevor sich der friedliche Wildsee in seiner ganzen Pracht präsentiert.

DER SEE

Kategorie: Bergsee
Lage: Gemeinde Untertauern
Seehöhe: 1924 m
Fläche: 22.500 m^2
Max. Seetiefe: bis zu 30 m (Angaben eines Fischers am Wildsee)

Der Wildsee, der in früheren Beschreibungen auch als Wildensee verzeichnet ist, liegt in einer 35 Meter tiefen Karmulde. Umgeben ist der See von West nach Ost von den beiden Großwandspitzen, der Klockerin (auch Glöckerin) und den Teufelshörnern, allesamt sehr interessante, wenn auch anspruchsvolle Skitourenziele. Nördlich wird das Kar von einer gewaltigen Endmoräne abgeschlossen, über die auch der letzte Teil des Anstiegs von der Felseralm aus erfolgt. Das vorherrschende Gestein ist Kalk, daher verwundert es auch nicht, dass der Wildsee unterirdisch entwässert. Im

Sommer ist der Wildsee trotz der niedrigen Wassertemperatur ein beliebter Treffpunkt kälteunempfindlicher Bergseeschwimmer.

DER WEG

Ausgangspunkt: Felseralm (1660 m)

Anfahrt: A 10, Abfahrt Altenmarkt. Auf der B 99 über Radstadt Richtung Obertauern. 2 km vor der Passhöhe nach rechts zur Felseralm abzweigen. Parkgelegenheit vor dem Jugendgästehaus Felseralm.

Haltestelle: Felseralm (ab Bhf. Radstadt Bus 280). Zusätzlich 1,7 km Anstieg.

Schwierigkeit: T 2

Dauer (ges. Runde über Wisenegg): 3 Stunden, 410 Höhenmeter, 7 Kilometer

RUNDWEG FELSERALM – WILDSEE – WISENEGG

Ausgangspunkt ist das **Jugendhotel Felseralm**, das seinen jungen Gästen ganz augenscheinlich eine sehr attraktive und bunte Palette an Sportaktivitäten bietet. Der Weg zweigt vor einem Schwimmteich nach rechts ab und führt am Beachvolleyballplatz vorbei zur Beschilderung „Wildseeweg 702 (Weg 23)“. Ein kurzes Stück verläuft die Route noch mäßig ansteigend auf dem breiten Wirtschaftsweg, dann beginnt aber auch schon jene Steilheit, die die nächste Stunde bis zum Kreuz kurz vor dem Wildsee anhalten wird. Zwischendurch wird der Salzburger Almenweg (Weg 25) gequert, der Obertauern mit der Südwienerhütte verbindet. Der schöne Lärchenwald wird lichter und bald ist auch das Kreuz auf der Anhöhe zu sehen, an dem der Weg vorbeiführt. Die Idee des Errichters war, dass jeder Wanderer, der dazu Lust hat, einen Stein in das stabile Gittergeflecht legt und damit das

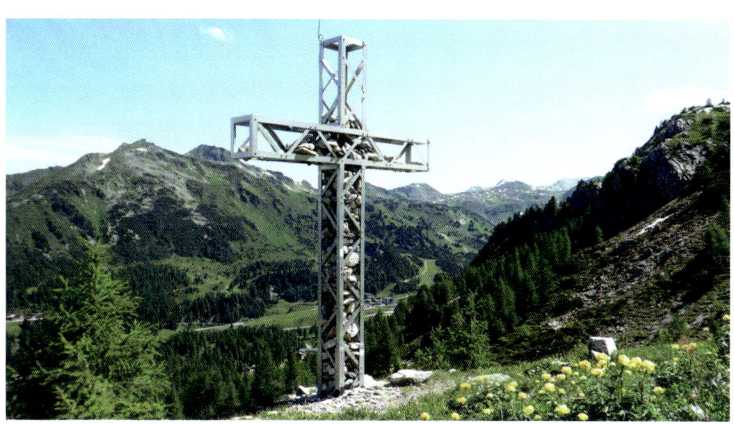

Trollblumen vor und die Seekarspitze hinter dem schönen Wegkreuz.

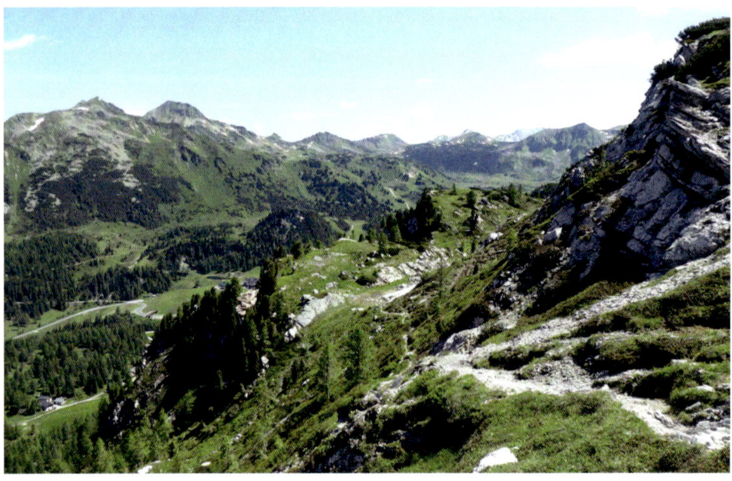

Dieser Rückweg führt Richtung Obertauern zum Haus Wisenegg.

Kreuz mit Inhalt, also mit Substanz füllt. Viel fehlt nicht mehr, gefragt sind jetzt die ziemlich großen Bergsteiger, die vielleicht auch zufällig eine Leiter mit dabei haben. Das Kreuz ist aber auch das Signal für einen wirklich erhebenden Moment, der sich wenige Augenblicke später einstellen wird, wenn sich der Wildsee das erste Mal zeigt. Er liegt in einem tiefen Kar, umgeben ist er von imposanten Berggipfeln. Richtig badetaugliche Temperaturen erreicht der See natürlich nicht, der in manchen Jahren bis in den späten Sommer hinein von Schneefeldern umgeben ist, aber auch ein Fußbad belebt ungemein.

Wer nicht den gleichen Weg zurückgehen will, hat zwei sinnvolle Varianten zur Auswahl. Eine interessante, allerdings mit vier Stunden auch lange Runde, bietet sich mit dem Weg 702 zur Südwienerhütte und von dort zurück zur Felseralm über den Hirschwandsteig (= Salzburger Almenweg) an. Empfehlenswerter ist jene Variante, die dem Weg 702 in die Gegenrichtung zur Passhöhe Obertauern folgt. Dieser wunderbar angelegte Panoramaweg führt durch einen blühenden Alpengarten noch einige Meter bergauf und quert dann durch alte Lärchen- und Zirbenbestände in Richtung Obertauern hinab. Noch weit vor der Passhöhe zweigt unsere Runde aber steil nach links zur wenig unterhalb gelegenen **Gastwirtschaft Wisenegg** ab (Schild Felseralm Weg 25, 23). Das historische Gebäude wurde schon im Jahr 1130 als

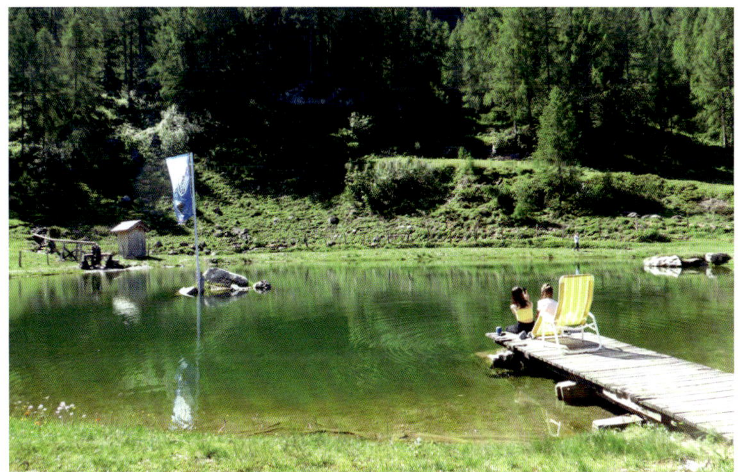

Ein attraktiver Badesee bei der Felseralm.

Tauernhospiz erwähnt und steht heute, vorbildhaft saniert, unter Denkmalschutz. Von dieser aus historischer Sicht wohl wichtigsten Adresse in Obertauern sind es noch zwei genussvolle Kilometer bis zum Ausgangspunkt Felseralm. Gehzeit ab Wildsee 2 Stunden.

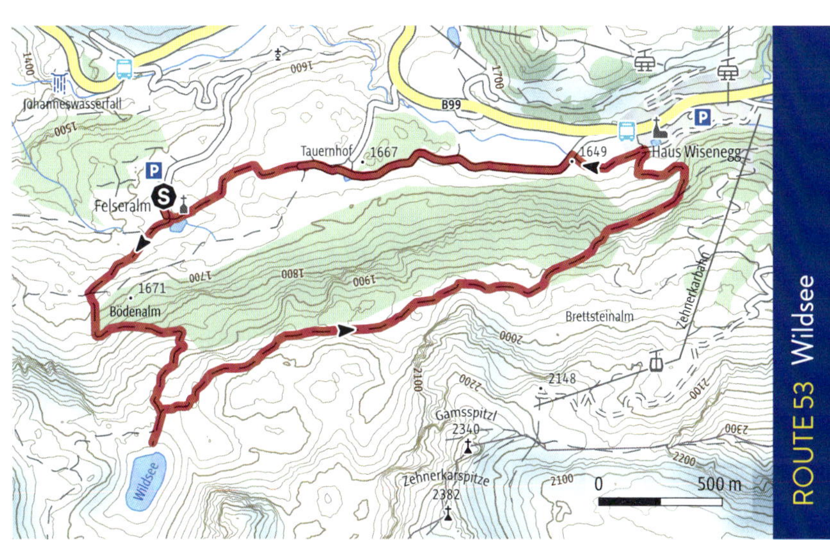

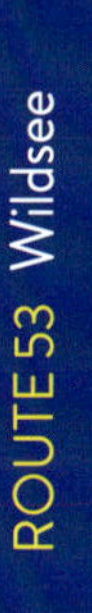

54 Grünwaldsee, Krummschnablsee, Hochsee und Hundsfeldsee

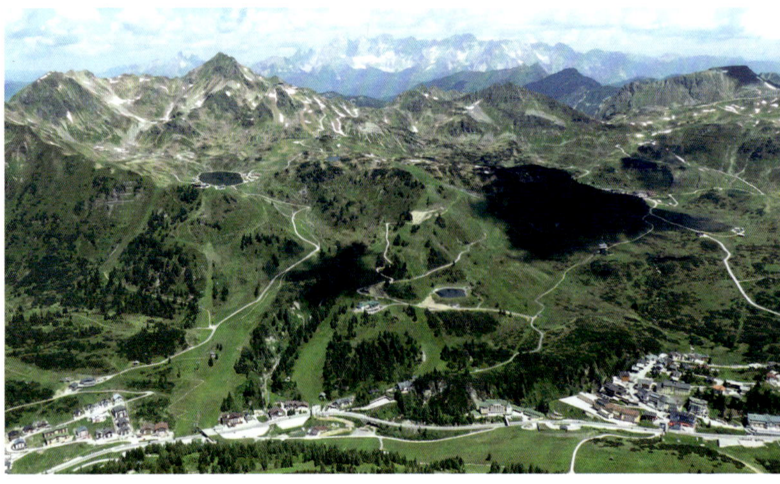

Vier Seen am Fuß der Seekarspitze (von links): Grünwaldsee, Hochsee, Krummschnablsee und der Hundsfeldsee.

Mitten im Skigebiet Obertauern, unterhalb der Seekarspitze, liegen etliche unterschiedlich große Seen. Ein beliebter und unkomplizierter Rundweg verbindet die Seen miteinander.

DIE SEEN

Kategorie: Hochgebirgssee. Alle, bis auf den Krummschnablsee, sind künstlich aufgestaut.

Lage: Gemeinde Untertauern und Gemeinde Tweng

Seehöhe: Grünwaldsee 1936 m, Krummschnablsee 1990 m, Hochsee 2020 m, Hundsfeldsee 1786 m

Fläche: Grünwaldsee 38.000 m², Krummschnablsee 9000 m², Hochsee 7200 m², Hundsfeldsee 24.000 m²

Max. Seetiefe: 2–8 m

Einige der genannten Seen, wie etwa der Grünwaldsee, der Krummschnablsee oder der Hundsfeldsee, werden schon in frühen Urkunden, meist in Zusammenhang mit Fischereirechten, genannt. Der Grünwaldsee und auch der Hundsfeldsee wurden seit 1691 von Wolf Wisenegger bewirtschaftet. In seinem Besitz befand sich ebenso die heute noch bestehende Gastwirtschaft Wisenegg an der Passstraße, die wohl für alle Reisenden in dieser Zeit eine wichtige Adresse auf dem gefährlichen Weg über den Radstädter Tauern war. Das ehemalige Tauernhospiz wurde schon im Jahr 1130 erwähnt, die Familie Wisenegger führte ab 1558 für 260 Jahre das bedeutende Haus. Irgendwann in dieser Zeit wird auch die kleine Staumauer errichtet worden sein, ohne die der flache Hundsfeldsee vermutlich schon ausgetrocknet wäre. Auch die künstliche Staumauer am Hochsee ist älteren Datums, während der Grünwaldsee erst im 21. Jahrhundert nochmals zusätzlich durch einen Naturdamm aufgestaut wurde. Hier befand sich übrigens auch ein wichtiges Bergbaugebiet, in dem zumindest seit 1500 Silber- und Kupfererze gewonnen wurden. Nach dem vorübergehenden Stillstand erfolgte nach dem Ersten Weltkrieg noch einmal ein, letztendlich erfolgloser, Neubeginn. Das neue Gold in Obertauern sollte dann bald der Wintersport werden.

Ein gut geschütztes Naturjuwel im Skizirkus Obertauern ist das Hundsfeldmoor. Die beiden Gemeinden Untertauern und Tweng teilen sich dieses rund 100 Hektar große Gelände, das wegen seiner landschaftlichen und naturkundlichen Bedeutung zum Europaschutzgebiet erklärt wurde. Vor allem brütet im Hundsfeldmoor die größte und stabilste Population des überaus seltenen Rotsternigen Blaukehlchens. Das mosaikartig verzahnte Moor ist aber auch für andere Zugvögel ein wichtiger Rastplatz auf ihrem Weg über die Zentralalpen. Zwischen

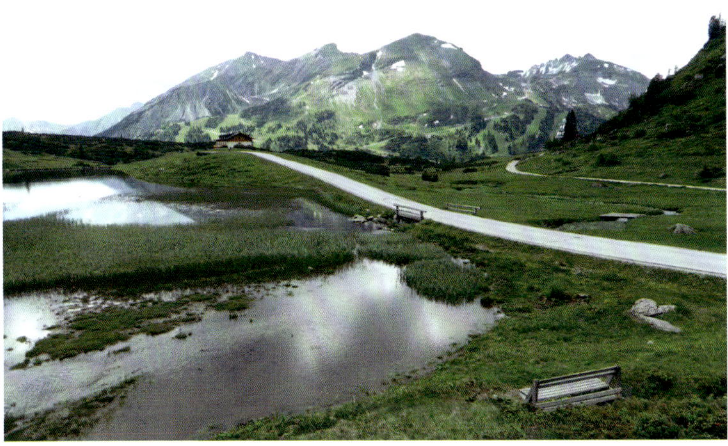

Der Hundsfeldsee mit Blick auf den Gamsleitenspitz (2357 m).

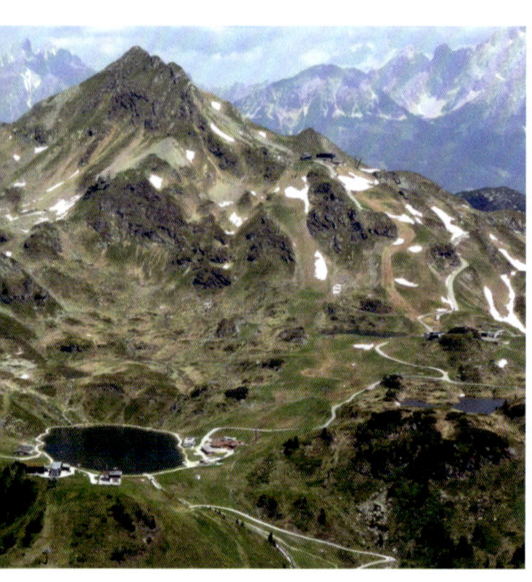

Grünwaldsee (links) und Krummschnablsee.

1. Juni und 15. August besteht im Schutzgebiet Hundsfeldmoor daher ein Zutrittsverbot.

DER WEG

Ausgangspunkt: Parkplatz vor der Brücke mit der Römer-Skulptur, kurz nach der Grünwaldkopfbahn

Anfahrt: A 10, Abfahrt Altenmarkt. Auf der B 99 über Radstadt nach Obertauern. Im Ortsgebiet von Obertauern, kurz nach der Skiliftüberquerung „Brücke 3“, befindet sich links vor einer Brücke mit einer Statue, die einen römischen Soldaten darstellt, ein Parkplatz.

Haltestelle: Grünwaldkopfbahn Talstation (Bus 280 ab Bhf. Radstadt Vorplatz)

Schwierigkeit: T 1

Dauer (ohne Liftunterstützung): 3 Stunden, 350 Höhenmeter, 8 Kilometer

DIE VIER-SEEN-RUNDE IN OBERTAUERN

Ausgangspunkt ist der Parkplatz vor der Brücke (Römer-Statue), 200 Meter nach der Grünwaldkopfbahn. Einige Meter geht es vom Parkplatz retour bis zur Abzweigung des Sonnhofweges. Dem Schild „Grünwaldsee“ (Weg 3) und somit dem Sonnhofweg folgend, gelangen wir nach 20 Minuten zu einer Gabelung. Nach rechts führt der Weg zum Seekarhaus, nach links verläuft unser Weg 3 entlang einer Zufahrt in einer Stunde zum Grünwaldsee. Eine weniger anstrengende Möglichkeit, in diese Höhe zu gelangen, eröffnet die Grünwaldkopfbahn, die von Anfang Juli bis Mitte September im Sommerbetrieb ist. Die beiden Varianten treffen spätestens beim **Gasthaus Hochalm** (1954 m) am Ostufer des kleinen Grünwaldsees aufeinander. Der nach rechts abzweigende Weg zum malerischen Krummschnablsee benötigt eine Viertelstunde, wer Lust auf eine einstündige Extrarunde hat, könnte auch noch den nordwärts oberhalb gelegenen Hochsee mitnehmen. Der Weg dorthin zweigt vom Westufer des Grünwaldsees ab und führt an zwei weiteren kleinen Seen im Kar unter der Seekarspitze (daher der Name) zum Hochsee. Auch zu diesem schönen Aussichtspunkt gelangt man, zumindest während der

Betriebszeit im Sommer, ab der Hochalm mit einem bequemen Sessellift (Hochalmbahn). Um den idyllischen Krummschnablsee, einen von Menschenhand noch nicht veränderten See, führt ein kurzer Rundweg zu wunderbaren Foto- und Rastplätzen.

Der Abstieg aber folgt dem breiten Weg (zugleich Salzburger Almenweg) zur **Dikt'n Alm** und weiter zum **Seekarhaus**. Etwas unterhalb vom Seekarhaus wartet mit dem Hundsfeldsee das letzte Gewässer entlang dieser abwechslungsreichen Seenrunde. Auf einer kleinen Anhöhe über dem flachen Moorsee steht das markante, von der Familie Rosskopf gestiftete Hundsfeldkreuz. Von hier aus lässt sich das Naturschutz- und Vogelbrutgebiet Hundsfeldmoor gut überblicken, für das ein zeitlich begrenztes Betretungsverbot herrscht. Unser beim Kreuz nach rechts abzweigender Weg 3 („Grünwaldkopfbahn Talstation") bleibt daher natürlich am westlichen Rand des Schutzgebietes und erreicht eine halbe Stunde später den Ausgangspunkt.

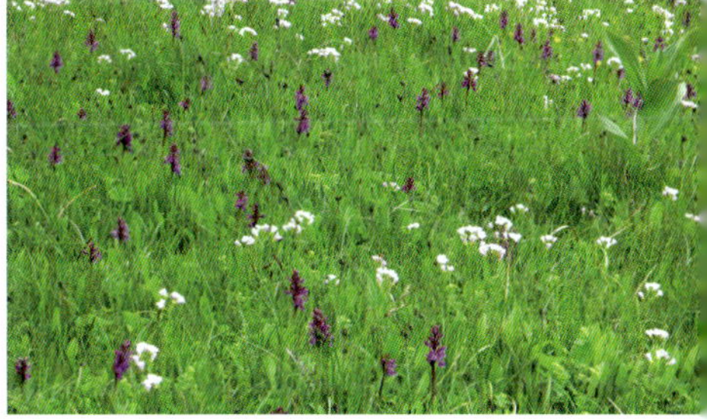

Orchideenwiese im Hundsfeldmoor.

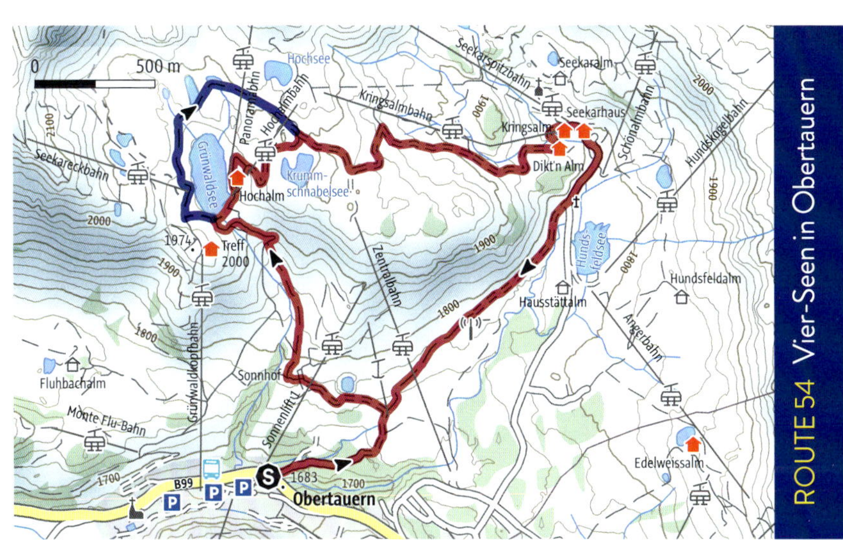

55 Speicherteich Zehnerkarsattel

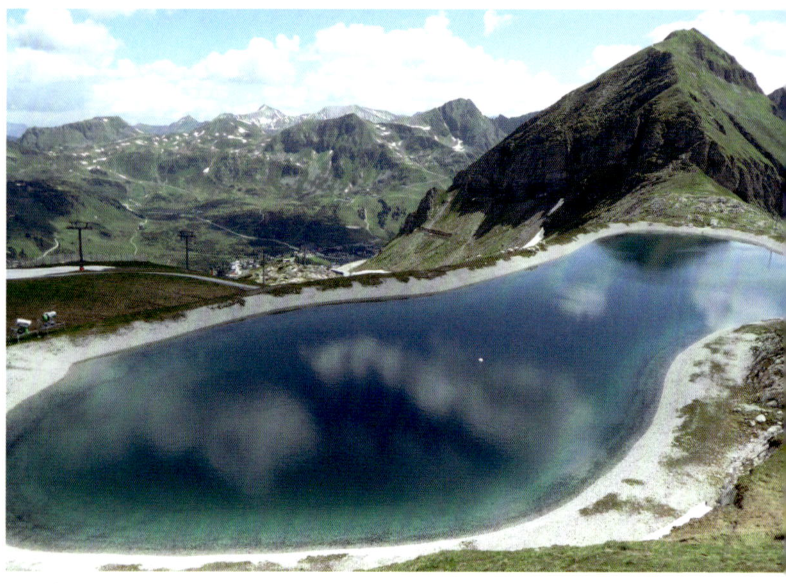

Vom Speichersee Zehnerkarsattel führt der Steig über den Gamsleitenspitz weiter.

Eine nicht ganz alltägliche Pistenwanderung hat den einsamen Zehnerkarsattel zum Ziel. Dort sorgt ein Speicherteich in wirklich außergewöhnlicher Lage für einen Überraschungseffekt.

DER SEE

Kategorie: künstlicher See (Speicherteich)
Lage: Gemeinde Untertauern
Seehöhe: 2187 m
Fläche: 7800 m^2
Max. Seetiefe: 6 m

Beinahe jedes Skigebiet verfügt über einen Speicherteich, in dem das Wasser gesammelt wird, das zur Herstellung von künstlichem Schnee benötigt wird. Im Sommer füllt sich das zumeist künstlich angelegte Becken, das dann im Spätherbst oder Frühwinter bei den ersten Minusgraden angezapft wird. Die Schneekanonen produzieren nun auf Hochdruck eine kompakte Schneedecke, die im Idealfall bis in den Frühling hält. Die Speicherseen der neueren Generation werden landschaftsschonend gebaut und erfüllen nicht selten auch im Sommer als Erlebnisseen ihren touristischen Zweck. Der Speicherteich im

Zehnerkarsattel ist aber ganz sich selbst überlassen, keine Boote, keine Brücken, keine Sonnenliegen. Auch ist bei der im Jahr 2003 neu errichteten Zehnerkarbahn kein Sommerbetrieb vorgesehen. Wer also die Bergeinsamkeit liebt und sich mit einem zwar künstlichen, aber landschaftlich wirklich außergewöhnlich platzierten See anfreunden kann, ist hier am Sattel gut aufgehoben.

Zwar ist die Pisteninfrastruktur auch im Sommer nicht wegzuleugnen und sehr dominant, aber nach dem spektakulären Speichersee folgt immerhin eine nicht weniger atemberaubende, garantiert liftfreie Überschreitung der Gamsleitenspitze.

DER WEG

Ausgangspunkt: Obertauern Parkplatz Passhöhe

Anfahrt: A 10, Abfahrt Altenmarkt. Auf der B 99 über Radstadt Richtung Obertauern. Parkplatz Passhöhe in Obertauern (1738 m).

Haltestelle: Obertauern Passhöhe (Bus 280 ab Bhf. Radstadt Vorplatz)

Schwierigkeit: T 3

Dauer: 3 ½ Stunden, 600 Höhenmeter, 6,5 Kilometer

VON OBERTAUERN ÜBER DEN ZEHNERKARSATTEL AUF DIE GAMSLEITENSPITZE

Das Gebiet Obertauern ist eine der bekanntesten Skidestinationen in Österreich. Wer also in diesem Gelände im Sommer mit Wanderschuhen unterwegs ist,

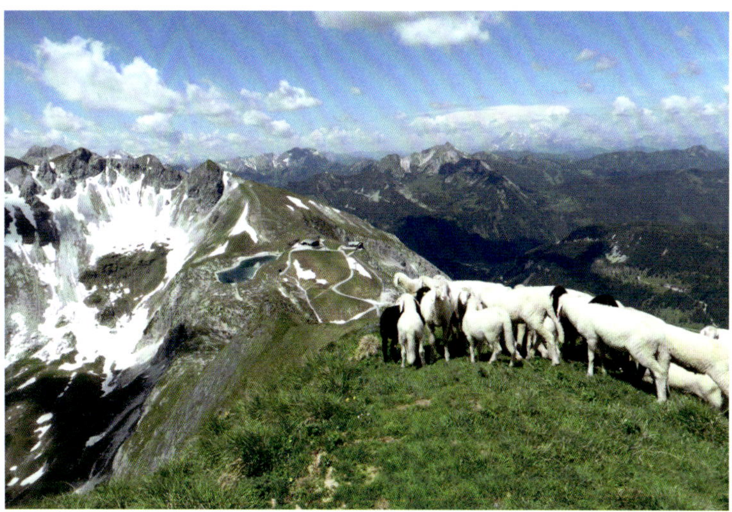

Rückblick vom Gamsleitenspitz über den Sattel zur Zehnerkarspitze.

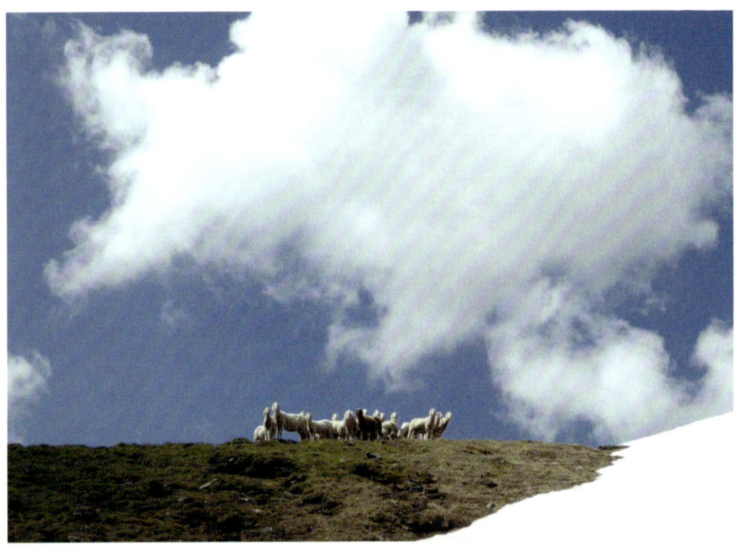

Bei heißem Sommerwetter freuen sich die Schafe über die Schneereste im Zehnerkar.

stößt unweigerlich auf winterliche Spuren: Skipisten, Liftanlagen, Schneekanonen, verwaiste Après-Ski-Hütten und Speicherteiche. Das gewohnte, sonst so unberührte Landschaftsbild bietet die Wanderung in den Zehnerkarsattel (2205 m) also nicht, aber einmal dort angekommen macht der genau im Sattel eingefügte Speicherteich dann doch sprachlos. Daran schließt sich eventuell die anspruchsvolle Überschreitung der Gamsleitenspitze (2359 m) an, die von unten beinahe unbezwingbar erscheint. Dieser Abschnitt erfordert Schwindelfreiheit und Trittsicherheit (T 3), bevor es dann wieder über die Gamsleitenbahn-Skipisten talwärts geht.

Ausgangspunkt ist der Parkplatz entlang der B 99 auf der Passhöhe. Auf der Südseite des Hotel Moser zweigt eine mit „Tauernglöckl" angeschriebene Verbindung ab, die zu mehreren Wegschildern führt. Wir folgen der zunächst flachen Richtung Südwienerhütte (Weg 702) nach rechts, bis dieser Weg auf die Skiabfahrt der Zehnerkarbahn trifft. Entlang dieser nur sporadisch markierten Piste führt der nordseitige Weg in eineinviertel Stunden zur architektonisch interessanten „Gamsmilchbar" neben der Bergstation (2196 m) der Zehnerkarbahn (kein Sommerbetrieb).

Ein paar Minuten oberhalb im Sattel breitet sich zwischen dem

Gamsspitzl (2340 m) und der Gamsleitenspitze (2359 m) der nierenförmige Speichersee aus. Auf beide Gipfel führen anspruchsvolle Wege. Wir wenden uns der ostwärts gelegenen Gamsleitenspitze zu, denn der Rundweg führt auf der anderen Seite entlang der Gamsleitenbahn-Abfahrten wieder in das Tal. Der Gipfelsteig ist im Anstieg schwieriger als im Abstieg, bei Nässe oder gar Schnee ist eine Begehung wenig ratsam. Nach der Gratwanderung über den Gipfel folgt der teilweise schlecht erkennbare Steig (Weg 22) dem Grasrücken und bleibt da eher auf der rechten Seite. An der Talstation der Gamsleitenbahn 2 vorbei geht es über die Piste oder auf dem Wirtschaftsweg zur Bergstation der

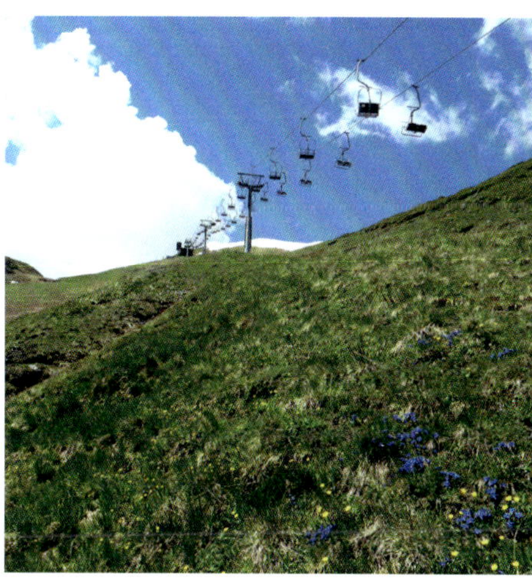

Blumiger Abstieg entlang der Gamsleitenbahn.

Achenrainbahn und von dort in 20 Minuten zurück an den Startpunkt.

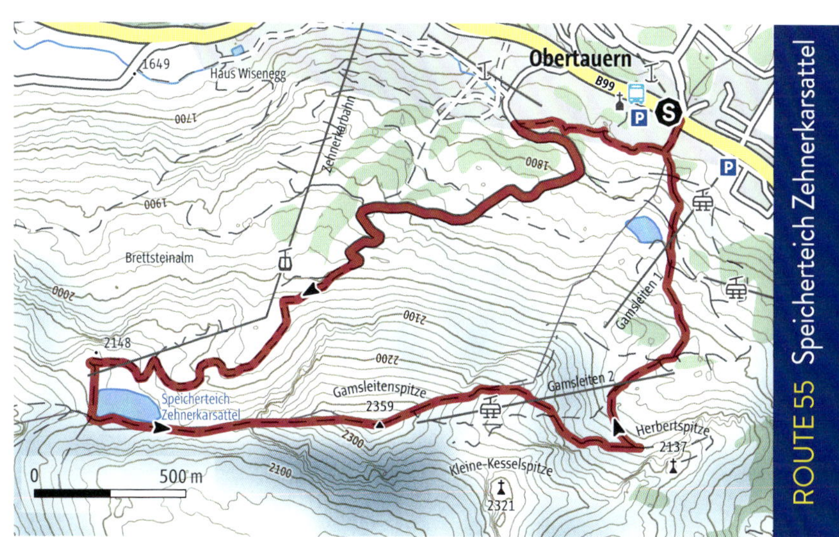

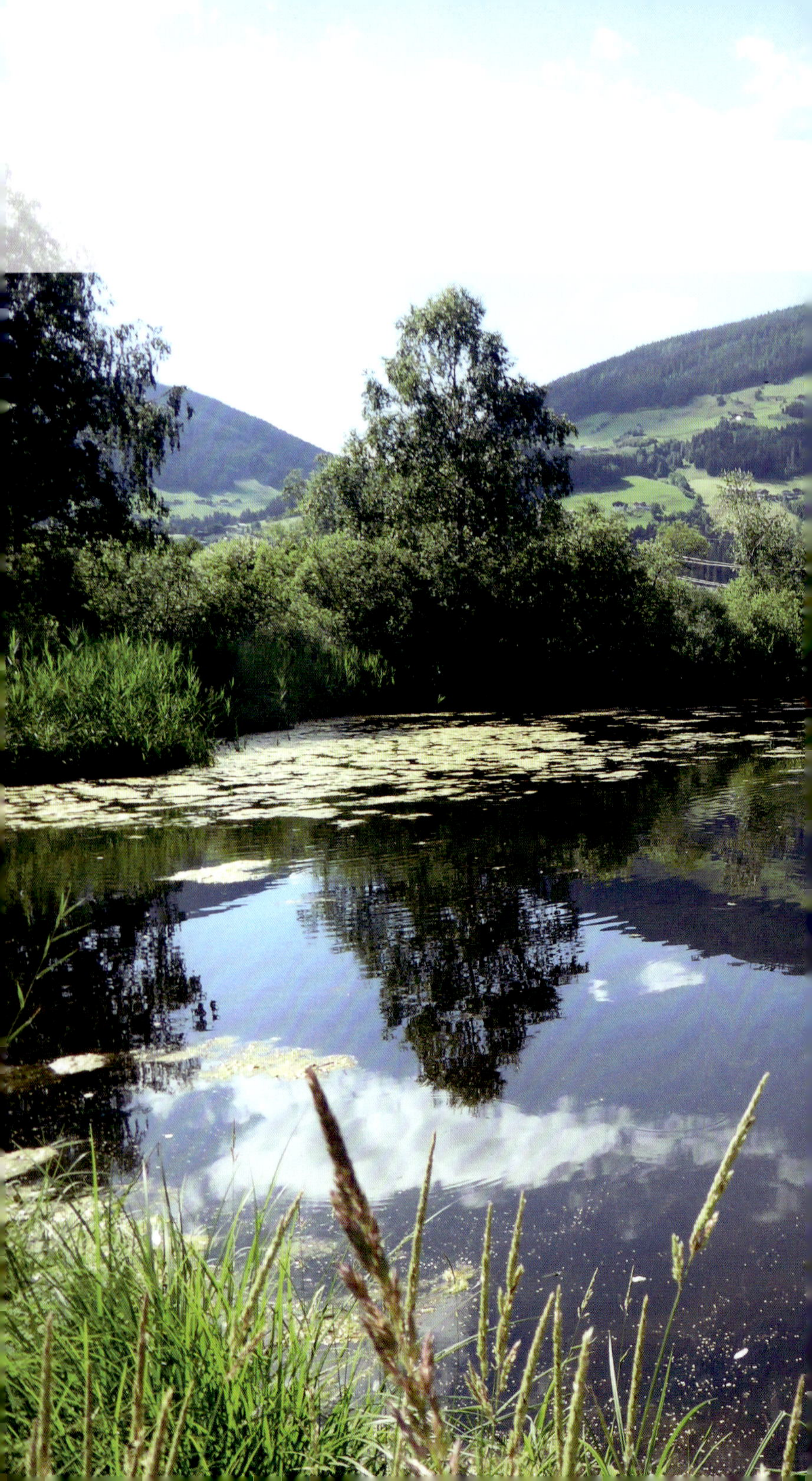

Pinzgau

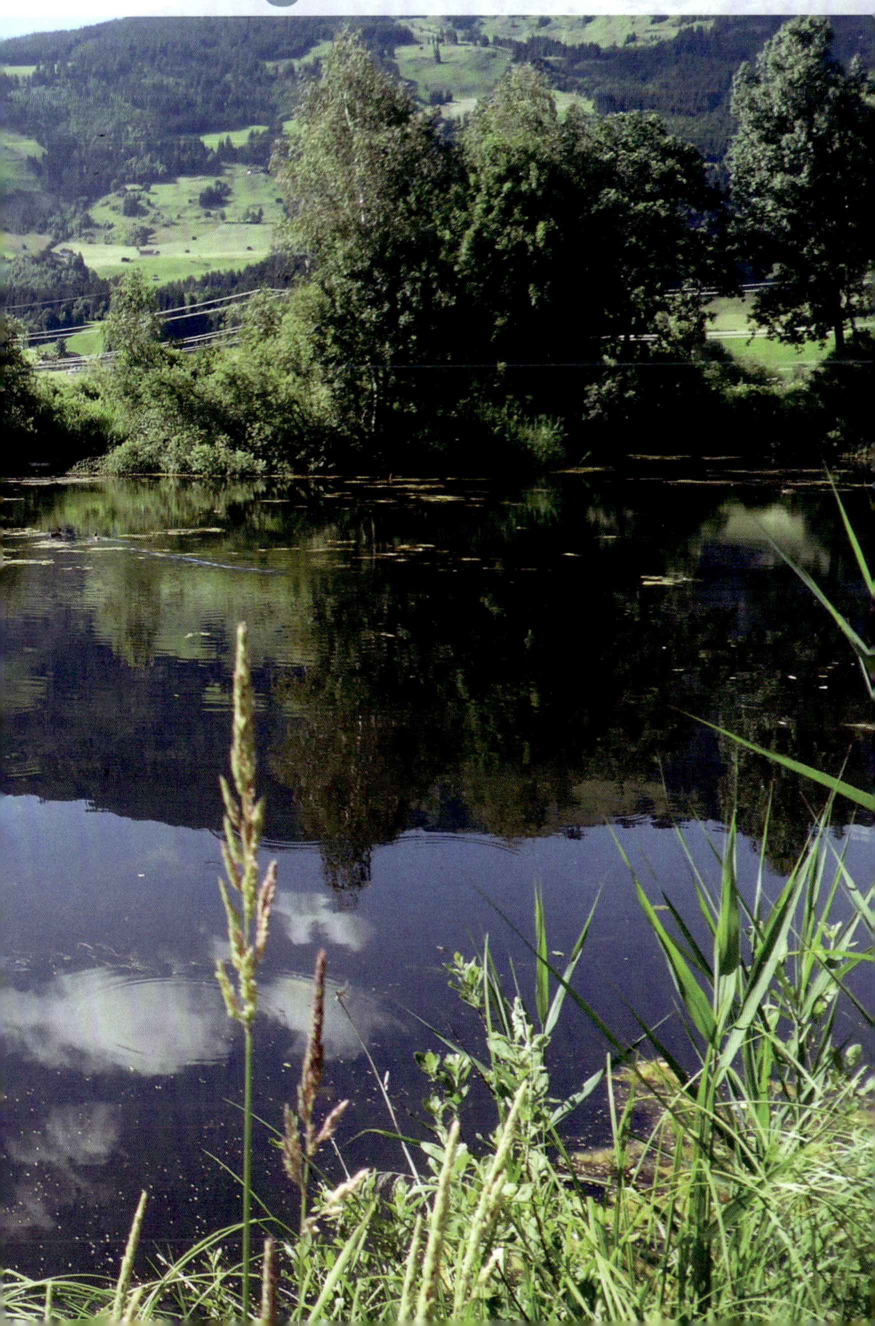

56 Ritzensee

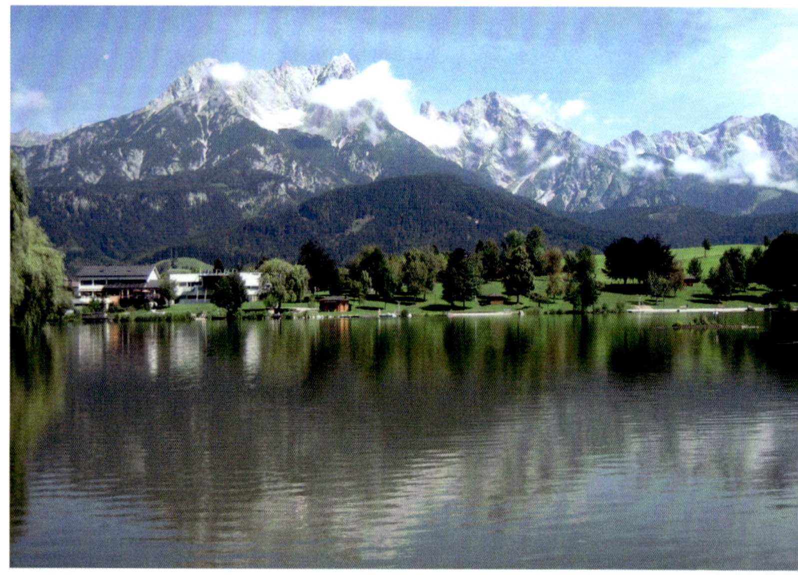

Der Ritzensee und das Steinerne Meer. In der Bildmitte die Schönfeldspitze.

Die Stadt Saalfelden ohne den Ritzensee ist kaum vorstellbar. Dabei gibt es den idyllischen See neben dem mittelalterlichen Schloss erst seit den 1950er-Jahren.

DER SEE

Kategorie: künstlich entstandener See
Lage: Gemeinde Saalfelden
Seehöhe: 765 m
Fläche: 51.600 m²
Max. Seetiefe: 6,4 m

Über die Werdung des Ritzensees gibt es verschiedene Varianten. Bautechniker der in Saalfelden stationierten amerikanischen Armee sollen für die Entstehung verantwortlich gewesen sein, andere Quellen sprechen von einem geschickten Marketing-Coup der Tourismusverantwortlichen, durch den das Image Saalfeldens als aufkommende Fremdenverkehrsdestination aufgewertet werden sollte. Wahrscheinlich liegt die Wahrheit in der Mitte und die amerikanischen Soldaten wurden irgendwann zwischen 1953 und 1955 um Mithilfe bei der Umsetzung des Seen-Projektes gebeten. Bis dahin war die Fläche vor dem Schloss

Ritzen nur eine feuchte Wiese, dann wurde ein Damm errichtet und heute ist der See ein ganz zentraler Punkt für das Saalfeldener Freizeitgeschehen. Und das sowohl im Sommer als auch im Winter. Vorausgesetzt, die Wintermonate sind kalt genug und es entsteht tragfähiges Eis für die Eisschützen und Eisläufer. Auch die Angler und die Wasservögel haben mit dem Ritzensee ihre Freude, hält er doch für beide genug Nahrungsangebot bereit.

DER WEG

Ausgangspunkt: Parkplatz beim Museum Schloss Ritzen

Anfahrt: A 10, Abfahrt Knoten Pongau. Auf der B 311 durch das Salzachtal nach Saalfelden. Hierher auch auf der B 178 und der B 311 über Lofer durch das Saalachtal. Im Kreisverkehr Saalfelden auf der B 164 Richtung Maria Alm und nach 800 m in die Ritzenseestraße nach rechts abzweigen. Parkplatz nahe Schloss Ritzen (Heimatmuseum).

Haltestelle: Saalfelden Brandlwirt (mit Bus 260 ab Bhf. Salzburg bis Postamt Saalfelden, mit Bus 61 bis Saalfelden Brandlwirt)

Schwierigkeit: T 1

Dauer: 45 Minuten, 50 Höhenmeter, 2,5 Kilometer

RUND UM DEN RITZENSEE

Ausgangspunkt ist der Parkplatz vor dem Schloss Ritzen. Ein erster Anziehungspunkt ist natürlich auch gleich das Schloss, in dem das sehenswerte Heimatmuseum untergebracht

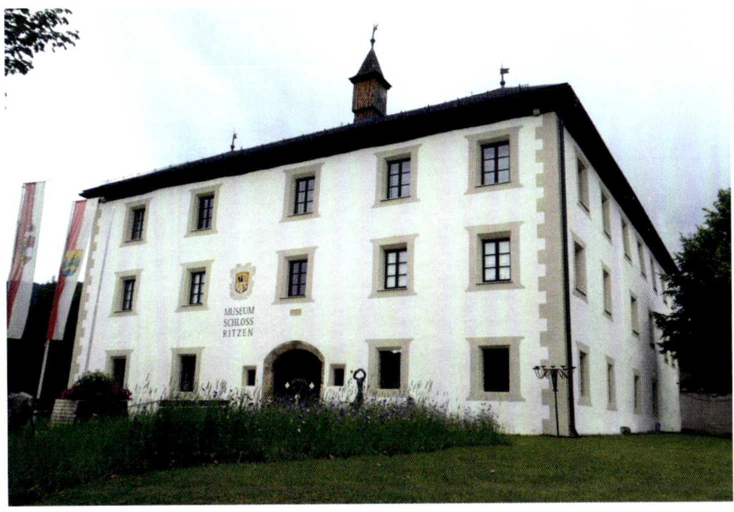

Das Museum im Schloss Ritzen steht am Anfang der Seerunde.

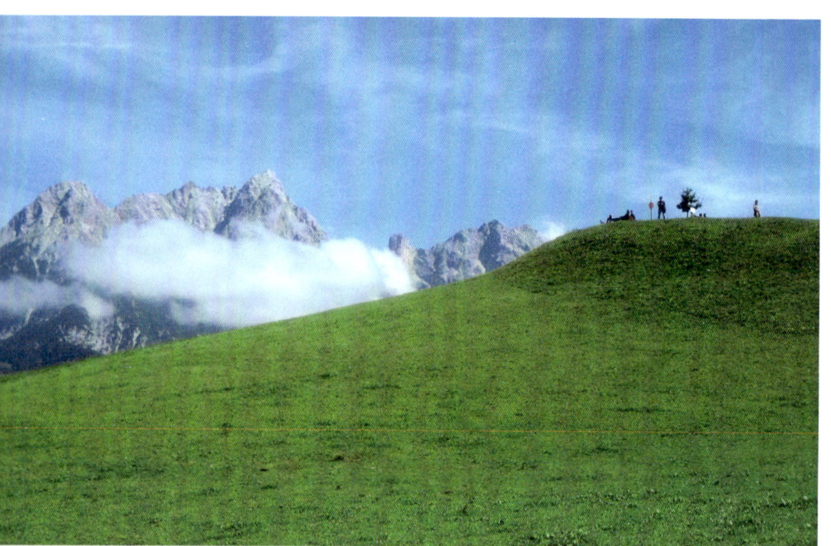

Starke Kontraste: Das Steinerne Meer und der fruchtbare Talboden.

ist (www.museum-saalfelden.at). Einer der wichtigsten Funde aus dem zweiten oder ersten vorchristlichen Jahrhundert, der keltische

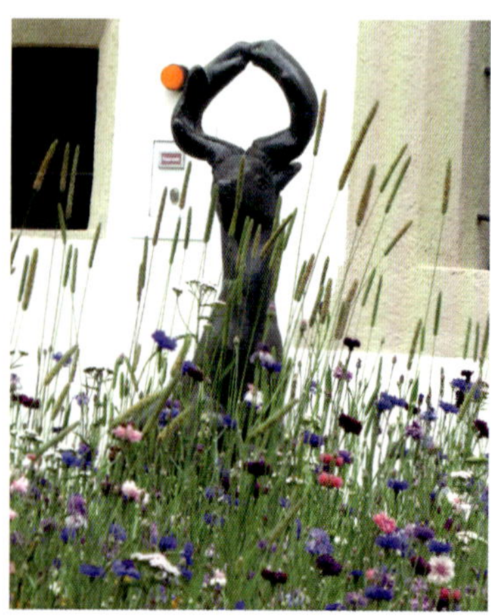

Das Original misst elf Zentimeter.

Hirsch vom Biberg, wartet auch gleich ganz possierlich in vielfacher Vergrößerung vor dem gotischen Eingangsportal. Allzu lange dauert die Seerunde ja nicht, da bietet sich eine zusätzliche Museumsrunde gleich an. Dabei erfahren die Besucher auch etwas über die überraschende Art der Entstehung des Ritzensees, der sich so überaus malerisch vor dem Schloss ausbreitet.

Der Weg verläuft rechts abzweigend zum Seeufer hinab und wenn sich der Blick dann Richtung Norden richtet, kommt zum See im Vordergrund auch noch ein Meer im Hintergrund dazu, das Steinerne Meer. Wenig später verzweigt sich der Seerundgang: Eine etwas kürzere Variante bleibt am Ufer und zweigt nach links ab, die längere verläuft vorerst noch geradeaus weiter und setzt die Umrundung, links abzweigend, einen Stock höher fort. Nun ergibt sich ein weiter Blick in das Saalachtal, das Schloss Lichtenberg nahe der Einsiedelei leuchtet vom Steinernen Meer herüber und auch die Aussicht auf die Stadt Saalfelden ist von hier aus besonders reizvoll. Zur geographischen Unterstützung und für den besseren Überblick erklärt eine Panoramatafel die vielen Gipfel, die sich vom Hochkönig bis zum Birnhorn in den Leoganger Steinbergen erstrecken. Bei einer Privatklinik zweigt der Weg 25 („Heimatmuseum") nach links ab und führt an einem schönen Wegkreuz vorbei wieder zurück zum Ausgangspunkt.

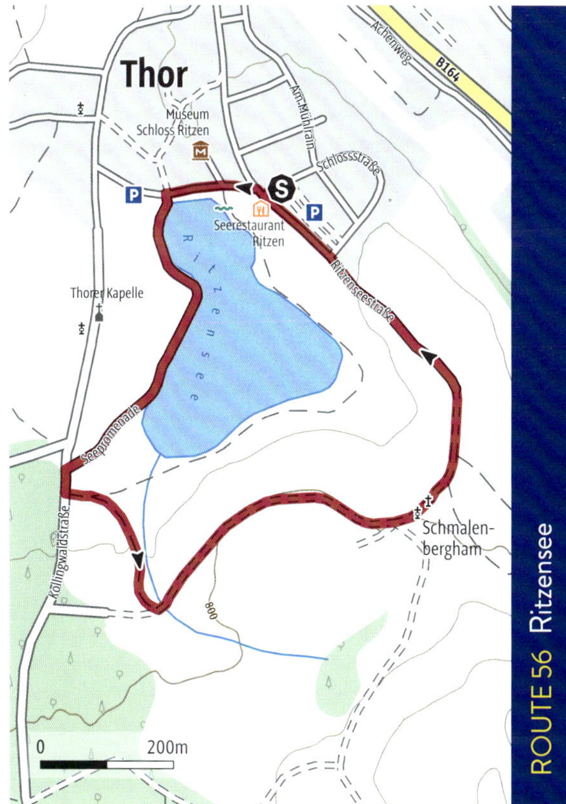

ROUTE 56 Ritzensee

57 Hochtorsee

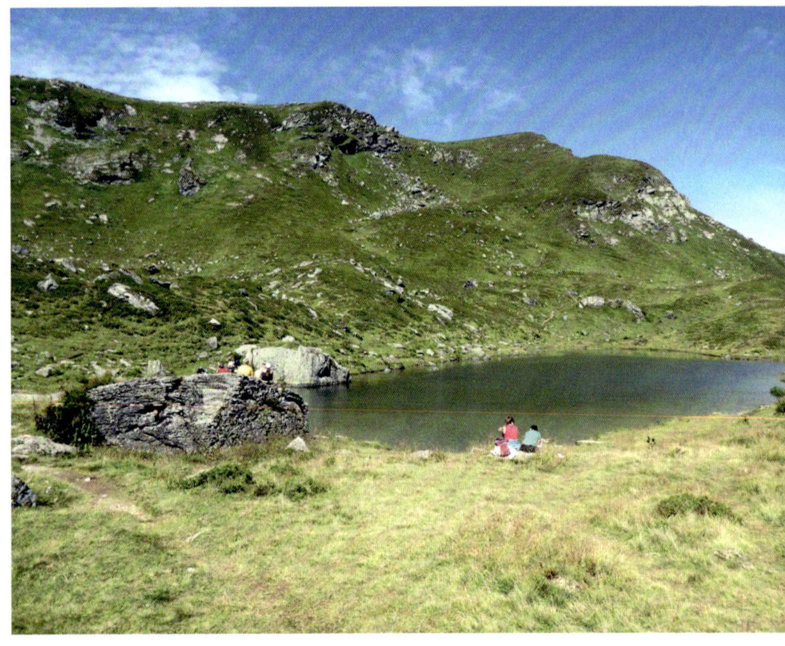

Das Ufer am Hochtorsee ist der ideale Ort für eine genussvolle Rast.

Der Hochtorsee (2000 m) ist der eindrucksvollste einer ganzen Reihe kleinerer Seen, die sich höchst malerisch über dem Talschluss des Glemmtales auf einer Hochebene in den Kitzbüheler Alpen verteilen.

DER SEE

Kategorie: Hochgebirgssee
Lage: Gemeinde Jochberg
Seehöhe: 2000 m
Fläche: 7500 m²
Max. Seetiefe: 4 m

Der Torsee liegt zwar schon 800 Meter jenseits der Landesgrenze auf der Tiroler Seite, aber für den zweitlängsten Fluss Salzburgs, die 105 Kilometer lange Saalach, ist er, gemeinsam mit den Zuläufen vom nordwärts gelegenen Saalkogel, einer der Hauptzubringer. Der Torsee liegt in einer sehr moorigen Region und ist von Feuchtwiesen umgeben. In der hochtalartigen Ebene, die von Teufelssprung, Gamshag und

Tristkogel westwärts begrenzt wird, breiten sich an die zehn weitere kleine Bergseen aus.

DER WEG

Ausgangspunkt: Parkplatz Lengau im Talschluss Hinterglemm

Anfahrt: über Lofer oder Zell am See auf der B 311 nach Maishofen und weiter Richtung Saalbach Hinterglemm in den Talschluss nach Lengau

Haltestelle: Hinterglemm Mitterlengau (Bus 680 ab Bhf. Zell/See Vorplatz)

Schwierigkeit: T 3

Dauer: 6–7 Stunden, 1100 Höhenmeter, 16 Kilometer

VON LENGAU ÜBER DIE SCHUSTERSCHARTE ZUM TORSEE

Der Ausgangspunkt der langen Tageswanderung zum Torsee ist der große Parkplatz Lengau im Talschluss des Glemmtales. Auf einem der beiden gleich langen Wege (interessanter ist der verkehrsfreie, rechts abzweigende Weg) geht es in einer halben Stunde zur **Lindlingalm** (1310 m). Alternativ steht auch ein traktorbetriebener Tälerzug (€ 4,–) für diesen ersten Streckenabschnitt zur Verfügung. Er verkehrt ab 9 Uhr 20 im Halbstundentakt (Stand 2020). Bei der mit Baumwipfelweg, Seilrutsche oder Wassererlebnisweg touristisch bestens vermarkteten Lindlingalm zweigt der Weg 2 zum Hochtorsee nach links ab. Allmählich gewinnt der Almweg an Höhe und die Umgebung an Ruhe. Nach einer Kehre zweigt der markierte Steig in steileres Gelände ab und führt über teils recht unangenehm ausgewaschene Gräben auf das Hochplateau

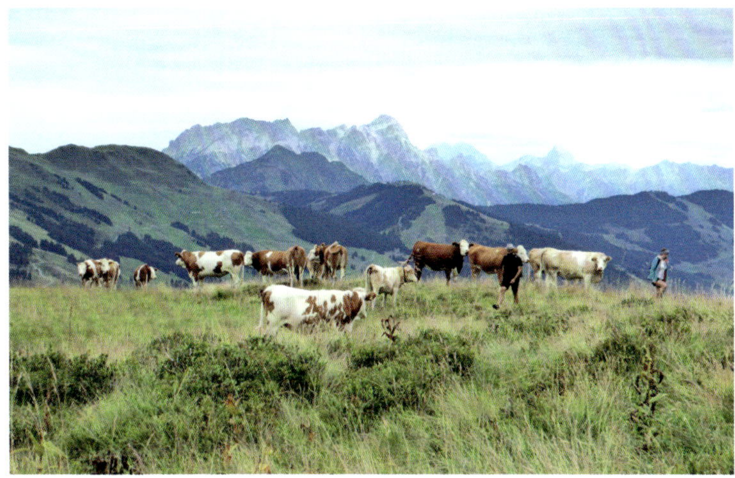

In der Schusterscharte mit Blick auf die Steinberge.

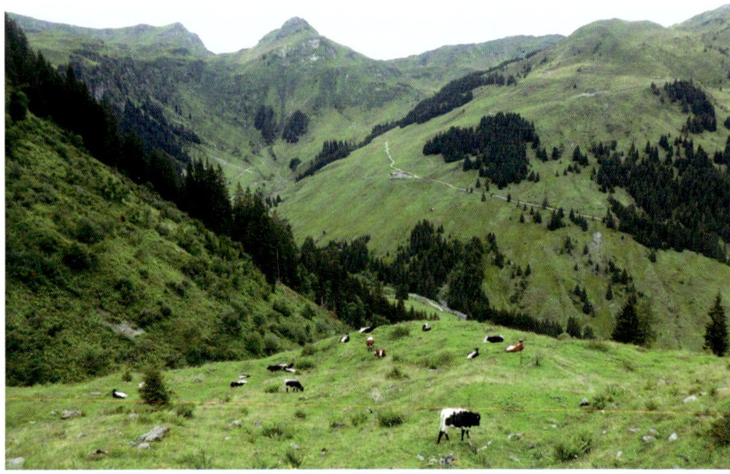

Auf der Talseite gegenüber, am Tristkogel vorbei, wird sich die Runde wieder schließen.

Pfandeben (1838 m) zu einer ersten Verzweigung. Der Weg 2 (Torsee) zweigt nach rechts ab und verläuft, nach einem Abstieg über rund 100 Höhenmeter, an der unbewirtschafteten Pfandebenalm vorbei in 1 ¼ Stunden zum Hochtorsee (2000 m). Beinahe noch eindrucksvoller ist jene etwas längere Variante, die geradeaus in einer halben

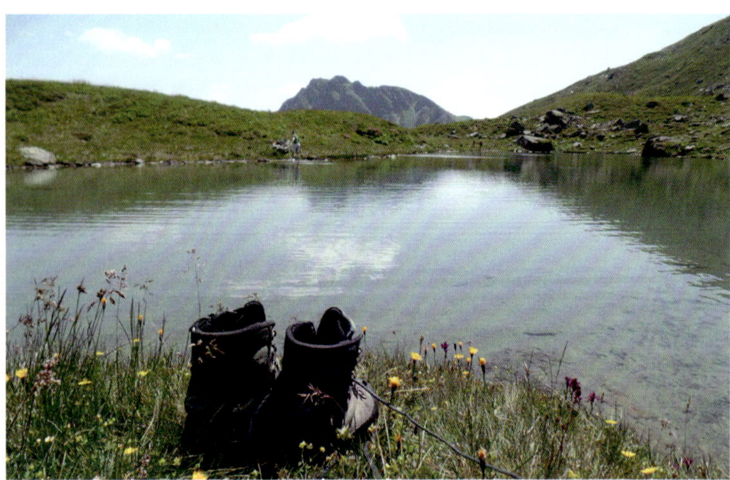

Fußbad am Torsee mit Blick auf den Gaißstein.

Stunde auf die Schusterscharte (1985 m) weiterführt und erst dort nach rechts dem aussichtsreichen Kamm folgend über das Hochtor zum Hochtorsee quert.

Der malerische Bergsee ist der richtige Ort für eine ausgiebige Rast, bevor es von dort Richtung Tristkogel weitergeht. Der Tristkogel (2095 m) kann über einen 20-minütigen, steilen Abstecher bestiegen werden, der kürzeste Weg zurück zur Lindlingalm aber quert über die Ostflanke unterhalb zum Saaljoch (1876 m) hinüber. Der letzte Abschnitt der langen Tour folgt wieder dem Weg 2 zur **Osmann-** und weiter zur **Lindlingalm**. Von dieser Erlebnisgastronomie geht es schließlich auf dem bereits bekannten Panoramaweg oder mit der lustigen Talschlussbahn (€ 4,-) retour auf den Parkplatz Lengau.

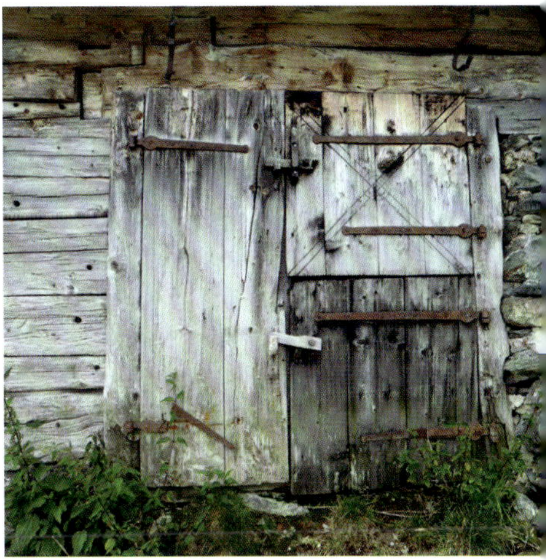

Stalleingang in die Pfandebenalm.

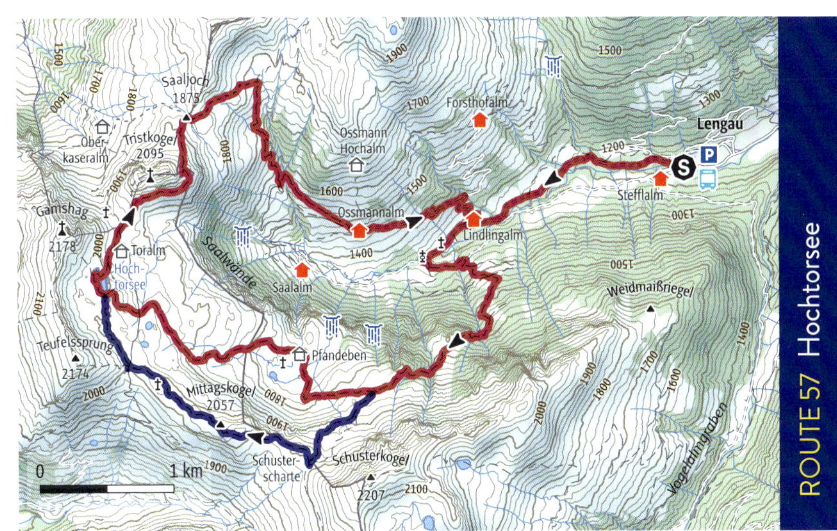

58 Zeller See

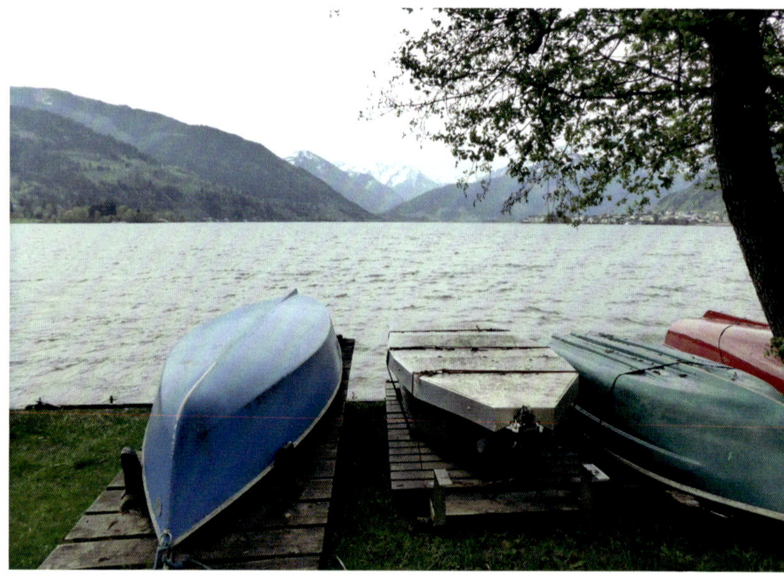

Der Blick vom Nordufer des Zeller Sees Richtung Kitzsteinhorn.

Der Weg um den Zeller See präsentiert großartige Naturlandschaften, pulsierendes städtisches Leben und gewährt Einblicke in die kulturgeschichtlichen Glanzpunkte der Region.

DER SEE

Kategorie: großer See
Lage: Gemeinde Zell am See
Seehöhe: 750 m
Fläche: 4,55 km²
Max. Seetiefe: 69,8 m

Bei der Wanderung rund um den See reiht sich ein idyllischer Punkt an den nächsten. An vielen Uferstellen ist der Zugang zum glasklaren See möglich und viele Rastbänke laden zum Bleiben ein.

Kaum vorstellbar, dass die mangelnde Wasserqualität des Zeller Sees vor gar nicht so langer Zeit noch ein großes Thema in den Gemeindestuben war. In einem gemeinsamen Kraftakt und mit großem finanziellen Einsatz konnte die Seesanierung im Jahr 1982 jedoch erfolgreich abgeschlossen werden. Der einst so fischreiche See litt aber schon zuvor unter verschiedenen Maßnahmen, deren negative Auswirkungen nicht sofort erkannt wurden. Mit dem Trockenlegen der Sümpfe auf der Südseite und dem damit verbundenen mehrmaligen Absenken des Seespiegels gingen die Unterstände der Fische und Krebse verloren, das Einleiten der Abwässer aus den nahen Berg- und Pochwerken führte ebenfalls zu einer Bestandsdezimierung. Ein weiterer Grund für den Fischrückgang dürfte schlicht und einfach die dauernde Überfischung gewesen sein. Der Reiseschriftsteller Franz Carl Weidmann berichtet im Jahr 1845: „Einst war der Zellersee seines Fischreichtums wegen berühmt. Durch das Wasser, welches aus den benachbarten Pochwerken dahin geleitet ward, ist der Fischfang ganz unbedeutend, doch werden noch die Krebse in diesem See sehr geschätzt." Aber auch damit war es bald vorbei. In der Zeit vor der Säkularisation (1803) wurden jährlich bis zu 14.000 Krebse von eigens bezahlten Krebsträgerinnen unter Einhaltung strenger Auflagen an den Salzburger Hof geliefert. Aber „eine Seuche hat diese Tiere total ausgerottet", wie in einem Artikel aus dem Jahr 1878 zu lesen ist. Damit gehörte die berühmte Delikatesse aus dem Zeller See der Geschichte an.

Eine letztendlich günstige Entwicklung nahmen hingegen die Besitzverhältnisse des Sees. War der See bis zum Ende des Fürsterzbistums hauptsächlich in den Händen der geistlichen Obrigkeit, so durfte sich ab 1816 die Habsburgermonarchie als neuer Besitzer des Gewässers

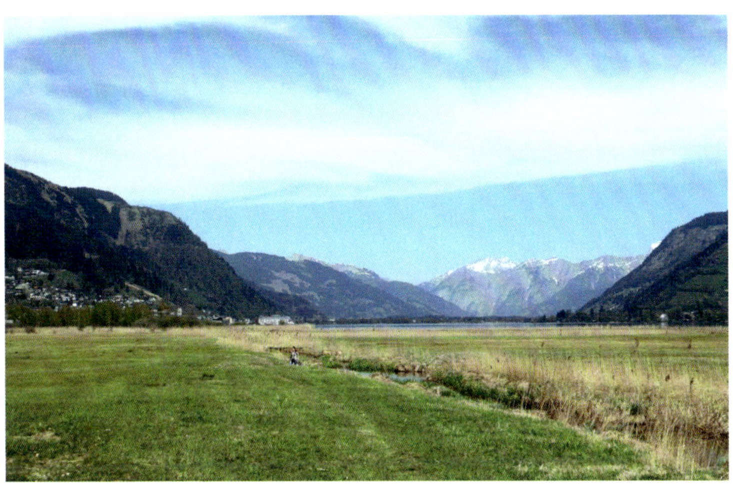

Die Wiesen am Südufer sind ein wertvolles Vogelschutzgebiet.

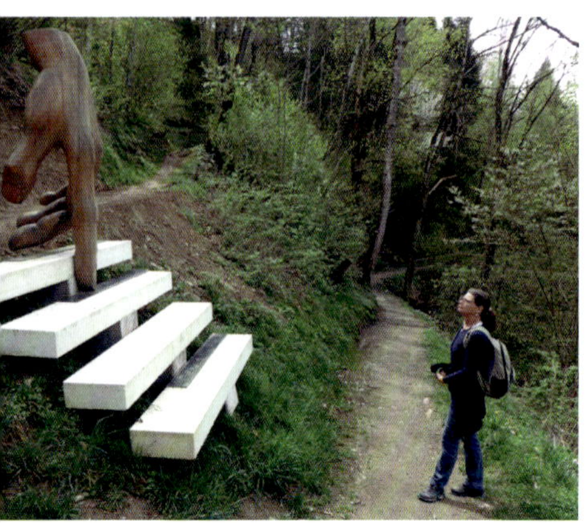

Diese Station ist dem einarmigen Pianisten Paul Wittgenstein gewidmet.

erfreuen. Aus Finanznot verkauften die Habsburger allerdings den See im Jahr 1864 für 2000 Gulden an den Markt Zell am See. Die Anbindung an die neu errichtete Giselabahn im Jahre 1875 führte zu einer gewaltigen touristischen Nachfrage, die auch die Investition in den Seeankauf mehr als rechtfertigte.

DER WEG

Ausgangspunkt: Strandbad Erlberg, Seeuferstr. 136 (Stadtteil Schüttdorf)

Anfahrt: A 10, Knoten Pongau und auf der B 311 durch das Salzachtal Richtung Zell am See. Kurz nach der Umfahrung von Bruck a. d. Glocknerstr. beim Kreisverkehr Maxi-Markt Richtung Thumersbach abzweigen. Nach 2 km Parken beim Strandbad Erlberg.

Haltestelle: bester Einstieg in die Seerunde vom Bahnhof Zell am See aus

Schwierigkeit: T 1

Dauer: 3 ½ Stunden, 100 Höhenmeter, 12 Kilometer

RUND UM DEN ZELLER SEE

Der Ausgangspunkt beim Strandbad Erlberg am südlichen Ufer des Zeller Sees ist eine gute Wahl. Unter anderem auch, weil sich hier die Runde nach gut drei Stunden wieder schließen wird und dann könnte das Verlangen nach einem genussvollen Ort zum Ausstrecken und Eintauchen groß sein. Das frei zugängliche Freizeitzentrum erfüllt dazu mit seinen großen Liegewiesen, dem Seezugang und der **Gastronomie** alle Voraussetzungen. Zuvor aber kommt der lange Weg um den See, aber auch da kommt der Genuss keinesfalls zu kurz. Die Einmündung des Seenrundwegs in den „Thomas-Bernhard-Weg“ klingt nur oberflächlich betrachtet nach einer schwierigen Etappe, in Wirklichkeit kommt gleich zu Beginn ein wunderschöner, federleichter Abschnitt, der quer durch das 220 Hektar große Natur- und Landschaftsschutzgebiet Zeller See Süd führt. Diese Verlandungszone ist der Rest von einst großflächigen Vermoorungen im Salzachtal und bietet vielen seltenen Pflanzen- und Tierarten einen wertvollen Lebensraum. Über 160 verschiedene Vogelarten, darunter sehr scheue Wiesenbrüter, wurden gezählt. Das Gebiet teilt sich in vier

Bereiche ein: die seenahen Wiesen mit Schilf- und Seggenbeständen, die Streuwiesen, Sumpfwiesen und Moore im mittleren Bereich, die Fettwiesen im Süden und der Hangfuß am Erlberg. Mit etwas Glück und einem guten Fernglas lassen sich vielleicht das farbenprächtige Schwarzkehlchen oder der räuberische Neuntöter, der seine Beutetiere auf den Dornen im Gestrüpp aufspießt, entdecken.

Das Feuchtgebiet ist übrigens ein Produkt der Salzach, die sich bei Schmelz- und Hochwasser bis zum Zeller See ausbreitete und hier das Geschiebe ablagerte. Seit der Regulierung ab dem Jahr 1856 ist die Verbindung der Salzach zum Zeller See unterbrochen.

Von der anderen Seite der Feuchtwiesen strahlt schon das legendäre **Grand Hotel** wie ein Leuchtturm

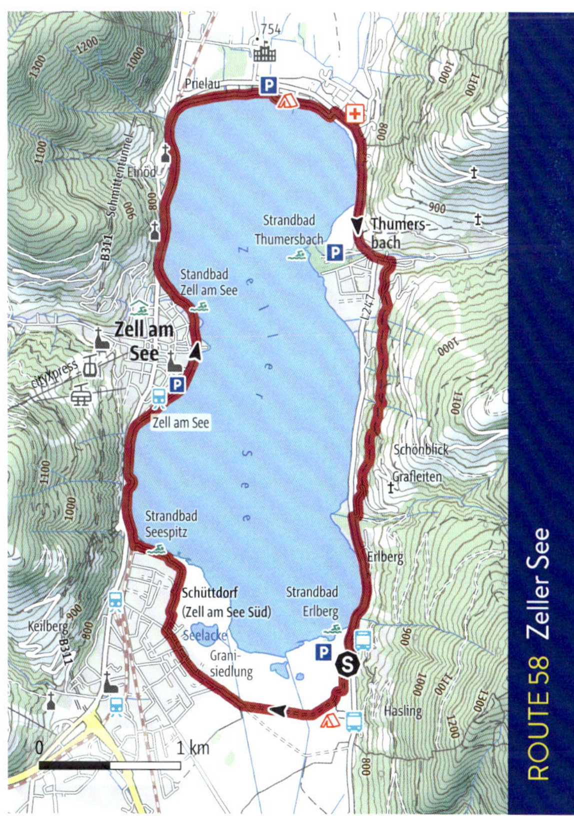

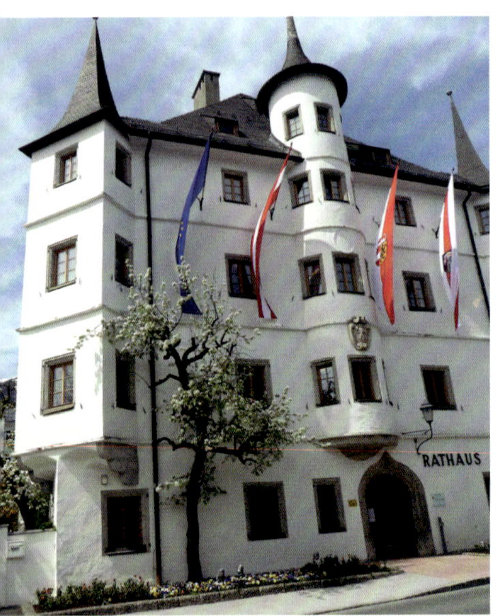

Das Rathaus wurde 1577 erbaut.

herüber. Durch das Zeller Siedlungsgebiet über die Karl-Vogt-Straße und dann rechts abzweigend an den Sportplätzen vorbei nähern wir uns entlang der Esplanade diesem mondänen Zwischenziel. Zuvor stoßen noch die Bahnreisenden in der Höhe des Elisabethparks zur Esplanade. Im Jahr 1879 wurde genau hier das Hotel Elisabeth eröffnet. Das Musterhotel wurde 1873 für die Weltausstellung in Wien gebaut, dann abmontiert und hier wieder errichtet. Das Luxushotel löste zwar einen Bauboom aus, aber durch die filigrane Bauweise musste das Hotel Elisabeth schon 1915 abgebrochen werden. Das zwischen 1884 bis 1886 aus soliderem Material errichtete Grand Hotel gibt es hingegen, in generalüberholter Form, noch immer.

Der Weg folgt der Esplanade an schönen Buchten und Sitzgelegenheiten vorbei zur Nordbucht. Auch dort gibt es direkt am Ufer feine Rastplätze mit Blick auf das schneebedeckte Kitzsteinhorn. Nachdem die Seerunde auf das Ostufer hinüberschwenkt, kommt eine kurze, ein Kilometer lange Durststrecke entlang der Landesstraße nach Thumersbach. Dort folgt zuerst nach links (Talstraße), dann nach rechts abzweigend (Weg 90) der vielleicht interessanteste Abschnitt über die Höhenpromenade. Dieser wird nämlich als Themenweg geführt und präsentiert viele der prominenten Bewohner und Besucher von Zell am See. Von Stefan Zweig bis D. H. Lawrence, vom Kaiserpaar Franz Joseph und Elisabeth bis zur Trapp-Familie, von der Porsche-Lady Louise Piech bis zum Großglockner-Hochalpenstraßen-Erfinder Landeshauptmann Josef Rehrl ist das ein wirklich buntes Kaleidoskop an bedeutenden Menschen. Ein kanzelartiger Vorbau mit bequemen Liegen erleichtert das Lesen der vielen faszinierenden Lebensläufe. Langsam führt der Höhenweg wieder hinab zum Erlenhof und weiter zum Ausgangspunkt der großartigen Seenrunde.

59 Hollersbacher Badesee

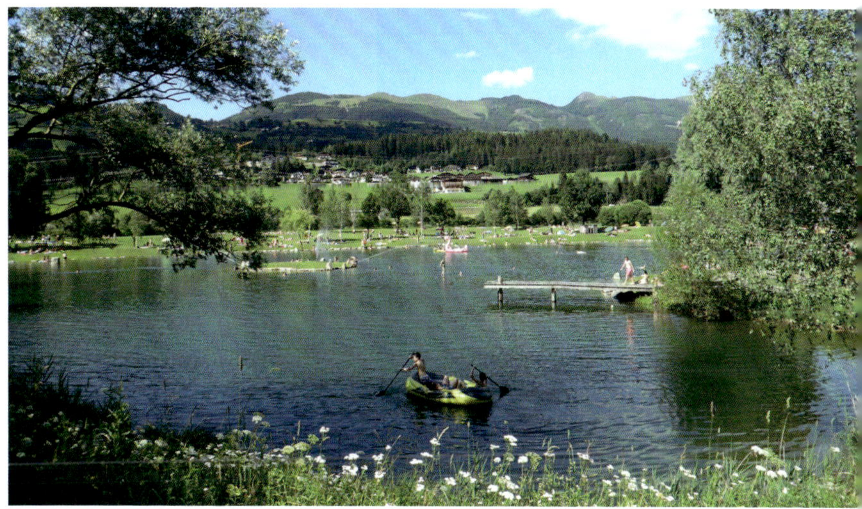

Der Hollersbacher Badesee bietet Platz für viele Interessen.

Im Gemeindegebiet der Nationalparkgemeinde Hollersbach liegt der künstlich errichtete Badesee. Als Gegensatz dazu befinden sich westlich davon noch letzte Reste der ehemaligen Salzachsümpfe, so wie sie früher den Talboden prägten.

DER SEE

Kategorie: Badesee (künstlich angelegt)
Lage: Gemeinde Hollersbach
Seehöhe: 799 m
Fläche: 13.000 m²
Max. Seetiefe: 3 m

Noch bis in das 19. Jahrhundert hinein war das Oberpinzgauer Salzachtal von ständigen Überschwemmungen betroffen. In manchen Jahren reichte das von Hochwasser heimgesuchte Gebiet von Piesendorf bis zum Zeller See. Übrig blieb eine permanente Sumpf- und Seenlandschaft, die auch der Grund für häufig auftretende Fälle von Wechselfieber, einer Art Malaria, waren. Der Landeskundler Benedikt Pillwein schreibt in seiner Chronik im Jahr 1839: „… andere Sümpfe vergrößern sogar ihren Umfang. Leider weiset dieses der Boden des Haupttales von Zell bis Bramberg nach, was der Gesundheit und der Fruchtbarkeit äußerst schädlich ist.“ Und im renommierten

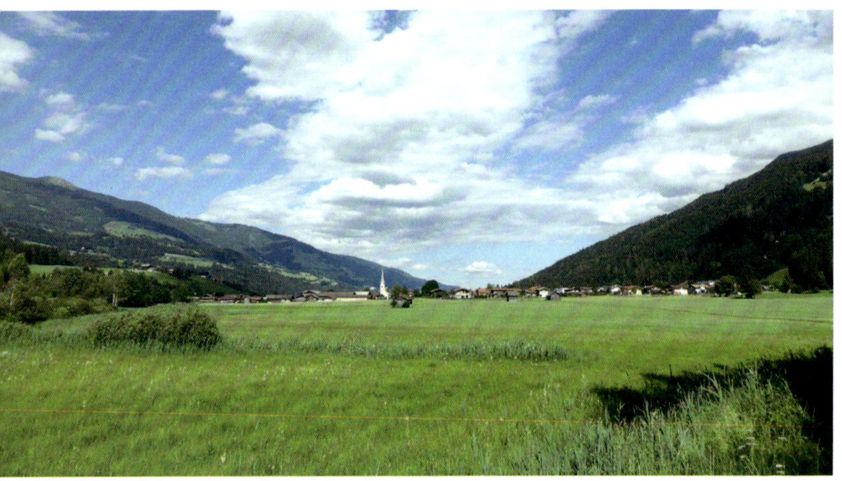

Am Rückweg nach Hollersbach. Vor 150 Jahren war der Talboden noch völlig versumpft.

deutschen Reiseführer Baedeker wurde noch 1842 vor einem Aufenthalt wegen der ungesunden Sümpfe gewarnt. Ab 1850 wurde mit der Salzachregulierung und der Trockenlegung der Sumpfgebiete begonnen, neues Weideland konnte entstehen und das gefährliche Sumpffieber war auch bald kein Thema mehr. Andererseits gingen Retentionsflächen verloren, auf denen sich die über die Ufer tretende Salzach ausbreiten konnte. Heute sind nur noch kleine Reste der einstigen Salzachtal-Urlandschaft anzutreffen. Westwärts neben der Naturbadeanlage sind noch einige Ökoteiche vorhanden. Zum Baden und Schwimmen eindeutig besser geeignet als der von Schilf umgebene Ökoteich ist der attraktive Hollersbacher Badesee. Den Kindern steht ein eigener Badebereich zur Verfügung, daneben wartet ein spannender Abenteuerspielplatz mit Piratenschiff, Schaukeln und Hängebrücke auf die kleinen Gäste. Aber auch dieser beliebte Badesee, der sehr schnell badetaugliche Temperaturen erreicht, ist gut genug für eine kleine ökologische Sensation. Eine winzige, für den Menschen ungefährliche Süßwasserqualle hat sich im kleinen Hollersbacher Badeteich angesiedelt und hat hier ihren einzigen nachgewiesenen Standort in Salzburg.

DER WEG

Ausgangspunkt: Parkplatz Hollersbacher Badesee

Anfahrt: A 10, Abfahrt Knoten Pongau. Auf der B 311 nach Zell am See (hierher auch über Lofer und Saalfelden). Auf der B 168 und der B 165 nach Hollersbach, Parkplatz Badesee.

Haltestelle: Hollersbach (Lokalbahn ab Zell am See)

Schwierigkeit: T 1

Dauer: 1 ½ Stunden, 200 Höhenmeter, 4,5 Kilometer

DER HOLLERSBACHER NATURLEHRWEG

Ausgangspunkt ist der Parkplatz neben dem Hollersbacher Badesee. Bei passendem, sommerlichem Badewetter sind der Parkplatz und das Bad natürlich gut belegt. Zu einladend ist dann der Badebereich mit seinen zahlreichen familienfreundlichen Attraktionen. Bevor es aber den Badespaß im Schottersee gibt, führt ein nicht allzu langer Rundgang im Hollersbacher Ortsgebiet zu interessanten Punkten. Einer davon ist mit Sicherheit das Klausnerhaus im Ortszentrum. Der Weg dorthin ist einfach, als Orientierung dienen der Kirchturm oder der Verlauf der Hauptstraße.

Erstmals wurde das Klausnerhaus im Jahr 1350 urkundlich belegt. Der typische Pinzgauer Bauernhof mit Bruchsteinmauer und hölzernem Ober- und Dachgeschoss steht seit 1972 unter Denkmalschutz. Im ehrwürdigen Klausnerhaus ist ein Informationszentrum des Nationalparks untergebracht. Aber auch rund um den alten Hof gibt es viel zu entdecken. Der Kräutergarten frischt altes Wissen rund um die Verwendung der heil- und

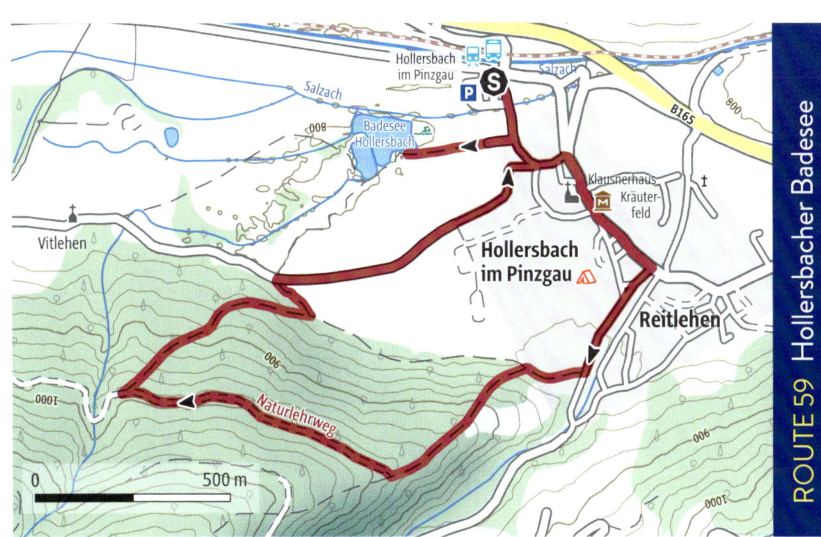

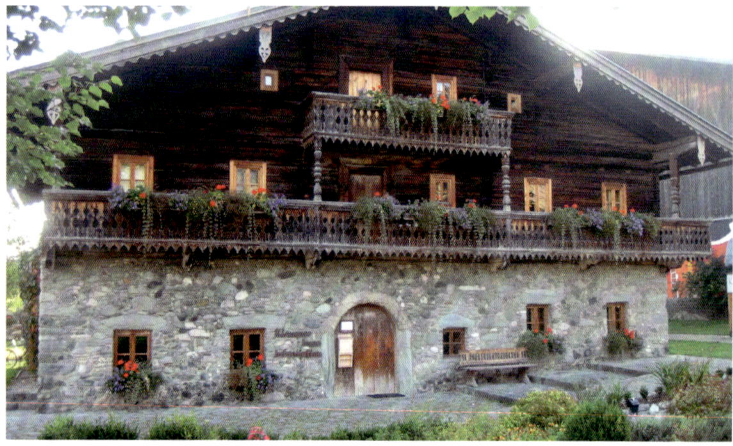

Im alten Klausnerhof ist eine Informationsstelle des Nationalparks untergebracht.

genussbringenden Pflanzen auf, ist aber auch ein wunderbarer Rückzugsort zum Entspannen. Noch mehr Einblicke in die Biodiversität erlaubt der Naturlehrweg (Weg 18), der von der taleinwärts führenden Straße nach rechts abzweigt. An einem neu angelegten Trinkwasserbrunnen vorbei verläuft der Weg noch kurz in der Ebene. Nach der Abzweigung nach links beginnt ein steiler Waldanstieg, der 200 Höhenmeter oder 40 Minuten anhalten wird. Die vielen Info-Tafeln und vor allem die hölzerne Kräuterkapelle bieten aber feine Gelegenheiten zur zwischenzeitlichen Erholung. Schließlich trifft der steile Anstieg unterhalb eines Funkmasten auf eine flache Wirtschaftsstraße. Der Naturlehrpfad zweigt nun nach rechts ab und führt wieder zurück in die Talebene. Retour zum Ausgangspunkt geht es über den nach rechts abzweigenden Tälerweg 24 oder über die querfeldein verlaufende Gemeindestraße.

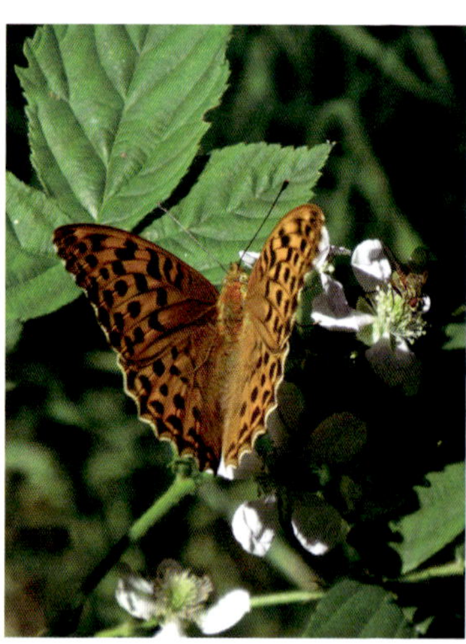

Der Kräutergarten ist ein Schmetterlingsparadies.

60 Hintersee im Felbertal

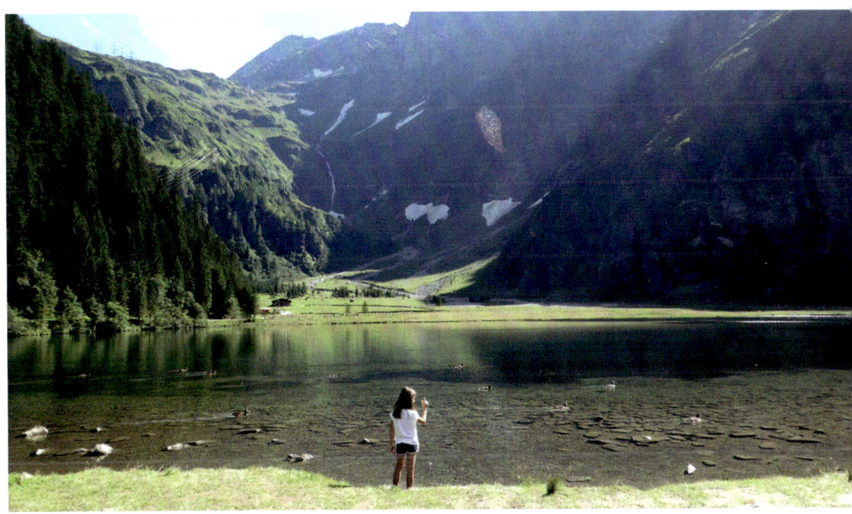

Der Hintersee ist ein beliebtes, leicht erreichbares Ausflugsziel.

Eine alpine Wanderung auf einsamen Pfaden zwischen dem stets gut frequentierten Hintersee und dem wenig bekannten Brentling (2242 m).

DER SEE

Kategorie: Bergsee
Lage: Gemeinde Mittersill
Seehöhe: 1311 m
Fläche: 64.500 m^2
Max. Seetiefe: 10 m

Die Entstehung des Hintersees ist auf ein Erdbeben im Jahr 1495 zurückzuführen. Der dadurch ausgelöste Bergsturz bildete talauswärts eine Barriere, die für den Felberbach zum Hindernis wurde. Allerdings sagen die Fachleute dem Hintersee kein sehr langes Leben voraus. Schuld daran ist auch diesmal der Felberbach, der ständig große Schottermassen in den See verfrachtet. In alten Aufzeichnungen, die am Beginn des 20. Jahrhunderts entstanden sind, lässt sich die Veränderung gegenüber dem heutigen Stand gut nachvollziehen. Der jetzt beinahe schon abgetrennte Nordteil ist in dieser Karte noch voll in den gesamten See integriert. Der fischreiche Hintersee wird durch die leichte Erreichbarkeit über die Felbertauern Straße von vielen Erholungs-

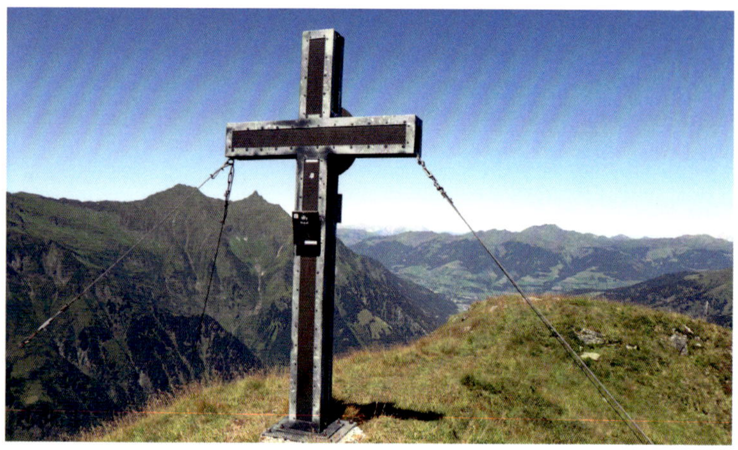

Am Brentling. Links neben dem Gipfelkreuz grüßt der Pihapper (2513 m) herüber.

suchenden angefahren, er ist aber ebenso ein beliebter Treffpunkt der Fischer. Bewirtschaftet wird er von den Besitzern des Hotel Bräurupp im Mittersill, die über das größte private zusammenhängende Fischrevier des Landes verfügen.

DER WEG

Ausgangspunkt: Parkplatz Hintersee 3 km nach der Abzweigung von der Felbertauern Straße, am Ende der Zufahrt

Anfahrt: durch das Salzach- oder Saalachtal über Zell am See nach Mittersill. Auf der B 108 (Felbertauern Straße) 8 km bis zur Abzweigung Hintersee (kurz nach der Lawinengalerie) nach rechts. Parkplatz Hintersee nach 3 km.

Haltestelle: keine vernünftige Verbindung

Schwierigkeit: T 3

Dauer: 4 ½ Stunden, 900 Höhenmeter, 11,5 Kilometer

VOM HINTERSEE AUF DEN BRENTLING

Ausgangspunkt ist der große Parkplatz (1320 m) am Ende der Zufahrtsstraße zum Hintersee. Wir folgen dem Weg 917 Richtung St. Pöltener Hütte durch das Trudental. Es geht zwar immer steil bergauf, aber für die bequeme Wegführung bleibt viel Platz und zwei herrlich erfrischende Quellen liegen auch noch am eineinhalbstündigen Weg bis in den Sattel. Knapp davor weist ein gelbes Schild den Weg zur St. Pöltener Hütte nach rechts (S), unsere ab nun unmarkierte Route auf den Brentling, aber verläuft nach links und folgt dem gut erkennbaren Steig, der relativ eben zu den schönen Viehweiden hinüberquert. Dort geht es dann am Weidezaun entlang, etwas steiler aufwärts nach rechts, bis sich auf halber Höhe eine gute Übergangsmöglichkeit eröffnet. In einer weiten Linksschleife führt der letzte Teil des Anstiegs nun von der Nordseite auf den zum Schluss etwas steileren Brentling. Das Gipfelkreuz wurde 1978 von der VÖEST und der Metallgesellschaft AG gestiftet. Aus montanistischer Sicht interessant ist auch die felsige Erhebung nördlich vis-a-vis. Zu diesem ehemaligen Wolfram-Abbaugebiet führt eine beinahe schon verwachsene Bergwerkstraße, die sich als interessante Abstiegsvariante anbietet. Durch die vielen Kehren erhöht sich die Länge zwar auf das Doppelte und die letzten 250 Höhenmeter vor dem Parkplatz sind asphaltiert, aber Schafe, Ziegen, Pferde und Rinder sorgen für Kurzweil und für ein lebendig-buntes Kaleidoskop an Almtieren. Und eine sichere, alternative Abstiegsmöglichkeit zurück zum Parkplatz hat sich mit der alten Bergwerkszufahrt auch noch eröffnet.

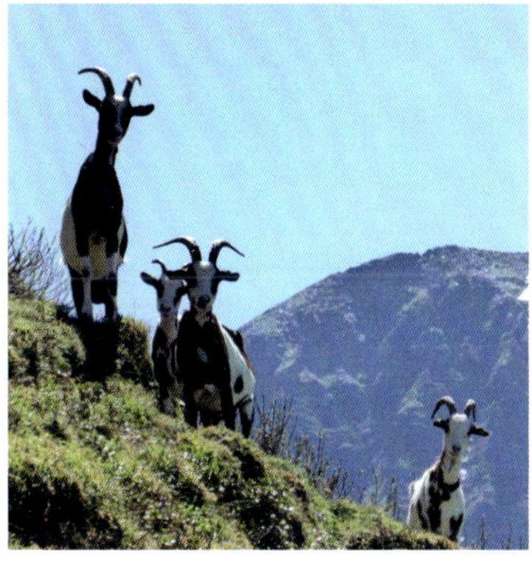

Besuch am Brentling ist selten.

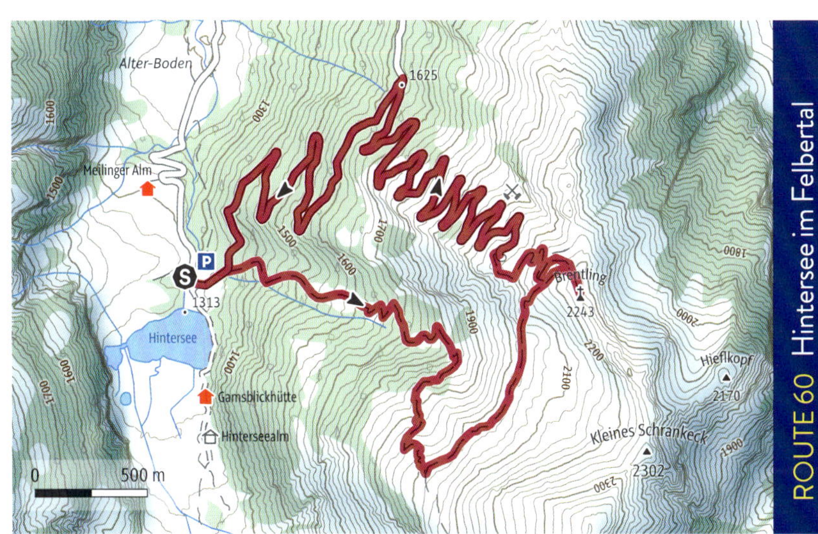

61 Karsee

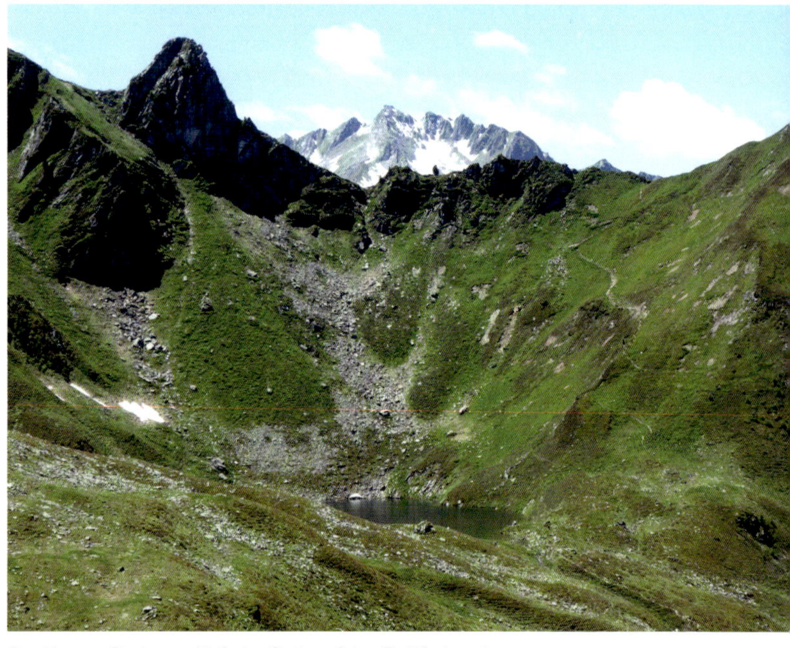

Der Karsee. Rechts verläuft der Steig auf den Zwölferkogel.

Am malerischen Karsee zwischen den Stundenbergen Elfer- und Zwölferkogel bleibt leicht einmal die Zeit stehen. Dieser ist im Unterschied zu den Berggipfeln ein leicht erreichbares Genussziel.

DER SEE

Kategorie: Hochgebirgssee
Lage: Gemeinde Bramberg
Seehöhe: 2081 m
Fläche: 27.500 m²
Max. Seetiefe: 20 m

Bergnamen, die sich am Sonnenstand orientieren, sind in unserer Alpinregion gar nicht so selten anzutreffen. So wie hier hoch über Bramberg ist etwa auch dem Zwölferhorn am Wolfgangsee ein Elferstein an die Seite gestellt worden. Auch in den Sextener Dolomiten gibt es eine bekannte Sonnenuhr bestehend aus Neuner, Zehner, Elfer, Zwölfer und Einser. Meistens sind die Stundenberge markante, auffallende Spitzen, deren Besteigung alpine Erfahrung voraussetzt. So auch in diesem Fall, die Steige auf den Elfer- und Zwölferkogel erfordern Trittsicherheit und trockene Verhältnisse.

Die steilen Hänge der umgebenden Gipfel könnten aber auch die Ursache für eine Sage sein, nach der ein hartherziger Almbauer sein ganzes Hab und Gut verloren hatte. Der wahre Kern für den ausgesprochenen Fluch und der damit verbundenen Katastrophe dürfte ein dokumentiertes Unglück sein, das sich im Frühjahr 1773 ereignete. Eine in den See abgegangene Lawine verursachte eine Stauwelle, die die Höfe und Almen im Steinbachgraben wegriss. Vom Elferkogel aus betrachtet sind die Grundmauern einer Hochalm unterhalb vom Karsee gut erkennbar.

DER WEG

Ausgangspunkt: Dorfmitte im Ortsteil Wenns (Bramberg)

Anfahrt: A 10, Abfahrt Knoten Pongau. Auf der B 311 nach Zell am See (hierher auch über Lofer und Saalfelden). Auf der B 168 und der B 165 Richtung Mittersill und in Höhe Bramberg in den Ortsteil Wenns nach links abzweigen. Parken im Ortsteil.

Haltestelle: Bramberg Wenns (Lokalbahn ab Zell am See)

Schwierigkeit: T 2. Gipfelbesteigung Elferkogel, Zwölferkogel und Breitkopf T 3.

Dauer Anstieg Karsee:
3,5 Stunden, 1200 Höhenmeter, 5,7 Kilometer

Dauer große Runde nach Hollersbach:
6–7 Stunden, 1350 Höhenmeter, 13,5 Kilometer

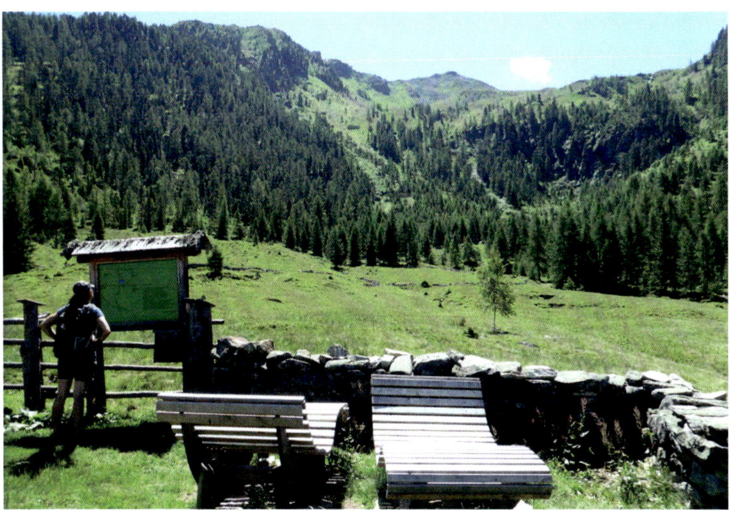

Rastplatz nahe der Kar Grundalm. Der Karsee liegt im Sattel in der Bildmitte.

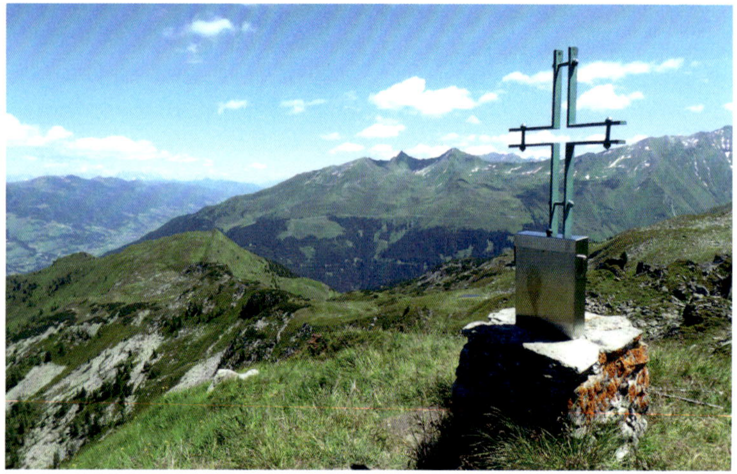

Vom Elferkogel öffnet sich eine Rückwegvariante über den Nordost-Kamm Richtung Hollersbach.

VOM BRAMBERG WENNS ZUM KARSEE

Die Wanderung zum Karsee ist nicht schwierig, aber mit drei bis vier Stunden Anstiegszeit doch tagesfüllend. Eine sehr lohnende, aber anspruchsvolle Variante ist die um 40 Minuten längere Runde über den Elferkogel (2190 m). Ausgangspunkt ist der Bramberger Ortsteil Wenns. Der Weg verläuft links haltend bergauf, quert nach einer Weggabelung (Schild Karsee, Zwölferkogel) den Wennsbach und folgt diesem auf der orographisch rechten Seite am Lindlgut vorbei zu einer neuerlichen Verzweigung. Der Weg 932 zum Karsee orientiert sich vorerst an einer Forststraße und geht dann in eine wandertechnisch effektivere Abkürzung über. An einer Jagdhütte (Wasserstelle) vorbei geht es durch den immer lichteren Wald zur Kargrundalm (1592 m). Gehzeit bis hierher 1 ½ Stunden. Die Alm besteht nur aus einem großen Viehunterstand und bietet keine Einkehrmöglichkeit. Äußerst einladend ist hingegen ein geschützter Rastplatz, den die Bramberger Wegbetreuer für die Wanderer errichtet haben. Auf einer Info-Tafel sind die möglichen Routen abgebildet, die sich anbieten. Eine Variante ist der hier nach links abzweigende halbstündige Steig auf den Elferkogel (2190 m), von dem dann eine etwas kürzere Querverbindung zum Karsee hinabführt. Aber auch direkt vom See sind mit dem Zwölferkogel (2281 m, 30 Min.) und dem Breitkopf (2421 m, 1 Std.) zwei weitere anspruchsvolle Gipfelziele möglich. Der malerische See selbst liegt in einer Entfernung von eineinhalb Gehstunden hinter der mächtigen, letzten Stufe, eingebettet in die von den Gletschern geformte Karlandschaft. Der Abstieg erfolgt auf der bereits bekannten Route.

Eine andere, sehr interessante Variante für „Pfad-Finder" oder Orientierungsläufer ist die im Sattel unter dem Elferkogel angezeigte Route 933 nach Hollersbach. Dieser einsame Pfad führt in nordöstlicher Richtung durch eine traumhaft schöne, von kleinen Lacken und Polsterpflanzen geprägte Landschaft, ist aber leider nur sehr mangelhaft markiert. Das erste gelbe Wegschild gleich zu Beginn bleibt auch das einzige, nur an der unbewirtschafteten Gehralm (1715 m) zeigt ein altes AV-Schild, dass die Richtung stimmt. Für erfahrene Freiland-Wanderer ist die Orientierung dennoch kein Problem, der dreistündige Weg folgt ganz einfach immer konsequent dem sanften Kammverlauf, der nordostwärts nach Hollersbach verläuft. Absturzgefährdete Stellen gibt es keine, nur im letzten, steileren Abschnitt sollte dann wirklich der Steig erreicht sein, der ab dem Funkmasten in Hollersbach dem talwärts führenden Naturlehrpfad in den Ort folgt. Von der Bahnhaltestelle Hollersbach fährt stündlich ein Zug nach Bramberg-Wenns retour.

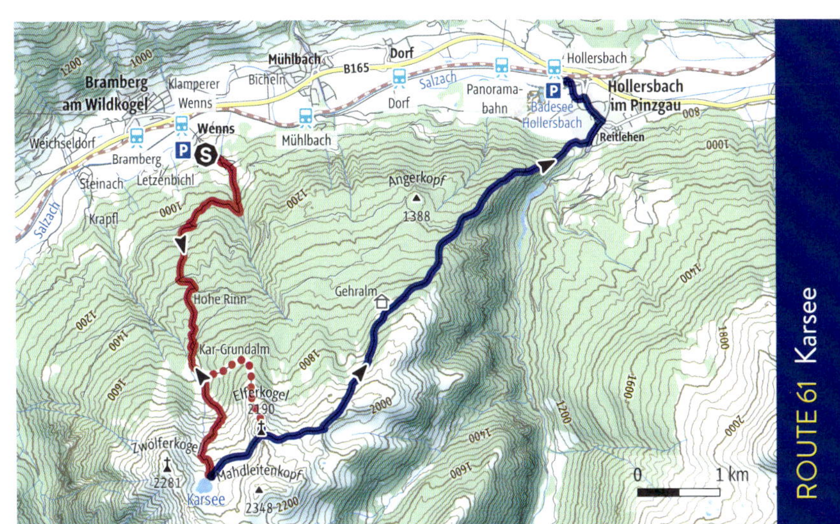

62 Speicher Mooserboden

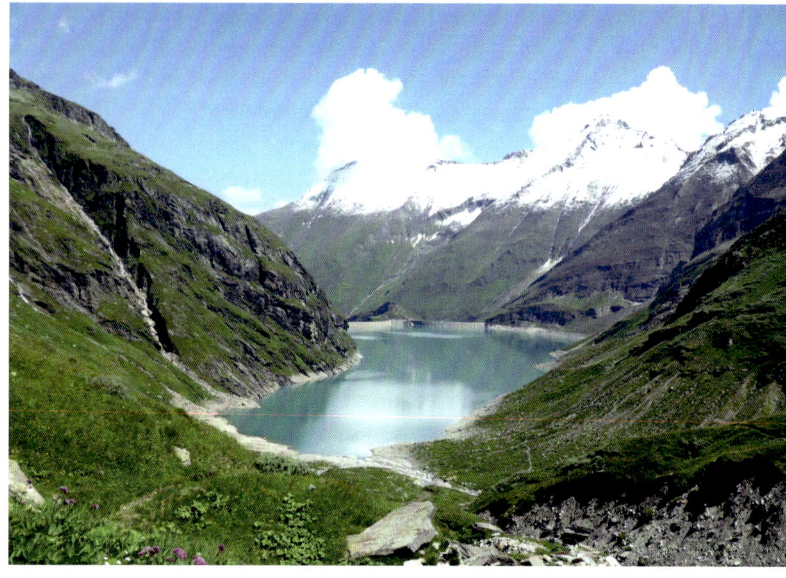

Der Speicher Mooserboden mit dem Hohen Tenn. Der Uferweg verläuft rechts.

Oft ist von Kraftplätzen die Rede, hier am Mooserboden ist die Bezeichnung angesichts von knapp 100 Millionen Kubikmetern Wasser wirklich zutreffend.

DER SEE

Kategorie: künstlich entstandener Stausee
Lage: Gemeinde Kaprun
Seehöhe: 2036 m
Fläche: 1,6 km²
Max. Seetiefe: 112 m
Einzugsgebiet: 100 km²

Wo sich heute der fjordartige Mooserboden-Stausee befindet, breitete sich bis in die 1950er-Jahre eine fruchtbare Almlandschaft aus. Der abgeschiedene Ort rückte allerdings schon bald in das Interesse wirtschaftlicher Überlegungen. Lange vor den Kraftwerksbauern hatten die heimischen Touristikentwickler den Mooserboden entdeckt. Im Jahr 1899 ließ der Pinzgauer Hotelier Nikolaus Gassner das Hotel Mooserboden auf 2100 Metern Seehöhe errichten. Zuvor wurde schon weiter talauswärts das Alpenhaus Kesselfall errichtet, das bereits ab dem Jahr 1896 durch eine autotaugliche

Straße von Kaprun aus erreicht werden konnte. Heute befindet sich hier, vor dem noch immer bestehenden Hotel, die Bushaltestelle für die Auffahrt zu den beiden Stauseen.

Die ersten Pläne zur Nutzung der Wasserkraft in den Hohen Tauern stammten von Landeshauptmann Rehrl aus dem Jahr 1928. Auch das nationalsozialistische Regime wollte die Pläne mit Hilfe unzähliger Zwangsarbeiter und Kriegsgefangener in die Tat umsetzen. Über 120 Zwangsarbeiter kamen auf dieser Extrembaustelle zu Tode. Letztendlich waren es bald nach dem Kriegsende aber die von der amerikanischen Regierung zur Verfügung gestellten Mittel aus dem Marshall-Plan, mit denen der Kraftwerksbau im Jahr 1955 vollendet werden konnte. Die Gesamtkosten beliefen sich auf zwei Milliarden Schilling (145 Millionen Euro), 1,4 Milliarden Schilling kamen davon aus dem amerikanischen Aufbau-Fonds.

Heute versorgt allein die Hauptstufe der Kraftwerke Kaprun über 122.000 Haushalte mit grünem Strom und erspart damit der Umwelt jährlich 508.000 Tonnen CO_2. Die beiden Stauseen sind aber nicht nur für die Elektrizitätswirtschaft von enormer Bedeutung, sondern auch für den Tourismus. Jährlich kommen

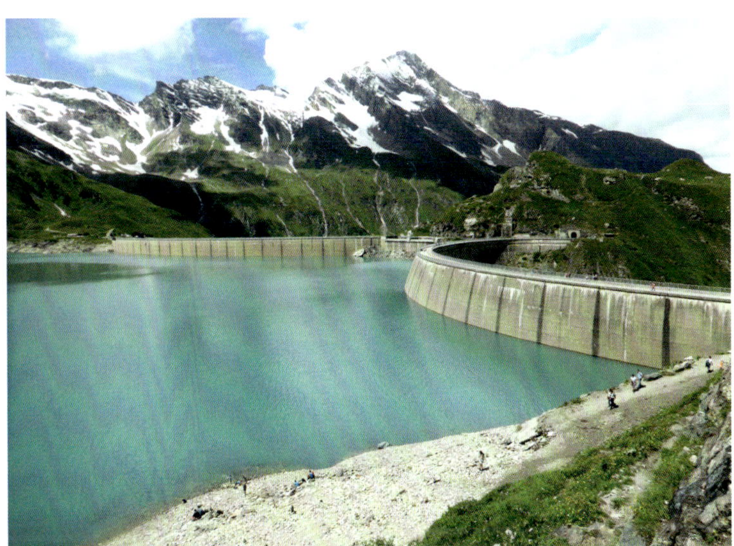

Am Speicher Mooserboden. Rechts die Drossensperre, links die Moosersperre.

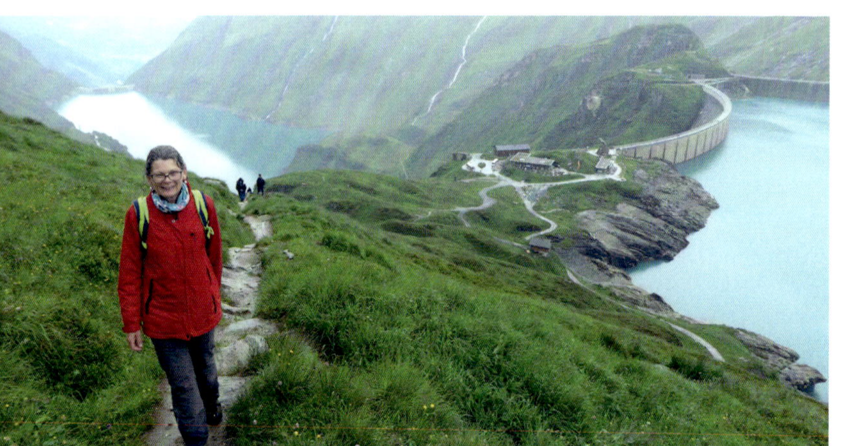

Am Weg zum Sedlgrat mit Blick auf die beiden Speicherseen Mooserboden (rechts) und Wasserfallboden.

in der schneefreien Zeit rund 200.000 Besucher zum Speicher Mooserboden und sie alle sind vermutlich vom Zusammenspiel aus Natur und Technik fasziniert. Das sicherlich augenscheinlichste Merkmal dabei sind die beiden Talsperren am Mooserboden. Die Moosersperre im Westen hat eine Länge von 494 Metern und eine Höhe von 107 Metern, die östlich anschließende Gewölbestaumauer Drossensperre ist 112 Meter hoch und 357 Meter lang. Zwischen den beiden gigantischen Sperren liegt der Felsen Höhenburg (2108 m) und im Inneren dieses Berges befindet sich das **Besucherzentrum** mit einer sehenswerten Erlebniswelt. Wer noch tiefer in die Technik eintauchen möchte, kann sich sogar zu einer Führung in das Innere der Staumauern anmelden. Aber auch die im Folgenden vorgeschlagene Wanderung am Südufer entlang ist mit äußerst beeindruckenden Perspektiven vollgepflastert.

DER WEG

Ausgangspunkt: Bushaltestelle vor dem Bergrestaurant Mooserboden

Anfahrt: auf der B 311 von der A 10, Abfahrt Knoten Pongau, durch das Salzachtal oder von der A 8, Abfahrt Bad Reichenhall, durch das Saalachtal zur Abzweigung Kaprun beim Kreisverkehr in Fürth, 4 km südlich von Zell am See. Durch den Umfahrungstunnel an Kaprun vorbei 11 km bis zum Parkhaus am Ende der Straße. Einige Minuten zu Fuß zum Alpenhaus Kesselfall und von hier mit dem Bus oder zu Fuß (3 ½ Std.) zum Zielpunkt Moosersperre.

Haltestelle: Kaprun Kesselfall (Bus 660 ab Bhf. Zell am See Vorplatz)
Schwierigkeit: T 2
Dauer (einfacher Weg): 1 ½–2 Stunden, 100–340 Höhenmeter, 5–6 Kilometer

AM OSTUFER ENTLANG

Vom Ausgangspunkt Haltestelle Moosersperre (2055 m) sind mehrere unterschiedlich lange und schwierige Touren möglich. Die Fotografen, die auf der Suche nach dem besten Fotopunkt sind, machen sich sehr gerne auf den Weg Richtung Sedlgrat (Weg 734). Der zweistündige Weg zum Grat wird mit zunehmender Dauer anspruchsvoller, aber die ersten 45 Minuten ist der Steig problemlos zu gehen und eröffnet einen schönen Blick auf die beiden hintereinanderliegenden Stauseen, den Speicher Mooserboden und den Speicher Wasserfallboden. Ein anderer beliebter, kurzer Ausflug ist der halbstündige Aufstieg zur Höhenburg, also auf jenen Felsen, der sich so malerisch zwischen die Mooser- und die Drossensperre schiebt. Auf diese Spitze führt auch ein Klettersteig mit verschiedenen Routen in den Schwierigkeitsstufen B/C, C und E.

Ein längerer, aber nicht allzu schwieriger Weg hat das südliche Ende des Mooserboden-Stausees zum Ziel und folgt dazu dem Hauptweg über die beiden Sperren. Gleich zu Beginn erinnert die von Prof. Josef Magnus entworfene, 14 Meter hohe Heidnische

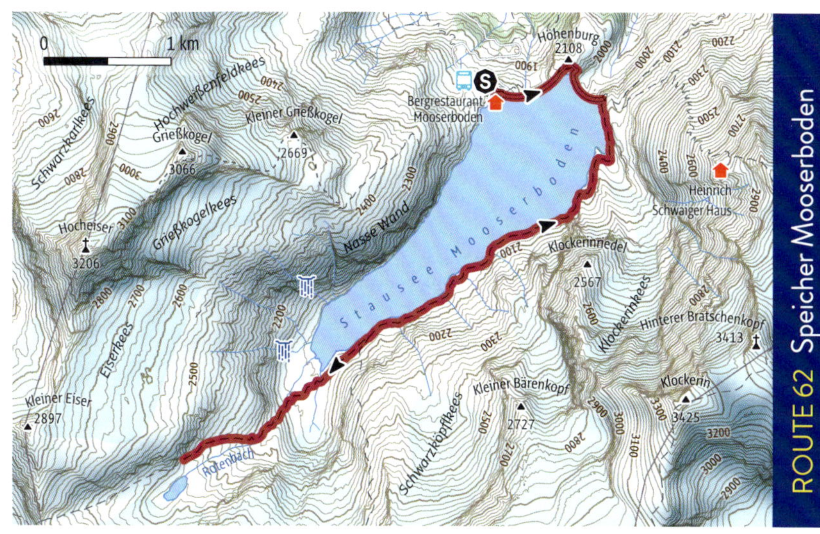

ROUTE 62 Speicher Mooserboden

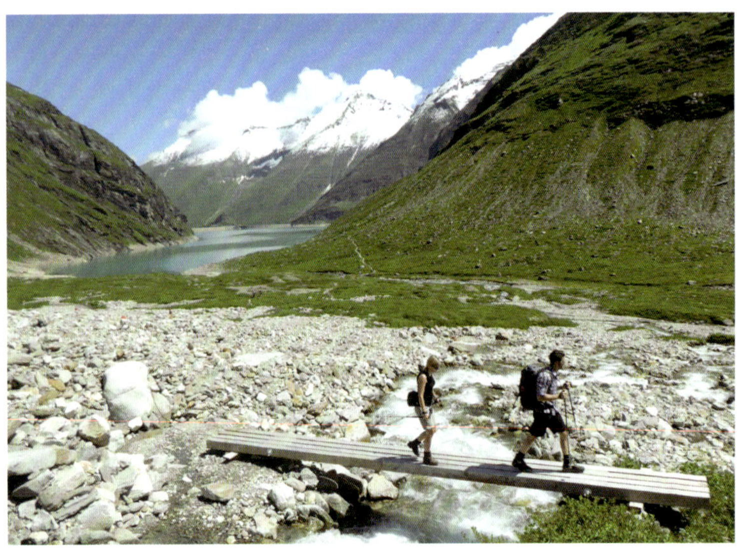

Am Weg vom Mooserboden zum Kapruner Törl.

Kirche an die 161 Toten, die der Kraftwerksbau forderte. Die etwas kürzere Drossensperre ist eine Gewölbesperre, die sich ihren verlässlichen Halt durch die Abstützung an den Talflanken sichert. Die Moosersperre hingegen zählt zum Typ der Gewichtsmauern mit Bogenwirkung. Am Ende der Drossensperre zweigt der Austriaweg nach rechts ab. Wenig später ist der Abstieg zum Seeufer möglich, unser Weg aber bleibt oberhalb und peilt die steile Felsnase an, die sich kanzelartig Richtung See vorschiebt. Diese gut gesicherte Querung erfordert besondere Aufmerksamkeit und Trittsicherheit, dann aber führt der Steig bequem durch das alpine Gelände weiter. Das Seeufer bleibt immer tief unterhalb, erst zum Ende hin verläuft der Weg leicht abwärts zu den zufließenden Bächen. Dort wird das Gelände auch breiter und verzweigt sich in zwei Kare. Der markierte Austriaweg folgt südwestwärts der Richtung Kapruner Törl (2 Std.), dem Übergang in das Stubachtal. Nach der ersten Steilstufe (1 Std.) breitet sich sogar noch ein kleiner Bergsee (2355 m) aus.

Ganz nach Lust, Laune und Kondition kann die Wanderung verlängert werden, oder sie endet im flachen Seedelta in der prachtvollen Umgebung zwischen Hocheiser und Bärenkopf. Der Rückweg folgt der bereits bekannten Uferroute.

63 Bürgkogel-Klammsee

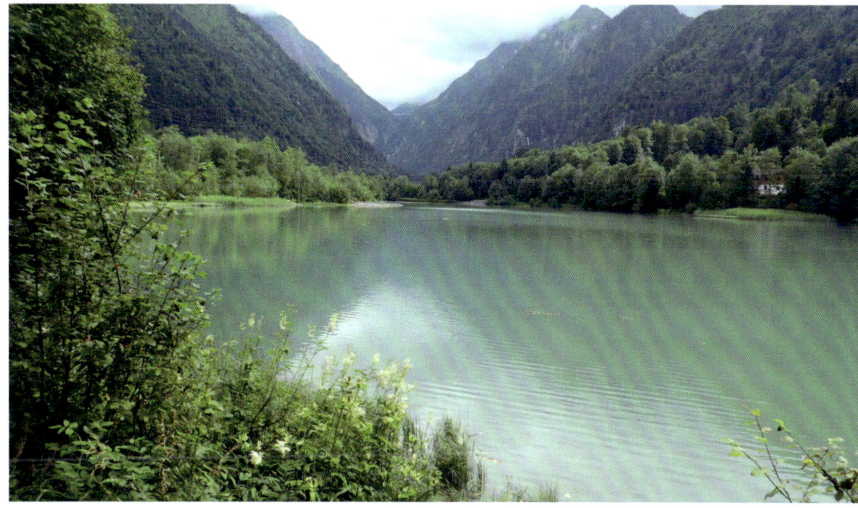

Um den Bürgkogel-Klammsee verläuft ein familienfreundlicher Rundweg.

Am oberen Ausgang der Sigmund-Thun-Klamm ist mit dem Bürgkogel-Klammsee ein attraktives Freizeitareal entstanden. Ein spannender Spazierweg, mit Möglichkeiten für allerlei Abstecher, führt um den See.

DER SEE

Kategorie: Stausee
Lage: Gemeinde Kaprun
Seehöhe: 840 m
Fläche: 60.000 m^2
Max. Seetiefe: 14 m

Der Bürgkogel-Klammsee ist ein künstlicher Stausee, der ab dem Jahr 1939 im Zuge der Errichtung der Kraftwerksbauten in Kaprun als Eigenbedarfsspeicher gebaut wurde. Dazu wurde die Kapruner Ache südlich der Sigmund-Thun-Klamm aufgestaut. So wie bei der Baustelle der Hauptstufe kamen auch beim Speicher Klammsee viele Kriegsgefangene und zivile Zwangsarbeiter zum Einsatz. Fertiggestellt wurde die Anlage im Jahr 1946. Die Kraftwerksanlage ist nach wie vor in Betrieb, als Tagesspeicher stehen 200.000 m^3 zur Verfügung. Die Umgebung des Speichersees wurde vor Kurzem neu gestaltet. Ein Fitnessparcours, ein Kinderspielplatz, eine Kneippanlage und ein kleiner

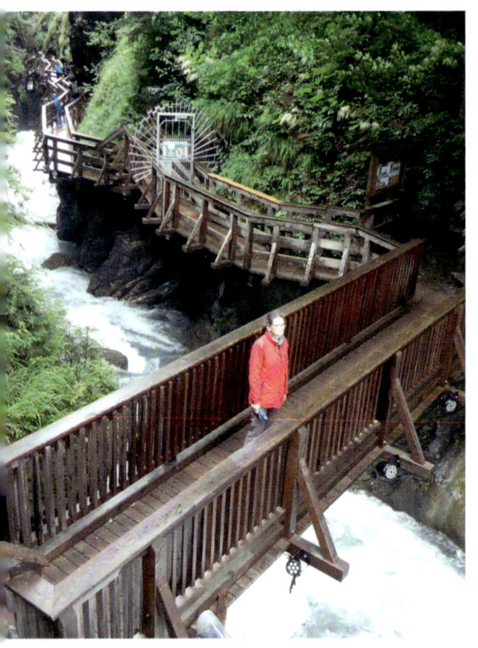

Das Ende der Sigmund-Thun-Klamm.

gastronomischer Betrieb sorgen für eine zunehmende Attraktivität. Um den See führt ein Rundweg, der die Besucher mit naturkundlichen und geschichtlichen Hintergründen vertraut macht. An die Umrundung anschließen lässt sich bequem die Besteigung des Bürgkogels oder ein Besuch in der Sigmund-Thun-Klamm. Diese 320 Meter lange und bis zu 40 Meter tiefe Schlucht wurde bereits 1895 vom Kapruner Fremdenverkehrspionier Nikolaus Gassner erschlossen, der ja auch der Betreiber des Hotels Moserboden (heute Stausee) war.

DER WEG

Ausgangspunkt: Parkplatz Freizeitanlage Bürgkogel-Klammsee an der Zufahrt zur Seilbahn Kitzsteinhorn

Anfahrt: auf der B 311 von der A 10, Abfahrt Knoten Pongau, durch das Salzachtal oder von der A 8, Abfahrt Bad Reichenhall, durch das Saalachtal zur Abzweigung Kaprun beim Kreisverkehr in Fürth, 4 km südlich von Zell am See. Auf der Umfahrung an Kaprun vorbei, nach 3 km rechts auf den Parkplatz der Freizeitanlage Bürgkogel-Klammsee.

Haltestelle: Kaprun Aubrücke (Bus 660 ab Bhf. Zell am See Vorplatz)

Schwierigkeit: T 1, Bürgkogel T 2

Dauer – Seerunde: 1 Stunde, 40 Höhenmeter, 3 Kilometer

RUND UM DEN KLAMMSEE

Vom Parkplatz Bürgkogel-Klammsee folgen wir dem naturkundlichen Rundwanderweg 17, der am westlichen Ufer (li.) entlangführt. An verschiedenen Infrastruktureinrichtungen, wie einem Spielplatz oder einer **Jausenstation** vorbei, verengt sich der zuvor ausgeweitete See-Fluss-Verlauf wieder. Bevor es über einige steile Stufen hinab zur Staustufe geht, zweigt der 20-minütige Verbindungsweg 17 a zur **Almwirtschaft Schneckenreith** nach links ab. Der Klammweg aber bleibt am Ufer und überquert unterhalb der 19 Meter hohen Staumauer die tosende Ache. Noch einige Stufen weiter unterhalb endet der Steig durch die 320 Meter lange und maximal 40 Meter tiefe Sigmund-Thun-Klamm und mündet in den Klammweg 17 ein. Interessant sind hier auch die glatt polierten Felsflächen, die durch den enormen Druck der Gletscherflüsse entstanden sind. Vor 13.000 Jahren endete der 18 Kilometer lange Gletscher im nahen Kaprun, der an der Verengungsstelle beim Bürgkogel aber immerhin noch 200 Meter dick war. Die Fließgeschwindigkeit der Eismassen hat vermutlich 50 bis 100 Meter pro Jahr betragen. Wer nun das ganze Spektakel von oben betrachten will, könnte bald nach der Brücke nach links in den nicht allzu langen Bürgkogelsteig 15 a abzweigen. Der Klammseeweg 17 aber bleibt in Ufernähe und führt an netten Rast- und Informationsstellen vorbei zurück zum Parkplatz.

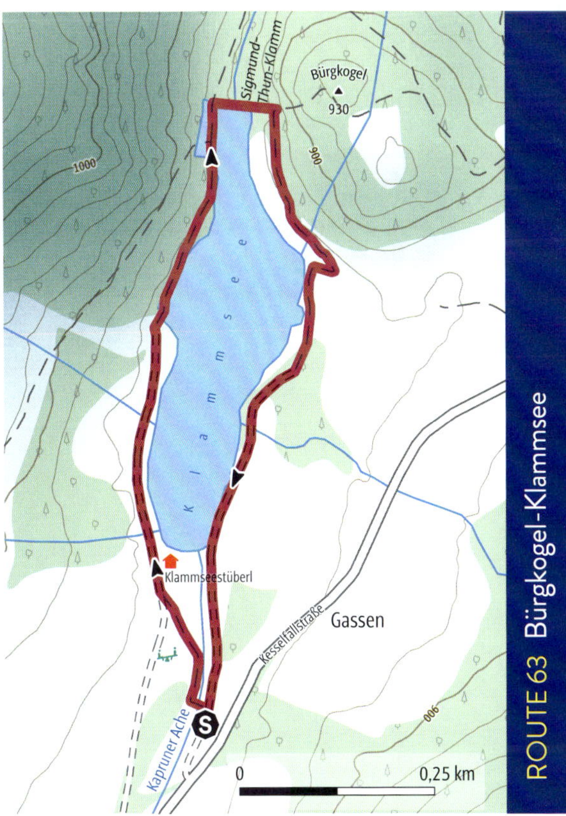

64 Schwarze Lacke, Grünsee, Weißsee und Tauernmoossee

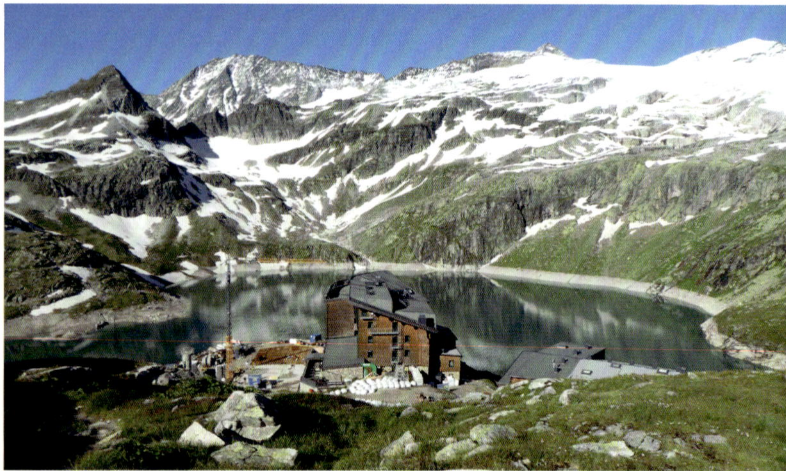

Der Weißsee und das Berghotel Rudolfshütte umgeben von Fürleg (rechts), Sonnblick und Granatspitze.

Das Farbenspiel bei der Vier-Seen-Wanderung macht Sinn: Die Schwarze Lacke liegt im Moorgebiet, der Grünsee ist von Latschen und Zirben umgeben, der Weißsee wird von der Gletschermilch gespeist und der Tauernmoos-Stausee bringt die grüne Energie für die Österreichischen Bundesbahnen.

DER SEE

SCHWARZE LACKE

Kategorie: Bergsee
Lage: Gemeinde Uttendorf
Seehöhe: 1729 m
Fläche: 5400 m²
Max. Seetiefe: 7 m

Die Schwarze Lacke liegt mitten im 140 Hektar großen Naturdenkmal Wiegenwald. Dieses einzigartige Wald- und Moorgebiet erstreckt sich südwestlich des Enzingerbodens über einen Geländebereich von 1400 bis 1800 Metern Seehöhe. Die wichtigsten hier vertretenen Baumarten sind Fichten, Lärchen und Zirben. In den von den eiszeitlichen Gletscherflüssen ausgehobelten Wannen haben sich im Laufe der Jahrtausende Moore, mit der für diesen Lebensraum typischen Vegetation und Tierwelt, gebildet. Der größte der zahlreichen kleinen Seen inmitten des großflächigen Moorkomplexes ist die Schwarze Lacke, die dank ihrer Tiefe tatsächlich die Bezeichnung See verdienen würde. Um das sensible Feuchtbiotop bestmöglich zu schützen, sollten die Pfade nicht verlassen werden.

GRÜNSEE

Kategorie: Bergsee (aufgestaut)
Lage: Gemeinde Uttendorf
Seehöhe: 1712 m
Fläche: 129.000 m^2
Max. Seetiefe: 32 m

Der Grünsee hat im Laufe der Zeit schon einige Farbmetamorphosen, zumindest auf den Landkarten und den Beschreibungen, mitgemacht. Einmal wird er als der „Weiße See" bezeichnet, dann als Schwarzsee, aber die korrekte Bezeichnung ist Grünsee. So wird er auch schon in Waldbeschreibungen des frühen 16. Jahrhunderts genannt. Daraus geht auch der einstige Waldreichtum in der Region hervor, der zu einem großen Teil dem gewaltigen Holzbedarf der Bergwerke und der Saline Hallein zum Opfer fiel. Heute steht das Gebiet mit dem anschließenden Wiegenwald unter strengem Naturschutz. Seit dem Jahr 1929 wird der See von den Österreichischen Bundesbahnen auch energetisch genützt.

WEISSSEE

Kategorie: Hochgebirgssee (aufgestaut)
Lage: Gemeinde Uttendorf
Seehöhe: 2250 m
Fläche: 479.000 m^2
Max. Seetiefe: 80 m

In alten Beschreibungen aus der Mitte des 19. Jahrhunderts werden noch die Gletscherzungen erwähnt, die bis in den Weißsee reichten. Davon kann im 21. Jahrhundert keine Rede mehr sein. Obwohl der See durch die Aufstauung im Jahr 1953 an Größe vielfach zugelegt hat, ist der Sonnblickgletscher heute zumindest 300 Höhenmeter entfernt. Zum Höhepunkt der kleinen Eiszeit um 1850 war das Schauspiel eines kalbenden Gletschers noch erlebbar. Damals stand auch eine kleine Unterstandshütte, der Vorläufer des Alpinzentrums Rudolfshütte, direkt am Ufer des Sees. Mit dem Bau der Staumauer wanderte die Unterkunft an ihren heutigen Platz rund 65 Meter über dem Seeniveau. Das im Jahr 1959 neu eröffnete Haus war mit 220 Betten das größte aller Alpenvereins-Schutzhütten. Im Jahr 1978 kam es zur grundlegenden Umgestaltung zum Alpinzentrum mit umfangreichen Kursangeboten zur alpinen Ausbildung. Nach dem Besitzerwechsel im Jahr 2004 wird das Haus sehr erfolgreich von der Zeller Hoteliersfamilie Holleis geführt und ständig auf den neuesten Stand gebracht.

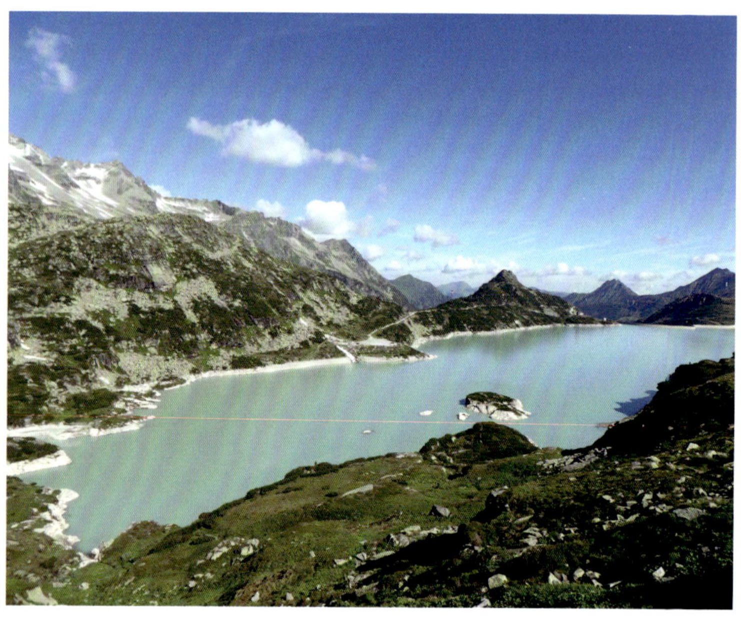

Der Tauernmoossee beeindruckt mit seiner türkis-grünen Färbung.

TAUERNMOOSSEE

Kategorie: Hochgebirgssee (aufgestaut)
Lage: Gemeinde Uttendorf
Seehöhe: 2023 m
Fläche: 1,4 km^2
Max. Seetiefe: 59 m

Der Tauernmoossee wurde im Jahr 1929 mit einer 190 Meter langen Krone aufgestaut, im Jahr 1973 verdoppelte sich der Speicherinhalt durch den Bau einer zusätzlichen Staumauer. Die beiden verbundenen Sperren gehören nun mit einer Länge von 1100 Metern zu den längsten geschwungenen Gewichtsstaumauern in Europa. Der Tauernmoossee dient in der Kraftwerksgruppe Stubachtal als Jahresspeicher, der erzeugte Strom fließt in das Netz der Österreichischen Bundesbahnen. Die außergewöhnliche Grün-Färbung des Sees wird schon in frühen Beschreibungen des 19. Jahrhunderts erwähnt und ist auf den hohen Anteil mineralischer Schwebstoffe zurückzuführen.

Ursprünglich verlief die einzige Seilbahnverbindung vom Enzingerboden zur Rudolfshütte über den Tauernmoossee. Diese nach dem Zweiten Weltkrieg errichtete Seilschwebebahn war ein technisches Novum: Die Materialkabine konnte durch eine Personenkabine ausgetauscht werden. Die Seilbahn im Besitz der ÖBB beförderte im Jahr 1957 mehr als 100.000 Personen.

DIE WEGE

Ausgangspunkt: Parkplatz Enzingerboden, Stubachtal

Anfahrt: A 10, Abfahrt Knoten Pongau, dann auf der B 311 und der B 168 nach Zell am See. Hierher auch über das Kl. Dt. Eck über Lofer auf der B 311. Auf der B 168 nach Uttendorf, dort im Kreisverkehr Richtung Enzingerboden abzweigen. Nach 17 km (schmale Bergstraße) Parkplatz Enzingerboden.

Haltestelle: Uttendorf Enzingerboden, Tauernmoosseilbahn Talstation (Bus 672 ab Bahnhaltestelle Uttendorf)

Schwierigkeit: T 2 und T 3 (Rund um den Weißsee)

Ges. Dauer Enzingerboden – Rudolfshütte und retour: 5 ½ Stunden, 950 Höhenmeter, 13 Kilometer

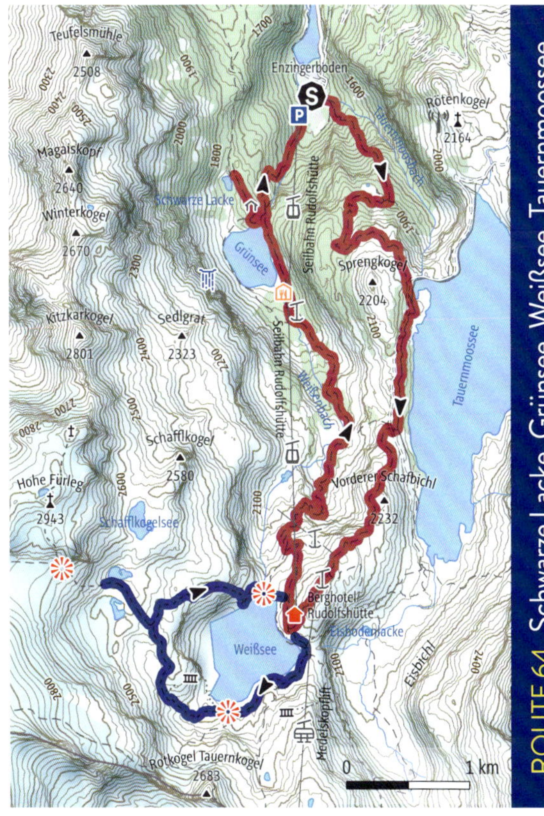

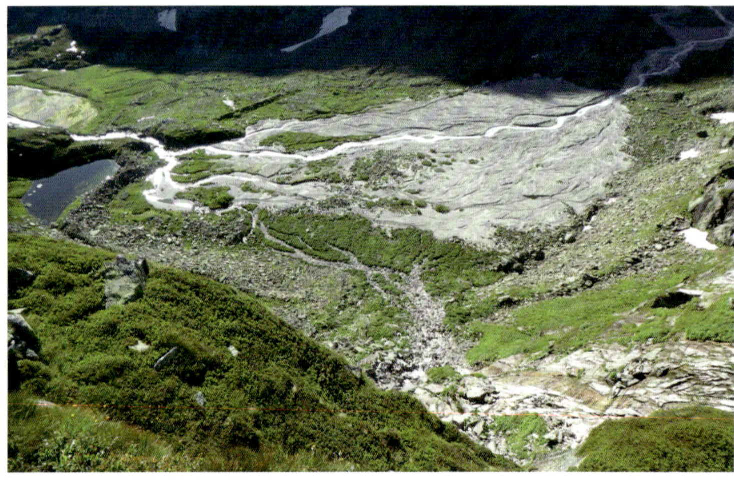

Der Zufluss in den Tauernmoossee führt viel Schwemmmaterial aus dem Riffelkees mit.

Ges. Dauer Rund um den Weißsee: 2 ¾ Stunden, 270 Höhenmeter, 4,7 Kilometer

VOM ENZINGERBODEN ZUR RUDOLFSHÜTTE UND RETOUR

Den kürzesten und einfachsten Weg, um in das Gletschergebiet Weißsee zu gelangen, bietet die bequeme Seilbahn. Der schönste Weg allerdings ist die Route 14, die am unteren Enzingerboden-Parkplatz nach links abzweigt. Nach der Querung des ersten Steilhangs orientiert sich dieser Anstieg an einem alten Almweg, der angenehm ansteigend durch ein äußerst abwechslungsreiches Gelände führt. Nach dem schönen Zirbenwald folgen die Latschenzone und daran anschließend das sogenannte alpine Ödland. Der Tauernmoossee (2023 m) liegt bereits tief unterhalb, etwa einen Kilometer nach der Staumauer trifft der bis dahin breite Weg 14 auf die Niedere Scharte (2095 m) und zweigt als schmaler Pfad nach rechts ab. Keine Spur von öd, die Landschaftsstruktur wird immer phantasievoller: Viele Kleinstseen haben sich in den wasserundurchlässigen Wannen gebildet und laden mit den moosbewachsenen Uferplätzen zu einer abschließenden Rast ein. Das Ziel, das **Alpinzentrum Rudolfshütte**, ist nicht mehr weit, aber dazwischen baut sich noch der Schafbühel (2352 m) auf. Auf seiner Südwestseite steht das erst zum Ende hin sichtbare Berghotel (2315 m). Wer den Aufenthalt in dieser interessanten Region entspannt angehen will, übernachtet hier.

Alpine Ziele aller Schwierigkeitsgrade gibt es vom Medelzkopf (2760 m) bis über den Gletscherweg im Ödenwinkelkees bergeweise. Anstieg Rudolfshütte 3 Std., 950 Hm, 6,5 km.

Der Rückweg zum Enzingerboden folgt dem Weg 715 zum Grünsee. Wer schon genug Kilometer in den Füßen hat, könnte bis hierher natürlich auch mit der Seilbahn fahren. Am Nordufer des Grünsees, gleich nach der Brücke über den Abfluss, zweigt ein unmarkierter Steig nach links auf die latschenüberzogene Anhöhe ab. Der Weg führt an einem versteckten Jagdhaus vorbei zur Schwarzen Lacke im Landschaftsschutzgebiet Wiegenwald. Der kleine See taucht bald auf, bevor es durch das zauberhafte Moorgebiet wieder auf den Hauptweg retour geht. Wer nicht auf der steilen Skipiste gehen will, kann auf den allerdings nicht weniger steilen, nach rechts abzweigenden Pfad ausweichen, der eine halbe Stunde später wieder in die Abfahrtstraße einmündet.

RUND UM DEN WEISSSEE (GRUBER-WEG)

Die Runde um den Weißsee ist nach dem Bergführer Hans Gruber benannt und wurde schon für die alpine Ausbildung der nach dem Krieg in Saalfelden stationierten amerikanischen Truppen verwendet. Seit Anfang der 1960er-Jahre war dieser Steig auch die Standardroute für die Gletscherforscher unter der Leitung von Univ.-Prof. Heinz Slupetzky. Um rascher zum Stubacher Sonnblickkees zu gelangen, wurden damals die ersten Seilversicherungen und Leitern angebracht. Die spektakuläre Umrundung muss trotz aufwendiger Versicherungen nach wie vor als anspruchsvoll bezeichnet werden. Schlecht ausgerüstete Halbschuhtouristen ohne alpine Erfahrung sollten den Steig besser meiden.

Die Runde beginnt am besten gegen den Uhrzeigersinn mit dem Gang über die Staumauer. Daran schließt sich bald der anspruchsvollste Teil an, der über einige gut gesicherte Leitern senkrecht durch die Felswand führt. Kurz nach einem Totalisator, eine trichterförmige Vorrichtung, mit der die Meteorologen die Niederschlagsintensität messen, zweigt ein 15-minütiger Stichweg zum Sonnblickkees ab. Wieder auf dem Weg Richtung Rudolfshütte zurück, geht es über die vom Gletscher glatt polierten Felsen talwärts. Bei der Talstation der Doppelsesselbahn auf den Medelzkopf beginnt, als kleiner Wermutstropfen, noch ein kurzer Anstieg hinauf zum Ausgangspunkt Rudolfshütte.

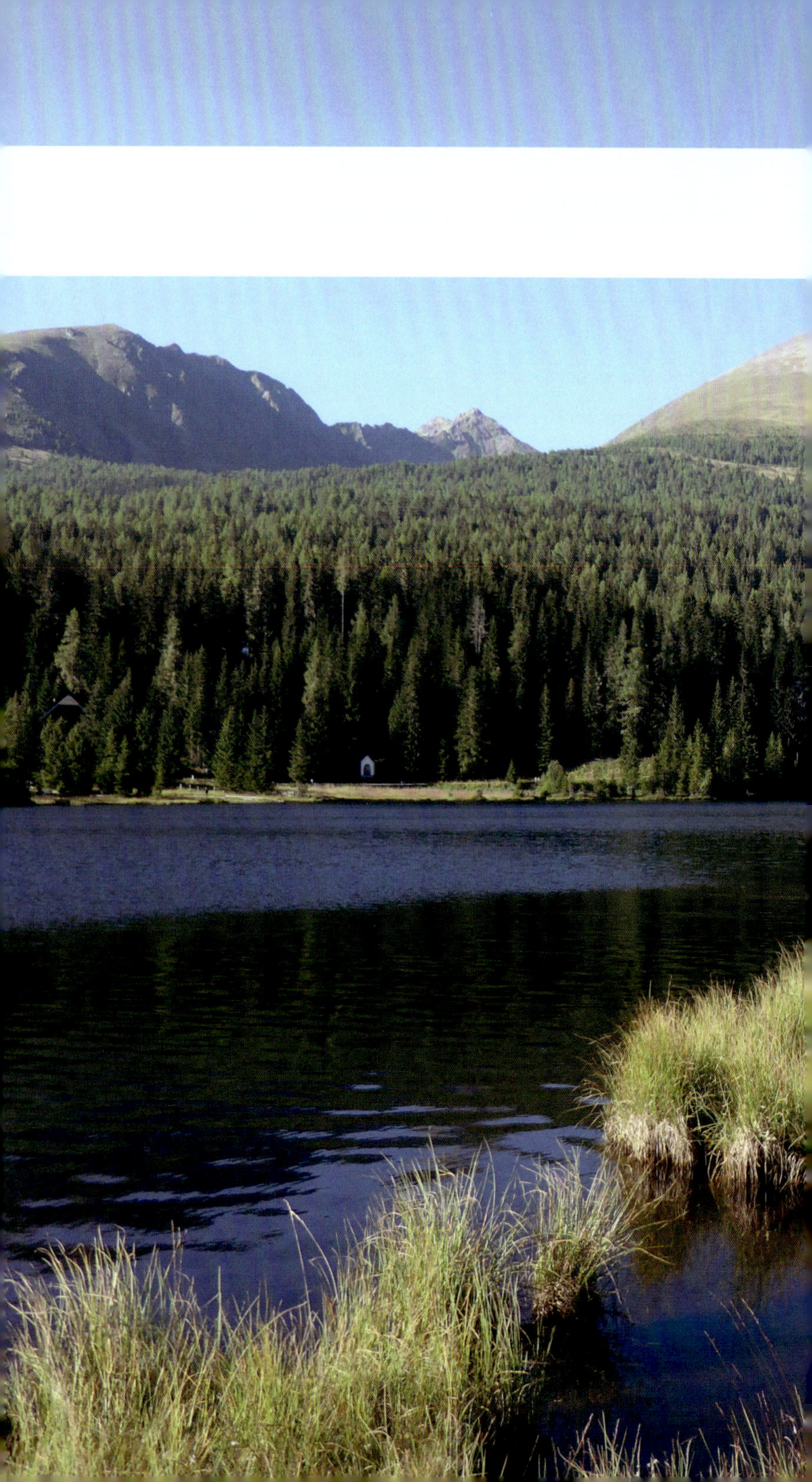

Lungau

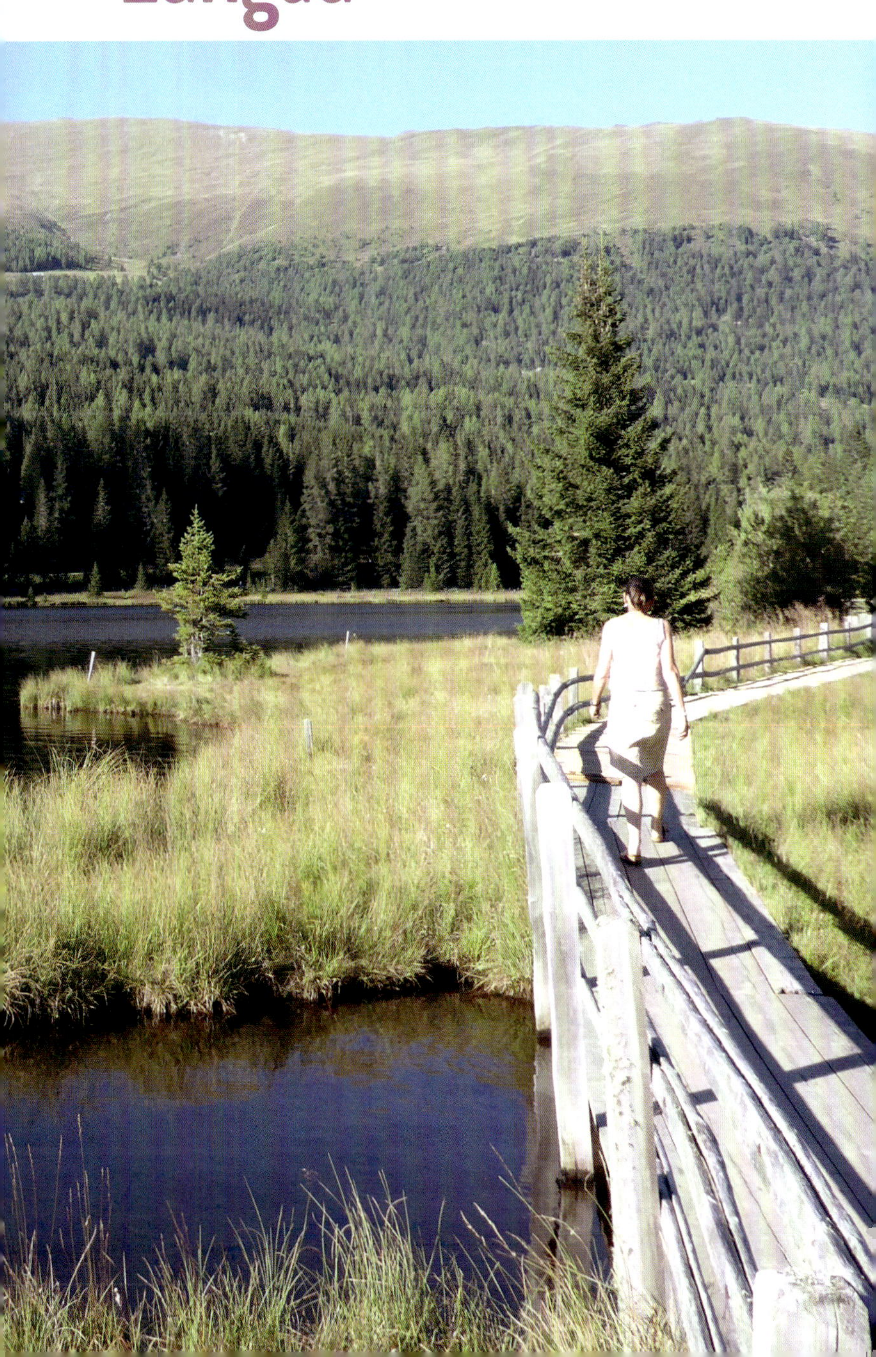

65 Twenger Almsee

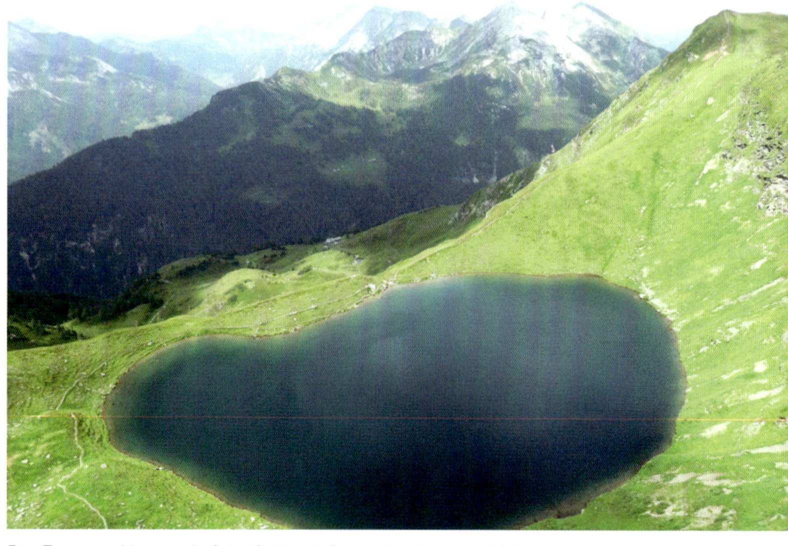

Der Twenger Almsee. Auf die Gollitsch Spitze (rechts oben) führt ein Steig.

Ein sonniger, familienfreundlicher Panoramaweg führt von Obertauern zu diesem Bergjuwel, das sich erst ganz zum Schluss in seiner vollen Pracht zeigt.

DER SEE

Kategorie: Hochgebirgssee
Lage: Gemeinde Tweng
Seehöhe: 2118 m
Fläche: 30.000 m^2
Max. Seetiefe: 33 m

Der Twenger Almsee ist von Obertauern aus über einen bequemen Almweg relativ einfach erreichbar. Das beschert ihm natürlich eine erhöhte Besuchsfrequenz, zumal der See im Ruf steht, ein besonders warmes Gewässer zu sein. Wobei „warm" natürlich relativ zu sehen ist, denn ein See auf über 2000 Metern Seehöhe erreicht trotz günstiger Bedingungen auch im Sommer kaum mehr als 14 Grad. Dessen ungeachtet genießen offensichtlich viele Wanderer den Sprung ins kalte Wasser. Einer Sage nach soll das nicht ganz ungefährlich sein, denn demnach sei der Almsee mit dem um fünf Meter tiefer gelegenen Schönalmsee auf der nordöstlichen Kammseite durch einen Kanal verbunden. Ein Almtier, das dereinst in den Twenger Almsee gefallen ist, kam auf der Schönalmsee-Seite wieder zum Vorschein. Die sagenhafte unterirdische Reise ist vielleicht nicht ganz realistisch, während die Beobachtung der Wasser-Temperaturkurve tatsächlich durch eine Langzeitstudie wissenschaftlich abgesichert ist. Demnach belegen der Twenger Almsee, der Schönalmsee und der Landschitzsee die vorderen Plätze unter den „wärmsten“ Bergseen der Niederen Tauern.

DER WEG

Ausgangspunkt: Parkplatz Jugendhotel Schaidberg

Anfahrt: A 10, Abfahrt Altenmarkt. Auf der B 320 nach Radstadt und auf der B 99 nach Obertauern. 1 km nach

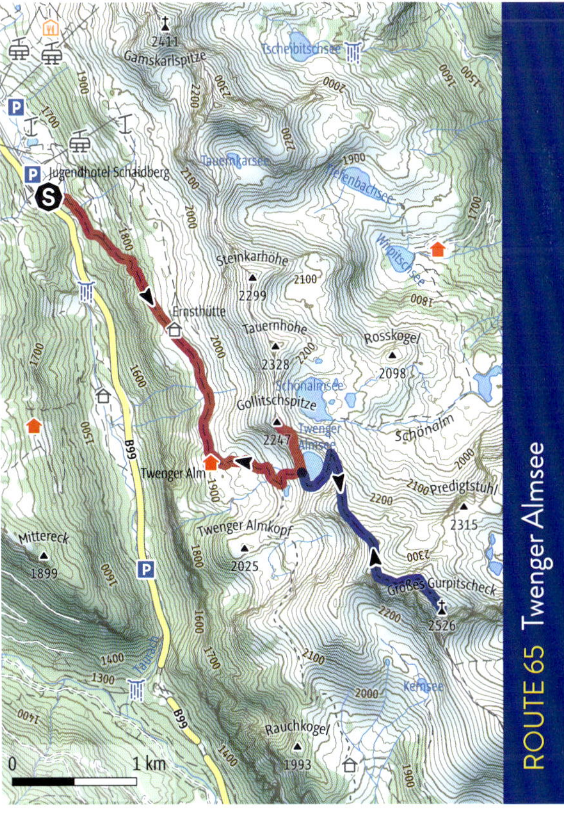

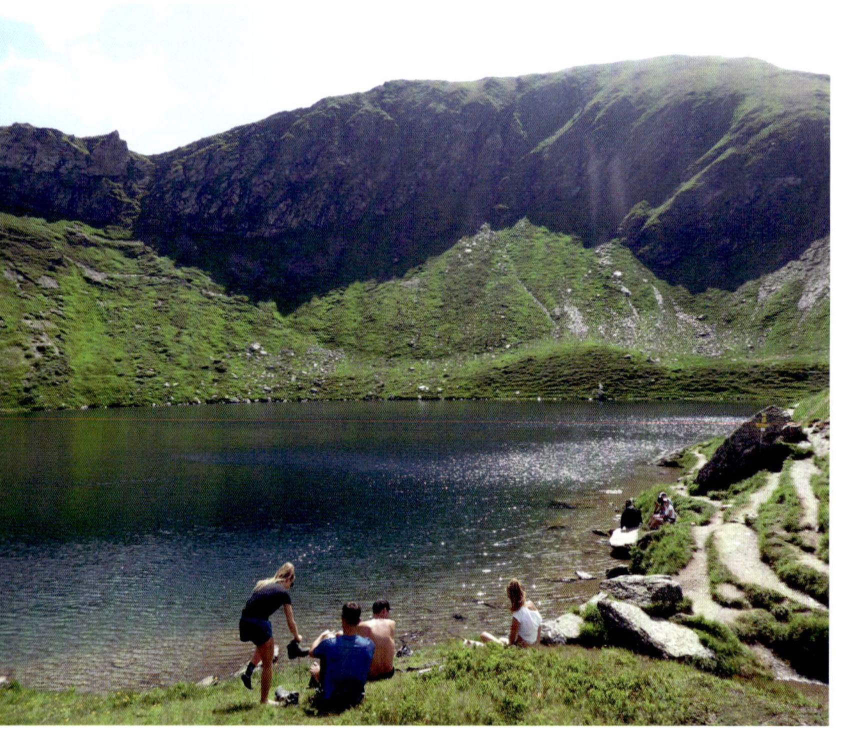

Erfrischende Rast am Westufer des Twenger Almsees.

der Passhöhe befindet sich links das Jugendhotel Schaidberg.
Haltestelle: Obertauern Schaidberg Jugendheim (Bus 280 ab Bhf. Radstadt)
Schwierigkeit: T 2
Dauer Anstieg See: 1 ½ Stunden, 450 Höhenmeter, 3 Kilometer

VON OBERTAUERN ZUM TWENGER ALMSEE

Ausgangspunkt ist der Parkplatz beim Jugendhotel Schaidberg. Die angeschriebene Route zum Twenger Almsee folgt der nach rechts abzweigenden Almstraße. Der erste Teil, der bald durch schöne Lärchen- und Zirbenwaldbestände führt, geht mit starker Steigung recht zügig voran, ab der unbewirtschafteten Ernstalm (1869 m) verflacht der Anstieg wieder etwas. Dafür bleibt genug Zeit und Muße für das herrliche Panorama, das sich südwestwärts öffnet. Besonders dominant sind das Schwarzeck und das formschöne Weißeneck auf der gegenüberliegenden Talseite. Aber auch auf unserer Tal-

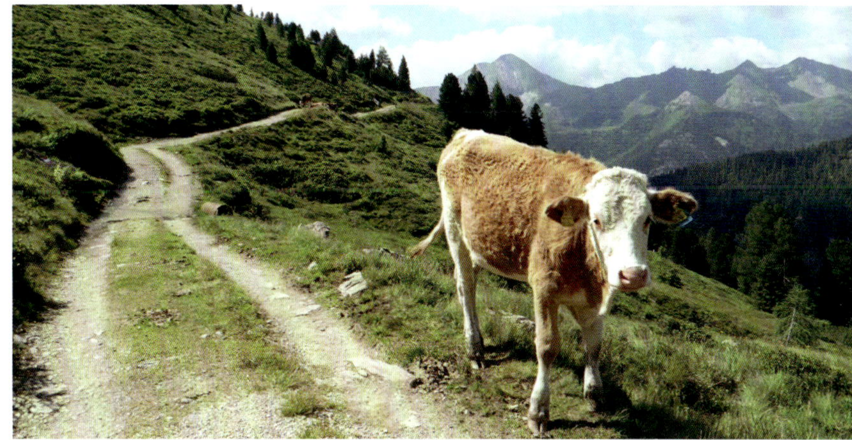

Der Wirtschaftsweg verläuft direkt zur Twenger Alm.

seite taucht mit der **Twenger Alm** (1900 m) bald ein anziehender Punkt auf. Weit mehr als die halbe Wegstrecke liegen hier schon hinter uns, nun folgt allerdings noch eine schweißtreibende Steilstufe, bevor sich der sagenhaft schöne See in der Karmulde ausbreitet. Wie ein riesiger Infinity-Pool liegt er am Südfuß der 2247 Meter hohen

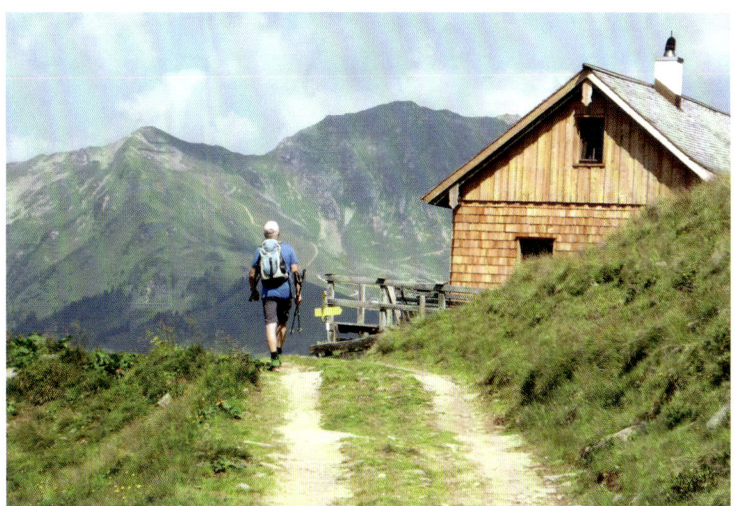

Die Ernstalm in Blickrichtung Seekarspitze.

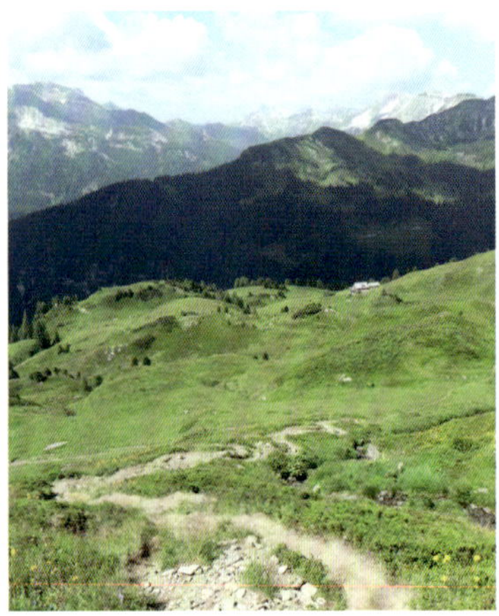

Rückblick in das Taurachtal.

Gollitschspitze. Wer noch Kräfte und Lust auf einen erweiterten Seenblick hat, könnte genau diesen unschwierigen Gipfel ins Auge fassen. Ein steiler Steig verläuft über den Südwest-Kamm in einer halben Stunde auf die Gollitschspitze. Nun ist auch der Schönalmsee unterhalb auf der Nordseite erkennbar, der um fünf Meter tiefer liegt als der Twenger Almsee.
Ein anderes, ebenso attraktives, aber auch anspruchsvolleres (T 3) Gipfelziel ist das Große Gurpitscheck (2526 m). Der eineinhalbstündige Weg 8 auf das Gurpitscheck zweigt am Twenger Almsee nach rechts ab und führt dann um das Südufer herum in den oberhalb gelegenen Sattel. Dort orientiert sich der schmale Steig am Süd-Ost-Kamm, der gleich einmal eine erste Steilstufe mit sich bringt. Danach geht es auf breiten Grasmatten flacher weiter, bevor zum Ende hin noch einmal steiles Blockgelände auftaucht. Der Weg bleibt auf der nördlichen Seite des felsigen Gipfelaufbaues und erreicht nach einer letzten seilgesicherten Stelle den unerhört aussichtsreichen höchsten Punkt. Anstieg wie Abstieg.

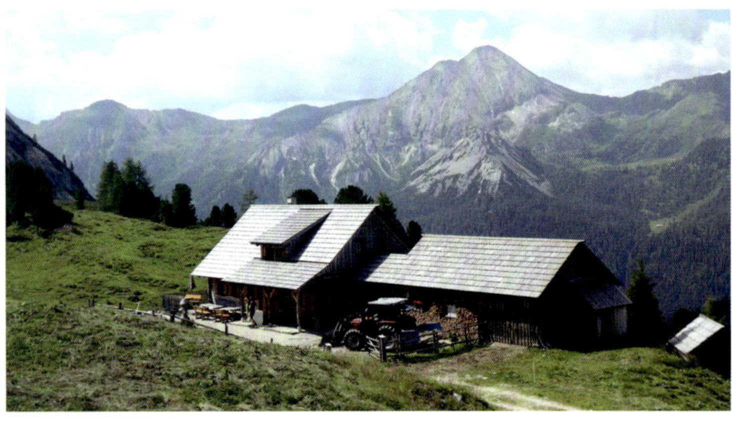

Die Twenger Alm ist im Sommer bewirtschaftet.

66 Wirpitschsee, Tiefenbachsee, Unterer und Oberer Schönalmsee

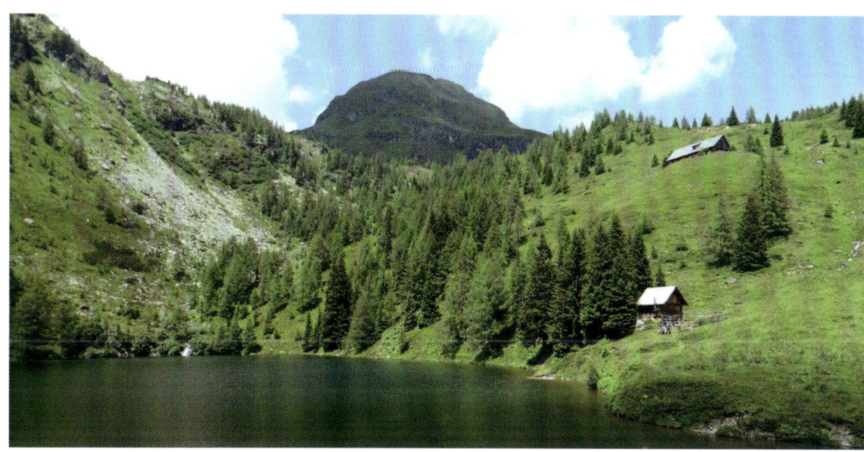

Vom Wirpitschsee führt ein Steig an der Raderhütte (rechts oben) vorbei zum Tiefenbachsee.

Rund um das Weißpriachtal reiht sich ein schöner Bergsee an den anderen. Die Wanderung führt zu vier besonders eindrucksvollen Seen und wird dabei mit jedem Stockwerk noch einsamer.

WIRPITSCHSEE

Kategorie: Bergsee
Lage: Gemeinde Weißpriach
Seehöhe: 1700 m
Fläche: 27.400 m²
Max. Seetiefe: 6,2 m

Die von den Gletscherbewegungen geprägten Flanken beiderseits des Weißpriachtales sind das seenreichste Gebiet im Land Salzburg. Die meisten Gewässer sind über markierte Wege nicht erreichbar, zum Wirpitschsee hingegen führt eine bequeme Almstraße. In Verbindung mit der unweit vom See gelegenen, bewirtschafteten **Toni-Mörtl-Hütte** ist die Region daher ein beliebtes Ausflugsziel.

TIEFENBACHSEE

Kategorie: Hochgebirgssee
Lage: Gemeinde Weißpriach
Seehöhe: 1844 m
Fläche: 34.300 m²
Max. Seetiefe: 5 m

Der Tiefenbachsee liegt knapp 150 Höhenmeter über dem Wirpitschsee und ist über einen unmarkierten Steig in einer halben Stunde gut erreichbar. Seitlich begrenzt wird der See von den markanten Ausläufern der eiszeitlichen Moränen, zur Talöffnung Richtung Süden hin ist die Endmoräne schon durchbrochen. Hier befindet sich der Abfluss, der in den Wirpitschsee entwässert.

OBERER SCHÖNALMSEE

Kategorie: Hochgebirgssee
Lage: Gemeinde Weißpriach
Seehöhe: 2111 m
Fläche: 52.200 m²
Max. Seetiefe: 10 m

Unter den zahlreichen Seen des Weißpriachtales ist der Obere Schönalmsee flächenmäßig der größte See. In der Rangliste ebenfalls weit vorne gelegen ist der zauberhafte See hinsichtlich seiner Wassertemperatur. Laut einer Studie gehört er zu den wärmsten Bergseen in den Niederen Tauern. Den Spitzenplatz in der Temperaturerhebung nimmt übrigens der um fünf Meter höher gelegene Twenger Almsee auf der westlichen Seite des Kammverlaufs ein, der das Weißpriachtal vom Taurachtal trennt.

UNTERER SCHÖNALMSEE

Kategorie: Hochgebirgssee
Lage: Gemeinde Weißpriach

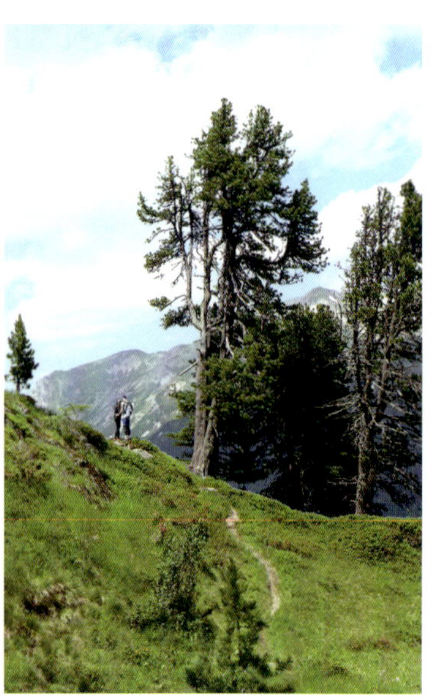

Der Weg zum Schönalmsee.

Seehöhe: 1890 m
Fläche: 18.100 m²
Max. Seetiefe: 4 m

Der Untere Schönalmsee hat nicht die sonst gewohnte, durch die ausgeschürften Karmulden vorgegebene runde Form, sondern liegt in beinahe fjordartiger Ausdehnung in der kleinen Hochebene. Ein Bergsturz vom südlich vorgelagerten Blasriegel (2228 m) wird das Landschaftsbild und damit die Seeform vor einigen tausend Jahren verändert haben. Der landschaftliche Eindruck leidet nicht unter den Felseinschüben, ganz im Gegenteil, jetzt befinden sich kleine Felsinseln im See, die von besonders mutigen und kälteresistenten Besuchern gerne erobert werden.

DER WEG

Ausgangspunkt: letzter Parkplatz P 5 im Hinteren Weißpriachtal (mautpflichtig)

Anfahrt: A 10, Abfahrt St. Michael. Weiter auf der B 99 Richtung Mauterndorf und auf der B 95 Richtung Mariapfarr. Vor Mariapfarr links nach Weißpriach (L 224) bis zum letzten Parkplatz P 5. Ab Parkplatz Dicktlerhütte mautpflichtige Straße.

Haltestelle: Weißpriach Wirpitsch Aufstieg (Tälerbus 720 ab Mariapfarr Gemeindeamt. Fährt nur in den Sommermonaten.)

Schwierigkeit: T 2

Dauer Anstieg Oberer Schönalmsee: 3 Stunden, 850 Höhenmeter, 7 Kilometer

ÜBER DIE ULNHÜTTE UND DIE TONI-MÖRTL-HÜTTE ZUM SCHÖNALMSEE

Ausgangspunkt ist der Parkplatz P 5 an der Abzweigung in das Znachtal, dem letzten offiziellen Parkplatz im Weißpriachtal. Einen noch näher gelegenen Ausgangspunkt ermöglicht die Benutzung des Tälerbusses 720, der in den Sommermonaten ab Mariapfarr bis zur Haltestelle Wirpitsch Aufstieg (Ulnhütte) fährt. Der zwei Kilometer lange, beinahe flache Fußweg vom Parkplatz zur Ulnhütte folgt ganz einfach dem Talverlauf an der bewirtschafteten **Grangler Hütte** (1320 m) vorbei. Ab der privaten Ulnhütte ist der gemütliche Aufwärmteil vorbei, nun beginnt links abzweigend der einstündige

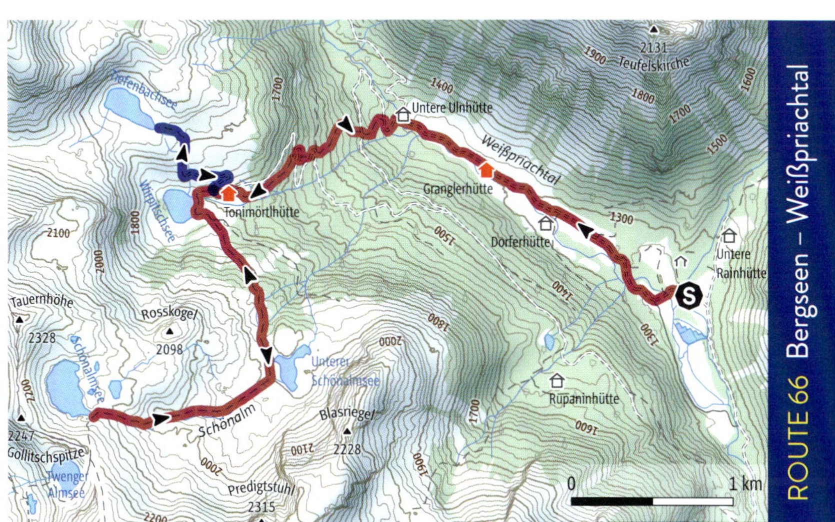

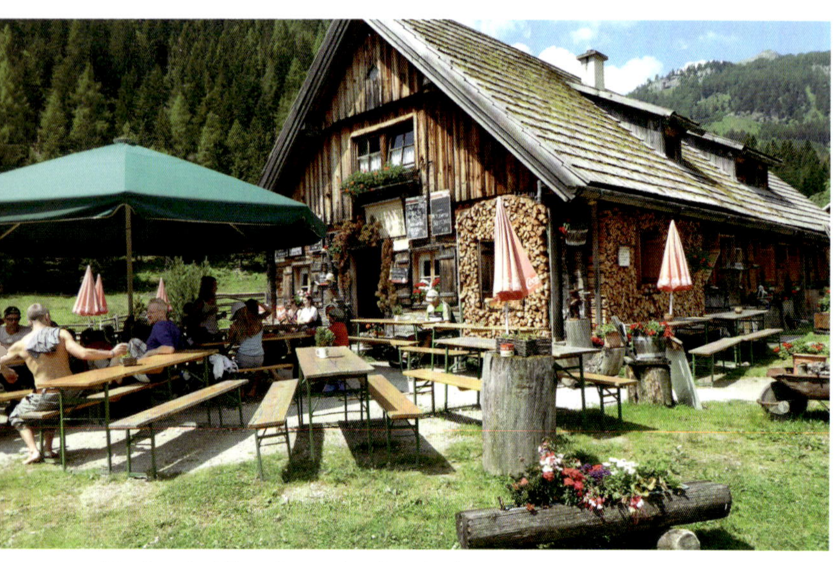

Die Grangler Hütte. Beim nahen Parkplatz beginnt und endet die Wanderung.

Anstieg zur Toni-Mörtl-Hütte und weiter zum Wirpitschsee (1700 m). Mit der Almzufahrt und einem Abkürzungssteig stehen aber auch hier zwei unterschiedlich steile Varianten zur Auswahl. Wenige Minuten nach der bewirtschafteten Toni-Mörtl-Hütte folgt der Wirpitschsee. Wer jetzt schon Lust auf mehr Seen hat, könnte vom Nordufer nach rechts abzweigen und dem halbstündigen Weg an der Raderhütte vorbei zum Tiefenbachsee (1844 m) folgen.

Aber auch der weitere Weg führt ja noch zu zwei großartigen Seen. Diese Route zweigt vor dem Wirpitschsee nach links ab, verläuft an einer Kapelle und einem schicken Ferienhaus vorbei und quert dann eine unerhört urige Landschaft, bestehend aus jahrhundertealten Zirbenbeständen, gewaltigen Felsblöcken und kleinen Bachläufen. Nach diesem etwas steileren Abschnitt verflacht das Gelände und wenig später ist auch schon, zunächst noch hinter sanften Kuppen versteckt, der Untere Schönalmsee (1890 m) erreicht. Wunderbare Plätze zum Rasten und Durchstrecken tun sich auf, aber als Höhepunkt folgt ja noch der Obere Schönalmsee (2111 m). Der halbstündige Weg dorthin orientiert sich am Bachverlauf, der die beiden Seen miteinander verbindet. Der Rückweg der Drei- oder Vier-Seen-Wanderung folgt dem Anstieg.

67 Karnersee

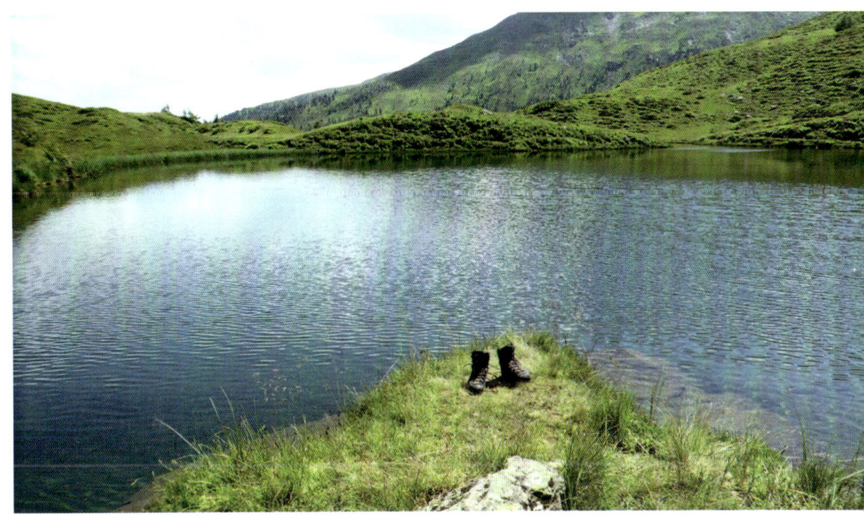

Der Karnersee mit dem Kleinen Gurpitscheck im Hintergrund.

Der Karnersee im Weißpriachtal auf der Südseite der Schladminger Tauern ist ein äußerst einsames Ziel. In der märchenhaft schönen Umgebung zwischen Karnereck und Gurpitscheck trifft man eher auf Gämsen und Murmeltiere als auf Wanderer.

DER SEE

Kategorie: Hochgebirgssee
Lage: Gemeinde Weißpriach
Seehöhe: 1854 m
Fläche: 3900 m^2
Max. Seetiefe: 4 m

Der einsame Karnersee bildet den Auftakt einer ganzen Seenkette, die sich entlang des Höhenkamms, dem Verlauf des Weißpriachtales folgend, in Nord-Süd-Richtung ausbreitet. Die eiszeitliche Landschaftsformung und die geologischen Verhältnisse haben die günstigen Bedingungen zur Bildung der vielen Bergseen geschaffen. Begrenzt wird der Höhenrücken auf der Westseite vom Taurachtal, ostwärts vom Weißpriachtal. Durch beide Täler führten seit der Antike wichtige Handelswege: Das Taurachtal wurde von den römischen Straßenerbauern bevorzugt, durch das Weißpriachtal zogen zuvor schon die slawischen Stämme. Vermutlich nutzten die durchziehenden Gruppen in der

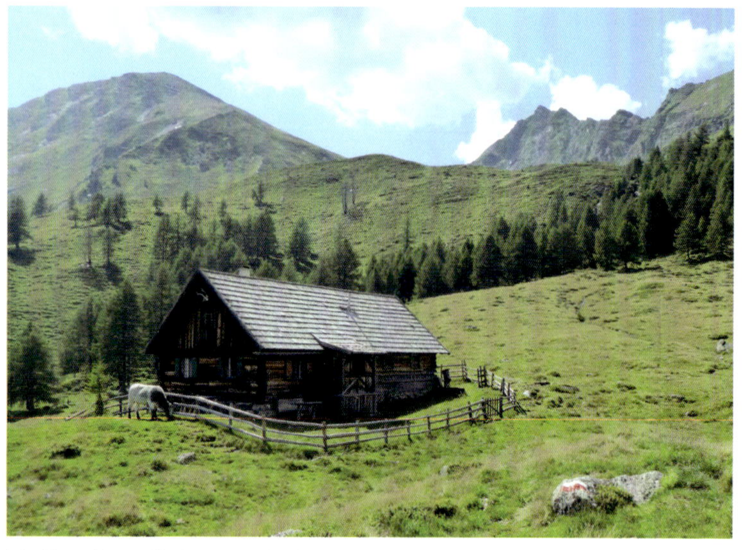

Die Karnerhütte, flankiert vom Großen und Kleinen Gurpitscheck (rechts).

klimatisch bevorzugten Zeit auch damals schon die fruchtbaren Höhenlagen als Weidegebiet. Grünfutter und Wasserläufe waren, so wie jetzt auch, jedenfalls ausreichend vorhanden. Gespeist wird der Karnersee aus den Quellbächen, die zwischen den beiden südwärts gelegenen Bergflanken Gurpitscheck und Karnereck entspringen, der Abfluss entwässert in den Gurpitschbach und weiter in die Lonka.

DER WEG

Ausgangspunkt: Hinterweißpriach. Parkmöglichkeit bei der Bushaltestelle.

Anfahrt: A 10, Abfahrt St. Michael. Auf der B 96 und der B 99 nach Mauterndorf und weiter über Weißpriach in den Ortsteil Hinterweißpriach. Bei der Bushaltestelle vor der Brücke gibt es einige Pkw-Abstellplätze.

Haltestelle: Hinterweißpriach Ort (Tälerbus 720 ab Mariapfarr Gemeindeamt. Fährt nur in den Sommermonaten.)

Schwierigkeit: T 2

Dauer Anstieg Karnersee: 2 Stunden, 760 Höhenmeter, 5 Kilometer

VON HINTERWEISSPRIACH ZUM KARNERSEE

Ausgangspunkt ist die Parkmöglichkeit beim Ortsschild Hinterweißpriach bei der Bushaltestelle kurz vor der Brücke. Am Brückengeländer ist auch schon das gelbe Wegschild angebracht, das den möglichen Zielpunkt „Kleines Gurpitscheck“ mit drei Stunden

Wegzeit angibt. Gleich nach den ersten Minuten zweigt der Weg 47 nach links ab, wir folgen aber der Forststraße geradeaus. Die Route führt abwechselnd auf Forstwegen und schmalen Pfaden mit angenehmer Steigung durch den Hochwald bergan. Wer zur richtigen Zeit unterwegs ist, wird vielleicht hin und wieder zu den markant dottergelben Bodenflecken beiderseits des Weges ausschwärmen und hat dann auch schon das halbe Abendessen im Rucksack. Wenn der Anstieg nach eineinviertel Stunden das Weidegebiet rund um die Karnerhütte (1754 m) erreicht hat, ist es mit der Schwammerlstrecke vorbei, dafür warten optische Genüsse sondergleichen. Allerdings heißt es nun auch den Weg im Auge zu behalten, denn der wird immer unsichtbarer. Aber das baumlose Gelände ist übersichtlich und eigentlich auch weglos sehr bequem und sicher zu begehen. Hinter der neuen, mit Lärchenschindeln erbauten Karnerhütte befindet sich eine baufällige Hütte, an der die mit „Ferner Steig" angeschriebene Route Richtung Karnereck vorbeiführt. Wir folgen diesem Weg aber nur 20 Minuten bis zum Karnersee, der sich gut getarnt in der Karmulde links des Pfades so märchenhaft ausbreitet. Der weiterführende, eineinhalbstündige Anstieg auf das Karnereck (2380 m) ist sehr anspruchsvoll (T 4) und nur für trittsichere und schwindelfreie Alpinisten empfehlenswert.

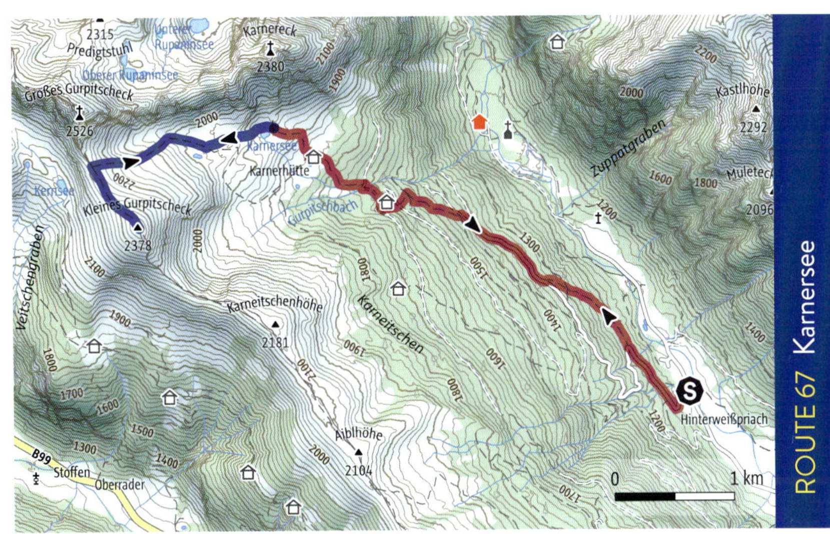

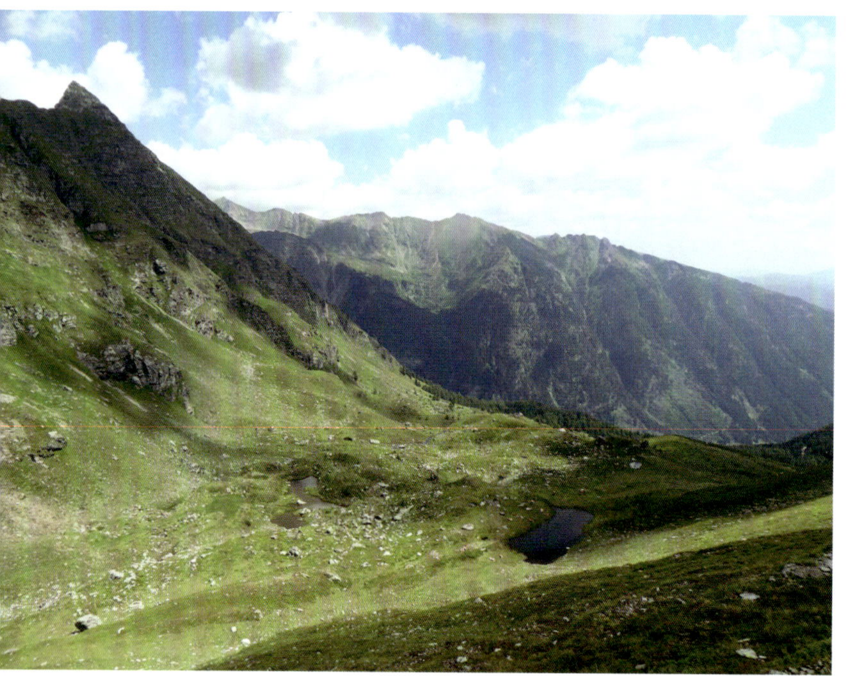

Der Aufstieg zum Gurpitscheck führt an zwei weiteren, namenlosen Seen vorbei.

Wesentlich genussvoller ist der knapp eineinhalbstündige Weg auf das Kleine Gurpitscheck (2378 m), an dem auch noch zwei weitere, bezaubernde Mini-Seen liegen. Dorthin gelangen wir über einen vorerst weglosen Abschnitt, der sich am Zufluss in den Karnersee, am besten auf der orographisch linken Bachseite, orientiert. Nach dem kurzen Steilstück folgt ein flacher Teil, der von den beiden Seen abgeschlossen wird. Dort treffen wir wieder auf den markierten Weg, der zuerst etwas steiler, dann sanft ansteigend über wunderbar weiche Moospölster auf den Kamm zwischen Großem und Kleinem Gurpitscheck hinaufführt. Der letzte Wegabschnitt folgt ganz einfach dem breiten Rückenverlauf auf das Kleine Gurpitscheck. Der Abstieg führt bis zu den beiden kleinen Seen auf dem bereits bekannten Weg retour, bleibt nun aber auf der markierten Route, die ohne Umweg über den Karnersee in einem Rechtsbogen direkt zur Karnerhütte verläuft. Von dort geht es auf dem bekannten Weg zurück nach Hinterweißpriach.

68 Rund um das Saumoos

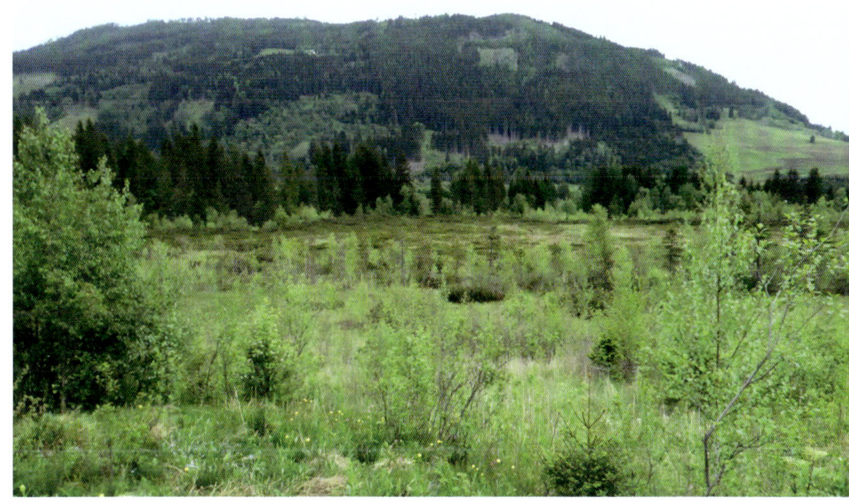

Das Saumooss ist ein Latschen-Hochmoor, in dem bis 1966 Torf abgebaut wurde.

Obwohl bei dieser Route ein natürlicher See fehlt, führt der wunderbare Saumoos-Rundwanderweg, angefangen von künstlich angelegten Teichen bis zur rechtsdrehenden Quelle bei der Augustinkapelle, zu vielfältigen Wasserorten.

DER SEE

Kategorie: künstlich angelegter Schotterteich (Fischteich Agrargemeinschaft St. Martin)
Lage: Gemeinde St. Michael
Seehöhe: 1035 m
Fläche: 3000 m²
Max. Seetiefe: 8 m

Der Lungau ist natürlich in erster Linie für seine großartigen Bergseen bekannt. Aber auch in den Talebenen finden sich einige interessante Beispiele aus der reichen Lungauer Seenlandschaft. Wenn auch ganz anders als erwartet, denn die Runde zwischen St. Michael und St. Margarethen trifft auf künstlich angelegte Teiche zum Zwecke der Schotterentnahme, der Fischaufzucht und der Golfplatzverschönerung. Einzig das Saumoos, um das sich eigentlich die ganze Wegrunde dreht, besteht schon seit Tausenden Jahren, dafür ist es aber auch nur ein gewesener See. Zu sehen gibt es in diesem wertvollen Lebensraum, der lange

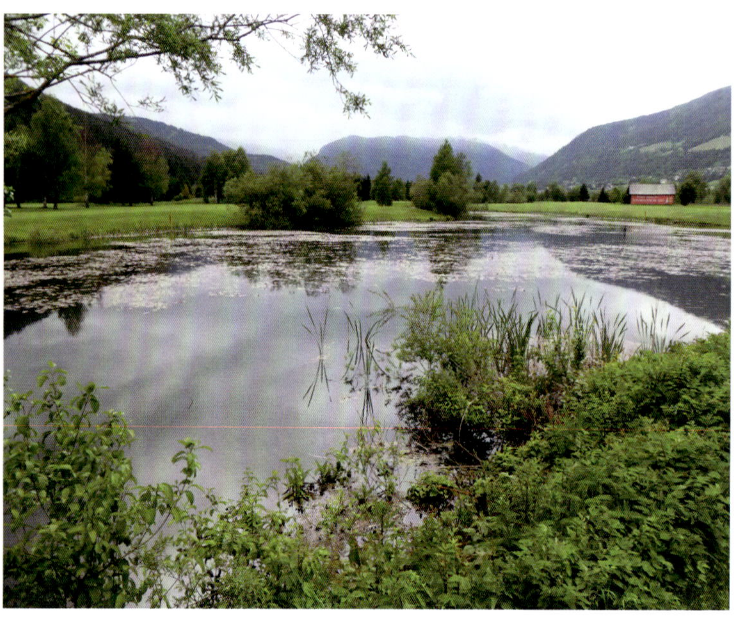

Der naturnahe Teich am Golfplatz wird von den Amphibien gut angenommen.

nicht als solcher angesehen wurde, sehr viel. Unterstützung kommt bei diesem web-basierten Themenweg über QR-Codes oder NFC-Tags, die an den fünf Stationen über das Smartphone abgerufen werden können. Der Vorteil daran ist, dass die aktuellen Inhalte an die jeweilige Jahreszeit angepasst werden. So ist man also immer am Laufenden, was sich gerade Spannendes entdecken lässt.

Bei den Golfplatzteichen gibt es keine Erklärungen, aber das Gesehene bietet auch gute Anhaltspunkte. Ganz im Gegenteil zum penibel gepflegten Rasen herrscht rund um die Golfplatzseen eine kleine Wildnis, die einigen golfplatzfremden Arten und Lebewesen ganz offensichtlich zu interessanten Lebensräumen verhilft. Ein Entenpaar fühlt sich wohl, das Quaken der Frösche ist zu hören und die Schwertlilien sind gut für die Wasserreinigung und eine Freude für das Auge. Die ganz große Artenvielfalt ist es freilich nicht mehr. So konnten in einer vor der Golfplatzerrichtung im Jahr 1990 durchgeführten Untersuchung noch 84 Vogelarten rund um das Saumoos nachgewiesen werden. Eine enorm hohe Anzahl, im gesamten Gasteinertal wurden vergleichsweise

„nur" 107 Arten gezählt. Viele der Brutvogelarten, die auf die mosaikartig verzahnten Naturräume angewiesen sind, wie etwa Feldlerche oder Wespenbussard, wird es wohl nicht mehr geben.

DER WEG

Ausgangspunkt: Murinsel in St. Michael

Anfahrt: A 10, Abfahrt St. Michael im Lungau. Auf der B 96 nach St. Michael und weiter Richtung Mauterndorf. Am Hofer-Markt vorbei, bei der nächsten Kreuzung geradeaus in den Mühlweg. Nach 1 km nahe der Murinsel parken.

Haltestelle: St. Michael im Lungau (Bus 270 ab Hbf. Salzburg, Engelbert-Weiß-Weg)

Schwierigkeit: T 1

Dauer: 3 Stunden, 80 Höhenmeter, 9,5 Kilometer

DER SAUMOOSRUNDWEG

Vom Ausgangspunkt Murinsel folgt unsere Route dem Murradweg entlang der Mur. Obwohl der letztendlich 464 Kilometer lange Fluss in St. Michael erst wenige Kilometer „jung" ist, hat er schon eine recht ansehnliche Dimension. Nach einem halben Kilometer befinden sich auf der anderen Murseite einige künstliche Teiche, die durch den Autobahnbau in den 1970er-Jahren entstanden sind. Zum Teil wird weiterhin Schotter und Kies abgebaut, der erste kleine See dient auch Freizeitzwecken und ist ein ansehnlicher Fischteich geworden. Entlang der Mur laden immer wieder nett gestaltete Rastgelegenheiten zum Verweilen ein. Nach einem weiteren Kilometer taucht,

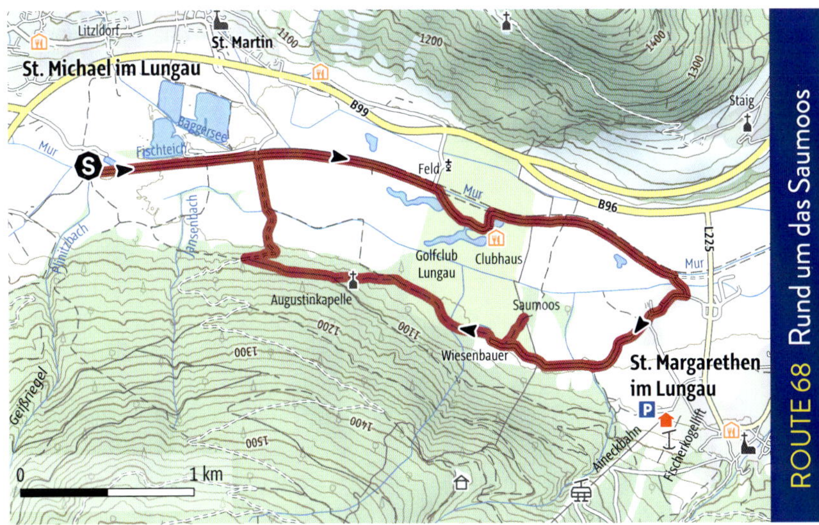

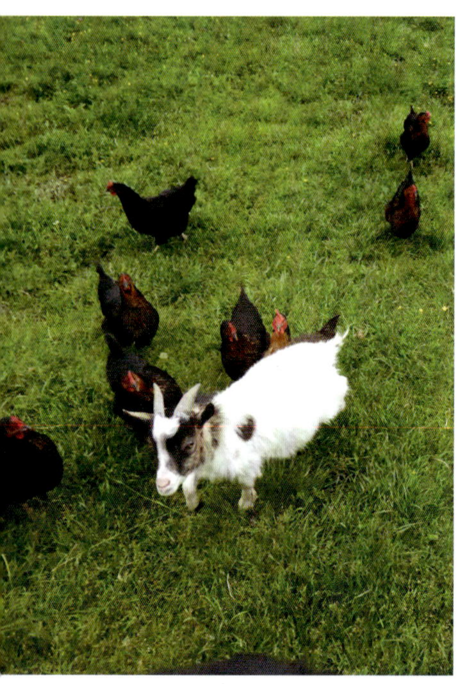

Beim Ferienhof Wiesenbauer.

diesmal auf der rechten Wegseite, ein weiterer künstlicher See auf, der zum 18-Loch-Platz des Golfclubs Lungau-Katschberg gehört. Der Weg verlässt kurz den Flussverlauf und führt dafür mitten in das Zentrum der Golfanlage. Hier beim Parkplatz gegenüber dem **Clubhaus** ist eine große Übersichtstafel mit dem gesamten Wegverlauf aufgestellt.

Dementsprechend verläuft die Route wieder zur Mur und folgt dem Fluss noch zwei Kilometer bis nach Oberbayrdorf. Dort zweigt der Weg zum überaus idyllisch gelegenen **Ferienhof Wiesenbauer** nach rechts ab. Nun wird die Wanderung wesentlich spannender, denn bald führt der Pfad an den Rand des Naturschutzgebietes Saumoos. Wer das wildromantische Latschenmoor noch näher erleben will, könnte beim Wiesenbauer am Tiergehege entlang nach rechts abzweigen. Nach wenigen Minuten öffnet sich der Blick auf das einsame Moor. Aber auch vom offiziellen Saumoosrundweg 90 ergeben sich schöne Ansichten, wissensmäßig begleitet von einer Informationssäule. Der fußfreundliche Weg führt weiter leicht bergauf und erreicht mit der malerischen Augustinkapelle einen weiteren Höhepunkt. Die Spezialität dieses besonderen Ortes ist die kleine Quelle, aus der rechtsdrehendes, gegen Augenleiden wirkendes Wasser an das Tageslicht dringt. Die Heilquelle wird schon seit Urzeiten aufgesucht, die Kapelle wurde hingegen 1983 errichtet, nachdem der Vorgängerbau einem Blitzschlag zum Opfer fiel. Frisch gestärkt und mit klarem Blick geht es noch einige Höhenmeter bergauf, dann zweigt die Route 90 in einen Forstweg nach rechts ein. Dieser führt wieder in die Talebene und zur Mur zurück. Noch ein Kilometer auf dem nach links abzweigenden Murradweg und der Ausgangspunkt ist erreicht.

69 Rotgüldensee

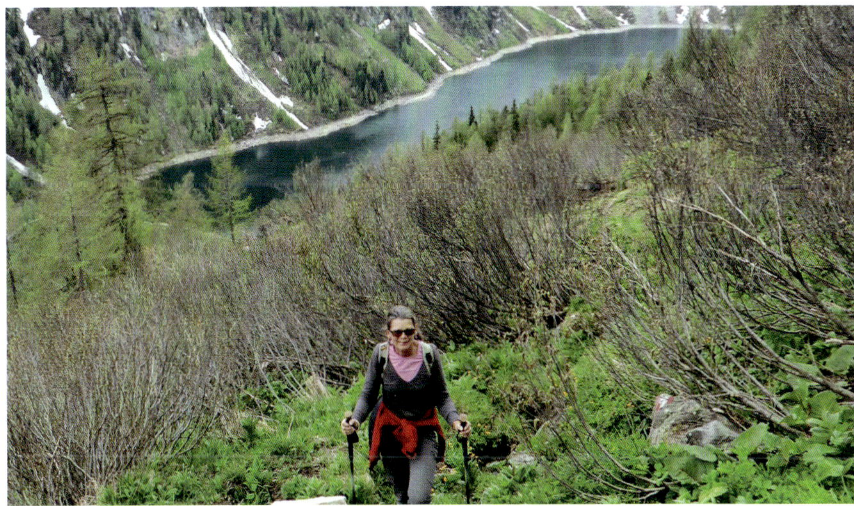

Steig zur Schrovinscharte mit dem Unteren Rotgüldensee im Hintergrund.

Der Untere Rotgüldensee ist im Lauf der Zeit über sich hinausgewachsen. Einst ein kleiner Bergsee auf der Nordseite des mächtigen Hafner, ist er nun ein Stausee mittlerer Größe. Dank einiger Begleitmaßnahmen hat er sich aber viel von seiner Ursprünglichkeit bewahrt.

DER SEE

Kategorie: Bergsee (künstlich aufgestaut)
Lage: Gemeinde Muhr
Seehöhe: 1732 m
Fläche: 400.000 m²
Max. Seetiefe: 75 m

Im Jahr 1957 wurde der natürliche Bergsee am Nordfuß des Hafner durch einen 18 Meter hohen Steinschüttdamm erstmal energetisch genutzt. Der damals zur Verfügung stehende Speicherinhalt betrug drei Kubikhektometer. Ein Kubikhektometer (hm^3) entspricht dem Volumen eines Würfels mit einer Kantenlänge von 100 Metern. In der Zeit zwischen 1982 und 1984 wurde das relativ kleine Einzugsgebiet des Stausees von knapp zehn km^2 durch die Fassung der Mur und der Muritzen bedeutend vergrößert. Nach der Erhöhung des Staudammes auf die heutige Dimension von 45 Metern stehen nun 15 Kubikhektometer für die

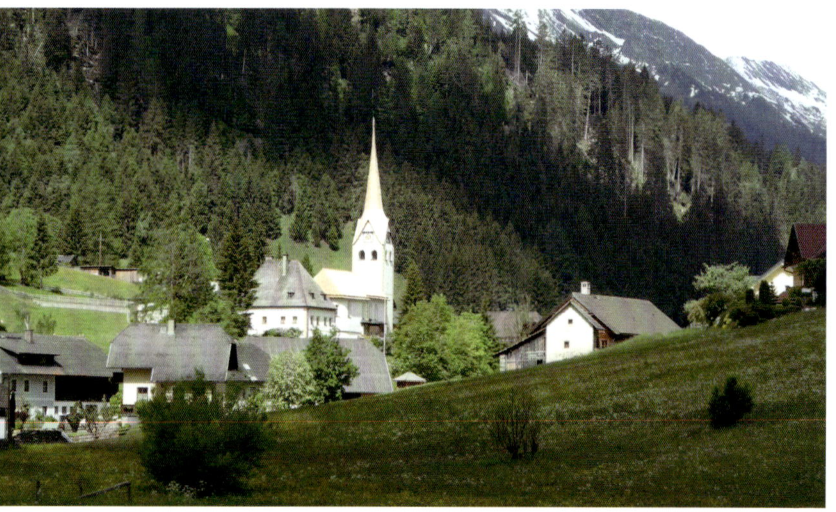

Der kleine Ort Muhr im Murtal hat knapp 500 Einwohner.

Energiegewinnung zur Verfügung. Der mächtige Damm mit einer Kronenlänge von 112 Metern ist weniger auffallend, als zu vermuten wäre. In der Nationalparkgemeinde Muhr wurde nämlich erstmals die Idee einer begrünten Staumauer verwirklicht. Mit großem Aufwand verpflanzten die Landschaftsarchitekten jene Vegetation, die vom vergrößerten See überflutet wurde, auf die Außenseite des abgestuften Staudammes. Nun sieht der Untere Rotgüldensee beinahe wieder wie zu Urzeiten aus, nur eben fünfmal so groß.

Verändert hat sich nicht nur der See, auch die Nutzung des Umfeldes unterliegt Veränderungen. Ein roter Faden zieht sich allerdings vom Mittelalter bis in unsere Zeit durch: Der Goldabbau ist im 21. Jahrhundert noch immer ein Gesprächsthema im Hinteren Murtal. Der Sage nach hat auch der Name des Rotgüldensees sozusagen einen goldenen Boden: Ein reicher Gewerke im Murtal wollte seine schöne Tochter nicht dem armen Knappen überlassen, worauf die Tochter an Liebeskummer starb. Von Gram erfüllt versenkte der unglückliche Vater seinen ganzen Goldreichtum im Bergsee, der seither das Gold im Namen und im See trägt.

DER WEG

Ausgangspunkt: Parkplatz Arsenhütte

Anfahrt: A 10, Abfahrt St. Michael, 1 km Richtung Zederhaus, dann links nach

Muhr abzweigen. Parkplatz Arsenhütte 6 km nach Muhr im Talende.

Haltestelle: Muhr im Lungau Rotgülden (Bus 270 ab Bischofshofen und Bus 700 ab St. Michael Unterweißburg)

Schwierigkeit: bis Rotgüldensee T 1, Variante über Schrovinscharte T 4

Dauer Anstieg Rotgüldensee: 1 Stunde, 400 Höhenmeter, 2,5 Kilometer

Variante Schrovinscharte ab Rotgüldensee-Hütte: 4 Stunden, 360 Höhenmeter, 9 Kilometer

VON DER ARSENHÜTTE ZUM UNTEREN ROTGÜLDENSEE

Ausgangspunkt ist der Parkplatz Arsenhütte (1341 m). In der Nationalpark-Informationsstelle lassen sich noch letzte interessante Erkundungen abrufen, bevor es links abzweigend auf der Zufahrtsstraße zum Stausee losgeht. Zwischendurch sorgen Abkürzungen für raschen Höhengewinn und Schautafeln

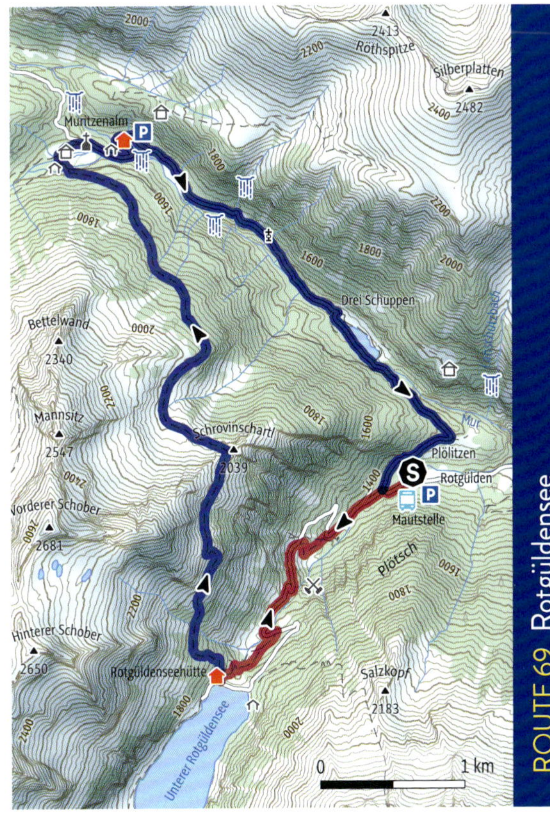

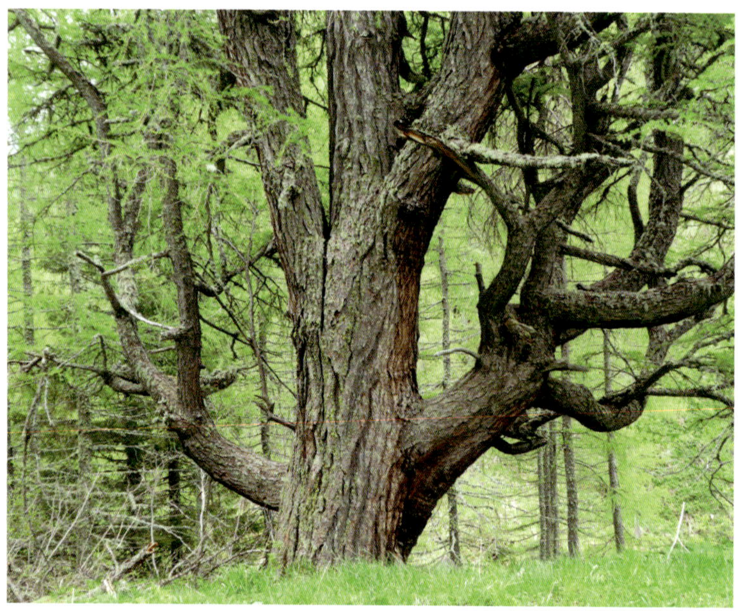

Solche Riesenlärchen wachsen am Aufstieg zum Rotgüldensee.

präsentieren die naturkundlichen Höhepunkte entlang der Strecke. Was auf jeden Fall auffällt, sind die jahrhundertealten Lärchen, die wie unerschütterliche Naturdenkmäler entlang der Route himmelhoch in die Höhe wachsen. Selbst der eine Baum, der den Sturm nicht ganz unbeschadet überstanden hat, ist, frei nach dem Motto „a schöne Leich", ein faszinierender Anblick. Die Staumauer ist als solche nicht sofort erkennbar, weil sie in einem seinerzeit aufsehenerregenden Pilotprojekt begrünt wurde. Dann stehen wir aber auch schon auf der Dammkrone, an deren westlichem Rand sich die **Rotgüldensee-Hütte** (1739 m) befindet. Die Alpenvereinshütte wurde 1994 neu gebaut und ist in den Sommermonaten geöffnet.

Der Steig zum Oberen Rotgüldensee ist sehr anspruchsvoll und nur für trittsichere, schwindelfreie Wanderer empfehlenswert, aber eine Uferwanderung bis zur Steilstufe zahlt sich aus und wird auch dort schon mit einem Wasserfall-Blick belohnt.

Für den Rückweg bieten sich zwei Varianten an. Die einfache folgt dem unkomplizierten Anstieg, die andere Möglichkeit für Alpinbergsteiger ist der sehr schwierige, dreistündige Steig über die Schrovinscharte.

RÜCKWEG ÜBER DIE SCHROVINSCHARTE UND MURITZENALM

Der hochalpine Weg über die Schrovinscharte ist nur für trittsichere, schwindelfreie und orientierungsgewandte Bergsteiger empfehlenswert. Der äußerst schmale, leider nicht sehr gepflegte, aber immerhin schwach rot markierte Pfad quert steile Flanken, manchmal sind auch nur schwer erkennbare Trittspuren sichtbar. Bei Nässe oder gar Schneefeldern muss diese Variante auf jeden Fall unterbleiben. Ein alpines Erlebnis mit den besten Aussichten auf botanische und ornithologische Kostbarkeiten ist die Querung in den benachbarten Schmalzgraben aber allemal.

Der Weg 540 (Schrovinscharte, Muritzenalm) beginnt bei der Rotgüldensee-Hütte. Wenig später erinnert eine quer über den Weg liegende Riesenfichte an den Jahrhundertsturm, der am Morgen des 16. 11. 2002 über die Berge fegte und im Lungau etwa eine Million Festmeter Holz zerstörte. Im Wald ist der Steig noch gut erkennbar, je mehr er auf die baumlosen Flanken Richtung Norden hinüberquert, desto schlechter wird die Wegqualität. Der höchste Punkt und zugleich Halbzeit der anspruchsvollen Querung ist die Schrovinscharte auf 2039 Metern Seehöhe. Nach der Querung etlicher weiterer Gräben bei der bewirtschafteten Muritzenalm (1591 m) angekommen, ist der alpine Teil der Variante abgehackt. Dieser Ort mit der hübschen Kapelle und dem Jagdhaus eignet sich bestens zum Entspannen, bevor es entlang der zwei Kilometer langen Zufahrt mit dem Tälerbus oder zu Fuß zurück zum Parkplatz Arsenhütte geht.

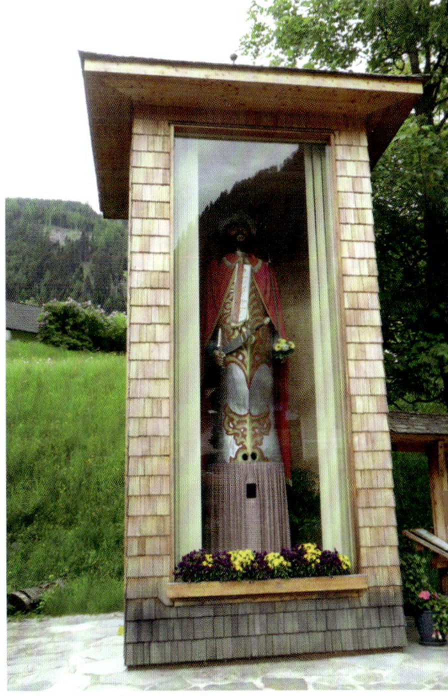

Der Samson von Muhr steht am Ortsanfang.

70 Zaunersee und Essersee

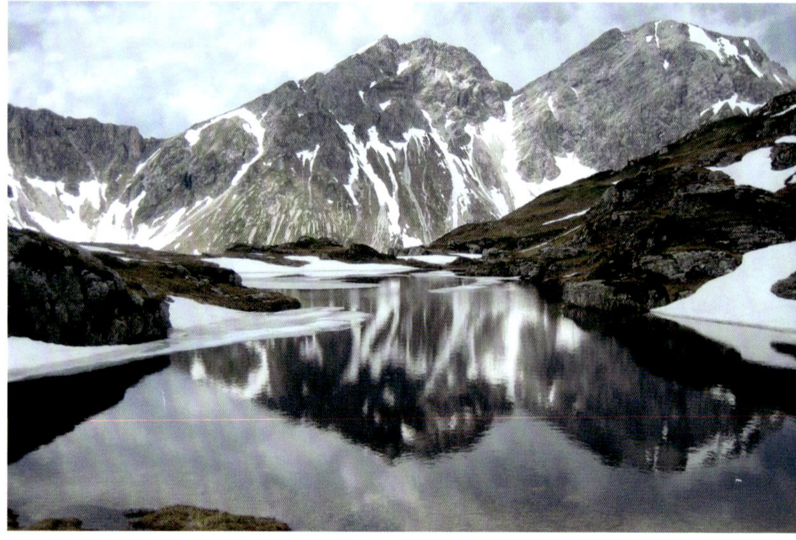

Die Sommersaison dauert am Essersee in über 2000 Metern Höhe nur wenige Wochen.

Im Naturpark Riedingtal gibt es mehr als vierzig natürliche Seen oder Tümpel. Der Zaunersee und der Essersee auf der sonnigen Mosermandl-Südseite sind darunter zwei der größeren Gewässer.

DER ZAUNERSEE

Kategorie: Hochgebirgssee
Lage: Gemeinde Zederhaus
Seehöhe: 1993 m
Fläche: 20.700 m²

Der Zaunersee wird auf seiner Südseite von einer kleinen Anhöhe begrenzt, auf der in relativ lawinensicherer Lage die zuvor mehrmals zerstörte Franz-Fischer-Hütte errichtet wurde. Im Jahr 2013 kam es zu einem Neubau der Alpenvereinshütte, die nun mit den effektivsten Umweltstandards ausgerüstet ist und 50 Übernachtungsplätze bietet. Die Stromversorgung wird durch ein Kleinkraftwerk garantiert, das durch den Abfluss des Zaunersees betrieben wird.

DER ESSERSEE

Kategorie: Hochgebirgssee
Lage: Gemeinde Zederhaus
Seehöhe: 2087 m
Fläche: 8000 m²
Max. Seetiefe: 2 m

Eigentlich sind es zwei Becken, die durch einen schmalen Kanal miteinander verbunden sind. Erst nach 1929 wurde aus dem vormaligen Wastlsee der bis heute so bezeichnete Essersee. Durch seine südseitige Ausrichtung erreicht der See in heißen Sommermonaten trotz der Höhenlage über 2000 Meter beinahe badetaugliche Wassertemperaturen.

DER WEG

Ausgangspunkt: Parkplatz Schliereralm
Anfahrt: A 10, Abfahrt Zederhaus, dann parallel zur Autobahn zurück in das Riedingtal. Mautpflicht ab Wald, Parkplatz nahe der Schliereralm. Umsteigen in den Tälerbus (Sommerbetrieb).
Haltestelle: Riedingtal Schliereralm (Bus 770 ab Zederhaus Sportplatz)
Schwierigkeit: T 2
Dauer: 4 ½ Stunden, 670 Höhenmeter, 12 Kilometer (Zeitersparnis Tälerbus 1 Std. oder 3 km)

VON DER FRANZ-FISCHER-HÜTTE ZUM ESSERSEE

Im Naturpark Riedingtal werden verschiedene Themenwanderwege angeboten. Der bekannteste dabei ist der sechs Kilometer lange Almwanderweg, der sich vom Schliereralmsee bis in den hintersten Talschluss zur Örgenhiasalm (1710 m) zieht. Ein anderer Riedingtaler Wanderweg hat den Schwerpunkt „Wasser“ zum Inhalt. Diesem Themenweg „Kraft der stillen Waser“

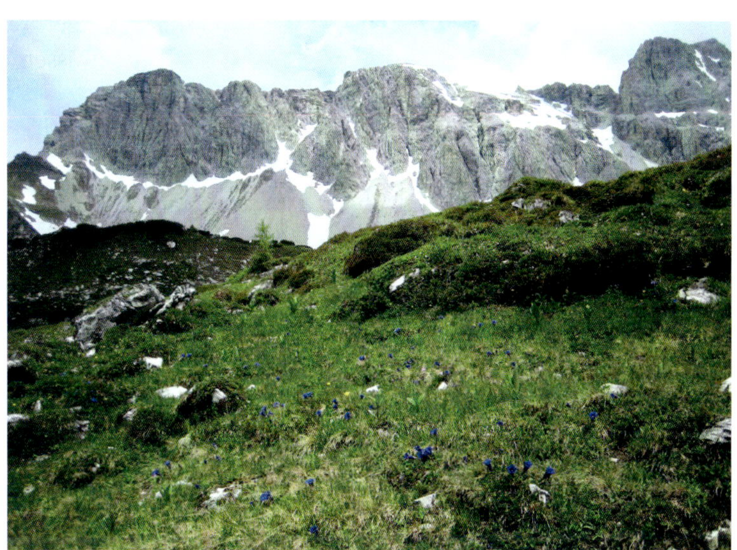

Weg der Kontraste am Fuß des Mosermandls zum Essersee.

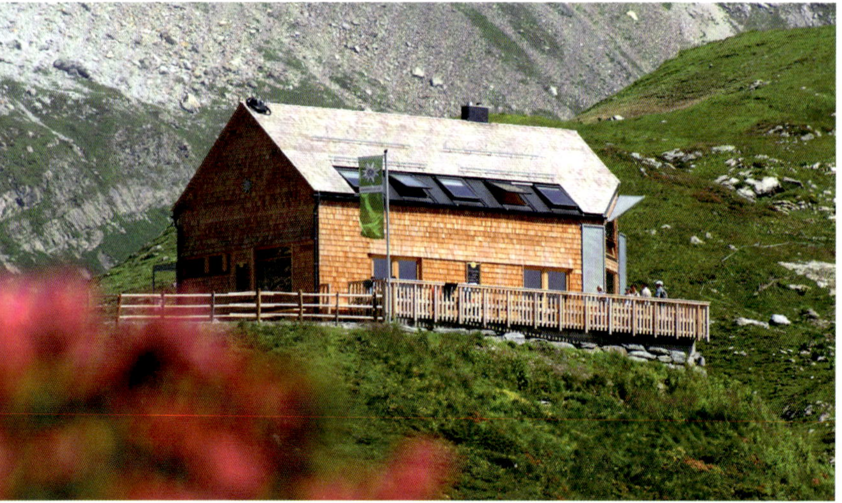

Die neue Franz-Fischer-Hütte über dem Zaunersee. (Foto: Franz-Fischer-Hütte).

folgt weitgehend die Wanderung zwischen Zauner- und Essersee. Der Ausgangspunkt dazu ist der

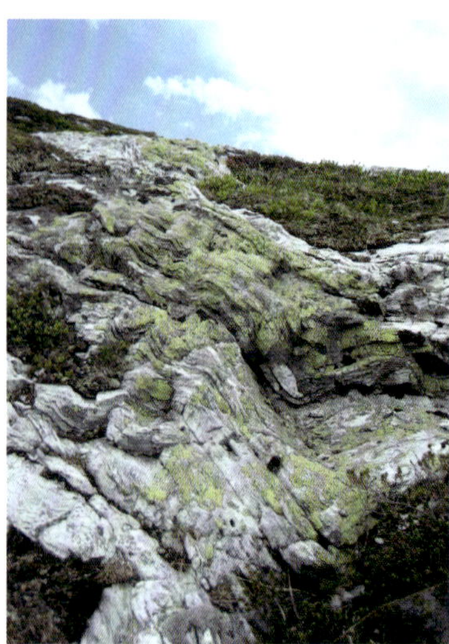

Gesteinsformation beim Essersee.

Parkplatz oder die Bushaltestelle nahe der bewirtschafteten Schlieeralm (1495 m). Von hier aus geht es entweder mit dem Tälerbus auf der Riedingtalstraße, oder in einer Stunde (2,8 km) auf dem unterhalb in Bachnähe parallel führenden Almwanderweg zur Abzweigung Richtung Franz-Fischer-Hütte nach rechts. Der ungewöhnlich steile Wirtschaftsweg auf der nördlichen Talseite gewinnt rasch an Höhe und erreicht in einer weiteren Stunde und nach vielen Kehren den idyllischen Zaunersee. Der Weitwanderweg 702 führt rechts abzweigend an der sowohl architektonisch als auch gastronomisch sehr ansprechenden **Franz-Fischer-Hütte** (2020 m) vorbei und verläuft am südlichen Bergfuß des

Mosermandls zum Essersee weiter. Nach einer aussichts- und blumenreichen Dreiviertelstunde Gehzeit ist mit dem Essersee ein weiterer Höhepunkt und zugleich der höchste Punkt (2088 m) der Rundwanderung erreicht. Über sanfte, grasbewachsene Kare, dann wieder über Fels und durch Latschenfelder geht es leicht abwärts bis zur Einmündung in den Wirtschaftsweg Richtung **Jakoberalm** (1839 m). Die bewirtschaftete Alm liegt nur noch wenige Minuten entfernt, aber wir verlassen den Weitwanderweg und folgen der Almstraße nach rechts talwärts retour zum Ausgangspunkt Schliereralmsee. Dort warten noch das informative Naturparkzentrum (www.naturpark-riedingtal.at)

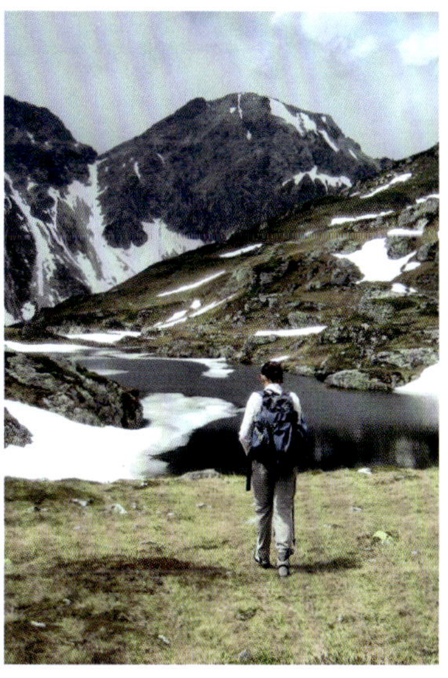

Am Essersee.

sowie schöne Rast-, Spiel- und Einkehrplätze.

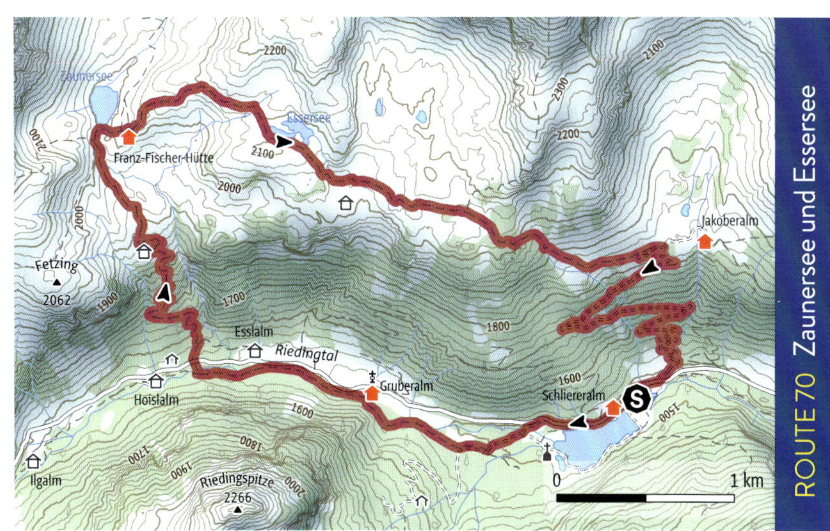

ROUTE 70 Zaunersee und Essersee

71 Lignitzsee

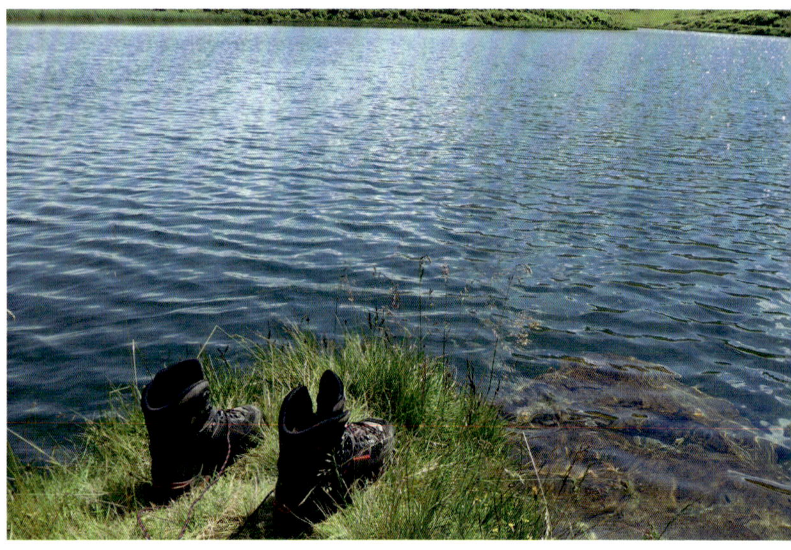

Abgetaucht im Lignitzsee.

Die Talwanderung zum einsamen Lignitzsee ist lang, aber niemals eintönig. Der zauberhafte Lignitzbach, die jahrhundertealten Lärchen und Zirben und der See selbst können viele Geschichten erzählen.

DER SEE

Kategorie: Hochgebirgssee
Lage: Gemeinde Mariapfarr
Seehöhe: 1964 m
Fläche: 43.000 m^2
Max. Seetiefe: starke Schwankungen, da kein oberirdischer Abfluss

Der kleine Lignitzsee auf 1964 Metern Höhe zeigt sich erst im letzten Moment, nachdem der kleine eiszeitliche Moränenwall überschritten wurde. Auffallend ist, dass der See keinen oberirdischen Abfluss hat, was auch die starken Schwankungen des Seespiegels erklärt. Wendet man den Blick zurück talauswärts, so fällt auf der rechten Seite der Hundstein (2614 m) auf. Im Winter 1768 sorgte ein gewaltiger Bergsturz für eine erdbebenartige Unruhe im Tal. Der Gipfel des Hundsteins war abgebrochen, der bis dahin sogar für den höchsten Berg des Lungaus gehalten wurde. Eine andere interessante Begebenheit ist uns vom Reiseliteraten Franz Carl Weidmann überliefert, der den See am 13. Juli 1850 auf seiner Wanderung Richtung steirisches Ennstal noch zugefroren vorfand. Aus dem Reich der Sagen kommt eine Erzählung, die auch als Warnung für Fischdiebe verstanden werden kann. Die kleinwüchsigen Fische aus dem Lignitzsee waren für die Hüterbuben eine willkommene Abwechslung im kargen Speiseplan. Allerdings ging das Gerede um, dass es keine gewöhnlichen Fische waren, sondern verzauberte Geister. Bei einem der Fischzüge stand plötzlich ein eisgraues, in ein Kapuzenmäntelchen gehülltes Mandl am Ufer. Obwohl es kein Wort sprach, hatten die Fische fortan ihre Ruhe und die Hüterbuben suchten sich andere Delikatessen.

DER WEG

Ausgangspunkt: Parkplatz vor dem Schranken im Lignitztal

Anfahrt: A 10, Abfahrt St. Michael. Über Mauterndorf nach Mariapfarr, an der Kirche und dem ADEG-Geschäft vorbei, dann links der Beschilderung Langlaufzentrum Lignitztal über Zankwarn, Grabendorf und Kreischaberg folgen. Beim Wielandhof weiter taleinwärts am Kocherbauern vorbei bis zum Schranken. Parkplatz (1360 m).

Haltestelle: Mariapfarr Bueggen (Bus 270 ab Hbf. Salzburg, Bus 720 ab Mariapfarr Weiherplatz). Zusätzlich 5 km Anstieg.

Schwierigkeit: T 2

Dauer Anstieg Lignitzsee: 2 ½ Stunden, 600 Höhenmeter, 7 Kilometer

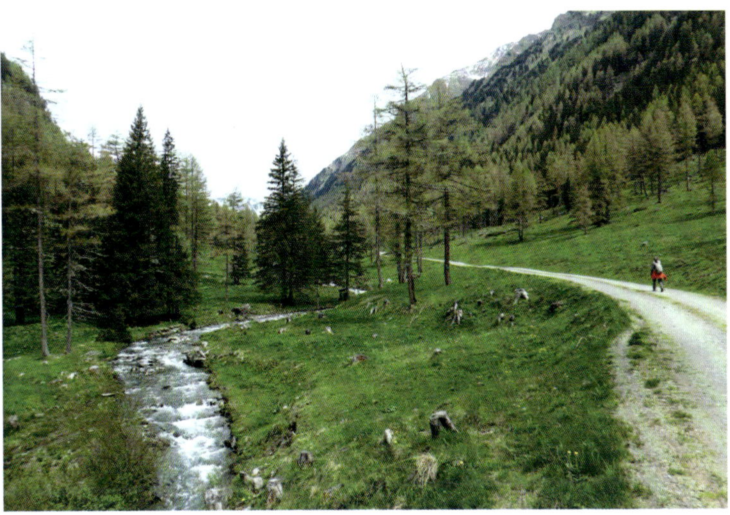

Der erste Routenabschnitt durch das Lignitztal folgt einem breiten Almweg.

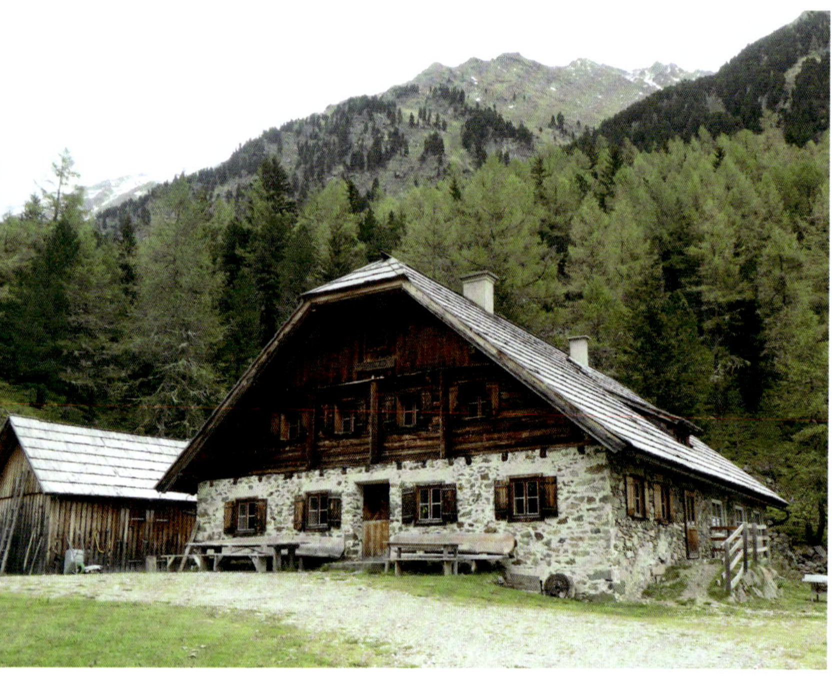

Die stattliche Hintere Lignitzalm (1540 m).

DURCH DAS LIGNITZTAL ZUM LIGNITZSEE

Der Ausgangspunkt der Talwanderung ist der kleine Parkplatz vor einem Schranken im Lignitztal nach der **Jausenstation Wielandhof** (www.wielandhof.at). Ein kleiner Fischteich mit einer gemütlichen Sitzgelegenheit und einer phantasievollen Steinfigur sind gleich ein netter Auftakt für die kommende Tal- und Seenwanderung. Ein kurzes Stück führt der geschotterte Almweg noch durch den Wald. Auffallend dabei ist die erstaunliche Häufung unterschiedlich großer Ameisenhügel auf engem Raum. Ein gutes Dutzend Ameisenstaaten teilen sich da den lichten Waldboden und finden offensichtlich ausreichend geeignetes Baumaterial in Form von Lärchennadeln. Wenige Minuten später treten wir auf herrliche Almböden hinaus, die sich da beiderseits entlang der Almstraße auftun. Unterbrochen wird der zauberhafte Talgrund nur vom Lignitzbach und vereinzelt von Lärchen. Manche dieser Bäume haben gigantische Ausmaße, andere sind durch Wind und Blitzschlag bizarr verändert.

An einem der uralten Baumriesen ist eine kunstvoll gemalte Votivtafeltafel angebracht, die an ein Unglück erinnert, das im Jahr 1862 den Bauernsohn Johann Wieland das Leben gekostet hat. Der junge Lignitztaler „ist hier beim Streugehen aus dem Baum gefallen". Da in der kargen Lungauer Höhenlandschaft das Stroh als Unterstreu für die Ställe zu wertvoll war, wurden dafür gehäckselte Lärchenäste verwendet. Die Erinnerungstafel hat aber auch einen Ratschlag parat, den sich auch die Bergsteiger zu Herzen nehmen können: „Mensch, du darfst nicht achtlos gehen. Ein Schritt ist nur zwischen Tod und Leben."

Bei dieser Wanderung allerdings gibt es keine gefährliche Gratwanderung, der Weg durch das Lignitztal ist das reinste Gehver-

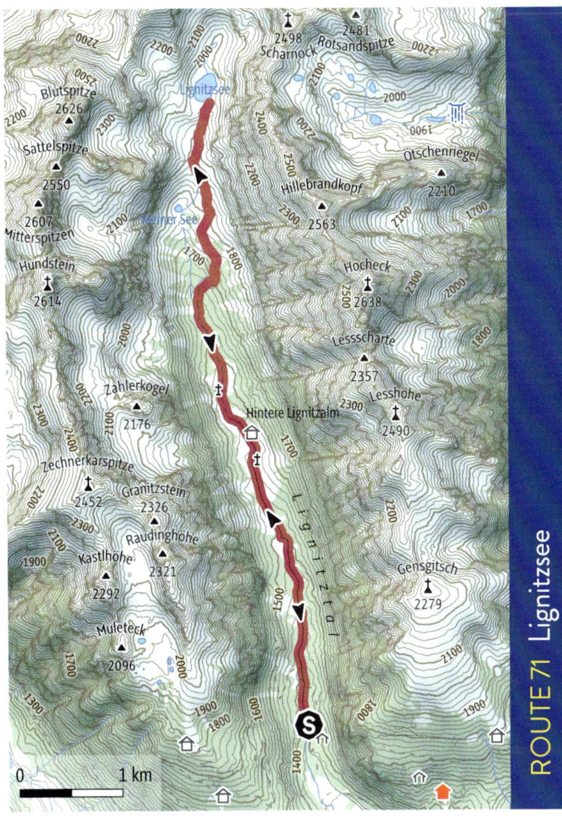

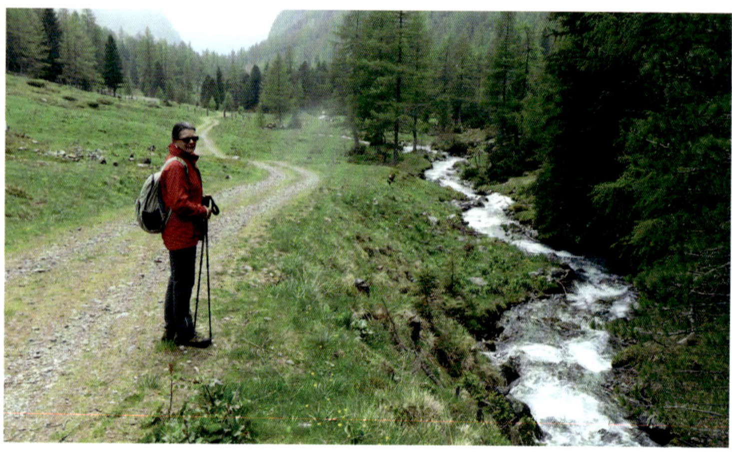

Der Lignitzbach ist der erfrischende Begleiter durch das Tal.

gnügen. Bis zur bald auftauchenden, beinahe herrschaftlich groß wirkenden Hinteren Lignitzalm (1540 m) ist das Radfahren erlaubt,

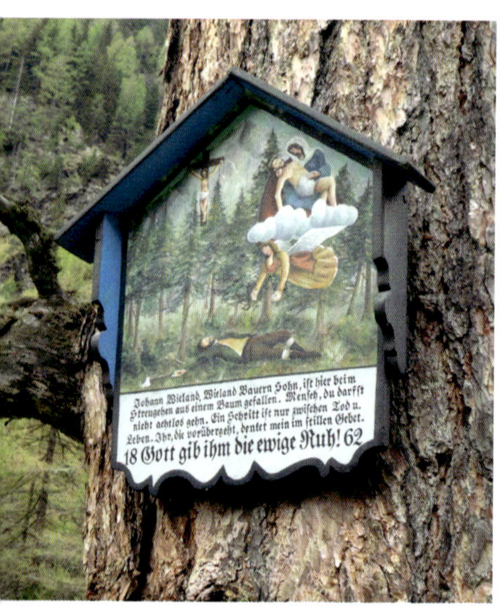

Votivtafel im Lignitztal.

danach wird der Weg auch etwas uriger und zweigt dann überhaupt auf einen alten, steileren Almsteig nach rechts ab. Waren bisher die Lärchenbestände dominierend, so treten nun immer mehr die noch weniger höhen- und wetterempfindlichen Zirben in den Vordergrund. Auf einer kleinen Anhöhe links des Weges befindet sich unter den Zirben eine kleine, verfallene Jagdhütte. Vom Lignitzbach ist nun schon seit Längerem nichts mehr zu hören, er fließt unsichtbar unter der Erde weiter. Auch der Zirbenbestand geht immer mehr zurück, das alpine Ödland dominiert den letzten Wegabschnitt. Schließlich öffnet sich dann nach einer letzten kleinen, staudammartigen Barriere der Kessel mit dem zauberhaften Lignitzsee. Der Rückweg folgt dem bereits bekannten Weg.

72 Prebersee

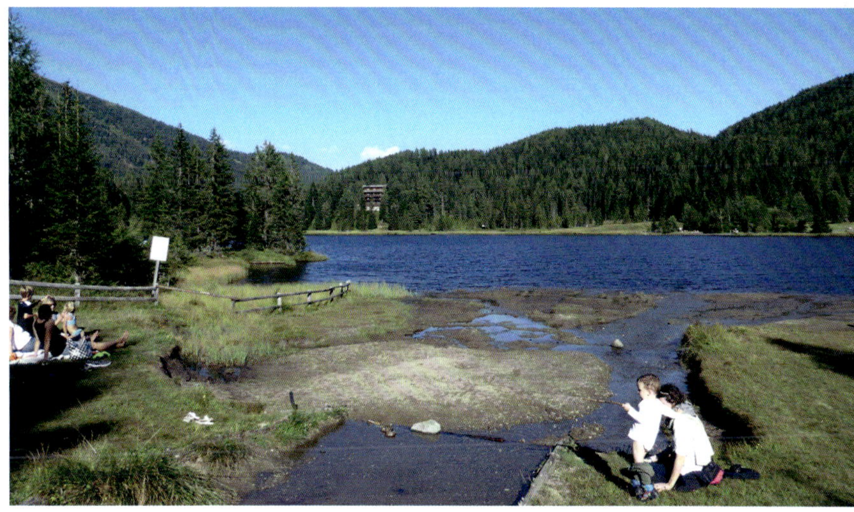

Im Sommer hat der idyllische Prebersee durchaus Badeseequalitäten.

Der Moorsee am Fuß des gleichnamigen Prebers ist das ganze Jahr über ein beliebtes und leicht erreichbares Ausflugsziel. Wer höher hinauf will, könnte Richtung Preber wandern, der sich so einladend hinter dem See aufbaut.

DER SEE

Kategorie: Bergsee (Moorsee)
Lage: Gemeinde Tamsweg
Seehöhe: 1514 m
Fläche: 55.000 m^2
Max. Seetiefe: 10 m

Der Prebersee ist von Tamsweg aus mit dem Pkw oder dem Tälerbus leicht erreichbar. Eine entsprechend hohe Besuchsfrequenz ist bei schönem Ausflugswetter die Folge. Das mystische Gebiet hat aber auch bei weniger idealem Wetter durchaus seine Reize. Als Stimmungsverstärker kann da auch jene Sage dienen, die sich um den schwarzen See rankt. Demnach befindet sich am Grund des Prebersees eine goldene Egge, die für den Fall, dass der See ausläuft und das Tal überschwemmen sollte, quasi als Versicherung für alle verursachten Schäden herangezogen wird. Einen Funken Wahrheit hat der goldene Seeboden schon, denn am südlich oberhalb gelegenen Trogleiteneck gab es tatsächlich ein

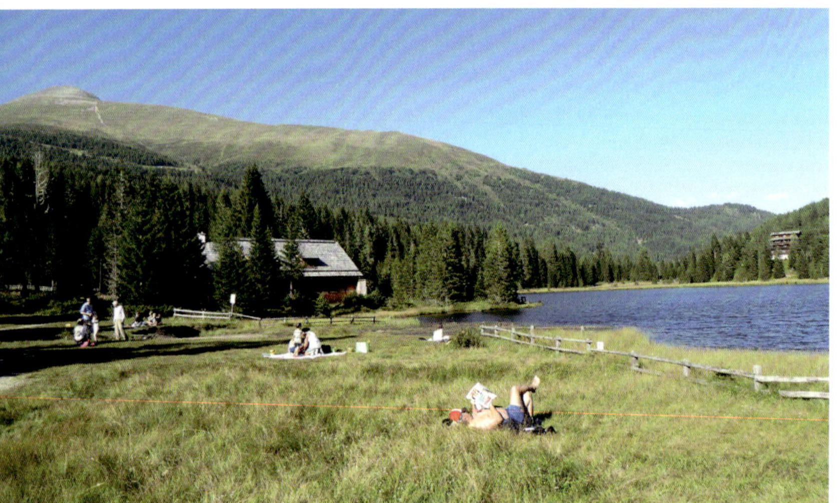

Der romantische Moorsee liegt am Fuß des Prebers.

Goldbergwerk. In alten Schriften heißt es von dem am Weg zur Preberspitze gelegenen Bischofsloch: „ein hohes Loch, daraus man lange Zeit gutes Gold Erzt getragen … man steigt aber hart darzu." Felsinschriften am Eingang in die geschützte Höhle erinnern an die goldenen Zeiten. Nicht eindeutig geklärt ist auch die Frage, wie es zum berühmten Preberschießen kam. Dabei wird ja auf das Spiegelbild der am Ufer aufgestellten Schützenscheibe gezielt und die von der Seeoberfläche abprallende Kugel trifft im Idealfall zweimal ins Schwarze: einmal ganz sicher auf den schwarzen See, das andere Mal mit viel Glück und Können in das schwarze Zentrum der Scheibe. Die dunkle Farbe des Wassers kommt übrigens von den darin gelösten Schwebstoffen des umgebenden Moores. Der Topograph und Schriftsteller Ignaz Kürsinger (1795–1861) erwähnt das Preber-

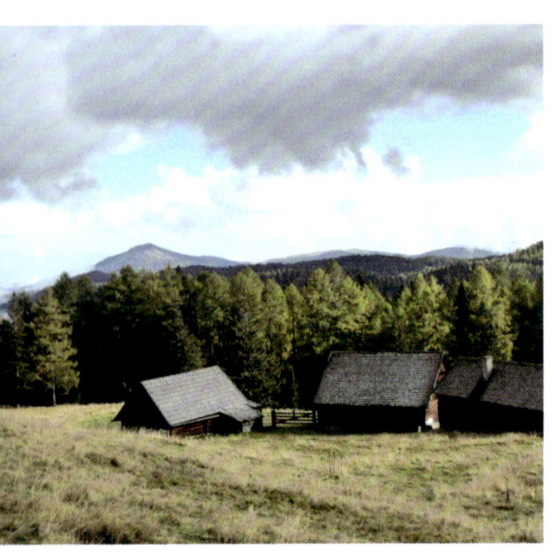

Die Preberhalterhütte.

schießen erstmals in seinen, zum guten Teil heute noch aktuellen, Beschreibungen über die Bräuche im Lungau. Nachweislich wird seit 1832 dieses Schießen durchgeführt. Der Fischreichtum im See ist beachtlich, auch eine Edelkrebspopulation ist beheimatet.

DIE WEGE RUND UM DEN PREBERSEE

Ausgangspunkt: Parkplatz am Prebersee

Anfahrt: A 10, Abfahrt St. Michael. Auf der B 96 nach Tamsweg und 7 km weiter zum Prebersee. Mehrere Parkplätze stehen zur Auswahl.

Haltestelle: Tamsweg Prebersee (Bus 740 ab Tamsweg Schulzentrum)

Schwierigkeit: T 1

Dauer: 45 Minuten, 20 Höhenmeter, 2 Kilometer

Von einem der drei ausgewiesenen Parkplätze geht es, kaum zu verfehlen, zu einer der Einstiegsstellen in den beschilderten Rundweg. Dieser führt an Badestellen und am Schießstand vorbei, zum guten Teil auf sicheren Holzstegen ganz dicht am Ufer, dann aber auch, auf der Ostseite, in einem großen Bogen um das Privatgelände der ehemaligen Hotelanlage Funke. Das Hotel wurde im Jahr 1932 vom Sägewerksbesitzer Julius Funke gebaut und befindet sich seit 2019 im Besitz von Dieter Mateschitz. Einige Informationstafeln liefern Hintergründe zu den unter Schutz stehenden Landschaftsteilen oder auch zum berühmten Preberschießen, das zu bestimmten festgelegten Terminen am See stattfindet.

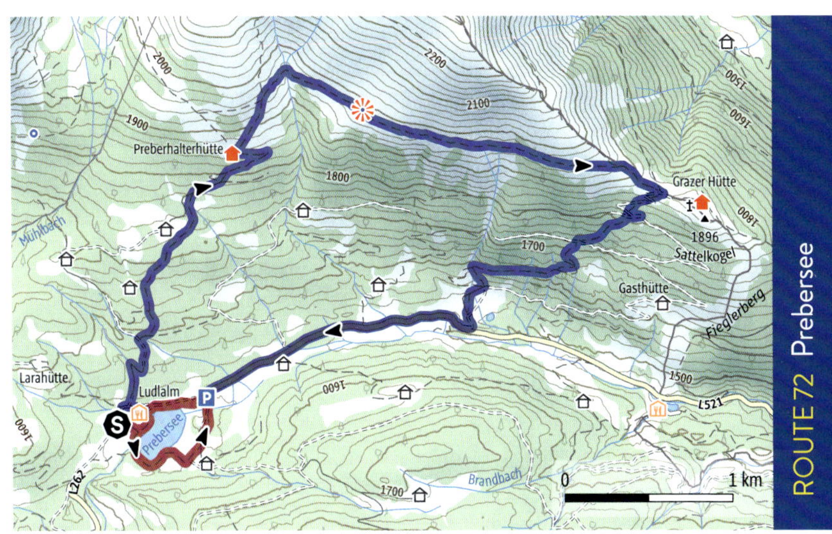

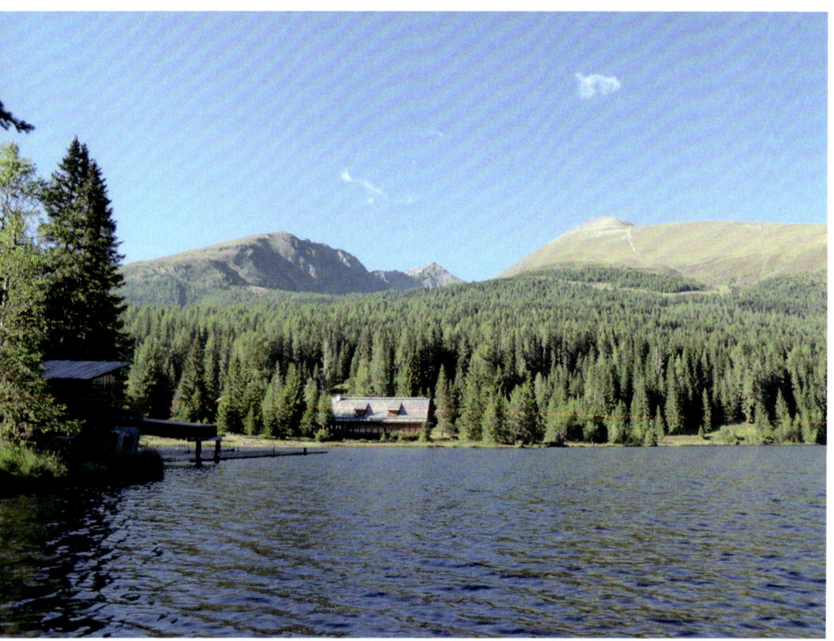

Im Schießstand links findet das bekannte Preberseeschießen auf sechs Wasserscheiben statt.

VOM PREBERSEE ZUR GRAZER HÜTTE

Ausgangspunkt: Parkplatz am Prebersee
Anfahrt: A 10, Abfahrt St. Michael. Auf der B 96 nach Tamsweg und 7 km weiter zum Prebersee. Mehrere Parkplätze stehen zur Auswahl.
Haltestelle: Tamsweg Prebersee (Bus 740 ab Tamsweg Schulzentrum)
Schwierigkeit: T 2
Dauer: 4 Stunden, 500 Höhenmeter, 9,5 Kilometer

Es muss ja nicht gleich der ganze Preber (2740 m) sein. Eine genauso sonnige wie aussichtsreiche Runde führt vom Prebersee zur Preberhalterhütte und verläuft dann gerade oberhalb der Waldgrenze hinüber zur Grazer Hütte (1896 m). Ausgangspunkt ist der Parkplatz **Ludlalm**. Auf der Straßenseite gegenüber zweigt der markierte, einstündige Waldweg zur **Preberhalterhütte** (1862 m) ab. Bald nach der Alm verlassen wir den Weg auf den Preber und folgen rechts abzweigend der Richtung Grazer Hütte. Der Speikboden, der nun gequert wird, ist einer der wenigen Standorte des seltenen Echten Speiks in Österreich. In früheren

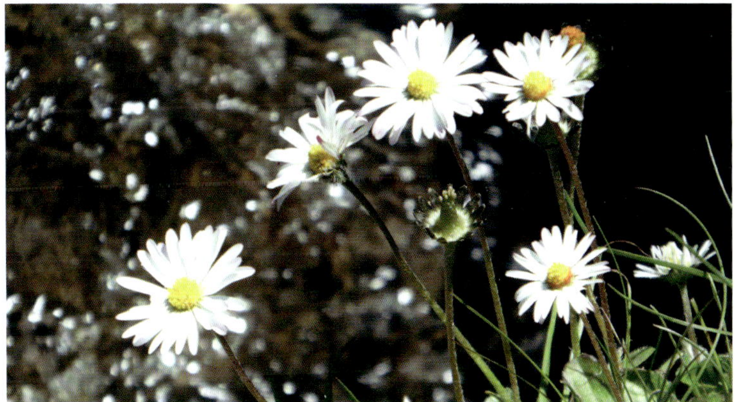

Stille Schönheit aus der großen Familie der Korbblütler am Prebersee.

Zeiten waren die zur Parfum- und Seifenherstellung verarbeiteten Wurzeln ein kostbarer Handelsartikel, der bis in den Orient exportiert wurde. Heute haben nur noch wenige Grundbesitzer die Erlaubnis zur kontrollierten Entnahme der unscheinbaren Pflanze. Ein anderes wertvolles Gut aus der Tiefe der Erde wurde aus dem oberhalb gelegenen Goldbergwerk Trogenleiteneck gewonnen. Die **Grazer Hütte** (1896 m) ist nicht mehr weit, kurz davor zweigt unser eineinhalbstündiger Rückweg zum Prebersee nach rechts ab. Der letzte zwei Kilometer lange Abschnitt führt parallel zur Landesstraße retour.

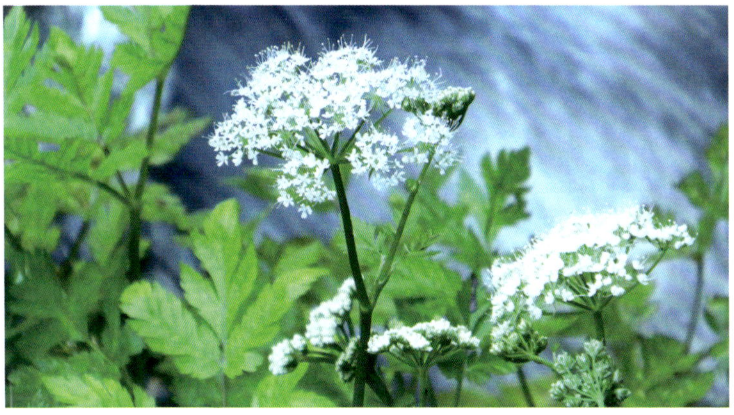

Der Giersch. Für die einen Unkraut, für andere ein wohlschmeckendes Wildgemüse.

Ortsregister

1. Auflage

Erlerstraße 10, A-6020 Innsbruck
E-Mail: order@studienverlag.at
www.michael-wagner-verlag.at

Umschlag, Layout und Satz: Michael Wagner Verlag/Maria Strobl – gestro.at
Alle Fotos Christian Heugl, außer S. 326 (Franz-Fischer-Hütte)
Coverbild: Twenger Almsee, S. 4/5: Zillreith – Schlenken, S. 6: Oberhüttensee,
S. 8: Bluntausee

Kartographie und Kartenlegende:
Outdooractive Kartografie
Geoinformationen @ Outdooractive
Österreich: © 1996–2021 here. All Rights reserved.
Deutschland: © GeoBasis-DE / BKG 2021

Kartenvorlagen: Christian Heugl

Gedruckt auf umweltfreundlichem, chlor- und säurefrei gebleichtem Papier.

Bibliografische Information der Deutschen Nationalbibliothek
Die Deutsche Nationalbibliothek verzeichnet diese Publikation in der Deutschen Nationalbibliografie; detaillierte bibliografische Daten sind im Internet über <http://dnb.dnb.de> abrufbar.

ISBN 978-3-7107-6702-9

Hinweis:
Die einzelnen Angaben wurden vom Autor sorgfältig nach bestem Wissen und Gewissen zusammengestellt. Für die Richtigkeit der Angaben kann keinerlei Haftung übernommen werden. Wandern im alpinen Gelände erfolgt stets auf eigene Gefahr. Eine Haftung des Autors oder des Verlages für selbst erlittene oder anderen zugefügte Schäden ist ausgeschlossen.